LABYRINTHE ROYAL
DE L'HERCVLE
GAVLOIS TRIOMPHANT.
Sur Le Sviect
Des Fortunes, Batailles, Victoires, Trophées,
Triomphes, Mariage, & autres faicts
heroïques, & memorables de Tres-Augusti
& Tres-Chrestien Prince.
HENRY IIII. Roy de France,
& de Nauarre.
Représenté a l'Entrée triomphante
DE LA ROYNE
En la Cité d'Auignon, Le 19 Nouembre, l'An M.DC.
Ou sont contenües les Magnificences et Triomphes
Dressez a cet effect par Tailheuille.
Chez Iaques Bramereau
Imprimeur en Auignon

A V ROY.

S *IRE,*

La ville d'Auignon tresobligee, & tresfidele à vostre Maiesté, obeyssante, & voüée à vostre couronne, à l'esgal de voz plus naturels, & fideles subiects, souz l'espoir de iouyr du gracieux Soleil de vostre Royalle presence, tressailloit d'affliction, & d'allegresse, quand le brouillar de la nouuelle guerre, les broüées, & les bruits des canons, l'esclair, le bril, & l'esmery de voz armes flambantes, & foudroyantes souz l'espesseur des Alpes inaccessibles, & des rochers impenetrables à tout autre qu'à Annibal, & à vous, firent à l'instant ecclipser ce rayon printanier, lequel desia entrouuroit noz esperances, & faisoit espanouyr noz cœurs au leuer de cet ayse, comme la prime fleur à l'aube desiree d'vn ioyeux renouueau. A tant demeuroient noz attentes refroydies, noz soüets verglacez, nostre ioye flestrie à l'essaix, & à l'obscur de noz regrets : ne fut la benigne influence de la Royne la Diane, & cósorte de vostre couronne, la cópaigne Tresauguste de vostre heur, de voz lis, & de voz sceptres, laquelle victorieuse de la mer, & des ondes, triomphante des vagues, & des flots, vint à rechange, nous reuigourer de son Royal seiour, & chasser arriere de noz cœurs, & de noz murs l'extreme desplaisir, que nous causoit l'attente de cette Maiesté, laquelle nous auós de tout téps seruie, & honoree au pris, & hazard de noz moyens, & de noz vies. Le deuoir requeroit, S I R E, à la venue de cette Princesse le parangon, & la fleur des Princesses de cet aage, de faire paroistre en effect, & esclorre, à si bonne occasion, l'ardente deuotion, qui a regné tousiours quant, & quant vostre Maiesté dans noz cœurs, autant de forteresses, S I R E, & de Louures vostres, qu'il y a d'ames, & de corps dans le pourpris de noz murailles. Nostre S. Pere le Pape Clément IIX. nostre souuerain Prince nous en donna le bransle par ses tresexprez, & reyterez commandements : monseigneur l'Illustrissime Charles de Comty son vicaire general, & Vicelegat en cette legation, nous y exhorta & poussa viuement : les infinies obligations que nous auons à vostre Maiesté nous y forcerent. Mais sur toutes choses, voz hauts faicts, & proüesses, voz combats, & hazards, voz victoires, & lauriers, les merueilles du ciel en l'establissement de vostre estat, les trophees, & triomphes emportez sur ce grand monde françois conqueste, & subiugué par vostre valeur (qui ne le peut, & ne le sceut iamais estre que par des Cæsars, par des Clouis, ou par vous) les verdoyátes Oliues de paix arborees au milieu de ce Royaume accablé n'aguieres, & raualé iusques au centre de son non-estre, mais releué maintenát

†

par

par voſtre vertu & clemence iuſques au zenit de ſes plus aſſeurees, & ſolides proſperitez, nous animerent incontinent à vous dreſſer vn triomphe parmy les rües, & places de voſtre treſaffectionnee Auignon (où le victorieux Ænobarbe dedia iadis ſes trophees) & renouueller, à la veüe de la ſeconde Rome en voz merites, les piafes, & magnificëces des Romains Empereurs feſtoiez autrefois en la ville capitale du mõde, auec chãts, chariots, & Arcs triomphaux, les batailles deſquels ne meriterët iamais tant de ſoldes, que les conqueſtes, & victoires de voſtre Maieſté, de triomphes, de palmes, & de lauriers. Que ſi la foibleſſe de noz forces nous euſt ſuiuy, & ſecondé à l'equipolłët de noz vœux, nous nous promettions, & flattions deſia de cette eſpperãce de pouuoir entreprendre choſe, ſinon proportionnee à voz merites, au moins ſortable à noz deſirs, egale à noz moyës, agreable à voſtre Maieſté, acceptable à la Royne, honorable à noſtre eſtat, memorable à toute la poſterité. Mais voila que du premier abord l'abſence inopinee de voſtre Maieſté nous aterre, & nous abat, nous voyans ſoudain ſerclos de l'obiect de noz allegreſſes, & fruſtrez de l'Idee de noz triomphes : Cataſtrophe non attendue, & baſtante pour nous faire deſchoir de cœur, & de courage, ſi l'amour n'euſt eſté plus ingenieux, & accort à remedier à ſes obstacles, que le malheur à trauerſer noz deſſeins. C'eſtoit du deuoir que voſtre Maieſté triomphat en perſonne, laquelle tout ce peuple deſiroit, & attendoit auec tant d'impatiëce pour aſſouuir ſon ame, & ſes yeux de la veüe du Prince fauteur, & tutelaire de ſa ville, protecteur de ſes aſſeurances : mais la guerre vrgente, & leuee de frez aux confins de voſtre Royaume, nous ayant fruſtré de ce coſté là, nous priſmes l'expedient, qui ſeul reſtoit à noſtre malheur, de receuoir en triõphe à ſon nom, & en ſa place le portraict, & image de voſtre Maieſté, & nous preualoir du droit ancien practique par le docte Empereur Adrian, qui fit triompher à Rome l'effigie de Traian, auquel le cas ſuruenu n'auoit permis de veïr du triomphe en ſa propre perſonne. Mais ce portraict, SIRE, que nous auons tracé à voſtre Maieſté, n'eſt pas vne peinture maette, & mixtiõnee ſeulement de couleurs : ains vne viue image parlante, & antitype de l'hiſtoire, & Heroïques faicts de voſtre incomparable valeur. Le modelle, & l'Idee en fut retiree d'Hercules (car auſſi à Rome ne ſe faiſoit iamais triõphe que l'effigie d'Hercules ne marchat deuant) de ſon entregeant, & poſture, nous auions portraict au naturel, & naïfué en parallele les traicts les plus eminents, & remarquables de voz exploits, comme viues couleurs de voſtre Maieſté victorieuſe, & triomphante, poſees, & couchees ſur le fonds de l'hiſtoire, & extraction des Roys de Nauarre voz deuanciers pourraignez de la ſouche, & tige d'Hercules : lequel apres la victoire des Lomniens donna commencement au Royaume de Nauarre, & y fonda le premier la race Royale de voz maieurs, deſquels vous auez receu pour heritage la valeur, & le ſceptre d'Hercules. Alexandre le grand ſe vantoit, à l'aſſemblee des Dieux, d'auoir imité de pres, & ſuiuy à la piſte Hercules : auſſi beuuoit il dans ſa coupe, ſe veſtoit à fois comme lay, contrefaiſoit ſes pas, ſes contenances, & ſes troignes. Milon le Crotoniate ſeul inuincible Pancratiaſte en la Grece eſtoit de l'humeur d'Alexãdre, s'habillaut à l'Herculienne, s'affeublant de la toiſon de ſon lyon, & branſlant en main le hampe de sa masse au preallable que d'entrer au Tournoys. Les Empereurs Commodus, & Caracalla bien plus fantasques que cela, assotez apres la Metempsycose de Pythagore, pensoient d'auoir dans leurs corps les deux ames, celuy la d'Hercules, se faisant habiller, portraire, & nommer comme Hercules : cettuy cy d'Alexandre, se rendant le singe, & la mariotte de ses apophtegmes, & de tout son port. Mais vous auez, SIRE, par droit d'heritage ce que ceux cy n'auoient que par presomption, & fantosme. C'est le fonds, & le champ de nostre tableau. Là dessus, au iour natal de vostre Maiesté, le ciel crayonna les premiers traicts de cette image, & en getta la premiere ordonnance, vous rencontrant souz là constellation genereuse du lyon calculee en l'onziesme maison de vostre natiuité, presage de ce que vostre Maieste deuoit estre par apres, & suiect à nostre pinceau de donner à vostre image pour casaque d'armes la despouille du lyon parement ordinaire d'Hercules. Conformemèt à cet horoscope les maistres traicts, & pourfils commencerent à se descouvrir en vostre bas aage, où vous auez eschappé, & estouffé mille embusches, & dangiers comme serpenteaux rampans sur le berceau de vostre adolescence. En laquelle desia, SIRE, Roy seulement de Nauarre, vous presentastes le duel en champ clos, à vn lyon à Nerac, & le mittes par terre, & deslors esbauchates par diuers succez, & victoires signalees tout le proiect de ses lineamens Herculins, lesquels vostre Maiesté du depuis à coulourez, & reduicts à leur entiere, & inimitable perfection. Hercules desfit l'Hydre: vostre Maiesté, par ces memorables iournees d'Arques, d'Yury, d'Amiens, & autres presque sans nombre a abbatu plus d'armees, que l'Hydre n'auoit de goziers ; broyant à la moulette de vostre coutelas tranchaut le plus beau vermillon de vostre peinture. Hercules chargea le ciel sur ses espaules, & vous endossates, le iour de vostre sacre, ce monde de France, où brillent les fleurs de lis sur le beau lambris de leur champ azuré : où esclatte le Soleil de vostre gloire : où esclairent, à guize de flambeaux, tous les Princes, & officiers de cette coronne, ne se mouuans qu'au bransle de voz volontes, & sur les poles & ressorts de vostre obeyssance. Bref où la Galaxie argentine de cette escharpe blanche rehausse la candeur, & la sincerité de ce peuple Gaulois blanchissant de vostre laict, & brillant de vostre astre. Ce ciel vous auons nous mis en main pour escu, & pour bouclier inexpugnable, fleurdelisé d'or, & champé d'azur. Hercules assoupit le Dragon gardien, & portier du iardin Hesperide, se rendant par ce moyen le maistre des isles fortunees : vostre Maiesté ayant endormy au giron de sa douce obeyssance, du sommeil de ses principales faueurs, sa bonne ville de Lyon clef frontiere de la France se veid monarque paysible de ce florissant Royaume iardin de l'Europe, le plus beau parterre de l'vniuers, où sont autant de vergiers que de villes; où germent les fleurs de lis, où viennent les roses de Florence, où se voit Paris le Paradis du Royaume, & l'isle fortunee de France, le plus beau fleuron, SIRE, de vostre chapeau de triomphe : toutes lesquelles beautés nous seruoient icy à vn plaisant, & parfaict paysage. Hercules apres auoir tout gaigné hormis soy, se voulut veincre

soy mesme, s'eslançant dans les brasiers du mont Oeta : vostre Maiesté au plus haut
de sa roüe, sur la croupe de l'Olympe de ses prosperitez, embrasee de l'amour de
ses pouures subiects, se surmonta elle mesme insurmontable à tout autre, par sa seule
clemence, octroyant l'amnistie generale des excez passez à tant de milliers de François : de laquelle vertu la plus illustre de toutes les autres, nous auions leué les plus apparentes couleurs pour rehausser tout ensemble, & adoucir ce portraict, & en toucher
le visage du traict de vertu le plus beau, le plus clair, & le plus remarquable en vn
Roy accomply de toutes ses couleurs. Hercules pour ses armes portoit vne massue faicte de bois d'Oliue, laquelle apres tant de coups donnez, estant replantee creust en vn
grand Oliuier, & dit on que la plus part de ses voyages ne furent entreprins que
pour trouuer l'Oliue, & la transporter en la Grece, pour couronner les veinqueurs au
Tournoys Olympique. SIRE, voz deuises que sont elles autre chose, que la massue
d'Hercules depeincte en voz admirables Galeries, semee parmy voz parterres, esleuee
par voz Tuilleries, grauee dans voz Louures, brodee sur les Hocquetons de voz gardes, burinee dans voz medailles, enchassee dans voz ioyaux, placee dans voz ca-
binets, & thresors, esmaillee sur l'esmery de voz cuirasses, fourbie dans les lames de
voz coutelas? Et quel a esté le but de tant de côbats, sinonque la paix de ce Royaume affligé, plantee à la force de voz bras, apres tant de conuulsions, & auec tant de merueilles? Ainsi respondittes vous aux ambassadeurs Espagnols venus pour traicter de
la paix, disant que vous ne prisiés rien tant que la paix, & que vous ne seriez iamais
la guerre, que contre ceux qui refuseroient la paix. De ce traict nous retirames la masse que vous auiés en main en ce tableau triomphal. Hercules deslia le puissant, & sage
Promethee des chaines, qui le tenoient engagé en Caucase : vous, SIRE, au iour memorable à toute la Chrestienté, que vostre Maiesté, auec la soubmission, & l'obedience
d'vn Roy tres-chrestien fils aisné de l'Eglise, professa la foy de ses ancestres, & receut le baiser de paix, la benediction, & absolution recherchee auec telle ferueur, &
instance, de sa saincteté, que fittes vous autre que couper tout à faict, le neud Gordien de vostre estat, & briser vne barriere de liens, & de chaines plus espesses que
celles que Sanche le fort Roy de Nauarre enfonsa à la defaicte des Arabes; chaines
lesquelles blasonnerent depuis l'escusson du Royaume Nauarrois, comme les chaines
d'or embellissoient la statuë de l'ancien Hercul Gaulois ? D'icelle humilité, SIRE, qui
rend proprement admirables les Roys, nous auions meslé, & donné les ombrages de
vostre effigie, qui donnoient toute la grace, releuoient, & faisoient paroistre toutes
les autres couleurs, lesquelles ne fussent esté que plates destrampez sans celles icy. En
fin ce grand Heros Hercules, apres les longues courses de la forest de Menale, print la
belle biche Menalee aux cornes & ongles d'or. Et vostre Maiesté pour comble de ses
fortunes, & accomplissement du bon heur de la France a obtenu du ciel cette belle Princesse vray miroüer de voz humeurs, moulee à voz vertus, & grandeurs, en laquelle,
apres vous, reposent toutes les plus solides esperances de vostre peuple, qui enuoye à
tout heure ses voix, & ses vœux là haut au Roy des Roys, à fin que d'icelle il vueille

bien tost nous donner vn petit Herculin. Cette biche emmenee en lesse par Hercules estoit depeinte en paysage, souz vn laurier verdoyant, & donnoit beaucoup de
grace, & de veüe à tout le reste de l'œuure. Voyla en peu de mots la portraicture de
l'image de vostre Maiesté, en parallele de l'ancien Hercules. Les proportions y estoient
aussi estroictement gardees, toutes en septenaire, à la dimension de sept faces seulement: puis que toutes les mesures prennent leur principe d'vn septenaire, & mesme l'art des proportions du corps a esté puisé de la plante, & vestige d'Hercules. Car
Sire, pour ne dire tant de fois, que vostre Maiesté est le septiesme Roy de ce siecle
en France, & le neuf fois septiesme de tous les Roys voz predecesseurs, voz ans courent par septenaire, vous estant ia paruenu au sept fois septiesme: voz quatre principales batailles, vostre sacre, vostre profession de foy, & plusieurs autres faicts des
plus importans eurent tous leur septenaire comme l'on a deduict cy apres: nombre diuin, & auguste, fauorable, & comme fatal à vostre Maiesté, qui a proprieté, & force
côme vous, sur les escroüelles, qui a felicité toutes les circonstances de vostre triomphe
dressé en Auignon ville septenaire de toutes parts, sur le subiect d'Hercules qui estoit
de Thebes ville à sept portes, à l'occasion du mariage celebré le 17. de Decembre, auec
la Royne aagee de vingt sept ans, petite fille de Ferdinand septiesme Empereur de la
maison d'Austriche, venuë de Florence auec dix sept Galeres, & la sienne toute septenaire de septante pas de long, à vingt sept rames de chasque costé: & sur tout, l'an
du Iubilé essentiellemêt septenaire, duquel est escrit en l'escriture saincte. TV CONTE-
RAS SEPT SEPMAINES D'ANNEES, C'EST A SÇAVOIR, SEPT FOIS SEPT, QVI SONT
EN TOVT QVARANTE NEVF ANS &C. CAR C'EST LE IVBILE. Où nous recognoissôs,
Sire, l'admirable rêcontre des ans de vostre aage, auec ceux du Iubilé. Mais pour
n'abuser auec tât de licêce, de voz oreilles Royalles, & ne nous estendre d'auâtage sur
ce suiect traicté à fonds puis apres, la proportion septenaire de vostre effigie fantasee
sur le prototype d'Hercules, nous donna matiere de dresser le triomphe aussi septenaire
façônâs vn labyrinthe des sept trauaux d'Hercules rapportez cy dessus, & appropriez
à ceux de vostre Maiesté, le tout composé de sept Arcs triôphaux esleuez aux sept endroicts les plus celebres de nostre ville, sur l'Hypothese de l'Hydre de voz victoires, du
ciel de vostre Royaume, du iardin Hesperien de voz villes, des flammes de vostre
amour & clemêce, de l'Oliue & de la masse de la paix, qu'auez faicte, du Promethee de
vostre pieté, & religion, & de la Biche de vostre mariage. Sans compter les chariots,
Galeries, Temples, Trophees, & Theatres seruans au mesme effect, qui se deduisent
par le menu par tout le suyuant discours. Nous voulions icy finir cette dedicace,
& presenter à vostre clemence ce portraict racourcy, & comme reduict au petit pied
estroississant voz merueilles dans l'estroit de ce petit tableau, à l'exemple de celuy, lequel
abbregea la Mapemonde de tout l'vniuers, dans le petit espace de son ongle: ou de l'autre, qui auoit reduit toute l'Iliade dans vn creux de noix: ou de Timantes, lequel en vn
petit coup de pinceau donnoit à entendre mille choses. Mais, Sire, nous nous auisames

d'vn coin important de cette peinture que nous auions presque oublié mal à propos: car côme Phidias depeignant le bouclier de Minerue son chef d'œuure, y entassa tellement en vn bout son portraict, qu'il ne pouuoit estre bisé sans defigurer & corrompre tout l'ouurage: aussi vous ne pouués passer, SIRE, l'œil de vostre bonté admirable sur cette effigie vostre, sans y recognoistre les autheurs de ce proiect, qui y sont inserez si auant que l'on ne peut ne les recognoistre, ny passer sans difformité notable du portraict. Ce sont, SIRE, les Peres de la Conpagnie de IESVS, lesquels à nostre requeste, ont proiecté, conduict, & mené tout ce dessein, & ont tousiours faict grand estat de vous honorer, & seruir, & ne rien oublier de tout ce qu'ils estimoiët concerner le seruice de vostre Maiesté. Nous auons esté tesmoings irreprochables de leurs deportemens, mesme depuis la dermere bourrasque, qu'emporta le reste de leur bris, & le reliquat de leur naufrage en nostre ville. On ne peut desirer plus de soin, d'affection, & de zele au bien commun, ou au seruice de vostre couronne, qu'ils en ont faict paroistre, sans se lasser iamais en ce deuoir. Aussi, SIRE, auez vous faict reluire les rayons de voz faueurs, & Royales promesses, en leur endroit, specialement en cette annee du Iubilé, annee de remission, annee septenaire, annee concourant auec les annees de vostre aage, annee septiesme de leur despart de la France, qui estoit le terme ordôné de Dieu, apres lequel tous les absens deuoient retourner en leur patrie, ventrer en leurs possessions, estre remis en leurs droits, appellé pour cela an de remission au Deuteronome 11. & 21. Toute la Chrestiété, SIRE, a receu cette ioye de voz solénelles promesses, & caresses si remarquables enuers cette Côpagnie, les fruicts de laquelle elle voit en tous les endroits de la terre habitable, & nous en particulier, qui voyons à l'œil tous les iours, les grands biens, qui se font par leur moyen, en tous les lieux circonuoysins. & limitrophes de vostre Royaume, où ils combatët par leur doctrine, & vie exemplaire, au moins par le dehors, & par la courtine, les aduersaires de nostre foy, & ceux lesquels pieça auoiët antidaté leur ruine, si vostre douceur, & bonte merueilleuse, ne les eut empesché, leur donnât de si belles, & authentiques esperâces, à la veüe de toute la Frâce, de pouuoir bien tost seruir, auecque plus de liberté, & efficace, tant vostre Royaume, que la saincte Eglise, de laquelle vous estes le fils aisné. Cependant, SIRE, nous supplions, en toute reuerence, vostre facilité incomparable, de donner tandis congé, & saufconduict à ce petit tableau, de ce presenter, & prosterner humblement, au nom de toute cette ville, aux pieds de vostre Maiesté afin que par son fauorable accueil, il publie plus hardimêt, & sans crainte les merueilleuses proüesses de vostre Maiesté. & ensêble l'entiere affection, & deuotion immortele de voz fideles Auignônois, qui ne cesseront iamais de prier le createur de vous prosperer tousiours de plus en plus, & vous ayant preserué par longues annees à voz Royaumes, vous côbler de tant de guirlâdes au ciel, qui auez merité de lauriers, & triôphes en terre.

De vostre Maiesté

La tref obligee, tref-fidele, &
tref-obeyssante
La ville d'Auignon.

Anagramme.

HENRY DE BOVRBON

ROY NÉ DE BONHEVR

AVANT-PROPOS
DE L'AVTHEVR.

AV LECTEVR.

AMY lecteur, sur les nouuelles iterees, par plusieurs fois, de la descête du Roy en cette ville d'Auignõ, & de l'embarquemét de la Royne à Liuorne, Monseigneur l'Illustrissime Charles de Cóty Euesque d'Ancône, vicaire general pour sa saincteté, & Vicelegat en la legation d'Auignon, se resolut de pouruoir, sans plus lõg delay, aux preparatifs necessaires à receuoir leurs Maiestés ; & en donna l'ordre aux magnifiques seigneurs Consuls de ladicte ville, leur enioignant de prendre les expediens, & s'y apprester en diligence. L'on assembla le Conseil le 4. d'Octobre, & fut dict, du consentement de tous, que les reuerends Peres du College de la Compagnie de IESVS, auquel la ieunesse de cette ville est essenee en la cognoissance de toutes sciences, & dressee es bonnes meurs, seroiêt requis de la part de mondict seigneur, & de ladicte ville en corps, d'en entreprendre la charge, & en espouser en chef tout le soin; ce qu'ils firent auec autant de volonté, que l'on desiroit, accompagnee d'vn grand zele de seruir à sa Maiesté, & honorer la ville. Le sixiesme d'Octobre, la semonce en fut faicte par les deputés du Conseil. On crayóna le dessein du labyrinthe tout aussi tost : il fut communiqué de viue voix audict Cõseil: presenté à mondict seigneur le Vicelegat en presence des Consuls selon la forme, & teneur des loix, & bonnes coustumes de la ville. Fut loüé, & approuué de tous, & iugé tresconuenable, & sortable au suiect. L'on met la main à l'œuure. Se passe vn mois sur l'attente, tahtost du Roy, puis de la Royne, ores de tous les deux, que fut tout le temps qu'on peut auoir, tant pour proiecter le plan de ce Dedale, que pour le mettre en estat. Trop peu, à la verité si l'on considere de pres, ou l'appareil requis à receuoir vne Maiesté Royale ; où le grand corps du dessein, le monde d'histoires, le labyrinthe d'inscriptions de bien plus grande suitte, & loisir que cela: laissant à part les recherches curieuses, les rencontres necessaires, les heures qui se passent à reuoir, sonder, minuter, parafer, & authentiquer toutes choses. Ne fut l'assistence diuine, que l'on a experimétee fort speciale en plusieurs occurences, la prouidence infatigable du Prince, qui a tousiours viuement animé,

animé, & preſſé l'affaire:la vigiláce des Magiſtrats, qui y ont tenu la main:
l'induſtrie des deputés, qui y apporterent tout deuoir, & diligence: l'eſprit
& vſage du peintre, & des autres ouuriers, qui s'en acquiterent deuëment:
& ſur tout la grandeur du ſuiect, où l'on n'auoit peine, qu'à faire le tria-
ge des threſors inexpuyſables, que l'hiſtoire de ſa Maieſté, les miracles de
ſa fortune, les hauts exploits de ſa vaillance, la plantureuſe moiſſon de ſes
lauriers, & trophees ; & d'ailleurs le bon heur, la felicité, les rares qualitez,
la grandeur, & Maieſté, la vertu, & eminence, la ſplédeur, & la gloire de la
Royne, nous fourniſſoiét: on peut dire auec verité, ou que l'on n'euſſe ſçeu
amener iuſques là en demy annee ce que l'on a veu dreſſé heureuſement
en vn mois ; où que l'on euſſe, ſans doubte, du premier coup, ployé ſouz
le faix d'vne ſi ardue, & ſoudaine entreprinſe. A Dieu en reuienne la gloire cauſe premiere, & principe de tout bien ; l'heur, & l'honneur au Roy,
qui a cela de naturel, & de propre, que de faire bódir, & galoper les eſprits,
qui s'approchent de la ſplendeur de ſa gloire, & du luſtre de ſes proüeſſes
pour en diſcourir, ou ſpeculer quelque choſe. Mais comme ce fut quaſi in-
compatible, ſignamment en ſi grande briefueté de temps, d'auoir vn ſoin
vniuerſel, & ſurintendance architectonique d'vn tel proiect, pour aſſiſter
d'eſprit, & d'œil aux ouuriers, & s'enclauer enſemble dedans les outils, &
ferrailles des artiſans, ou ſe raualer iuſques aux penſees les plus menues, &
mechaniques: Meſſieurs les Conſuls, & le Conſeil y pourueurét auſſi, choi-
ſiſſans d'être eux ſix deputez gens expers, & entendus pour ſoulager l'ouurage, quant au faict de l'execution: Ce furent les Sieurs Thomas de Serre
threſaurier general de la marine pour ſa Maieſté: Pierre Guiart S' de S. Iuil-
len: Ieā Michel Pertuys, Anthoine Crozet, Ieā Anthoine Fabri, & François
Chayſſi, citoiés & Bourgeois d'Auignon. La feſte, & iournee du triophe eſ-
coulee, l'on ne péſoit rien de moins, que de mettre en cápaigne, & donner
carriere à ceſt ouurage de ſi peu de loiſir, & faire voir à la France ce laby-
rīthe de maux, duquel par la ſage códuite, & prouidéce admirable du Roy
cóme par le filet d'Ariadne, elle a eſté deſengagee quát & luy, ayant deſia
eu pour teſmoing d'inſuffiſáce notoire la maieſté d'vne cour Royale, ſans
eſuenter d'auantage vn ouurage haſté, & preſque precipité, certes diſpro-
portionné à la grandeur, & immenſité inacceſſible du ſuiect ; & qui
n'a rien en ſoy de plus rare, ou plauſible, ou digne de la preſſe, que la
magnificence Royale, & le ſomptueux appreſt des Auignonnois, lequel y
a eſté remarquable, & digne de memoire, qui eut peu correſpondre d'eſprit, & d'eloquence à la beauté du proiect, ou au zele de leur cordiale affection. Toutesfois il eſt aduenu tout autrement que l'on n'eſperoit: car la
Royne, ayant gouſté cette preuue ſi authentique de la ſincere deuotion,

que

que la belle ville d'Auignon a apporté de tout temps au seruice des Roys
ses protecteurs, commáda le lendemain de son entree, que tout l'appareil
fut reduict en bon estat, & mis en son entier pour estre presenté à sa Maiesté. Son Ausmonier en fit le raport de sa part: & l'ingenieur du Roy le
Sieur Constantin de Serui le poursuiuit chaudemét, lequel encore depuis
le depart de la Royne, cuidant que l'on se fut endormy sur le mestier, en
reïtera la demande par lettres en termes tresexpres, & preignans, & sur
tout, par celles qu'il escriuit de Lyon datees du 10. de Decembre. Ie laisse
en arriere les recharges, qu'en a faict monsieur Hierosme de Gondy
Gentilhomme d'honneur de la Royne, personnage de grand merite
& reputation en ce Royaume, lequel depuis le despart de sa Maiesté en
a sollicité, & requis les Consuls, & la ville par ses lettres plus d'vne fois:
toutes lesquelles instances, de toutes parts, firent resoudre lesdicts Sieurs
Consuls, de se mettre quant, & quant en deuoir de fournir aux despens des
planches de taille douce, & se seruir fort à propos, de la commodité, qui
s'estoit presentee tout à point, d'vn certain Alemand excellent gra-
ueur abbordé n'aguieres en cette ville, à autre occasion. Si que ne se
pouuant plus eschiuer, ne contreuenir à tant de deuoirs, & hypotheques,
on fut contraint de croire plus, en cet endroit, à tant de commandemens,
que de dilayer plus long temps, mesme auec quelque interest, & danger
d'encourir les iugements de plusieurs, lesquels y verront plus de volonté
que de faict : n'y trouueront pas ce qu'ils attendoient ou d'esprit, ou d'e-
loquence : & peut estre encore estimeront ce labeur suranné, & hors de
saison, pour n'estre sorty si tost qu'on eust bien desiré. Mais le grand
nombre de planches ne se pouuoit ietter au moule incontinent, & plusieurs graues occupations y sont entreuenues à la trauerse : & si auroit on
nonobstant faict telle diligence, & reduict le tout en tel point, que l'on
en eusse peu auoit l'issue au my Caresme, ne fut vn accident inopiné suruenu en mesme téps à l'Imprimeur, qui a mené l'affaire à la lógue quatre
mois au delà de son deuoir, & de noz esperances : que seroit bien encore le moins de mal, si l'œuure correspondoit à la longueur du temps : &
seroit bien assez tost, s'il estoit assez bien. Cependant, amy lecteur, si le
stile vous semble precipité, les inuentions hastees, les rencontres peu heureux, les succez peslemeslez tantost du bon heur, tantost du contraire ; ie
vous prie de ne l'imputer à autre qu'a l'incapacité de nostre esprit, & à la
foiblesse de noz forces : ou s'il vous plait d'estre plus benin, & fauorable,
à l'immensité du suiect, duquel plus on en dict, plus on en laisse à dire : &
encore au peu de loysir, & disette de ces beaux iours, qui abondent à ceux
qui n'ont rien autre à faire, qu'à bien dire, à espier les voyelles, à alambi-

††

quer

quer les syllabes, à afiner les mots iusqu'au vingt quatriesme carat, à trier, comme l'on dit, les periodes sur le volet. I'espere que vous receurez le tout en bonne part, & d'aussi bon cœur que ie vous le voüe, iusques à tant que l'occasion s'espanouysse, & le temps plus propice se presente de monstrer que ie ne desire plus grand heur à ma plume, que d'estre employee au seruicede sa Maiesté, que i'honore, & admire par dessus les Maiestez de tous les Roys de la terre. Adieu.

TABLE

TABLE
DES POINCTS PRINCIPAVX DV
LABYRINTHE ROYAL.

Auec les preuues des Anagrammes, qui y sont rapportés en diuers endroits.

CHAP. I.

1.　L'ARGVMENT, & motif de tout l'appareil. pag. 1.
2.　Les Roys de Nauarre issus d'Hercules fils d'Osiris. pag. 2.
3.　La massue d'Hercules deuise ordinaire du Roy. pag. 3.
4.　Blason des chaines d'or des Armoyries de Nauarre. pag. 3.
5.　Blason des Armoyries de Medicis tirees de la massue d'Hercules. pag. 4.
6.　Le premier de la maison de Medicis Euerard Cheualier natif de France. pag. 4.
7.　L'ancien Hercules à bataille à la pleine de Sellon en Prouence. pag. 5.
8.　L'origine, & celebrité fabuleuse du champ pierreux de Sellon. pag. 5.
9.　Blason des Armoyries d'Auignon, & des deux Gersauls Hieroglyphique d'Hercules. pag. 6.

CHAP. II.

1.　L'ARRIVÉE de la Royne en Auignon. pag. 7. Sa premiere conchee d'Ais à Sellon. pag. 7.
2.　Des vents de Prouence celebrés par les anciens. pag. 7.
3.　De l'humeur genereuse, & grandeur de courage de la Royne symbolizante auec celle du Roy. pag. 8.
4.　L'on va au deuant de sa Maiesté. pag. 9.

CHAP. III.

1.　LE PREMIER RENCONTRE de la Galerie hors la ville. pag. 13.
2.　Les inscriptions d'icelle seruans de prologue à tout l'appareil. pag. 13.
3.　Les sept emblemes des sept planetes. pag. 14.
4.　La premiere inscription triomphale. pag. 15.
5.　Les trois Anagrammes qui s'ensuiuent. pag. 15.

HENRICVS BORBONIVS GAELIARVM REX.
EN CLAVAM GERIS ROBVR BONI HERCVLIS.
X. Changé en C.

MARIA MEDICAEA REGINA.
DEIANIRA MEA MIRE CARA.
G. En R.
MARIA MEDICAEA REGINA.
DII ! EN CARA MEA MEGARA.
I. De moins.

TABLE.
CHAP. IV.

1. LE SECOND RENCONTRE *du char triomphal. pag. 17.*
2. *Sa fabrique, & ordonnance, pag. 19.*
3. *L'espee du Roy triomphante portee dans le char. pag. 20.*
4. *Le cœur du Roy porté en triomphe dans le mesme char. pag. 20.*
5. *Le chœur du char des 14. Nymphes, auec Iunon, à voix & instruments. pag. 20.*
   L'hymne triomphal chanté dans ledict char. pag. 21.
   Ce qui se passa au premier abbord de la Royne, au char, & à la Galerie. pag. 22.
   La harangue de monsieur l'Assesseur Suares. pag. 22.
   L'Anagramme de monseigneur le Conestable. pag. 23.

HENRY DE MONTMORENCY CONESTABLE
LE ROY TE CHERIT COMME SON BON ANNE.

D. En O.

6. *Description de la Royne, & de son appareil. pag. 23.*
7. *Les trois Anagrammes qui estoient escripts au char triomphal. pag. 19.*

MARIA DE MEDICIS REGINA.
I DEA SACRA IN DEI GREMIVM.

V. De trop.

MARIA DE MEDICIS REGINA GALLORVM
PERGO AD ENRICVM REMIS AD GALLIAM.

P. De trop.

HENRICVS BORBONIVS.   pag. 20.
HOC ROBVR IN ENSIBVS.

Entier.

MARIE DE MEDICIS   pag. 20.
DAME ICI DESIREE.

M. En E.

CHAP. V.

1. LE TROISIESME RENCONTRE *des sept coronnes. pag. 24.*
2. *Votum publicum escrit en dehors du Rauelin en vne des Tours. pag. 24.*
3. *Vn Plebiscitum escrit en l'autre tour, & aux sept creneaux de la muraille. Ib.*
4. *Discours du nombre septenaire. pag. 26.*
5. *Les ieus Imperiaux estoient septenaires. pag. 26.*
6. *Estoient communs aux Princesses. pag. 26.*
7. *Le Roy est tout septenaire. pag. 26.*
8. *La Royne aussi est septenaire. pag. 27.*
9. *Le iour, & l'heure de l'entree de la Royne en Auignon furent septenaires. pag. 27.*
10. *Horules natif de Thebes ville septenaire. pag. 27.*
11. *L'an qui court septenaire à cause du Iubilé. pag. 27.*
    Rencontre signale des ans de l'aage du Roy, auec les ans du Iubilé. pag. 27.
12. *Proprieté du septenaire de guerir des escrouëlles comme noz Roys. pag. 27.*
13. *La ville d'Auignon de toutes parts septenaire. pag. 28.*
14. *Les sept Papes legitimes qui furent en Auignon l'vn apres l'autre, & ce qu'ils y ont faict de signalé. pag. 29.*
15. *Sainct Vrbain cinquiesme premier Autheur du septenaire d'Auignon. pag. 30.*
    Pour quelle occasion il fit Auignon septenaire. pag. 30.
16. *Les paralleles d'Auignon auecque Rome, & Constantinople. pag. 31.*

TABLE.

17.   Les sept Dieux nuptiaux des sept Arcs triomphaux portantes les sept coronnes montés à cheual, leur equippage, leur compagnie de sept cheuaux chascun. pag. 32.

18.   Les stances que reciterent les sept Dieux. pag. 34.

CHAP. VI.

1.   LE QVATRIESME RENCONTRE du trophee dressé au Rauelin. pag. 39.

2.   Les inscriptions dudict trophee. pag. 41.

3.   L'embleme du nauire auec la constellation de la coronne estoillee deuise commune à nostre sainct Pere, au Roy, & à la Royne. pag. 42.

4.   Le nauire deuise de Paris, & de Rome, du Royaume, & de l'Eglise. pag. 42.

5.   Le Blason des Armoyries de nostre sainct Pere, & la connenance merueilleuse de ses estoilles auec le nauire de sainct Pierre. pag. 44.

6.   Les Anagrammes faisans à ce propos: de N. S. Pere, du Roy, & de la Royne. pag. 45.

CLEMENS OCTAVVS

SIC CLAVVM TENEO.

S. En I.

CLEMENS OCTAVVS PONTIFEX.

IAM FLVCTVS COMPONET SENEX.

M. Repeté.

CLEMENS OCTAVVS PONTIFEX MAXIMVS

FLVCTVANTEM NAVEM SOSPES MOX IVVI.

C. Et X. En V.

CLEMENS OCTAVVS PONTIFEX MAXIMVS ALDOBRANDINVS

BONVS SENEX CLAVIVM PETRI FELIX CVSTOS DOMANDO MALA.

N. En L.   O. Repeté.

HENRICVS BORBONIVS REX NAVARRAE

REX BINAE NAVIS NAVARCHVS ROBORE.

R. En A.

MARIA DE MEDICIS REGINA GALLIARVM

IAM SIDEREA DIRIGAM MARE GALLICVM.

N. En M.

7.   Le poile presenté à sa Maiesté par messieurs les Viguier, & Consuls. pag. 46.

8.   Les Anagrammes desdicts Viguier, & Consuls. pag. 46.

GEORGE DES YSSARS

SAGE SERF DES ROYS.

G. En F.

PAVLVS ANTONIVS SAVVINVS

TV PIVS, VNA SALVS AVINIONIS.

V. En I.

NICOLAVS FERRERIVS

VIR CONSVL IVRA FERES.

V. Repeté.

IOANNES SIBYLLAEVS

ILLE BASIS AVENIONIS.

Entier.

✝✝ ❦   IOSE-

TABLE.

IOSEPHVS SVARESIVS,
IVS PIE SERVAS SOPHVS.
P. Repeté.

9. *L'inscription du cors de garde. pag. 46.*
10. *Auignon confederee auec les anciens Romains. pag. 47.*
11. *Vn senatusconsultum à l'antique escrit aux creneaux du mesme cors de garde. pag. 47.*
12. *Vn edict à l'ancienne Imperiale sur la porte du pont leuis. pag. 48.*
13. *L'ordre dec troupes qui entrerent auec sa Maiesté. pag. 49.*

CHAP. VII.
LE PREMIER ARC TRIOMPHAL DV LABYRINTHE. 51.

1. *LE THEATRE. Sa fabrique. pag. 54. Ses inscriptions. pag. 54.*
   La loy triomphale. pag. 54. L'argumens de tout le labyrinthe. pag. 54.
   Sa Maiesté receuë par le grand couple des violons. pag. 55.
   Par les Graces, & Venus. pag. 55. Leur mythologie. pag. 55.
   Le soterion exhibé par les mesmes Graces. pag. 57.
   Les clefs de la ville donnees à sa Maiesté. pag. 60.
2. *L'architecture de l'Arc d'ordre Ionique. pag. 60.*
   La ville d'Auignon fondee par les Ions autrement appellez Phocenses, en quel temps, qui fut son premier fondateur pag. 60.
   L'etymologie du nom d'Auignon. pag. 60.
3. *L'arc dedié à Mars, cet à dire à la vaillance du Roy, & à ses victoires. pag. 61.*
   Le nombre septenaire est Hieroglyphique de Mars, & de vaillance. pag. 61.
4. *La premiere parallele de l'hydre à Hercules auec les batailles, & victoires du Roy qui sont toutes septenaires. pag. 62.*
5. *Les cinq emblemes. Le 1 du labyrinthe de Dedale pour tout le suiect. pag. 63. le 2. du foudre pour la iournee d'Yury. pag. 63. le 3. du Salus pour la iournee d'Arques. pag. 65. le 4. des stymphalides pour Fontaine Françoise. pag. 66. le 5. de Troye, & de la roüe de fortune pour Amiens. pag. 68.*
   L'anagramme de monsieur de Biron.

HENRI DE BOVRBON   pag. 61
BON HEVR DE BIRON.
Entier.

6. *Les inscriptiôs des frôtispices, corniches, & piedestals Grecques, & Latines. pag. 70.*
   Auignon ne fut iamais prins par assaut. pag. 71.
   Les Anagrammes des deux faces rapportes à la force, & valeur du Roy, & de la Royne. pag. 72.

HENRICVS BORBONIVS REX GALLORVM.
O. LAVS, REGNVM, ROBVR BONI HERCVLIS.
X. En V.
HENRICVS BORBONIVS.
VNVS HEIC NOBIS ROBVR.
Entier.

MARIA DE MEDICIS.   *MARIA MEDICIA.*
IAM MEIS DICAR DEA.   *MIRA AMICA DEI.*
A Repeté.   Entier.

ERRI-

TABLE

ERRICVS BORBONIVS. ENRICVS BORBONIVS.
VINCES ROBVR ORBIS. EN SVB ROBORE VINCIS.
Entier *Entier.*

MARIA MEDICEA
DEIECI AMARA.
M. De moins.

HENRICVS BORBONIVS, MARIA DE MEDICIS
HEM! BINI DII ORBIS, CREDO, MARS, AC VENVS.
Entier.

7. *La coronne de laurier. pag. 74.*

CHAP. VIII.

1. LE CINQVIESME RENCONTRE *de Parnasse sur la belle croix bastie par le Cardinal de Foix Legat d'Auignon oncle de Phœbus de Foix bisayeul du Roy. pag. 75.*
   Les faicts illustres, & l'epitaphe du Cardinal de Foix. pag. 76.
   Laurens de Medicis surnommé le pere des Muses. pag. 77.
2. *Les sept Muses anciennes auec Phœbus, Bacchus, Pan, &c. auec leur harmonie qui iouerent des instruments sur le Parnasse. pag. 78.*
   Le nombre septenaire est harmonique & musical. pag. 78.
3. *Les inscriptions qui estoient en ce Parnasse. pag 79.*
4. *Narré sommaire du grand schisme d'Auignon appaisé par le Cardinal de Foix. pag. 79.*
5. *La ville d'Auignon haut loüee par le Concile pour son zele contre les Schismes. pag. 83.*

CHAP. IX.

LE SECOND ARC TRIOMPHAL DV LABYRINTHE. 85.

1. SON THEATRE *auec sa structure, & parure. pag. 87.*
   L'adieu de Florence, & de la Royne qui y fut exhibé. pag. 87.
   Les hommes illustres de Medicis qui y furent representés. pag. 90.
   Table de la Genealogie, & extraction de la Royne du costé paternel. pag. 95.
   Autre table de son extraction du costé maternel. pag. 96.
2. *L'architecture de l'Arc. pag. 97.*
3. *Il estoit dedié à Apollon l'Oeconome, & au sacre du Roy. pag. 97.*
   La grande affinité des coronnes Royales auec les rayons du Soleil. pag. 97.
4. *La parallele d'Hercules portant le ciel, auec le sacre, & regne du Roy. pag. 98.*
   Blason des Armoyries de France comparees au ciel. pag. 98.
   Les fleurs de lis, & le sainct huile enuoyez du ciel. pag. 98. 99.
   Le sacre du Roy est septenaire. pag. 100.
   Le ciel est tout septenaire. pag. 100.
   Le nombre septenaire signifie la Maiesté, & Royauté. pag. 100.
5. *Les deux emblemes. Le 1 Hercules auec la corne d'Amalthee. pag. 101.*
   Les cornes sont le symbole de la coronne, & des rayons solaires. pag. 101.
   Le second embleme l'Archange Michel tutelaire de France auec vne corne d'abondāce, & les Hieroglyphiques des ceremonies du sacre du Roy. pag. 101.
6. *Les inscriptions de l'Arc. pag. 103.*
   Les Anagrammes propres du sacre Royal. pag. 104.

HENRICVS BORBONIVS,
HEROS VNICVS IN ORBE.
B. En E.

TABLE.

ENRICVS BORBONIVS GALLIARVM REX.

LVX RVTILA REGVM BIS CORONABERIS.

N. En T.

MARIA DE MEDICIS.

DIADEMA RECIPIS.

M. En P.

MARIA DE MEDICIS REGINA GALLORVM

DIADEMA AC REGNA LILIORVM REGIS.

M. Repeté.

7.   *La coronne de France fleurdelizee. pag. 104.*

CHAP. X.

1.   LES RENCONTRES HISTORIAVX *qui estoient inserez entre les Arcs triomphaux. pag. 105.*

    Charles Martel deliura Auignon des Sarrasins par vn siege memorable. pag. 106.

    Charlemagne second foundateur de l'Eglise Cathedrale d'Auignon. pag. 106.

    Loys huictiesme pere de sainct Loys deliure Auignon de la tyrannie des albigeois, par vn siege remarquable. pag. 107.

    Auignon dementelee, & pourquoy. pag. 107.

    Auignon a esté plus puissante, & plus belle autrefois qu'elle n'est maintenant. pag. 107.

    Auignon ne fut iamais infectee d'heresie. pag. 108.

    Charles & Alfonse freres de S. Loys autheurs des conuentions d'Auignon. pag. 108.

2.   *Abbregé des Seigneurs d'Auignon, & l'histoire de l'achept par sa saincteté. pag. 108.*

    Sainct Pierre de Luxembourg patrateur de miracles parent du Roy. pag. 111.

    Les deux Cardinauls de Bourbon Legats d'Auignon. pag. 111.

    Brief discours des Legats, & de la legation d'Auignon. pag. 112.

    George d'Armagnac collegat d'Auignon oncle du Roy. pag. 113.

CHAP. XI.

L'ARC TROISIESME DV LABYRINTHE.

1.   SON THEATRE *auec la bataille, & Pyrrhique des Pygmees ou Cupidons auecque la grue. pag. 117.*

    Les sept hommes doctes, & illustres de Florence qui y iouërent. pag. 119.

2.   *La fabrique de l'Arc. pag. 123.*

3.   *Il estoit dedié à Iupiter stator, au bon heur du Roy, & à la reconciliatiõ des villes de France, & des Princes auec sa Maiesté. pag. 123.*

4.   *La parallele au iardin des Hesperides où Hercules cueillit les pommes d'or, auec les villes & Royaume de France iardin de l'Europe. pag. 124.*

    La reddition des villes fut septenaire. pag. 124.

    La reduction d'Orleans, Lyon, Paris, & autres villes. pag. 124.

    Le septenaire domine aux iardins. pag. 126.

5.   *Les cinq emblemes. Le 1 vn globe celeste auec le Soleil in leone, où est expliqué l'horoscope du Roy, & appliqué à la reduction des villes. pag. 126.*

    L'habit de l'ancien Hercules vray Hieroglyphique de l'horoscope du Roy.

    Le 2. Embleme vn lyon representant la ville de Lyon clef de France comme le dragon estoit le gardien du iardin des Hesperides. pag. 126.

    Le 3. l'Hercule Gaulois attirant le peuple auec ses chaines d'or. pag. 127.

    Le 4. le cercle excentrique du Soleil in Ange. pag. 127.

    Le 5. Paris adiugeant la pomme d'or au plus fort. pag. 128.

TABLE.

6. *Les inscriptions des deux faces de l'Arc. pag. 128.*
  Les Anagrammes sur le suiect de la reduction des villes. pag. 131.

HENRY DE BORBON
DE BON ROY BON HEVR.
  O. Repeté.

HENRY DE BOVRBON
NE ROY DE BON HEVR.
  B. En E.

ΜΑΡΙΑ ΜΕΔΙΚΙΑ
ΜΆΚΑΡ ΔΊΑ ΕΊΜΙ.
  Ie suis vne Deesse tresheureuse.
  Entier.

MARIA DE MEDICI
MADRE DE I AMICI.
  Entier.

HENRICVS BORBONIVS
EN EN COR ORBIS HVIVS
  B. En E.
MARIA DE MEDICIS REGINA
DA REGNIS AMICIS REMEDIA.
  S. Repeté.

HENRICVS BORBONIVS
VRBES HONORE VINCIS.
  B. En E.
MARIA MEDICEA
AMER AMICA DEI.
  Entier.

7. *La coronne ciuique de Peuplier. pag. 131.*
  Epigramme escrit auec les anciennes chifres de Cæsar. pag. 132.

CHAP. XII.
L'ARC QVATRIESME DV LABYRINTHE.

1. *Son theatre auec son appareil. pag. 135.*
  Scene Iambique de la France deliuree par l'Hercule Gaulois. pag. 135.
2. *L'architecture de l'Arc. 136.*
3. *La dedicace à Minerue la gratieuse, & à la clemence du Roy. pag. 136.*
4. *La parallele d'Hercules se voinquant soy mesme embrasé dans les flammes d'Oetha, auec la clemence, & ardente amour du Roy enuers ses subiects. pag. 136.*
  Discours de la clemence au Roy. pag. 137.
  Le nombre septenaire symbole de Minerue, & d'humanité. pag. 138.
5. *Les Emblemes. Le 1. du Roy des Abeilles, lequel n'a point d'aiguillon, ou s'il en a, il n'en vse point. pag. 138.*
  Le 2. de l'Elephant caressant les brebis. pag. 139.
6. *Les inscriptions. pag. 140.*
  Les Anagrammes. pag. 141.

HENRICVS BORBONIVS
HIC BONVS VERE NOBIS.
  R. En E.
MARIA DE MEDICIS REGINA GALLIARVM
VIDE VIDE RARAM GALLI REGIS AMICAM.
  N. En V.
MARIE DE MEDICIS ROYNE
DIEV! IE DESIRE MON MARY.
  E. En V.

ENRICVS BORBONIVS
ERO VIR BONVS BONIS.
  C. En O.

7. *La coronne ciuique ancienne de Chesne. pag. 141.*

†††

CHAP.

TABLE.
CHAP. XIII.

1. LE SIXIESME RENCONTRE *du Temple de Ianus fermé & dreßé au Change.* pag. 145.
    Son Architecture. pag. 145. *Les 7 vertus des sept Arcs sur le Temple.* pag. 146.
    L'inscription de paix. pag. 146.
    Le sonnet chanté par le grand chœur de musique dans le temple. pag. 147.
2. *Les portraicts, & eloges des hommes illustres de la race Royale, qui firent iadis quelque acte Heroique en Auignon.* pag. 148.
3. *La Genealogie des Ducs de Bourbon auec leurs portraicts, & eloges.* pag. 159.
4. *Le labyrinthe quarré faict art iciellement.* pag. 151.

CHAP. XIV.
L'ARC CINQVIESME DV LABYRINTHE.

1. LA GALERIE *au lieu du Theatre auec sa structure.* pag. 155.
    Les Genies sacrez des Papes de la Toscane qui y reciterent. pag. 156.
    Les Genies domestiques qui reciterent les alliances de Medicis. p. 157.
    Table generale des alliances de la maison de Medicis. pag. 159.
    Les eloges des Roys de Nauarre. 161.
2. *L'architecture de l'Arc.* pag. 162.
3. *Il estoit dedié à Mercure Dieu de paix, & à la paix generale entre les deux Roys.* pag. 162.
4. *La parallele de Gerion Roy des Espaignes ennemy d'Hercules, auec la paix faicte entre le Roy, & sa Maiesté Catholique.* pag. 162.
    Nombre septenaire pacifique, & ennemy de guerre. pag. 163.
5. *Les emblemes. L'vn de la paix depeincte, & tirée du prototype de Tibulle. L'autre du Caducee de Mercure qui correspond de point en point à la deuise du Roy* DVO PROTEGIT VNVS. pag. 164.
6. *Les inscriptions.* pag. 164.
    Les Anagrammes tirez de la paix. pag. 166.

HENRICVS BORBONIVS.   MARIA DE MEDICIS REGINA.
ORBIS SVB HOC VIRENS.   DEI MEDICA IN ARMA REGIS.
    S. En N.   *Entier.*

HENRICVS BORBONIVS. MARIA DE MEDICIS REGINA.
HEM! BINI DII REGES ORBIS MERCVRIVS AC DIANA.
N. De moins.

MARIA DE MEDICIS REGINA GALLORVM.
MEA MIRA REGNA MIRE GALLICIS ADDO.
V. En A.

CHAP. XV.
L'ARC SIXIESME DV LABYRINTHE.

1. SON THEATRE *auec sa fabrique.* pag. 169.
    Les inscriptions du Theatre. pag. 169.
    Le combat d'Hercules contre le Dragon qui y fut exhibé. pag. 170.
    Les quatre Satyres sur le mesme suiect. 174.
2. *L'architecture dudict Arc.* pag. 174.

TABLE.

3. Il estoit dedié à Diane, à la religion du Roy, & à la Benediction receüe de nostre sainct Pere le Pape. pag.172.

   Le nombre septenaire est le symbole de l'Eglise Catholique, & Hieroglyphique de benediction, & absolution. pag.172 & 173.

4. La parallele d'Hercules desliant de Caucase le grand & sage Promethee, auecque le Roy rompant toutes les barrieres, & coupant par sa conuersion, tous les nœuds Gordiens de son estat. pag.174.

   La declaration que sa Maiesté fit à S. Denis de la religion Catholique. pag.175.

5. Le premier Embleme d'vn Cerf beuuant à la pure fontaine. pag.177.

   Le 2. du Soleil dißipant les nuees. pag.177.

   Le 3. du Pegase se guindant au ciel, & frapant le roch des pieds de derriere. pag.177.

   Le quatriesme du Soleil sortant plus brillant de la nuee. pag.177.

   L'impudence, & indignité des Huguenots syndiquans la Religion de sa Maiesté. pa.177.

   L'ode Nebulæ Lemanicæ: sur le suiect du 2. Embleme. pag.179.

   Les inscriptions de tout l'Arc. pag.183.

   Les Anagrammes appropriez à la pieté, & Religion du Roy, & de la Royne. pag.185.

HENRICVS BORBONIVS GALLIARVM REX.
HIC RARVS ORBE NVMA RELIGIONIS LVX.
B. En I.

ENRICVS BORBONIVS.
ROBORE NVBES VINCIS.
E. Repeté.

MARIA DE MEDICIS REGINA GALLORVM
MIRA MVNDI GLORIA CLARES MAGE DIE.
Entier.

MARIA DE MEDICIS
ME DICAS DEAM IRIM.
M. Repeté.

7. La coronne de palme. pag.185.

CHAP. XVI.
L'ARC SEPTIESME DV LABYRINTHE.

1. LE THEATRE sur vne Tour dressé à l'immortalité, & propagation de la maison de Bourbon & à l'Epithalame Royal. pag.186.

   Les inscriptions de la Tour. pag.186.

   Les Auignonnois sont naturalisez au Royaume de France. pag.187.

   L'embleme, & deuise d'Hercules immortalisé, & logé entre les Astres. pag.188.

   L'Anagramme de la Tour. 188.

MARIE DE MEDICIS ROYNE.
IE ME DIS IA MERE D'VN ROY.
C. En V.

   L'epithalame du Roy, & de la Royne chanté sur la Tour. pag.190.

2. L'architecture de l'Arc. pag.193.

3. Il estoit dedié à Venus Martiale, & au mariage de sa Maiesté. pag.193.

TABLE.

Le mariage du Roy, & description de la Galere de la Royne. pag.194.

Le mariage, & voyage de la Royne septenaires. pag.194.

Le nombre septenaire domine au mariage, & à tous les aages, & progrez de la vie de l'homme. pag.195.

4.   La parallele de la belle biche Menalee aux cornes d'or emmenee par Hercules auec le mariage de sa Maiesté. pag.196.

Embleme de Petrarque remarquable sur la biche, & la Laure. pag.196.

La Laure fut chaste, & vertueuse. pag.197. son Epitaphe. 197.

Le Roy François fit desenterrer la Laure en Auignon. pag.197.

Aux triomphes des Empereurs Romains l'on faisoit tousiours memoire de la mort. pag.198.

Discours de la mort adresse à la Royne. pag.198.

Vers du Roy François au tombeau de la Laure. pag.199.

5.   Le premier Embleme du Phœnix suruiuant de ses cendres. pag.200.

Le second de Milon Crotoniates pancratiaste. pag.200.

6.   Les inscriptions de l'Arc. pag.200.

Les Anagrammes tracez sur le mariage Royal. pag.201.

HENRICVS BORBONIVS   MARIA DE MEDICIS REGINA

SORS HVIC NON BREVIS   MIRA DEA YMEN DABIS REGI.

B. En S.   C. En B.

MARIA DE MEDICIS REGINA.

I DEA SACRA IN DEI GREMIVM.

V. De trop.

MARIE DE MEDICIS ROYNE DE FRANCE

FIANCEE DE CE ENRY MON MARI DESIRE.

D. En N.

7.   La coronne de myrte. pag.202.

CHAP. XVII.

1.   LE DERNIER RENCONTRE des colomnes d'Hercules. pag.205.

Histoire des colomnes d'Hercules. pag.205.

Deuise de Charles Quint. pag.205.

Les colomnes d'Hercules appliquees à la deuise du Roy. pag.206.

Les inscriptions qui y estoient. pag.206.

Les Anagrammes. pag.206.

HENRICVS BORBONIVS   HENRICVS BORBONIVS

BIS CVI VIRENS HONOR.   BIS REX HONOR VNICVS.

B. En I.   B. En X.

HEN:

TABLE.

HENRICVS BORBONIVS GALLIARVM REX
BIS REX IN COLVMNA ROBVREA HERCVLIS.
G. En C.

APPENDIX

De ce que se passa à nostre Dame de Doms,
& les iours suyuans.

L'Anagramme de monseigneur le Vicelegat.

CAROLVS DE COMITIBVS PROLEGATVS
TV MODO PETRI LOCO CLAVES SERVABIS.
G. En E.

1. L'ARC TRIOMPHAL *dressé par messieurs de nostre Dame. pag.207.*
    Son Architecture. pag.207.
    Ses inscriptions. 207.208.

2. *Discours sommaire des Eglises d'Auignon.*
    Saincte Marthe premiere fondatrice de l'Eglise Cathedrale. pag.209.
    Etymologie du nom de nostre Dame de Doms. 209.
    Charlemagne second fondateur de la mesme Eglise ruinee par les Sarrasins.
    pag.210.
    La fondation des autres Eglises. 210.
    Le fondateur de nostre Dame dicte la Principau, & l'Etymologie de ce surnom.
    pag.210.

3. *Le portraict de la Laure à l'entree de la Cathedrale. pag. 211.*
    Qui en a esté le peintre. 211.
    Les loüanges de Simon Memmius Prince des peintres, & son epitaphe.
    pag. 211.112.

4. *La Royne est receuë à la porte de l'Eglise Cathedrale par monseigneur d'Auignon, & au-*
    tres prelats. pag.213.
    La harangue de monsieur le prenost Suares à sa Maiesté. pag.214.
    Le Te deum laudamus. 215.

5. *La messe de la Royne au lendemain. pag.215.*
    La nouuelle de la prinse de Mont-millan. 215.
    La ville en corps va saluer sa Maiesté. 215.
    La harangue qui luy fit monsieur Suares l'Assesseur. pag.216.

6. *Le present de la ville d'Auignon faict à sa Maiesté. pag.217.*
    Autre harangue de monsieur Suares l'Assesseur. pag.217.

TABLE.

7. *La collation somptueuse, & Royale que mōseigneur le Vicelegat fit à sa Maiesté pa.217.218.*

LES SEPT ODES *du Temple de Ianus composées par l'Autheur du labyrinthe.219.*

La I. Ode sur les victoires du Roy : pour le premier Arc.pag.219.

La II. Ode sur les Armes de France, & sacre du Roy : pour le second Arc. pag. 220.

La III. Ode sur le Iardin, & vergier de France, & de Florence : pour le troisiesme Arc.pag.224.

La IV. Ode sur l'an du Iubile, & Amnistie du Roy : pour le quatriesme Arc. pag.226.

La V. Ode sur l'Oliue, & la paix : pour l'Arc cinquiesme.pag.229.

La VI. Ode sur la Religion du Roy, pour l'Arc sixiesme. pag.232.

La VII. Ode sur le mariage, & Epithalame du Roy : pour l'Arc septiesme.pag.235.

Nous

NOVS F. Ferriol Gay Vicaire de monsieur l'Inquisiteur general de la sainéte Foy Catholique en la legation d'Auignon, permettons à Iaques Bramereau Imprimeur en laditte ville d'imprimer le liure intitulé LE LABYRINTHE ROYAL, contenant l'entree de Madame Marie de Medicis Royne de France, en la ville d'Auignon, ledict liure ayant esté veu & visité par quatre Docteurs Theologiés. Faict là mesme, le dixiesme Auril 1601.

Gay Vicaire de l'Inquisiteur.

Fautes suruenues en l'Impression.

Il y en a quatre principales. molle (pour) mille en la page. 236. line 8. l'annee 1553. (pour) 1552. en la pag. 126. Diu (pour) die. en la pag. 179. Empereur & Roy (pour) Empereur, & Pere de Philippe Roy. en la pag. 96. au nombre 9. de la table. Aussi y a trop d'Apostrophes l'argeur, l'ouure, L'orraine, l'armes, d'escouurir, l'armoye (pour) largeur, Louure, Lorraine, larmes, descouurir, larmoye, aux pag. 21. 38. 89. 97. 96. 159. 117. 171. 190. l'inconstance de l'ortographe Françoise, & le lecteur debonnaire supporteront facilement les autres, desquelles neantmoins en voicy quelques vnes des plus grossieres.

Fautes.	Correction.	Page.	line.
Apas	Appaft.	3.	41.
Republique	Police	6.	27.
ferment	farments.	20.	22.
efpoles	efpaules.	14.	7.
planctureufe	plantureufe.	22.	36.
traine	train.	30.	45.
autre	autres.	28.	38.
CINQVIESME	SIXIESME.	36.	29.
celefte Hebe	eclefte Hebe.	38.	20.
Phyrricam	Pyrrhicam.	38.	13.
pronubia	pronuba.	38.	14.
de la carte	la carte.	44.	30.
ceant	feant.	61.	23.
efpece	efpaiffe.	63.	27.
Chyfilidi	Gryfilidi.	67.	42.
cer	c'eft.	75.	7.
1578.	1378.	80.	3.
d'Annemare	de Dannemare.	96.	31.
liure 61.	liure 41.	97.	33.
aux	au.	98.	9.
Ardicus	Arcticus.	98.	28.
fe	ce.	106.	12.
fe	ce.	175.	penult.
coftance	conftance.	176.	28.
BENEVOLEMTISIMVM	BENEVOLENTISSIMVM.	184.	83.
Haffo her	faffo hor	197.	38.
foit.	fouët.	198.	2.
lauora	lauora.	196.	5.
Regione	Ragione.	197.	89.
futent	feutent.	206.	3.
qui	qu'il.	209.	51.
Iean François	François	223.	23.

LE LABYRINTHE ROYAL
DE L'HERCVLE GAVLOIS
TRIOMPHANT.

SVR LE SVIECT

DES FORTVNES, BATAILLES, VI-
Ctoires, Trophees, Triomphes, Mariage, & autres faicts Heroiques,
& memorables du Roy, &c.

LES MOTIFS. ARGVMENT, ET SVIECT
DE TOVT L'APPAREIL.

Auec le Blason des Armes de Nauarre, de
Medicis, & d'Auignon.

CHAP. I.

LES ADVIS incertains & perplez sur la venue du Roy ou de la
Royne ou de tous les deux ensemble firent dés le commencement
viser à quelque but qui fut propre & sortable à l'vn & à l'autre:
mais plus toutefois à la personne du Roy; puis que selon la Loy
fœmine ff. de Senatoribus. Fœminis dignitatem clariſſimam Mariti tribu-
unt. Ou comme dict Iustinian. *Autent. de Coſſ. §. si verò. Vxores coruſcant
radys Maritorum.* En quoy on ne pouuoit se trôper, puis que l'on ne scauroit representer
chose plus agréable à cette tres-heureuse Princesse, que de luy faire veoir tout à la
belle premiere entree du Royaulme l'heur de son Mariage, la grandeur de sa fortune,
la gloire & maiesté de ce Prince sans pair; de l'alliance duquel Dieu la bien-heuroit au
dela de toutes les Princesses du monde. La personne du Roy, son estoc & sa race, ses
hauts faicts & miraculeux succez formerent incontinent vn Hercule Gaulois victorieux & triomphant. Les sept principaux incidents, & destroicts de sa vie, par lesquels,
auec tant de merueilles, il est paruenu à cette gloire, fournirent l'Idée d'vn Labyrinthe
septenaire composé de sept replis & destours; effigiés par sept Arcs triomphaux sur
l'hypothese de sept les plus signalez trauaux d'Hercule que les fables des Poëtes ont
chanté auec tant d'appareil, & de piafe. Et pour autant qu'icy se traictoit d'vn Mariage Royal; ils sont desdiez aux sept Dieus que le Poëte Epicharme à feint s'estre trouuez aux Nopces d'Hercules & d'Hebe representans les sept principaux degrez de vertu, de grandeur, & de gloire, qui rendent le Roy admirable par tout l'vniuers. Outre
plus; parce que lesdicts arcs triomphaux estoient par trop essoignez l'vn de l'autre; à

A

cause

cauſe de la grandeur de la ville, & longueur de la rüe triomphale ; & outre ce eſtoient
compoſez, ſans l'Architecture, d'Emblemes, Deuiſes, Inſcriptions, Anagrammes, & autres ſingularitez requiſes ; qui ne pouuoient eſtre remarquees en paſſant ; l'on auoit
obuié à tout, dreſſant premierement à chacun vn Theatre ; & y faiſant exhiber quelque choſe du ſujeƈt, pour en ce pendant donner le loiſir d'arreſter la veüe ſur la
peinture, & toutes ſes appartenáces. En apres par les interualles d'Arc en Arc ez coins,
& aduenues les plus apparentes des rues, eſtoient entremis & inſerez diuers rencontres hiſtoriaux ; comme Entractes, & Epiſodes tirez des hommes Illuſtres de la race
Royale ; & ſignamment du parentage du Roy, qui fleurirent autrefois, ou feirent quelque aƈte Heroique, & ſignalé en la ville d'Auignon : de façon que tout l'attirail, & at-
telage de ce triomphe eſt compoſé de deux parties principales : a ſçauoir des ſept
Arcs auec leurs ſept Theatres, & des rencontres, & entremiſes entre chacun d'iceux.
Voyla en blot, & en gros l'inuention, & la trame de tout l'œuure, que ie veux maintenant deſduire en deſtail.

II   Cevx qvi ſçauĕt la valeur & courage inuincible du Roy, les batailles qu'il a dŏnees,
les viƈtoires qu'il a gaignees, les places qu'il a forcees, les prouinces qu'il a ſubjuguees,
les ennemis qu'il a dŏtez, les riſques & fortunes qu'il a courües, les difficultez inexpli-
cables qu'il a franchies, les deſtroiƈts & perplexités qu'il a paſſees, les merueilles qu'il a
faiƈtes, le nŏ, le bruit, le credit & la gloire qu'il a acquiſe par toute la Chreſtiĕté, ne s'e-
ſtŏneront pas, ſi on la faiƈt veoir en la perſonne d'Hercules, & conduiƈt par vn labyrinthe imaginaire, & phantaſié ſur les labeurs Heroiques du meſme : & encore beaucoup moins s'en formaliſeront ils, ayant entendu les conuenances, & paralleles, qui ſe
treuuent entre l'vn & l'autre. L'Illuſtre maiſon de Nauarre a prins ſa ſource de l'Ancien Hercules fils d'Oſiris, lequel ayant battu & combattu les Lominiens, qui eſtoient
les trois enfans de Gerion tyran des Eſpagnes, & ayant afranchy ce peuple de leur ſer-
uitude, eſtablit en cette Monarchie ſon fils Hiſpalus, les nepueux duquel ſuccederent
depuis à la coronne & Royaulme de Nauarre. Du bartas l'appropie à la maiſon de
foix, d'où eſt extraiƈte ſa Majeſté, en ce Sonnet.

AV ROY.

Mon Prince, aprache toy, vien, ò la fleur des Roys:

   Bacchus ſur noz coſtaux, Platon dans noz entrailles,

Ceres ſur noz vallons: Themis dans noz murailles,

   Les Muſes dans noz eaux: Pan habite en noz bois.

Ne meſpriſe ces rocs, ces rocs ont autrefois

   Nourry ces grands Heros, qu'à vaincre tu trauailles,

Heros, qui par düels, par ſieges, par batailles

   Ont pouſſé iuſque au Ciel l'honneur du ſang des Foix.

Hercule ayant vaincu le triple orgueil d'Eſpagne

   Se feit pere du Roy de ce coin de Montagne,

Qui des filz de ſes filz a touſiours pris la Loy.

Henry l'vnique effroy de la terre Heſperide,

   Tu ne pouuois auoir plus grand ayeul qu'Alcide,

Il ne pouuoit auoir plus grand Nepueu que toy.

Auſſi

Auſſi en ſuite de tout cecy, le Roy ſe plaiſt ſingulierement à tout ce que tient de l'Hercules. Ses gardes Eſcoſſoyſes, ſur leurs hocquetõs blancs portent pour deuiſe vne maſſe d'Hercules faicte d'orfeurerie au milieu de deux coronnes miſes vn peu plus haut pres de trois ou quatre Eſtoilles, qui paroiſſent a trauers des nûees auec ce dicto: DEDIT HAS, DABIT HIS VLTRA. Pour monſtrer que c'eſt du Ciel premierement, d'où releue ſa grandeur, & ſa fortune, & que par ſa valeur plus qu'Herculienne il a eſtably ſes deux coronnes de France & de Nauarre. Il en a auſſi vne autre qui eſt la meſme maſſe d'Hercules croiſee d'vne eſpee, & d'vn ſceptre auec ce mot DVO PROTEGIT VNVS. Et ne voit on quaſi autre dans les Parterres, Palais, & Galeries qu'il a faict dreſſer de nouueau, tant il ſe chatouille & ſe recrée de la memoire de l'Hercules, duquel il tient & le ſceptre & la vaillance. I'adiouſteray encore icy le teſmoignage d'vn des Officiers les plus ſignalés & authoriſez de la coronne. C'eſt monſieur de Belieure grand Chancelier de France, perſonnage de rare vertu, d'integrité exemplaire, d'erudition ſinguliere, de pieté & prudence exquiſe, lequel feit cette Inſcription, pour eſtre miſe ſous la ſtatue du Roy à ſa triomphante, & ſuperbe entree en la ville de Lyon heureuſement proiectee, & du depuis deſcritte par Pierre Mathieu Iuriſconſulte; eſprit vrayement gaillard & capable de plus grandes choſes.

HENRICO IIII. FRANCORVM, NAVARRORVMQVE
REGI HERCVLI GALLICO STVPENDÆ VIRTVTIS
HEROI.

Laquelle inſcription ſignamment remarquee entre tant d'autres belles & Royales tout ce que ſe peut, me ſeruira de bon garant pour le proiect d'Hercules, & ny eat il rien autre de tout ce que ie viens de dire.

ON L'APPELLE auſſi Hercule Gaulois auec ledict Sieur Chancelier: non tant pour ce qu'il a eu les Gaules pour Theatre de ſes victoires & partage de ſes trauaux, que pour faire alluſion aux armes de Nauarre entrelaſſees de chaines d'or en champ de Gueules. Voicy l'hiſtoire, & le pourquoy apres ce qu'en eſcrit Muret & les autres, qui en parlent. SANCHE le fort XXI Roy de Nauarre, & le dernier de la ligne maſculine de Garcias, vainquit en bataille rangee Miramolin Roy des Arabes; rompit les chaines, deſquelles il auoit barricadé, & treilliſſé ſon armee: & pour memoire de cette vaillance, adiouſta aux armes de Nauarre, qui n'eſtoient qu'vn ſimple champ de Gueules, des chaines d'or entrelaſſees comme nous les voyons. Ce que i'ay voulu toucher en paſſant partie pour inſtruire la nieſerie des Peintres, qui en font couſtumierement des mairelles, au lieu d'y pourtraire des chaines: partie pour exprimer en la perſonne du Roy l'Image entiere de l'Hercule Gaulois; lequel au rapport de Lucian l'on peignoit auec chaines d'or, qui ſortans de ſa bouche attiroient par l'aureille vne grande multitude de peuple: comme nous auons veu & voyons tous les iours non ſeulement le peuple François, mais encore les nations eſtrangeres eſpriſes, & comme garrotees de la clemence & humeur affable du Roy, le ſuiure quaſi eſperduement auec vn amour, vn zele, vne ialouſie ſi extraordinaire, qu'il ſemble au vray, qu'il y aye du charme fatal, ou apas d'Amour: qui ne cognoiſtroit l'efficace de ſes propos & l'energie de ſa Royale clemence, qui amolliſſent & deſſauuagent les cœurs les plus barbares. Ie ne crains rien moins que le ſoupçon & crime de flatteur, ny pour ma part en tout ce que ie deſduiray en tout le diſcours de ce triomphe, ny pour l'inuention du ſujet qui

me

me donne vne si belle, & si riche moisson des loüanges de sa Maiesté. I'ay toute la
France, & la plus grande partie de l'vniuers pour tesmoin peremptoire,& irreprocha-
ble, plustost de ne dire assez,que de dire trop des merueilles du Roy.Le flatteur,que les
Grecs appellét à cette occasion parasite,ne pretéd que la lipee;soit qu'il ioüe,soit qu'il
loüe,soit qu'il tanse,soit qu'il danse,soit qu'il prie,soit qu'il rie.Si cette mienne panegy-
rique sortoit de la bouche de ces happeloupins,qui ne mesurét leurs caresses & bône-
tades à autre niueau,qu'à l'esperáce de mieux,& de rasler tousiours quelque disner,qui
sont tousiours aux aguets des auentures,à la chasse des soldes,qui beent apres les honneurs & seigneuries, qui couchent,& croupissent aux escoutes des gras morceaus:qui
iertent les gardons pour tirer des brochets ; quelqu'vn la pourroit auoir pour suspecte & parasitique ; mais ce n'est ny mon mestier, ny mon naturel.Tout ce que i'ay peu,
ou deu pretendre, ça esté premierement la gloire de Dieu, & puis de monstrer en effect vn petit eschantillon du desir que i'ay tousiours senty dans mon ame de faire quelque agreable seruice à sa Majesté : & encore de mettre vn peu en bon iour la magnificence, & splendeur de la cité d'Auignon si prompte à seruir, & hônorer les Roys , si
entiere,& cordiale voisine de la France, si courtoise,& amiable à ceux qu'elle hônore,
si recognoissante enuers ceux qui l'ayment, & qui luy font du bien. Ce sont les mo-
tifs du costé du Roy,qui firent choisir le suiect d'Hercules pour hypothese de l'entree
de la Royne: & seroit bien assez pour contenter les plus delicats,& critiques cerueaus
qui en auroient voulu syndiquer l'inuention pour les contenter,& rendre capables de
tout le discours suyuant.

I V Mais la royne en a aussi donné l'argument : dautant que toute la fortune &
noblesse de la tres-anciéne & illustre maison de Medicis a prins son commencement
& extraction de la Massue d'Hercules, & de la defaicte d'vn monstre, aussi bien que
la Coronne de Nauarre. Et affin que ie ne semble rechercher les fables en ce rencontre de si grande importance,ie rapporteray sans fard & sans fraude ce qu'en a couché
par escrit Nestor tout au beau commencement de son histoire, apres plusieurs autres
escriuains de marque.

Du temps que l'Empereur Charlemaigne chassa les Lombards de toute l'Italie &
restaura la pauure cité de Florence ruinee de fonds en comble par les guerres, qui fut
l'an 801. Euerard de Medicis Cheualier François lors suiuant ledict Empereur Charlemaigne en cette guerre,fut aduerty d'vn certain Géant nommé Mugel, qui s'aduã-
tageant de la grandeur demesurée de son corps faisoit mille voleries & brigandages
ez enuirons de Florence,specialement au terroir despuis appellé Mugello du nom de
ce Colosse de chair : où il exerçoit telles cruautés & barbaries que les cauernes
abbreuees du sang des pauures massacrés n'expiroiét que la püanteur,& infection de
leur charognes, & carcasses:d'où le Cheualier Euerard de Medicis fut si esmeu en son
cœur,qu'il print resolution de l'aller combattre corps à corps,comme vn autre Dauid
le sourcilleux Golliat , pour affranchir le pays de sa Tyrannie. En quoy la diuine prouidence renforça tellement son courage , que l'impitoyable Mugel resta mort sur le
champ,& pour despouille memorable laissa au victorieux Euerard vne masse accompagnee de six boules de fer , dont ce braue guerrier pour immortalizer cet acte Heroique blasonna ses armoiries , les deuisant d'vn champ d'or à six Bezans de gueules:
pourceque en combatant contre le Géant , il auoit receu en son escusson pleinement
champé d'or,vn coup de masse , qui y auoit laissé l'impression de six boules encore
toutes sanglantes,à raison des massacres,& boucheries freschement executees par ce
voleur. Et ainsi les armes de Medicis portent les gueules sur le champ d'or , comme

celles

celles de Nauarre portent l'or sur le champ de gueules. La victoire obtenue, Euerard
ne voulut retourner en France auec Charlemaigne, pourceque ceux de Florence se
voyans affranchis par sa vertu l'hönorerent d'vn si gratieux accueil, qu'il fut contraint
d'oblier son pays naturel, & la France sa patrie : & pour le reste de sa vie s'arrester au
champ de ses victoires, pour y planter vne posterité, qui, au temps à venir, refleuriroit
des fleurs de Lis, & germeroit des Roys, & Roynes de France. Voila comme commença le bon heur, & la Noblesse de Medicis. De cette Masse furent blasonnees ses armes : par cet acte valeureux elle se naturaliza en Florence. Iuge maintenant, lecteur, si
le Roy ayant pour deuise la Masse, pour chef de sa maison Hercules : & la race de Medicis tirant son origine de ce vaillant guerrier, & le blason de ses palletes de la Masse
de Mugel, l'on n'a pas heu motif raisonnable de choisir la parallele d'Hercules pour
suiect d'vne entree, qui deuoit estre commune à tous deux.

LA REGION & le lieu y poussoit encore, puisque Hercules mesmes a frequenté en ce
pays, & y a acquis le plus beau tiltre d'hôneur, qu'il aye, qui est d'estre nombré entre
les côstellations celestes. Icy pres en Prouence à Sellon, qui est vne ville esloignee d'A-
uignon de sept lieües seulemêt (& par rencontre merueilleux fut la premiere couchee
de la Royne venant d'Aix en Auignon) se voit vne grande campagne de sept lieües d'e-
stendue toute couuerte de petites pierres, au reste fertile en pasturage pour la nourri-
ture du bestail. Les Prouençaux l'apellêt la Craux par vne Onomatopee du bruit qu'y
menent ces cailloux. Strabon qui a escrit du temps de Cæsar au 4. liure de sa Geographie, en parle comme d'vne chose merueilleuse & de laquelle Hercules a esté l'autheur,
lequel reuenant des Espagnes, & passant par la Prouence, ayant esté contrainct de s'y
battre, & se trouuanr despourueu de flesches, & de pierres se meit à genoux : feit priere
à Iupiter son pere de l'assister en cette necessité : le bon Iupin à sa requeste, feit plouuoir
vne grande quantité de Cailloux, qui du depuis sont demeurez là. Hercules estant
resté le maistre, & victorieux fut mis entre les constellations des Astres en la mesme posture qu'il pria alors Iupiter, & surnommé à cause de cela Engonasis par les Grecs, qui
est autant que, qui est à genoux. Æschyle l'vn des plus anciens Poëtes Grecs en escrit le
mesme, introduisant Promethee parlant ainsi à Hercules.

> Ἰδὼν ἀμηχανοῦντά σ' ὁ Ζεὺς οἰκτερεῖ
> Ὑπόσχων θήσει χθόνα οἷς ἱκέσια συμ—
> Νεφέλην δ' ὑποσχὼν νιφάδι γογγύλων πέτρων
> Βαλὼν θηώσεις ῥᾳδίως Λιγὺν στρατόν.

> *Ton Pere Iupiter te voyant desarmé*
> *Ayant pitié de toy pleuura sur cette terre.*
> *Vn brouillar de Cailloux, vne gresle de pierre*
> *Pour chasser le Ligur contre toy animé.*

Le mesme disent quasi tous les anciens, & Hyginus fort amplement au liure vnzieme de son Astronomie au chap. Engonasis. Ie sçay bien, que c'est vne fable, & que Pos-
sidonius se rit d'Æschyle, & que Aristote parlant de la mesme plaine de Sellon, tasche
d'en donner la raison naturelle au second de ses Meteores : tant y a que tous sont d'accord qu'Hercules se battit en ce pays, combien que les Poëtes ayent desguisé la chose
auec leurs fictiôs, & chimeres poëtiques. Voire encore Pæte pense que la ville de Nismes a esté fondee par Nemausus fils d'Hercules passant par cette mesme voye, & appellee
de luy Heraclea, que Pline met auprez du Rhosne. Il le dira plus au long au traictement
de ses Antiquitez de Nismes.

V I M A I S C V I D E Z vous qu'Auignon n'aye rien de l'Hercules, qui encore aye occasionné en ce dessein de ietter les yeux sur l'ancien Hercules? si a, & escoutez le Blason
de ses Armoiries, puis que vous auez eu patience d'entendre celuy des Armes de Nauarre, & de Medicis: tantost nous parlerons de celles de France, & de nostre sainct
Pere, & ainsi aurons blasonné toutes celles, qui estoient en tous les Arcs. L'Escusson
d'Auignon le plus ancien qui se soit peu trouuer iusques à maintenant, porte d'vn
costé vne ville quarree telle qu'estoit Rome en son commencement, de laquelle En-
nius à dit *Roma regnare quadrata.* Cette ville quarree des armes d'Auignon est enceinte de murailles faictes à l'antique de pierre de taille à creneaux, fondees tout autour
sur des Arcades telles (à ce que de l'Orme grand Architecte en dict) que les anciens
les bastissoient es endroicts subiects aux inondations. De ces murailles s'en voyent encore de belles masures tout du long de la petite fusterie toutes cachees dedãs les maisons quelques neufs ou dix grandes arcades entieres, ormis vne qui se voit droict sur le
puys de la Magdaleine: qui me faict croire (puis que nous auons les murailles de la
ville, qui estoit deuant les Papes en vn autre endroit, auec toutes ses portes entieres,
qui sont le portal Mataron, le portal Peint, & autres: dequoy personne ne peut dou-
ter l'ayant tous les iours deuant les yeux) que ces masures toutes telles qu'on les voit
en voz armoiries les plus anciennes, sont de la premiere, & plus vielle ville, & par cõ-
sequent, que cet escusson est le premier, & le plus ancien. Voyla pour vn costé. De l'autre y a vn espreuier, qu'on appelle Gerfau auec ce mot tout autour GIRFALCVS: pource que c'est vn espece de Faulcon, & au iugement de Bellon, du second genre d'Aigle
le plus guerrier d'être tous les Espreuiers: & de faict en certains seaux vo⁹ voyez ce mot
du genre AQVILA à l'entour, & en d'autres GIRFALCVS. Regardez en l'archiue de ville,
& de S. Agricol, vous en trouuerez beaucoup, & tousiours le mesme oyseau, estant seulement le nom varié tantost du genre, tantost de l'espece. Les Auignonnois (comme il
est à presumer) estans deuenus à l'Empire par la donation que Rodolphe fit à l'Empereur Conrad du Royaume d'Arles; & peu de temps apres, ayant dressé vne republique à l'Imperiale, enuiron l'an 1126 qui dura iusques à l'an 1251. (que les Conuentions
furent faictes, comme nous montrerons autre part) ils adiousterent le Gerfau à leur
vieilles armoiries, pour monstrer qu'ils releuoient de l'Empire d'Alemagne: car on ne
treuue iamais que le Gerfau y soit, sinon que apres qu'Auignon fut de la chambre:
& Bellon asseure que les Gerfaux ne viennent d'ailleurs, que des Alemagnes. Cela
dura iusques à Clement sixiesme, lequel ayant acheté Auignon, l'an 1348. changea son
escusson, luy donnant trois clefs au lieu de la ville quarree; clefs, pource qu'elle estoit
du sainct Siege: trois, pource qu'il n'y auoit que trois Sindics, que Sixte quatriesme
puis apres permit d'appeller Consuls, comme ils le sont auiourd'huy. Mais pourautant
que les Auignonnois ne vouloient pas perdre du tout leurs anciennes armes, & marques de l'Empire, le sainct Pere leur laissa leur Gerfau, & Espreuier, y en mettãt deux
deça, & dela de l'escusson qu'ils tiennent du bec, & des ongles, auec cette deuise A BEC
ET GRIFFES, & des sonnettes aux pieds, pour marque que ce sont Espreuiers, & Faulcons de chasse. C'est icy, où ie treuue naifuement Hercules. Car Pierius au liure 21. de
ses Hieroglyphiques au § *Victoria Perpetua*, dit qu'à Viterbe y a vne colomne, où sont
grauez deux Gerfauls, ou Espreuiers, qui signifient les victoires d'Hercules. Ie veux
rapporter ses propres termes; affin que quelqu'vn ne pense, que i'en conte de loing.
Est & illud victoriæ significatum Hieroglyphicum, quod in antiqua columna Viterbij spectatur:
duo scilicet Accipitres, per quos, vt nonnulli tradunt, Herculis ab Alpibus, & Osyridis a Brundu-
sio motus, neque non victoria describitur. Et affin que chacun cognoisse, que c'est des Espreuiers

niers d'Auignon, qu'il parle, & non d'autres, il adiouste incontinent. *Neque verò ea solùm de causa quòd Accipiter volatu præstet, Ales ea victoria symbolum est, verùm ob id etiam, quod eius Pugna tam artificiosa est, eoq́, asta patratur, vt necesse sit hostem quicum congressus fuerit omnino vinci. Nam si cum fortiori res agatur, tum sese in aere resupinat, rostrum, & vngues sursum tendens dimicat, quæ quidem solers dimicatio est etiam noctuarum propria, quæ resupinæ pedibus repugnant, collectæq́, in altum rostro, & vnguibus tota teguntur. Nam & noctua apud Athenienses victoriæ Hieroglyphicum fuit.* Voyez vous par cecy, que les Gerfauls, qui combattent contre leur ennemy se renuersans en l'air, & se targuans DE BEC, ET DE GRIFFE, qui est la deuise d'Auignon, sont le Hieroglyphique des victoires d'Hercules? Et qui doutera maintenant, ou que ceux la, qui furent autheurs de cette Imprese, aux armes des Auignonnois, n'ayent eu esgard au naturel de cest oyseau : ou que ce ne soit celuy qu'on grauoit es Colomnes à l'honneur d'Hercules? Ains qui ne diroit à les voir, que l'Escusson d'Auignon est plustost l'Escusson d'Hercules, & que cela seul pouuoit estre vn argument bastant pour tracer ce dessein? Mais ie passe à ce qui est du principal : & me contente d'auoir donné ce mot en passant pour les ARRES du gros de l'histoire que la ville attend auec tant d'affection à meilleure occasion, pour y voir traicté tout au long ce que ie ne fais qu'esbaucher par cy par là, pour satisfaire à la curiosité de ceux qui m'en ont requis.

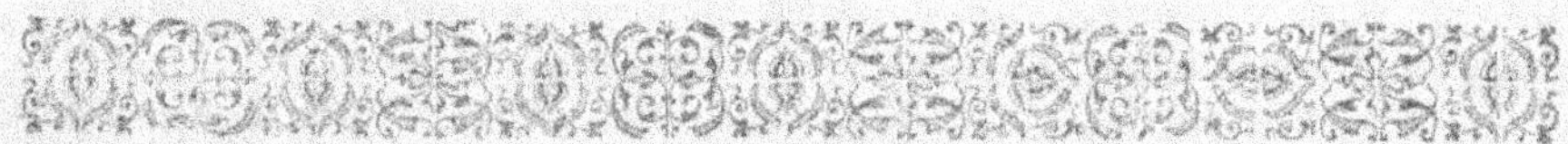

L'ARRIVEE DE LA ROYNE
EN AVIGNON.

CHAP. II.

SA MAIESTE ayant faict son entree à Aix le dix septiesme de Nouembre, en partit fort soudain contre toute nostre esperance & vint coucher à Sellon lieu renommé par la victoire, & presence de nostre vieil Hercules. Le temps estoit brusque & turbulent, le vent furieux & tout tel que le descrit Strabon parlant de cette campagne, & de la contree, qui est depuis Sellon iusques en Auignon. *I'ay desia raconte (dit il) de ce riuage vn grand miracle des poissons, que l'on fossoye:* I'en vay dire vn autre encore plus merueilleux. Entre Marseille, & le Rhosne y a vn champ faict en rond appellé pierreux : tout le pays, qui est dessus est fort exposé aux vents, διαπερῶντος δἰς τι πεδίον τᾶτο μελαμβόριον καταιγίζει πνεῦμα βίαιον, ή φρικῶδες. φασὶ γᾶν συρεῖθαι, ή κυλινδεῖθαι τᾶν λίθων ἱνίκε, καταπλάθαι δὲ τᾶς ἀνθρώπης ἀπὸ τῶν ὀκημάτων, ή γυμνῶθαι ή ὅπλων ή ἐσθῆτος ἀπὸ τᾶ ἐωτροῆς. C'est au quatriesme liure de sa Geographie, où il faict la description de Prouence, & veut dire cecy en François. *Et sur tout cette campagne pierreuse en est furieusement agitee : principalement d'vne bize noire* μελαμβόριον *enragee & terrible laquelle faict mouuoir toutes les pierres, qui sont en cette plaine l'vne apres l'autre, desarçonne les Cheualiers, renuerse ceux qui vont en coche, despouille les hommes armez de leurs armes, & de leurs vestements.* Voila fidelement rapporté, ce que dict Strabon de cette plaine de Sellon, que l'on appelle la Craux. Son noũeau interprete adiouste, que c'est en Auignon, que ce vent bat le plus : *Notum est autem flare in ista Galliæ parte ventum quendam, qui terras vehementer obscurat, estque hic ventus mire impetuosus. Eam nos tum alibi sæpe tum ad*

Auerto

Anemonem maximè sensimus: prorsus vt, ait Strabo, δεικόδη, *vix vt in equo stare possemus.*
Ceux qui ont esté tant soit peu en Auignon en sçauent des nouuelles : & de fresche
memoire l'an passé entre Berbentanne , & Auignon vn homme se trouua estouffé de
la bize sur son cheual. Le prouerbe en est aussi : *Auenio ventosa sine vento venenosa.* Et
Promethee en la Tragedie d'Æschyle menassant Hercules qu'il passeroit enProuence,
luy dict: Καὶ περάσεις μὲν Βορεάδας ἥξεις πρὸς πνοάς. *Tu passeras par le pays des vents,*il appelle
la Prouence le pays des vents,à la bonne heure.Ce n'est dôc pas d'auiourd'huy, que le
vent souffle sur le pont d'Auignon. Or tous ces quinze iours, que la Royne fut à Marseille ou à Aix ou en chemin ce souffle impetueux ne cessa iamais : ce qu'auoit donné
espoir, qu'elle attendroit le beau, mais tous y furent trompez. Car à l'improuiste tout
d'vn coup elle se treuua à Sellon . Et sçait on qu'en tout son voyage elle n'a iamais faict
aucun estat ny de vent ny de pluye,ny de gresle ny de tempeste. Toute de l'humeur du
Roy, auquel a esté tousiours occasion de grandes entreprinses,ce qui arreste & estonne
les autres. C'est tout vn au Roy, ou le moette,ou le sec, ou le froid , ou le chaud, ou le
beau,ou la pluye,ou la bonace,ou la tormente,ou le calme,ou le vent,ou la nuict,ou le
iour.Combien de fois s'est il seruy de la malignité du têps pour faire choses grandes?à
tout coup l'on cuidoit qu'il estoit bien loing, & il se trouuoit à la porte. Tel le pensoit estre à cent lieux de là, qu'il l'auoit à ses talons couuert de glace & de brouillars,
chargé de gresle & de neige:iamais il ne laissa de monter à cheual pour quelque temps
que ce fut : il prend matiere de vaillance,& de courage de ce qui espouuante les soldats les plus patiens,& aspres au trauail.I'ose bien dire qu'en toutes les anciennes histoires il seroit bien difficile de trouuer aucun de sa qualité,d'vne complexion plus le-
ste à toutes sortes de difficultez , plus impenetrable au labeur , plus asseuré ez plus
grands dangers.De façon que l'on ne sçait bonnement quel il est des trois,ou plus vaillant soldat,ou plus heureux Capitaine,ou plus grand Roy.

11   CES MOYS PASSEZ l'on ne parloit d'autre en Auignon que de cette humeur semblable de la Royne, laquelle ne s'esmeut & ne s'estonne de rien. Despuis Genes iusques à Marseille elle s'est treuuee en des destroicts effroyables : a passé des vagues &
tempestes tresdangereuses,sans en dôner voire vn seul signe de soin,ou de crainte. Les
Dames,& Seigneurs de sa suite,& les Pilotes la vouloient faire arrester à tout coup,sig-
namment à la traitte de Toulon à Marseille : chacun estoit abbatu & accablé de la
tourmente:l'vn panteloit deçà,l'autre pasmoit de là:elle seule se rioit d'eux,& encou-
rageant tantost l'vn tantost l'autre arraisonnoit asteure les Matelots,puis les Comites
ores les Pilotes:leur donnant courage,demandant de leurs pays,& de leur estat, commandant de ramer viuement,& auancer voyage. Chascun restoit espris d'admiration,
& rauy d'estonnement de voir ce cœur masle,guerrier & genereux se ioüer de la mer,
se rire des flots,se gosser du temps & de la tempeste.Arriuee qu'elle fut à Marseille passa icy vn Gentilhomme de marque,qui auoit faict tout le voyage de Florence, & s'en
alloit au Roy,pour luy en porter des nouuelles.Il nous dict qu'au premier récontre de
sa Majesté il luy rapporteroit deux choses:l'vne que qui n'auroit iamais veu la Royne
ny ouy parler d'elle à la veoir seulement il iugeroit sans autre,ou que c'est vne Royne
ou qu'elle le doit estre:si grande est sa Majesté,& son port si Royal & si braue. L'autre
que s'il est vn Mars en terre,elle est vne Venus sur mer , brauant les ondes, & se monstrant maistresse victorieuse des orages,& des flots.En suitte dequoy il nous racontoit
auec vne emphase,& efficace merueilleuse ce que ie viens de dire de son voyage. De
cest Apophtegme l'on print suiect de deuiser vne Anagramme commun au Roy , & à
la Royne,qui contient en peu de syllabes beaucoup de choses.

                                                                                    HEN

HENRICVS BORBONIVS: MARIA DE MEDICIS.
HEM! BINI DII ORBIS, CREDO, MARS AC VENVS.

Nous appellons Anagramme vne sentence à propos, qui se treuue dans le nom de quelqu'vn, ageançant les mesmez lettres, & les faisant seruir au suiect sans y en changer aucune, sinon que bien peu quãd l'Anagramme seroit d'ailleurs remarquable: car en ce cas, se peut changer ou repeter vne lettre, licence raisonnable, & que tous cõcedent, & aduouent en cette matiere. Cestuy cy est tout entier sans rien alterer.

DONCQVES pour reprendre noz erres, victorieuse du temps, triomphante de la mer Dame Maistresse & Royne en terre ferme, elle vint coucher d'Aix à Sellon, comme ie viens de dire. Le vendredy tout tard Monseigneur le Vicelegat receut lettres, que le lẽdemain, qui estoit le sabmedy, elle prẽdroit son giste à Cauaillon, quatre lieues d'icy; & que desia elle estoit arriuee audict Sellon en terme destre en Auignon le dimanche. Il le faict sçauoir à Messieurs les Consuls, & à ceux à qui il touchoit de mettre ordre aux affaires. Il n'y auoit encore rien de dressé, par la ville: chascun croyant qu'elle seiourneroit à Aix pour le moins deux ou trois iours : & que nous ne l'aurions pas iusques au mardy, ou mecredy de la sepmaine suiuante: ou mesme qu'estant à Sellon la furie du vent l'arresteroit, & l'empescheroit de passer outre. L'on print toutesfois aduis de faire au mieux: & de s'incommoder plustost de quelque chose, que de faire tant soit peu retarder ou ressortir sa Majesté vne fois arriuee : estant la feste d'vne entree bien plus graue & de meilleure grace, quand elle s'accommode au Prince en tout, & par tout, plustost que d'apporter, cõme l'on dict, moutarde apres disner. Sur cest aduis l'on print expedient de faire sommer à son de trompe tous les charpentiers, & artizans qui pouuoient seruir à cest œuure : & feit on telle diligence à force d'ouuriers & de bras, qu'en vn iour, qui fust le sabmedy, tout le plus gros, & le plus important fust en estat: reseruant les choses moins principales pour le dimanche matin: comme elles furent executees depuis de poinct en poinct: exceptez quelques Theatres, qui ne se treuuerent si bien ageancez, ny si richemẽt parez qu'estoit de besoin. Et les dictõs & Anagrammes de plusieurs piedestals, & quelques inscriptions de cõsequence. Ie ne lairray pourtant de les rapporter en leur place comme on les auoit designees, & mises en main aux Peintres. I'admonesteray toutesfois en passant, de ce qui estoit en estre, & de ce qui ne l'estoit pas: qui estoit bien peu de faict à comparaison du reste.

Ce pendant, pour reuenir à nostre propos, Mondict Seigneur le Vicelegat auec l'illustre Seigneur Blaise de Capisucco Marquis de Poggio Catino, Gouuerneur general pour nostre S. Pere le Pape en la Cité d'Auignon, & Comté Venicin au faict des armes, partirent le sabmedy sur les huict heures de matin pour aller au deuant de sa Majesté iusques à Cauaillon luy baiser les mains, luy offrir la ville, sçauoir du temps prefix qu'elle vouloit faire son entree en Auignon. Ils la rencontrerent au dela de Cauaillon au port d'Orgon, qui passoit la Durence, l'vn des fleuues, comme l'escrit Tite Liue, le plus dangereux & difficile à passer de toutes les Gaules. Ce iour mesme voyãt qu'elle faisoit estat d'estre icy au lendemein sur le midy, ou vne heure: ils rebrosserent chemin vers la ville, pour mettre ordre à toutes choses, & porterẽt nouuelles asseurees qu'elle se partiroit dudict Cauaillon le lendemein à dix heures.

LE DIMANCHE matin le vent s'appaise: le temps se met au calme, le Ciel se prepare aussi bien qu'Auignon à receuoir cette fortunee Princesse, laquelle vient rasseure-

ner de sa seconde presence tout le Royaume espanouy d'allegresse & d'esperance d'v-
ne posterité Royale, au leuer de cette Aurore comme vn bouton de rose nouuelle au
premier rayon d'vn clair & gay Soleil. Il ne se peut veoir vn plus beau iour au Calen-
drier que cestuy cy : point de vent, point de Soleil : point de pluye : non pas
mesme monstre, ou crainte aucune de mauuais temps. La Bize qui auoit au prealable
regné si long temps, nous auoit faict bon office, & auoit ageancé, & deseche les chemins, balié, & netoyé les rues, lesquelles des la poincte du iour l'on acheua de couurir
par en haut auec des toiles, & tapisser somptueusement tout le long de la rue desti-
née au Triomphe.

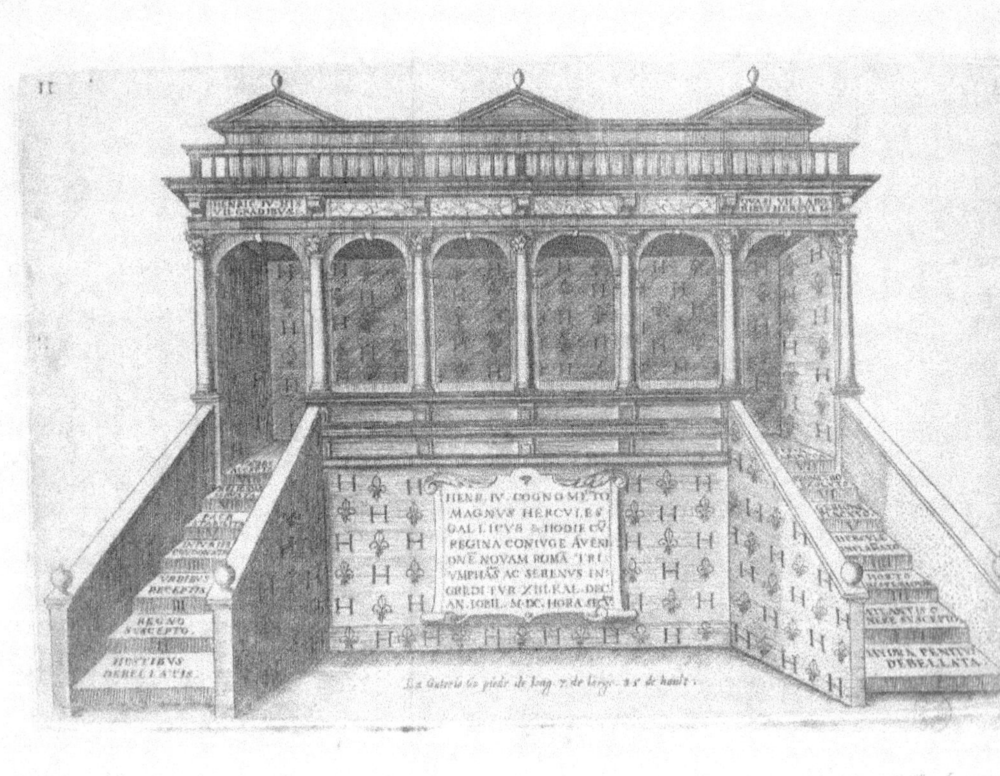

HENR. IV. COGNOMETO
MAGNVS HERCVLES
GALLICVS & HODIE CV
REGINA CONIVGE AVENI
ONE NOVAM ROMA TRI
VMPHAS AC SERENVS IN
GREDITVR XIII KAL DEC
AN. IOBIL. M·DC· HORA G

VRBIBVS RECEPTIS
REGNO SVSCEPTO
HOSTIBVS DEBELLATIS

HERCVLE ILLARATA
HOSTIB
LANT IN OMNIBVS SVSCEPTO
IVRA PENITVS DEBELLATA

La Gallerie de piedr de long, 7 de large, 15 de hault

LE PREMIER RENCONTRE
HORS LA VILLE.

A LA GALERIE DV PREMIER SEIOVR,
qui est vn Prologue de tout l'appareil.

CHAP. III.

IS A VIS du grand rauelin de la porte S. Lazare en cette belle place, où aboutissent trois aduenues: celle du chemin de la Royne tirant à la Chapele de S. Michel, & les deux de l'enceincte de la ville, l'on auoit posé vne galerie solide en menuserie fort belle & à mon gré, de l'inuention, quant à la fabrique, du Sieur Anthoine Crozet homme consulaire, prudent, discret, & accort autant qu'autre, que i'aye cogneu, & lequel ie ne sçaurois assez loüer pour le deuoir, soin, & vigilãce qu'il a apporté en ce faict, pour faire mettre en execution ce qui estoit du dessein, & assister en toutes choses, tout cet ouurage. La susdicte galerie estoit peincte de haut en bas, le dessus, le parterre, le parapet, les escaliers à couleur d'Azur, parsemee de fleurs de Lis, enrichie de chiffres du Roy, & de la Royne, paree d'vn siege pour receuoir sa Majesté, estoffee de diuerses inscriptions, qui seruoiẽt de prologue pour tout l'appareil triomphal, qui deuoit par apres suiure dans la ville. Le Peintre surprins du temps en laissa à escrire la plus part, que ie n'obmettray pour cela de remettre en son lieu toutes telles qu'on luy auoit donné, sans y rien adiouster de nouueau. Au bout de la frize dominante tout du long de la galerie, en dehors, à costé droict ceste cy deuoit estre.

HENRICVS IIII. GALLIARVM REX, ET NAVARRÆ HAC CLARA, AC FESTA DIE, HIS SEPTEM GRADIBVS, FLEXIBVSQVE LABYRINTHÆIS AD IMMORTALITATEM INGREDITVR.

Le sept degrez du premier escalier, qui estoient en la premiere entree, auoient estés faicts de ce nõbre à poste pour receuoir sept mots, qui expliquoient le dessein des sept arcs triomphaux, & respondoient à plomb à l'inscription de la frize commençant au plus bas degré proche de terre.

I. *HOSTIBVS VICTIS.*		I. *Par ses victoires.*
II. *REGNO SVSCEPTO.*		II. *Par son sacre, & corõnement.*
III. *VRBIBVS RECEPTIS.*		III. *Par la reddition des villes.*
IV. *INIVRIIS CONDONATIS.*	C'EST A DIRE	IV. *Par la clemence, & amnistie.*
V. *PACE STABILITA.*		V. *Par la paix vniuerselle.*
VI. *RELIGIONE SERVATA.*		VI. *Par sa Catholisation, & pieté.*
VII. *VXORE ACCEPTA.*		VII. *Par son Mariage.*

A la

A la mesme frize que dessus, en suite de l'autre inscription seruoit cette cy

QVI SEPTEM INSIGNIORIB. LABORIB. HERCVLEIS REPRÆSENTANTVR.

Et à l'endroit du parapet, qui estoit dessous en l'espace le plus prochain de ce premier escalier.

I. *HYDRA DEBELLATA.*	I. *Par l'Hydre surmontée.*
II. *ATLANTIS ONERE SVSTENTATO.*	II. *Par le Ciel porté sur les Espoles,*
III. *HORTO HESPERIDVM OCCVPATO.*	III. *Par le iardin des Hesperides.*
IV. *HERCVLE IN OETA INFLAMMATO.*	IV. *Par Hercules se bruslant en Oeta.*
V. *GERIONE PLACATO.*	V. *Par Gerion accoisé.*
VI. *PROMETHEO EXOLVTO.*	VI. *Par prometthée deslié.*
VII. *CERVA MENALAEA ABDVCTA.*	VII. *Par la Biche Menalee emmenée.*

(CEST A DIRE)

A l'autre coin de la Galerie, à main gauche, au bout de la frize

QVAS OB RES EIDEM HENRICO IIII. SOSPITI, REDVCIQVE SEPTEM ARCVS TRIVMPHALES S. P. Q. AVEN. DIIS SEPTEM NVPTIALIBVS DEDICATOS P.

Au dessous à plomb dans les autres sept marches du second escalier.

I. *MARTI APOTROPAEO : PRO PRAELIIS.*	I. *A Mars, pour les batailles.*
II. *APOLLINI OECONOMO: PRO INAVGVRATIONE REGNI.*	II. *A Apollon, pour son sacre & coronne.*
III. *STATORI IOVI : PRO RECONCILIATIS VRBIBVS.*	III. *A Iupiter, pour la reconciliation des villes*
IV. *MINERVAE GRATIOSAE: PRO CLEMENTIA.*	IV. *A Minerue, pour l'humanité & clemence.*
V. *MERCVRIO CADVCEATORI: PRO FOEDERE ET PACE.*	V. *A Mercure pour la paix.*
VI. *DIANAE LYSIZONAE: PRO RELIGIONE SERVATA.*	VI. *A Diane, pour la pieté, & Religion.*
VII. *VENERI NYMPHEVTRIAE: PRO NVPTIIS.*	VII. *A Venus, pour le Mariage.*

(CEST A DIRE)

Dans la mesme frize, vn peu plus en la, à la droicte, en vn compartiment à part.

SEPTEM PRAETEREA CORONAS PRO VIRTVTE SEPTEMGEMINA TRIVMPHATORI REGI DECREVIT.

Et plus

Et plus bas en droicte line deuant le parapet comme dessus.

I. *LAVREAM, OB HOSTES DE-VICTOS.*		I. *Le laurier, pour les victoires.*
II. *GALLICAM, OB REGNVM STABILITVM.*		II. *Les Lis, pour son couronnement.*
III. *POPVLEAM CIVICAM, OB VRBES RECVPERATAS.*		III. *La Ciuique de peuplier, pour les villes.*
IV. *QVERNAM CIVICAM, OB CIVEIS SERVATOS.*	CEST A DIRE	IV. *La Ciuique de chesne, pour auoir sauué ses subiects.*
V. *OLEAGINEAM, OB TEM-PLVM IANI CLVSVM.*		V. *L'oliue, pour la paix.*
VI. *PALMEAM, OB PIETATEM INSTAVRATAM.*		VI. *La Palme, pour la religion Catholique.*
VII. *MYRTEAM, OB MATRI-MONIVM INITVM.*		VII. *Le Myrthe, pour le Mariage.*

L'on auoit enrichy le deuant de la Galerie de sept Pilastres solides azurez, & fleur-delizez, qui ioignoient le toict, & le parapet pour receuoir les sept planetes d'or sur Azur auec leurs Chifres Astronomiques, qui sont sept naifs Hieroglyphiques des sept vertus Royales, qui ont donné l'estoffe des sept arcs du Labyrinthe, attitrés, & dediés aux sept Dieux, qui correspondent aux sept planetes, comme nous fairons paroistre en l'explication de leurs Horoscopes appropriés à chacun d'iceux en leur place.

La place qui demeuroit vuide au milieu de la maistresse frize, seruoit pour ces trois Anagrammes : le premier contient la deuise du Roy, & les deux autres le nom des deux femmes de l'Ancien Hercules, desquelles l'vne s'appelloit Deianire, & l'autre Megare.

HENRICVS BORBONIVS GALLIARVM REX.
EN CLAVAM GERIS ROBVR BONI HERCVLIS
X. En C.

MARIA MEDICAEA REGINA.
DEIANIRA MEA MIRE CARA.
G. en R.

MARIA MEDICAEA REGINA.
DIII EN CARA MEA MEGARA.
I. de moings.

Au mitan du Parapet estoit escritte cette inscription generale en vn grand quarré en charactere Romain de Lacque sur le blanc.

HENR. IIII. COGNOMENTO MAGNVS, HERCVLES GALL. PIVS. IV. VICTOR, INCL. FOEL. CLEM. PAT. PATR. HEROS PRIMÆ FORT. EXTERIS FORMIDOLOSVS, SVIS IVXTA AMABILIS, AVTHOR SALVTIS PVBLICÆ, ASSERTOR PRIVATÆ, MILES INTER STRENVISS. INVICTISS. IMP. INTER SVMMOS EGREGIVS, REX INTER FORTVNATISS. FOELICISS. CONIVNX MARIÆ MEDICEÆ NOVÆ CLOTILDIS, ATQVE EX EA NOVI HERCVLIS

　　　　　　　PATER

PATER, QVOD PVBL. VOTA FLAGITANT, MOX FVTVRVS, HODIE
CVM REGINA CON. SCITO POPVLI, DECRETO SENATVS, EDICTO
PRINCIPIS. AVEN. NOVAM ROMAM PROPITIVS, AC SERENVS
OMNIVM ORDINVM STVDIIS, MAGIS QVAM CVRRV, SPECIE
AC VVLTV TRIVMPHANTIS INVECTVS INGREDITVR, VOTIS
VII. DIE XIII. KAL. DEC. FASTIS ADSCRIPTA AVEN. AN. IOBIL. CIƆ. IƆƆ.
HORA II. POMER. CLEMENTE IIX. PONT. O. M. D. NOSTRO,
COELO BENIGNO, VENTIS REMITTENTIBVS, GESTIENTE
POPVLO, OMNIVM ORDINVM FAVORIB. OBSECVNDANTIB.
SVPERIS OMNIB. APPLAVDENTIB.

Ie ne sçay par quel bon presage plusieurs iours deuant estant le temps trouble, tout
ce que se peut, l'on auoit escrit *Cælo benigno, ventis remittentibus*, pour donner bransle
à la formule de l'inscription: ce que fut remarqué la chose estant auenue. Au reste l'on
faict entrer le Roy en son absence auec la Royne, faisant triompher son Genie, & son
espee dans le char triomphant, comme ie diray maintenant.

Ce premier seiour ainsi preparé, estant encore muët, & sans ame, fut animé
par les plus beaux rencontres, que l'on eut peu attendre de l'assiete & commodité du
lieu. Le grand rauelin de la porte triomphale de S. Lazare estoit tout contre la galerie vis à vis, n'y ayant que la fosse & le chemin entre deux. On le fit seruir à la feste de
toutes pars. Car des aussi tost, que l'on commença à entreuoir la Royne vers l'Eglise
S. Michel, monsieur de Ventabren Colonnel general de l'Artillerie en cette ville, &
pays du Comté, feit ioüer la musique de Mars, tant des pieces qui estoient sur la
roche de Doms (qu'il fit tirer à balle iusqu'à cinquante vollees) que des autres bra-
quees au coin dudict Rauelin, & en la muraille prochaine: & d'vn tonnerre de mous-
quetades, & arquebusades tant par les gardes ordinaires, qui se trouuerent là, que par
les compagnies de la ville, qui luy estoient allees au rencontre. En la tour, qui est à
main droicte regardant le Rhone estoient logez les hau-boys, saqueboutes, & clai-
rons (instruments vsitez aux triomphes anciens) qui saluerent la Royne commençãt
d'abborder à la galerie.

17

Le Chariot Triomphal 14 piedz de long 7 de hault 5 et demy de large.

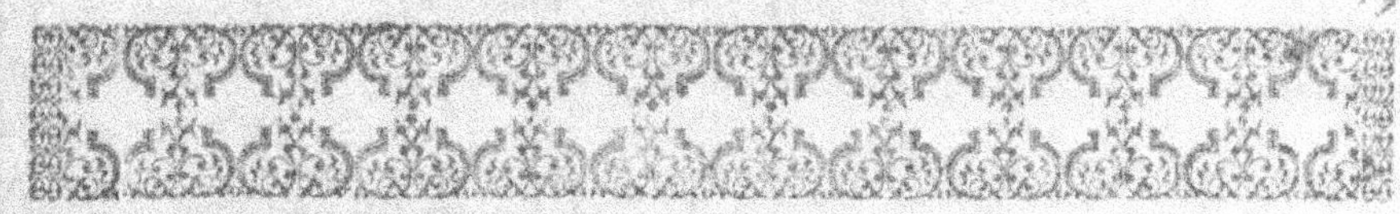

LE SECOND RENCONTRE
HORS LA VILLE.
DV CHAR TRIOMPHAL.
CHAP. IV.

ARRIVEE qu'elle fut proche du premier escalier, & preste de mettre pied en terre, se presente sur le champ vn char triomphal à l'Antique, qui luy estoit venu au deuant pour la receuoir en ce premier rencontre: la structure en estoit fort agreable, la peinture gaye & à propos, tout le champ d'azur, qui est le champ des armes de France, les figures, & compartimens partie de bronze, partie d'autres couleurs selon les diuers suiects. Par en bas iusques en terre il estoit enceinct de pentes semees de fleurs de lis. Le corps d'vn costé & d'autre portoit vne grotesque phantaziée de toutes sortes de monstres, Centaures, Hydres Cerberes, Dragons, Stymphalides; meufles, & despouilles de Lyons, Sangliers, Cerfs, Taureaux: Masluës entieres, & rompuës, & autres trophees des victoires d'Hercules, le tout d'occulte intelligence pour nostre faict, si nous n'estions pressez de passer aux autres choses qu'importent le plus. En l'vn des flancs, au beau mitan l'on auoit comparty en rond vne deuise du Roy ascauoir vne masse d'Hercules auec deux coronnes toute telle que les Gardes Escossoyses la portent en leur sayes, & tout au tour ce mot DEDIT HAS, DABIT HIS VLTRA. En l'autre flanc vis à vis de cestuy cy, vne autre deuise de sa Maiesté, qui est vne Espee, & vn Sceptre croisez en forme de Croix Bourguignonne, ou de S. André, sur vne masse d'Hercules toute droicte : on y auoit faict adiouster vne couronne au bout du sceptre, & vne Tiare de Pape sur l'espee auec le dicton du Roy dans le rond. DVO PROTEGIT VNVS, pour monstrer, que si par son Authorité Royale il gouuerne ses Royaumes il conserue aussi auec son espee l'Eglise, & le S. Siege, comme fils aisné d'icelle, zele hereditaire aux Roys de France, lesquels encore specialement sont protecteurs d'Auignon, ville Papale, & second Siege Apostolique. Au coffre, ou deuant dudict char rebrassé par en haut en rouleau, en vne ouale lettre d'or sur azur estoient ces deux Anagrammes.

MARIA DE MEDICIS REGINA.

IDEA SACRA, IN DEI GREMIVM.

MARIA DE MEDICIS REGINA GALLORVM.

PERGO AD ENRICVM REMIS AD GALLIAM.

Le dos

Le dos du char myparty en deux grands rouleaux recoquillez par en bas, pourroit aussi ces deux Anagrammes en deux compartimens.

HENRICVS BORBONIVS.
HOC ROBVR IN ENSIBVS.

MARIE DE MEDICIS.
DAME ICI DESIREE.

Tovs trois faisoient fort à nostre propos: car aux deux sieges, qui estoient au char dans les deux rouleaux estoient les Genies du Roy, & de la Royne: celuy du Roy habillé pompeusement, coronné à l'Imperiale, brillant de toutes parts de toile d'or, perles & pierreries; & sur tout de douze gros Diamans au tour de la coronne eminens par dessus vn grand nombre d'autres pierres pretieuses, & camars, desquelles il auoit les bras & tout le corps chargés, des la ceinture en haut. Il portoit vne espee dorée toute nuë, auec vne coronne de France, dorée de fin or, à la pointe, & estoit assis au costé droit où estoit l'Anagramme Hoc robvr in ensibvs, Ayant derriere soy vn escriteau posé à la cime d'vn escorcesque, qui sortoit du milieu des deux rouleaux, où estoit escrit en grosse lettre L'espee triomphante dv roy. Le dessein estoit de faire triompher le Roy mesme dans le chariot, qui auoit esté entreprins à ces fins: mais se defiant l'autheur de pouuoir representer vn personnage, qui peut aucunement approcher de la braue posture, Majesté, & grandeur du Roy: il se resolut de faire triompher son espee, & son Genie en sa place. Les anciens, au rapport d'Herodote, pour le Simulacre, & image de Mars adoroient vn grand glaiue, & cimeterre posé sur vn amas de serment: ainsi l'on auoit voulu que l'espee triomphante fut la viue Image du Roy braue, & vaillãt comme l'espee. Le Genie de la Royne estoit assis à costé gauche guieres moins somptueusement habillé, que l'autre: tout couuert de broderie d'or & d'argent sur le velour, & coronné à l'equipollent: ayant en vne main vn cœur coronné, en l'autre vn guidon de taffetas verd couleur de la Royne, où estoient peintes, & enrichies de fin or tout au tour, les armoiries de Medici ioinctes à celles de France d'vne part & d'autre, pour monstrer que comme le Roy triomphoit de toutes choses, aussi la Royne seule triomphoit du cœur du Roy: à quoy seruira tantost le septieme arc triõphal. Aussi ce Genie auoit derriere soy l'anagrãme dame icy desiree.

Avx pieds des deux Genies en tout le reste du char estoit vn cœur de Musique à voix & instruments sous la conduite de M. l'Æschirol organiste de l'Eglize Cathedrale: les voix estoient toutes d'eslite, & triées entre les plus belles: les Musiciens outre qu'ils tenoient le chœur, seruoient encore au triomphe: car celuy qui commandoit representoit Iunon la Royne des Dieux, & auoit sous soy quatorze Nymphes, qui sont deux fois sept, autant que virgile luy en donne.

Sunt mihi bis septem præstanti corpore Nymphæ.

Leur habit estoit des la ceinture en bas de velour, taffetas, & damas rouge & incarnat, en haut tout de blanc, la teste haussee & attiffee en pointe de guirlande. Ceux qui estoient hommes faicts estoient couuerts de masques fendues pour pouuoir chãter sans incõmodité. Certe troupe en cest equipage decouure assez d'elle mesme son intelligence, & allegorie en la personne de la Royne, soubs le tiltre de Iunon: & en ses

vertus.

vertus,que l'on auoit mis en nombre septenaire , tant à l'occasion, que le Poëte en a
donné, que pour le mystere du septenaire, duquel est composé tout l'appareil, comme se verra puis apres, & mesme le char, qui auoit sept pieds de hauteur,quatorze de
longueur, cinq & demy de l'argeur.

A ce beau, & triomphant chariot l'on auoit attelé deux cheuaux des plus grands
harnachez en Elephans auec leurs Trombes,& le reste, montez,& conduicts par deux
Mores. Ainsi marcha il par la ville auec grande pompe & magnificence, alant au deuant de la Royne iusques à certain endroit, où la foule, & presse fut si grande , & l'a-
larme,que la Royne arriuoit,si vrgente, que la quinte,& caprice print vn des musiciẽs
qui estoient dedans , de leuer la garniture d'Elephant aux cheuaux pour aller plus
viste,de crainte de n'arriuer à temps à la Galerie : où toutefois ils se trouuerent à bon
heure, ayans changé leurs Elephans en cheuaux. A la sortie de la ville hors du rauelin
ils entonnerẽt de fort bonne grace l'hymne, que s'ensuit à deux chœurs,l'vn à quatre
voix choisies,l'autre en plein chœur réforcé,qui côtenoit la reprinse,& le viue le Roy.

HYMNE TRIOMPHAL PARODIQVE
SVR L'ANAGRAMME DV ROY.

Viue viue le Roy veinqueur
Viue de Florence le cœur.
En fin l'Hercul genereux
Bien-heureux
A mis le frein à la guerre,
Qui depuis trente ans passez
Oppressez
Tenoit le peuple & la terre.
Viue viue le Roy veinqueur
Viue de florence la fleur.
Ce que trois Roys n'auoient sçeu,
Il l'a peu
Paracheuer en vne heure :
Aussi *Roy né de bon-heur.*
Tout l'honneur
Sans compagnon t'en demeure.
Viue viue le Roy veinqueur
Viue de Florence le cœur.
A Dieu graces nous rendons,
Et fendons
L'air soubs l'hymne de victoire,
Poussans gaillards, & ioyeux
Iusqu' aux cieux

C   Ton

Ton nom, tes faicts, & ta gloire.
> *Viue viue le Roy veinqueur,*
> *Viue de Florence la fleur.*

Soit au printemps du Soleil
Tout vermeil,
Soit qu'en l'hiuer il s'abbaisse,
Tousiours nous chantons Henry
Fauory
De Mars , & de la Noblesse:
> *Viue viue le Roy veinqueur*
> *Viue de Florence le cœur.*

III.   L E CHARIOT chantant cest hymne, estoit ia à la Galerie , auant l'arriuee de la Royne pour la receuoir: cependant l'artillerie ioüe, & puis les hauboys, comme auiõs commencé de dire. La dessus elle arriue enuiron les deux heures apres midy. Incontinent le chœur du char triomphal reprend son viue le Roy, tandis que sa Maiesté descend pour entrer en la Galerie, où Messeigneurs les Illustrissimes Cardinaux de Ioyeuse & de Gondy, & Monseigneur le Conestable l'attédoient, & estoient descenduz à l'entree pour luy faire la reuerence, & la receuoir : ce qu'ils feirent auec grande solemnité, & Majesté ; ceux la comme Princes du sang en terre de Pape, le Conestable comme la seconde personne de la Coronne la plus Auguste apres le Roy. Elle ne fust pas si tost au siege, qu'on luy auoit preparé, que le chariot demarche passant tout deuant elle, & faict le tour pour aller prendre place à la meslee. Au mesme instant Monsieur de Galean Baron des Yssards Viguier d'Auignon, la premiere personne de la Iustice ciuile, auec les magnifiques Seigneurs monsieur de Sauuin, monsieur Ferrier , & monsieur Sybille Consuls, & monsieur Suares Assesseur monterent par l'autre escalier de la Galerie, & se presenterent à sa Majesté auec vne profonde reuerence , ayant esté qualifiez de leurs grades, & merites par Monseig. l'Illustriss. Vice-legat & Vicaire general pour nostre S. Pere en la legation M. de Conty Euesque d'Anconne, qui estoit arriué, & entré auec sadicte Majesté. Alors monsieur l'Assesseur Suares au nom de tous prenant la parole commence sa harangue ainsi , tenant vn genouil en terre.

MADAME

Les bien-heureuses influences, & qualités, que le Soleil radieux de vostre Majesté tres-Chrestienne respend sur vostre tres-affectionnee, & tres-obeyssante ville d'Auignon , nous donnent la hardiesse de nous venir ietter à ses pieds, & offrir à l'autel de vostre gloire vne moisson planctureuse d'autant de mille vœux, & salut du peuple Auignonois , comme le ciel fauorable promet à toute la France de biens , de bon-heur, & de liesses par vostre tres-heureux, & sideré mariage, auec son grand monarque Henry l'honneur, & le pris de nostre siecle, le parangon, & la merueille des Roys.

LA ROYNE ſe tournant vers monſieur le Coneſtable luy dict:Reſpondez leur de IV. ma part, que ie ne cederay à aucun des Rois, ou des Roynes, qui furent oncques en France deuant moy à cherir, ayder, conſeruer, & fauoriſer en toutes occurences la belle Cité d'Auignon. Mondict Seigneur le Coneſtable s'en acquita incontinent, & diſcourut briefuement à meſſieurs, ſur la volonté, & reſponſe de ſa Majeſté. Sa preſence apporra grande celebrité, & reſiouiſſance au triomphe de la Royne. Car il ny auoit celuy, qui ne receut vne allegreſſe, & contentement incroyable de veoir en cette royale compagnie ce grand Piuot de la foy Catholique en France ; ſi voüé & affectionné de tout temps au S.Siege Apoſtolique : ſi priuilegié, & careſſé d'iceluy, comme il appartient au premier Baron, & premier Gentil-homme Chreſtien de ce Royaume : chacun en ſa perſonne regardoit ſon Pere le grand Anne de Montmorency Coneſtable, vray Pere, & côſeruateur de la France :& ſe remettoit en memoire les offices immortels, qu'il feit autres fois à ſa patrie, & à noz Roys, ſuyuant le bon heur de ſa maiſon, & meſme de l'Anagramme comprins en ſon nom, qu'il a eu du ciel, pour marque, & ſignal perpetuel de la fidelité de ſes anceſtres enuers la coronne Françoiſe.

HENRI DE MONTMORENCY CONESTABLE LE ROY TE CHERIT COMME SON BON ANNE.
D. En O.

Il comprend en peu de mots l'affection, que ſa Majeſté luy porte,& luy a monſtré mettant à ſa conduitte vn ſi precieux gage ; & threſor, & pour le dire en vn mot,telle que les autres Roys ont porté au grand Anne ſon Pere, qui ſeela de ſon ſang l'amour qu'il portoit à ſes Roys, & à ſa chere patrie : que fut cauſe, que le bon Charles neuf-ieme la parfaicte Idee des Roys tres-Chreſtiens, le Pere des ſciences, la terreur des hereſies, le modelle de vraye nobleſſe, ordonna que le cœur de ce grand Coneſtable fut enterré auec le ſien, aux Celeſtins de Paris, pour teſmoignage eternel à la poſterité de l'ecitaſe de ſon amour enuers luy, & de l'obligation,que luy auoit cette coronne : & encore affin que ces cœurs les plus genereux de leur ſiecle repoſaſſent tous deux en vn Mauſolee apres la mort, qui auoient eſté le ſeiour d'vne ame en deux corps durant leur vie.

LA HARANGVE, & reſponſe faicte : ſa Majeſté demanda à Meſſieurs d'Aui- V. gnon s'il eſtoit neceſſaire d'arreſter dauantage,qu'elle le feroit volontiers à leur commodité. Ledict Sieur Aſſeſſeur reſpondit, qu'il n'y auoit autre : que les commoditez de ſa Majeſté eſtoient les leurs, n'eſtant de leur deſſein de faire pour lors les autres harangues, à cauſe qu'il eſtoir deſia tard, & le reſte du temps faiſoit de beſoin au triomphe. Ainſi ſa Majeſté ſe tourne remettre dás ſa litiere portee par deux beaux mulets noirs montez de deux Pages ; & toute couuerte dedans & dehors de velour cramoyſi obſcur, brodé d'or, & d'argent, de toutes parts,en fleurs de Lis, rozes, & ſemblables galenteries. La Royne eſtoit veſtue à l'Italienne d'vne robe de drap d'or à fôds bleu,atifee auſſi à l'Italienne fort ſimplement, la poictrine toute couuerte,le poil en ſa naifue beauté ſans fard & ſans griſerie.Ie voyois en mô cœur rougir de hôte la vanité ſcandaleuſe d'Auignon,de veoir cette beauté ſans fard, ce beau teint ſans vermeillon, ceſt œil attrayant, & agreable ſans legereté, ce port braue,& plein de Majeſté ſans affectatiô, cette belle, & haute ſtature ſans marche-pied:l'on ne ſcauroit voir ,ou deſirer iamais en Princeſſe deux choſes ſi diametralement eſloignees ioinctes enſemble: vne ſi grande Majeſté, auec vne ſi incomparable modeſtie ; vne ſi axcellente beauté,

C 2   auec

auec vne si rare naifueté ; vn œil si debonnaire, & si attrayant, auec vne si remarquable pudicité.& grauité : la face tousiours riante, sans vanité : le marcher graue, sans legereté : le récontre royal,& maiestueux, sans aucun faste, ou mespris. En cette posture elle se presente pour rentrer en litiere. A l'instant le grand chœur de Musique , qui
auoit faict vu gros de toutes les chapelles d'Auignon & s'estoit rangé dans l'autte
tour du rauelin, qui est contre celle, où estoient les hau-boys ; commença à chanter à
deux chœurs,en harmonie reciproque,vn cantique des grandeurs , & excellences du
Roy,& de la Royne, auec vn grand tintamarre de voix resoluës , & asseurees. Entretant le gros de la Cauallerie s'aduance,& toutes les compagnies demarchent selõ l'ordre que nous dirons.

LE TROISIESME RENCONTRE
DES SEPT CORONNES,
ET DES DIEVX.

CHAP. V.

I. A ROYNE ne s'est pas auancee de dis pas , qu'elle s'apperçoit du
Rauelin tout tapissé en dehors d'inscriptions , & paré par tous les
creneaux, & enuirons desdictes inscriptions de disques , & festons
de laurier,& de buyx auec bandes peintes d'incarnat blanc & bleu.
Au front de la tour, qui vise au Rhosne estoit escrit en lettre rouge
sur vn grand quarré ce vœu commun façonné à l'antique au nom
de toute la ville.

VOTVM PVBLICVM.
HENRICO MAGNO SVSCEPTVM A POPVLO
AVENIONENSIVM IN PERPETVVM.

AVENIO SEPTEMGEMINA MVNICIPIVM REGNI NOBILISS.
VOTVM NVNCVPAVIT PRO SALVTE DD. NN. HERCVLIS SEP-
TIMI HENRICI IIII. ANNORVM , ET REGVM SERIE SEPTE-
NARII, ET MAGNAE MEGARAE MARIAE MED. ITEM ANNIS
AETATIS SEPTENARIAE AVGVST. CON. VICTIMIS IMMOLA-
TIS EIN ALTERVM DOMINICVM DIEM VOVIT SALVTI PVBL.
CLAVES TRES INAVRATAS. CARITATI REGIAE COR VNVM
PVBLICVM. LAETITIAE COMMVNI LVDOS, THEATRA, FERIAS.
TVTELAE VRBANAE NVMOS AVREOS TYPO REGIS, AC REGI-
NAE CVSOS: VICTRICI MAIESTATI CVRRVM, AC VII. ARCVS
TRIVMPHALES. VICTORIAE FOECVNDAE CORONAS VII. PACI
TEMPLVM CLVSVM IN IANO, COLVMNAS TORNATILES, ET
SOLI-

SOLIDAS OMNES CVM BASIBVS, ET EPISTYLIIS IN THEATRIS
PORTICIBVS, ET ARCVBVS AD ANTEDIEM ID. NOVEM. ANNO
SACRO ET SEPTENARIO CIↃ. IↃↃ.

Au mesme endroict de la seconde tour estoit le tiltre, & preambule d'vn *Plebisci-*
tum de mesme estoffe & pour le mesme effect au nom du peuple d'Auignon, entant
qu'il est distingué des Magistrats comme ceux qu'à Rome l'on appelloit *Quirites* : &
estoit escrit en cette forme.

PLEBISCITVM.
DE TRIVMPHO DECERNENDO
HENR. REG. CONSERVATORI ET
MARIÆ REGINÆ NOVÆ CONIVGEI.

QVOD TRIBUNI PLEBEM JVRE ROGA-
RVNT PLEBESQVE JVRE SCIVIT.

QVOIVS AVSPICIO CLASSE PROCINCTA OPEIMA SPOLIA CA-
PIVNTVR DEO O. M. GLORIAM DATO: QVEI CEPIT HERCOVLI
SEPTENARIO TRIVMPHVM SEPTEMGEMINVM DARIER OPORTETO.

Entre les deux tours susdictes, y a vne muraille fort belle, qui faict la largeur du
Rauelin opposee directement à la Galerie, n'ayant que sept Creneaux de bonne for-
tuneidas chacun desquels estoit escrit vn chef de ce *Plebiscitum* en mesme lettre rouge.

PRIMA SPOLIA EIN MARTIS ASAM SVB POMOERIVM: LAV-
REAM VTRAM VOLVERIT PRO CAESIS HOSTIB. CAPITO.

II. SPOLIA APOLLINI OECONOMO PRO SVSCEPTO REGNO,
LILIVM QVEI CEPERIT, ET GALLICAM DATO.

III. SPOLIA STATORI IOVI PRO RECONCILIATO REGNO, QVEI
RECONCILIASSIT POPVLEAM DECERNITO.

IV. SPOLIA MINERVAE SOTERAE, ET LAOSSOAE PRO CLEMEN-
TIA REGIS EIPSOQVE AB SE SVPERATO, MYRTVM.

V. EIN TEMPLO IANI CLVSO AD MERCVRII CADVCEATORIS
CAVSA PACIS FACTAE, PACTAEQVE, OLIVAM.

VI. SPOLIA DIANAE SOSPITAE, ET LYSIZONAE PRO ABSOLV-
TIONE, ET RELIGIONE REGIA, QVEI CEPERIT PALMAM
CONSEQVITOR.

VII. SPOLIA VENERI NYMPHEVTRIAE, PRO PERENNITATE
FAVSTI, FESTIQVE CONNVBII, QVERCOM DARIER OPORTETO.

Deſſous les creneaux en vne friſe tiree auec feſtons de buyx d'vne tour à l'autre ſe li-
ſoient ces vers de Virgile adaptez à l'arriuee de ſa Majeſté

SALVE, VERA IOVIS PROLES, DECVS ADDITE DIVIS:
ET NOS ET TVA DEXTER ADI PEDE SACRA SECVNDO.
HIC IVVENVM CHORVS, HICQVE SENVM, QVI CARMINE
   LAVDES
HERCVLEAS, ET FACTA FERANT.

Il importe beaucoup pour tout ce que ſuit d'entendte la premiere inſcription de
celles cy, que i'appelle *VOTVM PVBLICVM*, & ſignammēt ce que concerne le nombre
ſeptenaire que l'on a gardé fort exactement en toute cette entreprinſe. Conſiderons
le de pres, & contemplons à loyſir auec ſa Majeſté le dehors du Rauelin tout tapiſſé
d'eſcritture, pendant que les troupes marcheront & ſe mettront en ordre.

DISCOVRS
DV NOMBRE
SEPTENAIRE.

II. EMPEREVR Iuſtinian en l'authent. de coſſ. ordonne, que les
ieux, & ſpectacles des Princes ſoient ſeptenaires, compoſez de ſept
diuerſes celebritez, & actiōs: & pource au §. *chorus: vers. ſextum agens.*
il conclud ainſi. *Et ita ſeptem noctium, & proceſſuum complebitur curſus
nullam ſpecierum antiquitus ſtatutarum derelinquens.* Et plus bas commande, que les Princeſſes ayent part aux magnificences de leurs
Maris au §. *Hæc itaque: verſ. ſi autem: Decet enim frui eas & coniugis claritate.* Faiſons donques ces triomphes Royaux ſeptenaires communs au Roy, & à la Royne, pour ne contreuenir à la Loy de l'Empereur.

Le Roy, la Royne, l'heure, & le iour que nous feiſmes l'entrée: Hercules qui eſt
noſtre ſuiect, l'annee du Iubilé qui court, la ville d'Auignon où nous ſommes, nous en
donnent toutes les occaſions.

Le Roy eſt au ſeptieſme ſeptenaire de ſon aage: c'eſt à dire, au quarante neuſie-
me, qui ſont ſept fois ſept: il eſt le neuf fois ſeptieſme Roy entre les Roys de France, &
le ſeptieſme de ce ſiecle. Le plus grand eſſay de vaillance qu'il feit iamais, & le plus
grand coup duquel, comme vn Alexandre le grand, il couppa le neud Gordien, &
quaſi fatal de ſon eſtat, qui fut en la bataille d'Iury, fut ſeptenaire, & eut tout ſon heur
du nōbre ſeptenaire, eſtant toute ſon armee diuiſee en ſept eſcadrons: ie le diray apres
plus amplement: & la bataille fut donnee le 14. deux fois ſeptieme de Mars. La prinſe
d'Amiens fut le 25 de Septembre, en l'an 1597. an & mois ſeptenaire. L'autre grande bataille gaignee à Arques pres de Diepe ſe donna le trois fois ſeptieſme iour vingt &
vnieſme du Moys de Septēbre, qui eſt ainſi nommé pour eſtre le ſeptieſme Moys de
l'an ſolaire. La iournee de Fontaine Françoiſe, les Dijon, fut le ſeptieſme moys de l'an
commū, le ſixieſme de Iuillet à l'heure deux fois ſeptieſme du iour, qui eſt deux heures apres

res apres midy: heure que la Royne feit fon entree en Auignon. En outre il feit declaration de fa Conuerfion au mefme Moys feptiefme de l'annee, que fut le 25 de Iuillet iour de S. Iaques en l'Eglife de S. Denis. Il fut facré Roy le 27. de Feburier, fit la paix auec l'Efpagnol le 21. de Iuin.

LA ROYNE auffi n'a que vingt & fept ans, eft petite fille de Ferdinand feptiefme Empereur de la maifon d'Auftriche: & pour monftrer combien elle fymbolifoit auec le Roy & fe plaifoit au feptenaire, elle vint de florence auec dixfept Galeres: la fienne auoit feptante pas de long, & vingt & fept rames de chafque cofté, qui eft le nombre des ans de fon aage, & beaucoup d'aultres feptenaires, que nous r'apporterons puis apres: & qui plus eft le mariage Royal fe fit à Lyon folennellement le 17. Decembre. Elle entra en Auignon le iour du dimanche, auquel cafuellement s'eft rencontree fon arriuee, le feptieme de la fepmeine à deux heures, que font quatorze auec les douze du midy; c'eft à dire, deux fois fept. QVANT A HERCLES il eftoit natif de Thebes Ville à fept portes tant chantees, & apoftrophees par les Poetes, & l'hydre n'auoit que fept teftes, au dire de Naucrates Erithree.

L'AN DV IVBILE où nous fommes a efté tout fondé fur le feptenaire; ainfi que l'a couché par efcrit Moyfe au Leuitique 25. par le commandement de Dieu. *Tu conteras fept fepmaines d'annees, c'eft afçauoir fept fois fept, qui font en tout quarante neuf ans : Et tu fonneras la trompette le feptieme moys, le dixieme iour du mois au temps de propitiation, en toute la contree, & fanctifieras l'an cinquantieme, & l'appelleras remiffion à tous les habitans de la terre : car c'eft le Iubile.* C'eft le texte de la faincte Efcriture tranflaté en François de mot à mot: où eft à admirer le rencontre merueilleux de l'aage du Roy, & de l'an, auquel il fe marie: qui eft l'an quarante neufuiefme nombre des ans du Iubilé, comme il appert par le paffage allegué : car le Iubilé eftoit prins apres vne femaine d'annees, qui font quarante neuf ans: à l'occafion dequoy ils l'annonçoient & celebroient auec fept trompettes, qui fignifioient les fept Sacrements de la loy Euangelique, qui effacent les pechez, & ont donné le nom au Iubilé: car les Hebrieux appellent יבל, *Iobel* vne trompette, ou cornet faict de la corne d'vn Belier, de laquelle ils fe feruoient, & d'où eft extraict le nom de Iubilé. *Septimo die facerdotes tollent feptem Buccinas, quarum vfus eft in Iubileo.* En Iofué chap. 6. & pour la mefme raifon Philon le Iuif, apres auoir monftré que toutes les grandes feftes des Iuifs, comme le iour du Sabat, qui eft le feptieme iour de la fepmaine, & la Pentecofte iour fept fois feptiefme apres la pafque, & toutes les autres eftoient feptenaires, parle ainfi du Iubilé. *Nec diffimilia funt, quæ præcipiuntur de anno quinquagefimo, qui non folum habet modò dictum feptenary priuilegium, verùm etiam reftitutionem rei familiaris in integrum.* S'il y a ville au monde, qui puiffe faire fefte au Roy de ceft an quarante neufieme; c'eft Auignon: car boniface huictieme fondateur de l'Academie d'Auignon, ayant tout le premier inftitué l'an du Iubilé de cent en cent ans, commençant l'an 1700. Clement fixiefme, qui achepta Auignon de la Royne Ianne, & refidoit pour lors audict Auignon, le remit à fon ancien terme feptenaire de l'ancienne Loy, de cinquante en cinquante ans, l'an 1350. Et ainfi le fecond Iubilé, qui iamais a efté faict, a efté remué à l'an cinquantieme en Auignon, par vn Pape y tenant alors le fiege Apoftolique.

Que fi nous voulons encore efplucher de plus prez les fecrets, & myfteres de ce nombre, il ne peut eftre propre d'autre Roy du monde, que du Roy de France. Les Roys de France feuls ont ce don du ciel de guerir des efcroüelles, maladie incurable, par le feul attouchement, difans : *Le Roy te touche.* Cela eft frayé dans toutes les hiftoires domeftiques, & eftrangeres, anciennes, & modernes, Latines & Grecques, qui

donnent

d'vn accord concedent cela à noz Roys : aueré par longue experience de tant d'annees: & de freche memoire par le Roy à present regnant, en sont estez gueriz à Lyon
Grenoble, & autres endroicts : chacun le touche au doigt : on ne parle d'autre chose,
on n'entend autre, que les parens des patians preschans cette vertu miraculeuse de sa
Majesté : & en pourrois nommer Gentils-hommes de bonne part, qui ont attesté au-
thenriquement, que leurs enfans ont esté gueriz à Lyon n'agueres. La ceremonie en
est merueilleusement graue, & maiestueuse. Mais ie ne me veux arrester en chose atte-
stee par le tesmoignage de toute la Chrestienté : & qui deuroit bien deciller les yeux à
noz pauures esgarez nouueauuenus, & leur faire croire, pour le moins, ce qu'ils voyēt
ou peuuent voir, s'ils ne se creuent les yeux. Que si le nombre septenaire a cela de propre de guerir de la mesme maladie, que se peut il dire de plus cōuenable ou au Roy
de France, qui a cette proprieté hereditaire, ou à sa Majesté, qui en à desia tant gueriz, ou à Henry quatrieme qui en tous ces succez, en son aage, & en l'ordre des Roys
est septenaire? Bungus escriuant de ce nombre, en parle ainsi. *Similiter masculus omnis*
septimus absque femella intermedia natus vim habere dicitur curandi strumas, seu scrofulas
solo tactu, vel verbo. Ecce quod tam diu Chirurgum fatigauit, quod Pharmacis curare non po-
tuit, nec ferro, nec caustico consumere, cuique nulla videtur esse medicina vi numeri septenary
curatum, persanatumq̃, apparuit quandoque. Atque hanc similem virtutem in dextera Gallo-
rum Regum videmus, qua struma affecti liberantur. C'est vn Italien Bergamasque, hors de
passion & soupçon. *Le masle, dict-il, qui est né le septieme, sans qu'il y aye eu femelle entre-*
my, a la vertu de guerir des Escrouelles par le seul attouchement, ou par la parolle. Ce à quoy les
Chirurgiens n'ont peu treuuer aucun remede, ny par feu, ny par fer, a esté sauuentesfois guery
par la force du nombre septenaire, laquelle mesme prerogatiue nous voyons estre ez Roys de Fran-
ce, qui ont puissance de remedier à ce mal. Ie me suis laissé dire qu'au Puy y a vn pedagogue masle septiesme, & vn Religieux à Beziers qui en guerissēt plusieurs. Mais en chaque Arc triomphal ie descouuriray les autres raretez, & mysteres de ce nōbre de sept,
les rapportant aux sept paralleles du Roy auec Hercules.

III.   Tovchant la ville d'Avignon, elle est de toutes pars septenaire, l'on y veoit
sept fois sept de choses remarquables, qui sont autant que le Roy à d'ans. Sept pa-
roisses, & non plus. S. Agricol. Nostre Dame la principale. S. Pierre. Saincte Ma-
gdeleine. S. Didier. S. Symphorian. S. Genis. Sept convents anciens de Religieux, de S. Ruf, freres Prescheurs, Cordeliers, Carmes, Augustins, de la Trinité,
de sainct Anthoine. Sept monasteres de Nonains: S. Laurens, Saincte Catherine,
S. Veran n'agueres sainct Iean le vieux, nostre Dame, iadis de fours, Saincte Clere,
Saincte Praxede iadis Espagne, les repenties autrefois dictes des miracles. Sept hos-
pitavlx, de S. Benoist qui est le plus ancien pour les Pelerins, S. Marthe le plus grand,
& cōmun à tous: Chāp-flory pour les pestiferez. S. Lazare pour les Ladres: S. Anthoine pour les Estroupiez: des Augustins pour autre necessiteux & de Nazareth, pour les
vesues, errans, & sans toict. Sept palais, le grand Palais surnommé Apostolique,
le petit Palais de l'Archeuesque, la Vicegerance dicte anciennement le Palais Royal,
S. Iean de Rhodes, le Palais de la Mote, ou est auiourd'huy le College de la Compagnie de Iesus, celuy de Poictiers dict du Roure, & celuy du Roy Rhené. Sept col-
eeges, le grand College dict S. Nicolas. S. Martial qui est seminaire de Clugny, de
Senanque seminaire de S. Bernard, de Iuion seminaire de Mont-maior, que le vulgaire par equiuoque appelle de Dijon: du Route, de la Croix, & S. Michel. Sept portes, du Rhone, du Sel, de S. Lazare, d'Ymbert, de S. Michel, de Champ fleury, du
bois, communement de la leigne. Ce sont les sept septenaires, que l'art, & la pieté de

noz

maieurs ont mis en Auignon, desquels les ans passez on a recherché l'origine, la fondation, les changemens, & alterations, les causes, les statuts, & toutes les singularitez de l'histoire d'Auignon. Mais Dieu y a mis encore ses septenaires. Les conuentions furent faictes le 7. de May, la legation instituee le 27. de Iuillet septiesme mois de l'an Romain. Auignon fut separee du Comté Venicin par le partage des Comtes de Prouence, le 15. de Septembre 17. des Calendes d'Octobre: fut achetee & acquise par Clement sixiesme, l'an septiesme de son Pontificat : & sur tout cecy, par grace speciale, & faueur de la prouidence diuine, SEPT PAPES legitimes des plus grands personnages, qui ayent esté de suite depuis Gregoire le Grand, y ont tenu le siege Apostolique l'vn apres l'autre, sans interruption , & y ont demeuré septante ans precisement, qui est vn autre septenaire remarquable. CLEMENT CINQVIESME y amena le siege Pontifical, l'an 1305. consacré à sainct Iust de Lyon, qui a faict, & daté les Clementines en Auignon, où il seiourna pres de sept ans, extermina les Templiers, conuoqua le Concile de Vienne, mourut icy pres à Rochemaure, & fut enterré à Bazas. Quelques vns pensent que ce Clement ne doit estre comté entre les papes d'Auignon mais ils se trompent , & ne faut que voir ses Clementines datees quasi toutes en Auignon, & ce qu'en ont escrit les meilleurs historiens. Peut estre qu'ils ont estez abusez par les escriteaux, qui sont à la sale du Iesus, où se lit que Iean 22. amena le premier le S. Siege en Auignon: il faut corriger cet escriuain par la verité de l'histoire, par laquelle il trouueront, que par deux diuerses fois il crea en cette ville quatorze Cardinaux : les cinq l'an 1310. le 19. Decembre, & les neuf l'an 1312. le 22. dudict mois , & qu'ils en moururent en diuers temps de son pontificat en la mesme ville, quinze, que Panuinius rapporte l'vn apres l'autre. A Clement succeda IEAN 22. creé à Lyon, iadis Euesque d'Auignon, Pontife tres-docte, & tres-fameux, qui a institué le premier audict Auignon, de saluër tous les iours la saincte & immaculee Mere de Dieu au son de la cloche, côme le tesmoignent Polidore, Genebrard, & les Chroniques. Il laissa à l'Eglise vingt & cinq millions d'or, fonda les Chartreux de bon pas, les Collegiales de sainct Agricol, & de sainct Rhemy : est enseuely à nostre Dame de Doms, en la chapelle du Rosaire. BENOIST 12. creé en Auignon successeur de Iean, sacré aux Iacobins, commença à bastir le grand Palais par la partie septentrionale, quarree, à quatre corps de logis , iusques à nostre Dame de Doms : personnage de grande saincteté, & Theologien excellent. il repose à nostre Dame, en vne autre chapelle, à main gauche du chœur. CLEMENT SIXIESME le suiuit, l'ornement de la maison de Canillac coronné en Auignon aux Iacobins. Ce fut celuy la, qui achepta cette ville 80. mille florins d'or de Florence, l'an 1348. bastit tout le deuant du Palais, & la grande chapelle d'enbas vers la Vicegerence, commença les murailles neufues depuis la roche de Dös, iusques à la porte du Rhone : fit refaire quatre grandes Arcades du pont, que le grand rauage des eaux auenu de son temps, auoit mis par terre : il y mit ses armoyries d'où plusieurs ont prins occasion de penser, & d'escrire que les Papes auoient faict le pont, lequel neãtmoins fut basti miraculeusement l'an 1177. par sainct Benezet pastre entroyé de Dieu aagé seulement de douze ans, & les Papes ne vindrent en Auignon que l'an 1305. ou 1306. pour le plus. Clement deceda en Auignon & est enterré à la Chase Dieu, en cette belle Eglise, qu'il auoit faicte bastir grand predicateur, d'vne memoire monstrueuse, se souuenant de tout ce qu'il voyoit, oyoit, lisoit vne seule foys, sans iamais s'en pouuoir oublier, comme le tesmoigne Petrarque. Apres luy suiuit INNOCENT 6. creé en Auignon au Palais. Il a basti la grande chapelle d'enhaut, & paracheué tout ce corps de logis meridional, & des murailles, despuis le pôt de la Sorguette soubs les Iacobins iusques à S.Lazare, fondé les Chartreux de Ville-neufue, où ses cendres reposent. L'on luy subrogea S. VRBAIN V. creé en Auignon au Palais qui a faict tailler dans la roche la grande cour, & le puis dudict Palais, œuure merueilleuse : à faict faire le logis qui regarde l'Orient, où estoit logee la Royne, depuis la sale des Legats iusques aux grandes Chapelles : & des murailles les plus belles de toutes, dez le pont de la sorguette quasi iusques à la porte du Rhone, & dez la porte de S. Lazare, iusques à la roche de Doms : voire a faict refaire de celles d'Innocent, qui auoient esté faictes à la haste, dez la porte S.Michel, iusques à la porte l'Ymbert, & la porte de S.Lazare mesme, auec le pan de muraille en çà, qui a des meurtrieres, & bouquez : tout cela ayant esté mis à bas par le rauage de la Durence, & du Rhone, qui s'estoient accordez vne fois de faire du bien à la ville d'Auignon. Il mourut en Auignon au Palais du Cardinal Albane son frere, pres du chœur de sainct Pierre, ainsi que l'a escrit Verneron son secretaire, qui y estoit present. Platina selon sa coustume, qui est de dire toutes choses *ab hoc, & ab hac,* dict qu'il est mort à Marseille, où il fut transferé deux ans apres auoir esté enterré, & reduict en cendres (comme il l'auoit commandé par son testament) à nostre Dame de Doms : de sorte que pour le present il gist à Marseille à sainct Victor, qu'il auoit faict bastir sumptueusement, auec la forteresse. Il trouua les chefs de sainct Pierre, & S.Paul, & le corps de S.Thomas d'Aquin, que Iean 22 auoit canonizé en Auignon : il mit sus l'vsage des Agnus Dei, qui auoit esté intermis par longues annees, & fit plusieurs miracles. GREGOIRE VNZIESME succeda à Vrbain : il fut de la maison de Camillac, faict en Auignon, au Palais : où ayant residé par l'espace de quatre ans entiers, ramena le sainct Siege à Rome, vn des plus grands Iurisconsultes de son temps, & grand homme de bien : il gist à Rome.

IV.   PLVSIEVRS DESIRENT de sçauoir, qui le premier, & à quelle occasion mit le nombre septenaire en cette ville. Nous en auons ouy en son temps, & lieu, ce qu'on en auoit peu apprendre, par le cours de l'histoire d'Auignon : i'en diray seulement vn mot icy en passant pour les curieux. Ce fust S.Vrbain cinquieme du nom, de la maison de Grisac en Languedoc, natif de Beaucaire. Il se plaisoit vniquement au septenaire : & de faict au rauelin de S.Lazare, qu'il a faict rebastir, il n'y voulut que sept creneaux, où l'on auoit faict escrire le Plebiscitum septenaire cy dessus allegué, qui m'a donné occasion d'entamer ce propos : de mesme au grand palais n'y ayant que six tours, Trouillas, de l'Estrapade, S.Iean, de la Cloche, S.Laurens, & l'Agache, il y en adiousta la septieme, & l'appella des Anges, la plus belle de toutes, où est l'Archiue admirable, dans les fondements : la sale des Legats, & autres beaux membres, que furent donnez pour logis à la Royne. L'on a remarqué fort particulierement les ans passez, par le desnombrement des bastimens, & fondations, qui furent faictes de son temps, que non seulement il a introduict le septenaire, mais a prins occasion de ce faire du dessein, qu'il auoit de rendre Auignon vne seconde Rome. Il feit faire de tres-beaux vergiers en ce mesme endroict du Palais, & ordonna, que l'on appelleroit tout ce costé là du nom de Rome, comme le resmoigne Pierre Verneron, qui estoit son secretaire, en son manuscript des Papes d'Auignon (Le Cardinal de Clermont les gasta y faisant bastir la Mirande, & cette grande Galerie, qui occupent la plus grand part de ces iardinages) Nous ne pouuons reuoquer en doute auec raison qu'Vrbain ne voulut former Auignõ sur le prototype de Rome : mesmement ayant deliberé d'y arrester à tousiours le sainct Siege, comme l'on veoit à l'œil par tout la traine de l'histoire de ce temps là : qui a occasionné Paul Æmile de parler en ces termes d'Auignon. *Auenio sancta iam, atque Vrbis Romæ æmula.* Or en quoy pouuoit il mieux representer Rome la grande, que par le

nombre

nombre septenaire, duquel elle estoit toute composee ? Constantin le grand Empereur, ayant faict vne Loy, que l'on appellat desormais Constantinople *neuam Romam*, au raport de Socrate au liure premier chap. 12. la feit toute septenaire. Voicy ce qu'en pense Baronius au tome 3 en l'an 330. *Sane quidem non nomine tantum sed re ipsa conatus est Constantinus ciuitatem illam alteram Romam facere, quæ in omnibus ex æquo, si liceret, veteri Romæ responderet : nam vt illam in quatuordecim primum regiones diuisit, Capitolium erexit &c.* La ville de Rome, que Statius appelle *septemgeminam* fut bastie en la septiesme Olympiade au dire de Polybe Megalopolitain, de Diodore Sicilien, d'Eratosthenes, & de Denys Halicarnassee, le vingt & vniesme d'Auril, qui est le trois fois septiesme dudict mois. Auignon fut fondee à la fin du septiesme centenaire d'annees ; auant la venue du Sauueur, l'an 147. apres la fondation de Rome, & 604. auant l'incarnation du Fils de Dieu, qui fut l'annee que Marseille fust edifiee par les Grecs Iöns. En outre Rome a eu sept Roys, & non plus, aussi bien qu'Auignon sept Papes. Properse, & tous d'vn accord, luy donnent sept montaignes. *Septem vrbs alta iugis, toto que præsidet orbe.* Virgile sept Palais : *septemque vna sibi muro circundedit arces:* Pline sept portes, iusques a son tēps aussi bien qu'a Thebes: Procopius deux fois sept portes, redoublees par l'Empereur Iustinian. Il y auoit sept rües publiques celebrees par les Anciës escriuains *via sacra, via alta ;* & les autres. Pedian dit que tout le peuple estoit diuisé en trēte cinq Tribus ; qui sont cinq fois sept. Auguste Cesar distribua toute la ville en quatorze regions, ainsi que l'escrit Suetone, & Tacite, distribution gardee du depuis par Constantin en Constantinople. La premiere Region auoit sept places : la cinquieme sept cors de garde : la huictieme trois fois sept temples, qui sont 21. & sept marchez publics : la dixieme sept rües, qu'ils appelloient vicos : la douzieme l'admirable Septizonium, & la maison des sept Parthes : la quatorzieme sept autres cors de garde. Mesme Rome Chrestienne a eu les sept Diacres, qui s'appelloient Regionaires : les sept souz-diacres : & les sept notaires apostoliques : & a les sept Eglises des Stations : & les sept portes de la ville Leonienne, ou Bourg sainct Pierre, & autres plusieurs septenaires, que ie laisse à part pour maintenant: cōme beaucoup d'autres paralleles d'Auignon, auec Rome, que l'on a poursuiuy à fonds ailleurs. Cecy suffira en passant, pour l'enrichissement du septenaire de nostre Labyrinthe, & explication d'vne Iliade d'allegories, qui s'ensuiuent, & que nous eussent arrestez à tout bout de champ. Et encore pour entendre, pourquoy en plusieurs des inscriptions l'on honore Auignon du tiltre de *noua Roma*, ville habitee par tant de Papes, anoblie de tant de beaux bastiments, illustree par tant de faicts memorables, priuilegiee par tant de Conciles, tant respectee de l'antiquité, tant cherie des Empereurs, tāt aimee des Roys de France, tant prisee des souuerains Pontifes, tant fauorisee du Ciel: vierge & nette de toute heresie, ennemie resolüe de tout temps de schismes & diuisions, bouleuar de la foy Catholique en ces quartiers, pepiniere des vaillans Champions pour la deffense de la foy Orthodoxe parmy les peuples circonuoisins, nourriciere de toute sorte d'ordres religieux, desquels elle faict contre-scarpe à ses plus grands ennemis. La Rome de deçà les monts, la Constantinople des Gaules, la Florence de France, la perle des belles villes, la Colonie des nations, l'azile des estrangers, le gratieux, plaisant & agreable seiour des Princes & des Roys.

CES CHOSES ainsi ancrees, ie reprens mon chemin, & reuiens à la Royne, que y peut estre, nous auons trop importunement retenue à la porte, auant qu'entrer dans le labyrinthe: i'espere que cette importunité se trouuera puis apres à propos, quand en la narration de toute la suitte de cette entree, l'on recueillira le fruict de l'attente, par la

per-

perſpicuité, & briefueté requiſe.

A la premiere demarche ſa Majeſté ſe vint rendre à la Croix, qui eſt hors du Raue-lin, au chemin tendant à la ville : où elle rencontra les ſept Dieux, auſquels on auoit deſdié les ſept arcs du labyrinthe, qui venoiët au deuant de ſa Maieſté pour preſenter les ſept cotonnes acquiſes au Roy par ſes proüeſſes, & luy moraliſer en peu de mots, tout le contenu des Arcs triomphaux : affin que puis elle les veit, & les conſiderat auec plus d'intelligence, & contentement. Tous ſept eſtoient à cheual habillez ſomptueu-ſement, & montez à l'auantage ſur cheuaux d'Eſpagne, & Barbes, & autres de grãd pris. Outre ces ſept, on auoit choiſi de la fleur de la nobleſſe, qui eſtudie & eſt ele-uee tant es bonnes meurs, qu'en toutes ſciences au tres-floriſſant, tres-fameux, & tres-deuot College de la compagnie de Ieſus en cette ville, les plus beaux, & rares eſ-prits de France, & qui ſçauoient le mieux monter, & picquer paſſablement vn Che-ual : tous enfans de marque, de toutes ces prouinces circonuoiſines, Languedoc, Daul-phiné, Prouence, Italie, France, & enfans d'Auignon, ſept fois ſept : chaſque ſepte-naire à la ſuite de chaſque Dieu bien montez, & veſtus des couleurs du Roy, & de la Royne, faiſans en tout le nombre de quarante neuf cheuaux, nombre des annees du Roy. Outre ceux cy, chaſque ſeptenaire auoit vn chef des plus apparents qui aſſi-ſtoit le Dieu de ſa troupe, & portoit la coronne de l'arc, qu'il repreſentoit. Ceſtuy cy eſtoit ſuiuy d'vn autre, qui portoit vn guidon de taffetas, auec les armes differentes d'vn coſté, & d'autre : comme nous ſpecifierons maintenant. Le tout conduict par les trompettes, & par des Eſcuyers, qui auoient eſtés choiſiz à cet effect, pour dreſſer cette Ieuneſſe, & s'en prendre garde. Ils furent vn peu rompuz par la preſſe & confu-ſion des compagnies de pied, qui s'eſtoient desbandees, que fuſt cauſe, qu'ils ne paru-rent pas auec toute l'ordonnance, qu'il eſtoit neceſſaire : toutesfois ils ſe ralierent fort bien par la ſage conduicte du Sieur Iean Anthoine Fabri l'vn des deputez, qui y fit tresbon office, comme en toutes autres choſes : homme vif, prompt, vigilant, & leſte à ce qui eſt de ſa charge. Par ſon moyen ils ſe rengerent en fin tous de rang, au bord de la Durençole depuis le petit pont, iuſques à la Croix.

Mars eſtoit le premier de tous auec ſa lance, ſes armes toutes dorees, & vn panache blanc, l'eſcharpe tout de meſme, monté ſur vn Genet d'Eſpagne fort beau. Le chef qui l'aſſiſtoit veſtu de velour incarnat, portoit en main vne coronne de laurier : le Gui-don ſuyuoit de taffetas blanc, auec les armoiries de noſtre ſainct Pere d'vn coſté, & d'autre enrichies tout à l'entour de fin or. Les ſept, qui l'aſſiſtoient, eſtoient tous ha-billez de velour, ou taffetas, à la liuree de leur chef, & auoient chacun vn rameau de laurier en main.

Apres ceux cy eſtoit Apollon monté ſur vn Barbe auecque ſon Soleil en teſte, aux rayons faicts de perles & pierreries exquiſes : le reſte de l'habit de toile d'argent ſur le velour incarnat figuré, & coupé exprez : les boutines à l'antique de cuir doré, & au col des chaines d'or à pluſieurs tours, à droit, & en eſcharpe : le chef de ce ſeptenaire eſtoit veſtu de velour verd, l'enſeigne aux armoiries du Roy de coſté, & d'autre ſur le taffetas blanc : Le ſeptenaire, qui ſuiuoit veſtu de taffetas, & de velour verd ayant chaſcun en main vne branche de fleurs de lis feinctes en papier.

Le troiſieme range eſtoit de Iupiter affeublé d'vne robe rouge de Damas bleu ce-leſte à l'antique, auec les boutons, & boucles d'or de haut en bas iuſques aux pieds : tenant le fouldre en main, monté ſur vne haquenee toute blanche comme neige : le chef de la bande eſtoit habillé de ſatin incarnat, monté ſur vn Genet d'Eſpagne, pourtoit vne cotonne de peuplier, l'enſeigne de meſme matiere que les autres, auec-

que

que les armoiries de Medicis ioinctes à celles de France. Les sept vestus comme leur chef tenoient les rameaux de peuplier.

En quatrieme lieu, suiuoit Minerue sur vn cheual de regne tout noir accoustree mignonnemēt tout ce que se peut, son heaulme auec le Sphinx, son cuirasse sur la soutane de toile d'argent, & la belle cheuelure ondoyante sur les espaules sortant de son casque, & se frizant sur le front paré de diamants, & rubis de grande valeur: Le chef, qui l'assistoit monté sur vn Barbe portoit la coronne de chesne vestu de Damas, & en son guidon les armoiries de la ville sur le taffetas verd : les sept auoient en main de branches de chesne tous habillez de velour, ou de taffetas verd.

Le cinquiesme, Mercure auec son petit chapeau de drap d'or, le caducee, & sandales, son hoqueton à l'antique de drap d'or enrichis de force chaines d'or, les bras, & la poictrine chargee de pierrerie, & d'vne chaine fort remarquable. Le chef de sa troupe vestu de taffetas tané de couleur de Roy, monté sur vn beau Barbe, tenant en main vne coronne d'oliue : au guidon estoient de rechef les armoiries de nostre S. pere en taffetas blanc: le septenaire portoit le tané partie velour partie taffetas auec des rameaux d'oliue en main.

Le sixieme Dieu fut Diane sur vne haquenee blanche, affeublee en nymphe, sa trousse derriere le dos, son croissant en teste sur la guirlande, d'où pendoit iusques en bas en derriere vne glace d'or : le chef du septenaire vestu de toile d'argent portant la coronne de palme, monté sur vn petit cheual, qu'il manioit si dextrement, qu'il fut remarqué entre tous par Monseigneur le Duc de Guise, lequel voyant sauteler, cabrer, & bondir ce petit nain de cheual, & faire mille tours & retours de souplesse, sous la baguette de ce petit enfant aagé seulement de neuf à dix ans, demanda à qui il appartenoit: & ayant apprins de son precepteur, qui le suyuoit pour l'assister, qu'il estoit fils à Monsieur de Paris Daulphinois, le loüa tout haut: le plus grand heur, qui peut aduenir à ce ieune Seigneur en cette matiere, d'estre veu, & admiré d'vn des plus grands, & fameux princes du monde, duquel chascun estime à grand heur voire le seul regard, puisque comme dit Cassiodore *munus est videre Principem.* Combien dauantage d'estre veu de celuy, duquel le nom, la noblesse, & la valeur n'à autres limites, & bornes, que celles de l'Ocean, & de la terre habitable: Le guidon portoit les armes de France des deux costez : & estoient les sept habillez qui de toile d'argent, qui de velour incarnat, quy de taffetas verd, qui de tané de Roy, tout pesle mesle des couleur des susdicts septéaires, ayants tous en main des palmes.

Le septieme Dieu estoit Venus montee sur vn Barbe. Elle eut le pris d'estre entre les Dieux le plus proprement habillee, selon le personnage, qu'elle representoit. La teste estoit haussee d'vne somptueuse guirlande, sa robe de soye elaboree de trois couleurs, qui sont du Roy, & de la Royne incarnat, blanc & verd, rayez d'argent, l'incarnat faisant de petites flammes de feu par toute l'estoffe, fort propres à Venus, que l'on depeint tousiours auecque les flammes à la poictrine. Le Capitaine portoit la coronne de Myrte, & son guidon, qui auoit les armes de Medicis ioinctes à celles de France: tout le septenaire auecque rameaux de Myrte fresche, & verdoyante estoit vestu à l'Italienne, & de nation Italienne.

CETTE troupe rengee en cette maniere droit au passage de sa Majesté, elle approchant s'apperceut bien à la contenance du premier, qui estoit Mars, qu'il luy vouloit dire quelque chose, & pource commanda d'arrester, & de mesme aux autres Dieux des sept septenaires, lesquels elle entendit la plus part auec vne patience, & attention

VI.

D 3

remar-

remarquable:entant que la grande presse le pouuoit permettre commandant de faire ferme au commencement de chasque septenaire, où elle voyoit les Dieux parez, & eminents par dessus tous les autres en posture de reciter : passant ainsi au trauers de toute cette ieunesse auec vn visage serein,& riant. Voicy dôc les stances que reciterêt les Dieux : car les chef, qui portoient les coronnes deuoient reciter puis apres à leur tour à la personne du Roy absent, comme les Dieux à la Royne presente.

I. MARS
SVR L'HYDRE DV PREMIER ARC
STANCE I.

D'HENRY l'Herculine valeur
De l'hydeux hydre de malheur,
Qui tenoit la France oppressee
Toutes les restes à tranchee;
Mais cest Hydre tousiours renaist,
Si de vous vn Hercul ne naist,
Qui tranche ces cols à renaistre,
Comme Henry ceux qui sont en estre:
MADAME hastez vous vistement,
De nous desliurer, desliurant
D'vn Herculin semblant sa Mere
En beauté, en valeur son Pere.

II. APOLLON
SVR LE POIDS D'ATLAS DV SECOND ARC
STANCE II.

MADAME, venez, car Atlas
Sous ce si grand fais desia las
Attend de vous son allegeance
Vn Herculin pour Roy de France:
Qui comme son Pere vaillant
Succede à ce Ciel si pesant,
Et soustienne de son eschine
Cette espouuantable Machine.

III IVPITER

SVR LE JARDIN DES HESPERIDES

DE L'ARC TROISIESME

STANCE III

SI de toute la ronde terre
La France est le plus beau parterre,
Florence le plus beau Iardin
De flore arrousé du tetin,
Quel fruict naistra des lis de France
Semez au Iardin de Florence?
Que plus l'Hesperide thresor
Ne me vante ses pommes d'or:
Henry le plus beau lis de France,
Marie est la Fleur de Florence:
He Dieu! Quel sera le Fleuron
Sortant de ce double bouton?

IIII· MINERVE

SVR LE MONT OETA DE L'ARC

QVATRIESME

STANCE IV

HErcul le monde ayant domté
Luy seul restant insurmonté,
En Oeta sur vn brasier monte,
Où dans la flamme il se surmonte,
Et quittant son habit mortel
Se reuest d'vn autre immortel.
Vous estes cette Oeta, MADAME,
Le brasier c'est d'amour la flamme,
Où vostre Hercul Phœnix, Francoy,
Consumé, vous lairra de soy
Vn petit Hercul viue image
De tous deux, l'honneur de son aage,
Qui en race, & grandeur croissant

Vous faira reuiure en mourant.
N'est ce pas le seul Mariage
De Clothon despitant la rage,
Qui par son moyen les mortels
Rend de race en race immortels

V. MERCVRE.

SVR LE GERION DE L'ARC CINQVIESME

STANCE V.

Hercul encore enfantelet
Escacha d'vn bras tendrelet
La teste à deux hydeux serpents,
Qui sur son bers alloient rempents :
Puis homme faict, du triple Roy
Il mit la race en desarroy,
A coup de masses, & de traix
Mettant toute l'Espagne en paix.
L'Hercul, qui de voz flancs naistra
Les esmotions esteindra
De cette ciuile fureur,
D'où ia nous blemissions de peur :
La paix y fera son seiour :
L'aage d'or sera de retour,
Ce lis qui de vous germera,
De son or nous redorera :
Et les estrangers desormais
Ne nous agasseront iamais.

VI. DIANE.

SVR LE PROMETHEE DESLIE' DE L'ARC CINQVIESME.

STANCE VI.

Ce sage Promethee est vostre espoux, MADAME,
L'aigle c'est vostre amour, qui se paist dans son ame :
Les liens sont les nœuds d'vn mariage heureux :

Le rocher vostre cœur du sien seiour ioyeux:
Mais il est au rebours de l'autre Promethee:
Il ne veut liberté, sa chaine luy agree :
Le cœur plus luy renaist, plus vostre amour le point,
Vous luy est vn rocher, qui ne s'esbransle point.

VII· VENVS·
SVR LA BICHE MENALEE
DE L'ARC SEPTIESME
STANCE VII.

B Elle Biche Menalée
A l'ongle & corne dorée,
Le Roy t'a prins dans ses rets,
Mais d'vne chasse nouuelle,
Tu prens de mesme cordelle
Ton preneur dans tes filets:
Ta Citoyenne Camille
Iamais tant, & tant de mille
Des Phrygiens n'a vaincu,
Ne iamais Penthesilee
N'acquist vn si beau trophee
Du Scytien combattu,
Que toy vaillante Amazonne,
Que ia la France coronne
Pour trophee de celuy,
Qui soubmis à ta victoire
N'auoit en valeur, & gloire
Au monde pareil à luy.

ARRESTE, Lecteur, vn petit, & remarque, en passant, vne chose qu'importe. Ces VII.
sept Dieux, outre qu'ils se r'apportent aux sept actes Heroiques du Roy historiés sur
le labyrinthe allegorique de sept Arcs triomphaux, si est ce que principalement ils
seruent au marige, duquel il est qu'estion: ce que ie desire estre soigneusement inculu-
qué, à qui voudra mieux entendre le but de tout ce dessein. Icy il falloit tellement
mesnager le suiect, qu'il aboutit tout au Mariage du Roy. Or il est vray qu'ez nopces
d'Hercules, auec Hebe Deesse de la beauté , & de la Ieunesse, se trouuerent tous ces
Dieux, comme le chante le Poëte ancien Epicharme, ce que fit resoudre l'autheur de

E

les fai

les faire entrer ez nopces de l'Hercule François:puifque nous voyons en luy la verité, de ce que n'eftoit que par ombre,& par phantafie alambiqué dans vn cerueau poëtique en l'Hercule Thebain.

Mars n'a il pas affifté tout à plein,& fans fable à ces nopces du Roy , puifque au mefme temps que le Mariage fe traicte,que la Royne arriue , que l'on dreffe le lict , & le feftin,toutes les furies de Mars foudroyoiët les Citadelles les plus imprenables de l'Europe,& font Echo au retentiffement des Alpes fous le cliquetis des armes de ce Mars porte-lance?Difcourés ainfi par tous les autres Dieux , & vous les y trouuerez tous en corps. Cependant ie vous rameneray icy ce que Iulle Cæfar en fon Idee rapporte dudict Mariage d'Hercules auec fa cœlefte:Hebe l'ayant tirè d'Epicarme, les fragmëts duquel ie n'ay peu trouuer en aucune biblioteque, pour citer fes propres mots,*Herculis atque Hebes coniugium licebit memorare,cui nihilo fecius adftiterit Deorum cho-rus,in quo Phyrricam faltauerit Mars,Mercurius Palæftricos ediderit motus:Minerua cetinerit hymenæum:Venus pronubia fuerit:Gratiæ tulerint tædas:Mufæ modos fecerint:Sol fuerit Oeco-nomus:Dianatorũ ftruxerit,*c'eft au ch.101.où il dõne des preceptes de l'epithalame.*Il fe-ra bon(dit il)de mettre en aũãt le mariage d'Hercules,& de Hebe.Où Mars ioũa la morefque, & danfa aux armes:Mercure feit des tours de paffe paffe:Minerue chanta l'hymenee,Venus me-na l'efpoufee,les Graces porterent les torches,les Mufes chanterent:le Soleil fuft maiftre d'hoftel, & Oeconome:Diane prepara la couche nuptiale.*Vous femble il maintenant que ces Dieux font à noftre propos,& que tout le labyrinthe fe rapporte par eux au Mariage du Roy? Il dict que les Graces,& les Mufes s'y treuuerent,auffi nous les rencontrerons tantoft en leur place , affin que rien ne manque en la verité de fa fable, & au corps de fon ombre.

HOC SYDERE TVTA

1

CLEMENS OCTAVVS
Pontifex Maximus
SIC CLAVVM TENEO

HENR. BORBONIO PIO
ANTON. FIL GALL. ET NA
VARR. REGI SEMPER AV
GVSTO HERCVLI GAL
LICO. S.P.Q.A.   E. 15

2

HENRICVS BORBONIVS
REX NAVARRÆ
REX BINÆ NAVIS NA
VARCHVS ROBORE.

CONSERVATORI
ECCLESIÆ.

FVNDATORI   QVIETIS.

LIBERATORI
REGNI.

LE QVATRIEME RENCONTRE
DV TROPHEE ET DE L'ORDRE
DES TROVPES.

AVEC LE BLASON DES ARMOIRIES
de nostre Sainct Pere Clement VIII.

CHAPITRE VI.

SOVDAIN que sa Majesté eut passé ces septante cheuaux elle se I. treuua sur le petit pont, d'où, de premier abord, elle descouurit à plein vn double trophee, qui estoit dressé à la premiere porte du Rauelin de S. Lazare: il estoit d'ordre dorique propre & ordinaire des guerres, côposé d'armoiries de quatre colomnes auec leurs stylobates, de l'arc, de ses corniches & coronnements de deux petites pyramides aux deux costés de deux effigies, & d'vne grande pierre d'attente, en marbre blanc entre deux. Aux deux pilastres estoient peints à plat, en bronze deux trophees, l'vn de despouilles d'Eglize entrelassees de calices, croix, chappes, & autres habits sacrez: l'autre de masses rompues, & entieres, de boucliers, cimeterres, fifres, tambours, & semblables instruments de guerre dans le rond de l'arc estoient ces vers, qui en contenoient le sommaire.

EN DVO RAPTA MANV DIVERSO EX HOSTE TROPHAEA.

Aux deux costez estoient peinctes en bronze, la Religion vers le trophee de l'Eglise presentant vne coronne de proües, & de poupes, que les Anciens appelloient coronne nauale, & la victoire prez du trophee de guerre, auec vne coronne de fleurs de Lis d'vne main, & vne Palme de l'autre. En la table d'attente estoit couchee cette inscription de trophee en belle grosse lettre capitale.

TROPHÆVM.

HENRICO BORBONIO ANTONII FILIO SEMPER
AVGVSTO HERCVLI GALLICO S. P. Q. A.
QVOD EIVS DVCTV, AVSPICIISQVE,
INSTINCTV DIVINITATIS,
MENTIS MAGNITVDINE,
TAM DE HOSTIBVS, QVAM DE DIVTVRNA
PERTVRBATIONE REGNI,
ATQVE DE PARENTIS ECCLESIAE INTESTINIS,

E 2 PERCV

PERICVLOSISQVE TVMVLTIBVS VNO TEMPORE
TRIVMPHATVM, ET IVSTIS
RESPVBLICA VINDICATA EST ARMIS
TROPHAEVM TRIVMPHIS INSIGNE DICAVIT.
VOTIS ECCLESIAE.
VOTIS REGNI.

Vn peu plus bas au pied du Coronnement, en trois petits compartimens de mesme marbre blanc, on lisoit ce tiltre de ce double trophee.

LIBERATORI REGNI:
FVNDATORI QVIETIS:
CONSERVATORI ECCLESIÆ.

Par cecy s'entendoit le but de ces deux trophees, de faire paroistre que le Roy protecteur, & fils aisné de l'Eglise en general, & d'Auignon en particulier, n'a pas seulement l'honneur d'estre victorieux en son Royaume, qu'il a garenty de si euidents, & horribles dangers, & naufrages ; mais encore en l'Eglise de Dieu, qu'il a en sa protection, & amplifie tous les iours en la conuersion d'vn grand nombre de desuoyez, qui à son exemple, & à sa persuasion se rengent petit à petit, & retournent à l'Antiquité, d'où ils s'estoient forlignez, & esgarez, ralliãt ce Royaume rapiecé de tant de follastres opinions, & rasseurant l'estat, qui a couru tant de fois fortune à cause de ces diuisions, & partialitez de Religion, qui n'est, & ne peut estre qu'vne : le vray renfort, & asseuré soustien des Monarchies, que l'on a veu en vn moment renuersees, si tost que l'on s'est licentié de dogmatizer nouuelles sectes contre Dieu, & son Eglise : ne pouuant manquer la menasse irrefragable du Sauueur de sortir effaict. *Omne regnum in se diuisum desolabitur.*

II.   TOVT LE CORPS du coronnement estoit embelly d'vne double corne d'abondance composée de Lauriers, Grenades, Orenges, Melons, Limons, Citrons, & autres sortes de fruicts des plus rares : au dedans estoit peinte l'imprese, ou embleme, qui dominoit à toute cette structure de Trophee ; sçauoir est vn nauire singlant en haute mer agité des vagues, & tempestes, & deux coronnes du Pape, & du Roy posees au Ciel vers l'Occident, qui d'ardoient leur rayons brillants sur cette mer, & estoient entourees de sept estoilles : les six de la premiere grandeur, la septiesme de la moyenne, auec cest Hemistique sortant des rayons, & allant batre droit sur la nef.

HOC SIDERE TVTA.

La nef signifie le Royaume de France : chacun sçait, que la Galere est l'armoyrie de la ville de Paris, siege de noz Roys : elle represente aussi l'Eglise, à cause du Nauire Euangelique agité sur le lac de Genezareth, que tous les Peres vnanimement expliquent de l'Eglise Romaine, & que les souuerains Pontifes portent insculpee, & grauee dans leurs seaux, medailles, & monoyes.

Les Atheniens mesine, & les anciens Romains prenoient la Nef pour marque, &
Hiero-

Hieroglyphique du salut & de felicité ; ce que nous voyons ez medailles d'Adrian l'Empereur, & d'Auguste Cesar, où est graué vn grand nauire à rames auec ce mot, FELICITATI AVGVSTÆ, & les Atheniens en signe de salut, & en memoire de Theseus, tous les ans faisoient grand honneur à vn nauire qu'ils enuoyoient à Apollon en l'Isle de Delos, pour luy rendre leurs veux ; & auoient faict vne Loy, que personne ne seroit iusticié pour quelque acte criminel, que ce fust, iusques à tant que ce vaisseau fust de retour sain, & sauue de ce voyage : que fust la cause, comme escrit Platon en son Phædon, qu'il se passa long temps entre la sentence de mort donnee contre Socrates, & l'execution d'icelle : à cause qu'elle fut donnee la veille de cette ceremonie, & spectacle de la nauire salutaire. Mais sur tout c'est chose digne de remarque, que comme la Nef est la deuise de Paris ville Princesse du Royaume de France, & de Rome la Chrestienne : aussi la mesme nef auant la venüe du Sauueur du monde, estoit encore la deuise de l'ancienne Rome, qui deuoit estre vn iour cité capitale, & siege eternel de l'Eglise Catholique : ce que Valerian a remarqué au liure 45. & ie l'ay veu & admiré moy-mesme en plusieurs medailles anciennes d'argent, du Triumuirat de Marc Anthoine, que monsieur de Lettres Parisien me fit voir ces iours passez entre vn grãd nombre d'autres, comme il est fort curieux de ces belles choses. En aucunes d'vn costé se voit l'Aigle auec ce mot LEG. VII. c'est à dire *legio septima.* Et de l'autre vne Galere auec cette inscription.   ANT. AVG. III. VIR. R. P. C.

C'estoit desia vn presage, que cette ville seroit la maistresse de tout l'vniuers ; selon que Virgile l'auoit promis poussé d'vn certain Entousiasme poëtique, de ce qu'il auoit leu dans les Sibylles. *Imperium sine fine dedi. Quippe quòd eorũ institutiones,* dict Theophilacte, *essent in omnem terrarum orbem exituræ, neque vllo vnquam tempore defuturæ.* C'à esté le principal motif, qui a faict mettre la Galere pour Paris, & pour Rome, pour le Royaume de France, & pour l'Eglise Catholique, Apostolique & Romaine.

LA MER où voguent ces deux vaisseaux, represente le peuple, que Demosthene, III. & Ciceron comparent souuent à vne mer enflee, & tempestueuse ; ou bien, si vous voulez, cette mer sera les esmotions, & troubles de l'estat, les persecutions de l'Eglise, l'humeur de ce monde brouillon. S. Iean Climacus l'a descrit ainsi au vingt & sixiesme Eschelon de son eschele : *où les rochers, & escueils de rage, & de fureur brisent, où les tourbillons des choses aduerses trauersent, & precipitent : où les vagues, & les ondes enflees d'orgueil, & d'ambition s'eleuët, & agitent sans cesse : où les Escumeurs de mer, & pirates des plaisirs de la chair volent, pillent, fourragent toute la substance : où les bestes, & monstres marins des appetis sensuels de ce corps terrestre indomptable, & glouton se repaissent de l'ame : où les Typhõs, & vens enragez d'honneurs, & de prosperitès mondaines rauissent, & exaltent iusques à la supreme region de l'air, puis culbutent iusques aux enfers, & infamie eternelle.* Voila la mer, les flots, les orages, les tempestes, les tourbillons qui rauagent la Republique, reuoltent les Royaumes, destruisent la paix, abolissent les loix, renuersent la Religion, bouleuersent le monde, si quelque sage, accord, & vigilant nocher ne sied à la prouë, tenant en main le gouuernal, pour batre, & desuoyer ces ondes, preuoir ces tourmentes, & ces fracas, eschiuer ces syrtes, & charybdes autremẽt ineuitables.

LA COVRONNE, qui signifie la Majesté, & authorité supreme, & les sept estoilles IV. seruoient à monstrer, que nostre S. Pere le Pape, & le Roy ont heureusement conduict à port ces deux Galeres du Royaume, & de l'Eglise : & que la Royne en fera de mesme par sa sage conduicte à l'aduenir. Valerian dict, que l'estoille posee au plus hault d'vn nauire est signe de prosperité, & qu'es medailles de Nasidius estoit d'vn costé grauee vne Nef auec vne estoille sur l'antenne, & de l'autre vn Trident auec cette inscription N E P T V N I, c'est à sçauoir, *ope seruatos :* le mesme au liure 44. rapporte vne medaille ancienne, ou estoient la Louue, Remus & Romulus,& deux estoilles dessus auec cette deuise V R B S R O M A. Il l'interprette de la sauuegarde, & prosperité de ces deux Iumeaux, & de Rome. Or nostre S. Pere Clement huictiesme porte en ses armoiries six estoilles d'or en champ d'Azur exprimees icy par les six de la premiere grandeur : quel blason se pouuoit rencontrer plus propre d'vn Pape de Rome pilote de la Nef de S.Pierre, Prince souuerain & chef de l'Eglise Catholique,qui à si heüreusement conduict,& gouuerné en son temps toute la Chrestienté, la garentie de si euidents naufrages,la menee à port parmy tant & tant de secousses , & orages que l'on seroit peut estre bien en peine de treuuer vn autre Pape depuis Leon le grand,qui du temps de son Pontificat aye faict choses si grandes,si merueilleuses, si vtiles à l'auancement, & repos de l'Eglise ?

Ces sept estoilles encore se rencontrent fort à propos pour le Roy suyuant les proprietés, & secrets de nostre septenaire, & la deuise des gardes Escossoises portant la Masse d'Hercules, & deux coronnes dessus auec des estoilles, qui paroissent à trauers des nuees,& iettent leurs rayons à plomb sur lesdictes coronnes. Le Roy aussi est septenaire : Et le Platon Iuif Philon recherchant les secrets de ce nombre de sept , en la Cosmopeie,apres plusieurs beaux , & rares discours sur ce suiect adiouste cestuy cy. *L'ourse celeste,*dict-il.*qu'on appelle la guide des Nautoniers est composee de sept estoilles, par le moyen, & regard desquelles les Pilotes treuuent mille chemins sur mer entreprenants choses difficiles, & surpassantes l'esprit, & la prudence humaine : car se seruants de ces estoilles comme d'vn scope, ils ont descouuertes beaucoup de terres incogneues, & puis* conclud auec cette belle sentence. ἴδει γαρ ἀπὸ τὸ καταερπτιτη τ̃ οὐσίας ἱεραυῆ ζίω τῷ θεοφιλει γῆς σμῶ, ἐ̃ θαλαῆης αναδειχθῆναι τῆς μανικ Ανθρώπων γἑνει. Que veut dire translaté en françois mot à mot: *Il estoit seant, & raisonnable, que cest animal aymé de Dieu , qui est l'homme , apprinst de cette substance celeste tres-pure de penetrer les plus profonds, & esloignez cachots de la mer, & de la terre.* Que si l'Ourse appellee septentrion à cause des sept estoilles, guide & gouuerne les vaisseaux, qui trauersent les mers : nostre S.Pere,qui a les Estoilles pour Escusson, pourquoy ne sera il ceste Ourse gouuernante du monde ? pourquoy ne la sera le Roy, qui est l'estoille de la carte, l'esguille, la boussole de la Nef de Paris, & de France : luy qui est tout septenaire, & mysterieux,& qui a garenty du bris,& naufrage ceste Galere tant agitee & secouce de toutes pars ?

Αὐτὸς ἑὼν ἐρέτης αὐτόστολος αὐτόματος ἦυς.

Luy mesme son timon

Sa nef, son auiron.

Comme Leandre chez Musee outrepassant l'Hellespont parmy tãt de flots & d'escueils pour l'amour de sa Hero, la France ses amours.

La Royne a encore icy sa part non casuellement,mais par vne speciale prouidence du ciel. Elle s'appelle Marie,non diuin, & plein de bon augure pour cette mer de France : car Marie suyuant l'interpretation de S. Hierosme, qu'il prise le plus, au liure des noms Hebrieux ; signifie *Stellam maris* Estoille de mer extraict de l'Hebrieu מים מאור c'est à dire estoille mariniere.

V. L A D E V I S E d'entre les rayons H O C S I D E R E T V T A s'entent maintenant sãs difficulté : comme aussi ces Anagrammes correspondans ric à ric à tout ce discours

du Tro

du Trophee : les quatre de noftre S. Pere pour les deux petites pyramides d'vn cofté,
& d'autre du coronnement, tant pour les deux bafes que pour les deux corps , & les
autres du Roy, & de la Royne pour les ftylobates des trophees : le temps les fit demeu-
ter au bout du pinfeau.

I.

CLEMENS OCTAVVS
SIC CLAVVM TENEO.
S. *En* I.

II.

CLEMENS OCTAVVS PONTIFEX
IAM FLVCTVS COMPONET SENEX.
M. repeté.

III.

CLEMENS OCTAVVS PONTIFEX MAXIMVS
FLVCTVANTEM NAVEM SOSPES MOX IVVI.
C. & X.　　En V.

IV.

CLEMENS OCTAVVS PONTIFEX MAXIMVS ALDOBRANDINVS
BONVS SENEX CLAVIVM PETRI FELIX CVSTOS DOMANDO MALA.
N. *En. L. E. & O repetez.*

V.

HENRICVS BORBONIVS REX NAVARAE
REX BINAE NAVIS NAVARCHVS ROBORE.
R. *En A.*

VI.

MARIA DE MEDICIS REGINA GALLIARVM
IAM SIDEREA DIRIGAM MARE GALLICVM.
N. *En M.*

Le premier eft de l'authorité, & puiffance de fa Sainôteté, à qui Dieu a mis en main
le gouuernal de fa nacelle. Le fecond, du prefage, que chafcun faifoit de fa prudence,
& futur gouuernement plein de bon-heur, quand il fut creé Pape. Le troifiefme, de ce
qu'il a executé de faiôt, ayant garenty fon vaiffeau fain, & fauue entre tant d'orages fi
violents, & fi dangereux. Le quatriefme du mefme fuiêt fans metaphore. Le cinquiefme, ou il fe peut prendre des deux Royaumes du Roy, felon le fens naif de fa deuife,
Dvo PROTEGIT VNVS : ou de l'Eglife, de laquelle il eft proteôteur hereditaire, & de fon
Royaume, duquel il eft Prince, & monarque paifible. Le dernier eft, pour bien prendre, vne paraphrafe du nõ de la Royne, & vn prognoftique de ce que fera, & que tout
ce monde François efpere de fa venue. Deffous l'Embleme de la Galere au fonds du

coronnement se voyoit vn feston en chapeau de triomphe où estoient depeints toutes sortes de fruicts auec leurs fueilles contenant les armes de nostre S. Pere: & à costé
droit vn escusson auec celles de France: à la gauche de la Royne: toutes trois en pa-
ralleles:sous celles de sa sainéteté, celles d'Auignõ de mesme grãdeur garnies de festõs
& clinquant sur les liurees du Roy, & de la Royne enrichies de fin or, & azur qui donnoient grand lustre au trophee: elles ne se trouuent pas en la taille douce, pour autant
que l'on a esté content de les grauer seulement en l'Arc quattrieme pour bonnes considerations.

VI.　　　Messievrs les Viguier, Consuls, & Assesseur s'estoient auancez pour attendre
la Royne, & luy presenter le poile de satin bleu, qui estoit la couleur qu'elle portoit
pour lors, brodé & recamé de fleurs de lis, armes & chiffres de sa Maiesté, posé sur six
bastõs dorez de fin or bruny sur l'azur, & fleur delizé, auec vne põme au bout de mesme. Monsieur des Yssards Viguier de la ville portoit le premier baston: M. de Sauuin premier Consul, le second, monsieur Ferrier, le troisieme: le quatrieme monsieur
Sibille. Monsieur Suares Asseseur Iurisconsulte le cinquiemo: Monsieur de Graue-
son Gentil-homme Auignonnois le sixiesme.

　　　Si l'on eust escrit en chasque baston vn de ces Anagrammes, ils eussent eu bonne
grace, mais le temps ne le permit pas.

GEORGE DES YSSARS
SAGE SERF DES ROYS.
G. En F.

PAVLVS ANTONIVS SAVVINVS　　　　IOANNES SIBILLAEVS
TV PIVS VNA SALVS AVINIONIS.　　　ILLE BASIS AVENIONIS.
V. En I.

NICOLAVS FERRERIVS　　　　　IOSEPHVS SVARESIVS
VIR CONSVL IVRA FERES.　　　　IVS PIE SERVAS SOPHVS.
V. Repeté.　　　　　　　　　　　　P. Repeté.

　　　En fin sa Majesté receüe en cette premiere porte & du trophee, & du poile, entra dans le Rauelin, où elle treuua en tres-belle ordonnance les gardes ordinaires de la
ville entretenües de sa saincteté pour garder Auignon, qui sont quatre compagnies:
trois de soldats Italiens, & la quatrieme de soldats habitans de la ville, qu'on appelle
Terrassaints s'estans venus ranger au passage, les Tambours, & fifres batans à l'Italienne, auec leurs Capitaines, & Enseignes en bon equippage. Au premier rencontre
estoient ces vers en lettre rouge vis à vis de la porte du Trophee, tenant d'vn bout iusques à l'autre, dans vne frize bordee de longues ceinctures de verdure soubs les Creneaux parez de mesme.

INGREDERE, AC NOSTRIS SVCCEDE PENATIBVS
　　INTRO.
HIC TIBI CERTA DOMVS VETERES, NE ABSISTE,
　　LATINI,
　　ROMA NEC IN SOLO LATIO STETIT.

Les Anciens Cauares furent alliez, & confederez auec les Romains selon le tesmoignage de Strabon au liure 4. & par consequent la ville d'Auignon, qui estoit la capitale, au dire de Cænalis, appellee pour autant par Pline, *Auenio Cauarum oppidum latinum*: c'est à dire *latinitatis, atque amicitiæ iure donatum*, comme sçauent ceux, qui sont versez en l'Antiquité. Ioinct qu'elle est vne nouuelle Rome, comme nous disions n'aguieres, & pour autant où sa Majesté ne pouuoit attendre que heureux seiour, & vn ciel à demy Toscan, & Romain: aussi entendit on d'elle, le lendemain de son entree, cette Royale voix. voyant la courtoisie, magnificence, & splendeur d'Auignon: *mi pare d'essere in Fiorenza: Il me semble d'estre en Florence.* Sur ces vers, dans les Creneaux, se lisoit vn Senatusconsultum au nom du Conseil, & du corps de toute la ville d'Auignon escrit en grosse lettre rouge.

SENATVSCONSVLTVM.
DE TRIVMPHO DECERNENDO HENRICO REGI AMICO, ET FOEDERATO.

PAVL. AN. SAVVINO. NIC. FERRERIO. IO. SIBYLLÆO COSS. PRID. ID. OCT. IN DOMO CIVILI SCRIBVNDO ADFVERVNT. N. N. N.

QVOD IOS. SVARESIVS ASSESSOR, AC PAREDRVS VERBA FECIT DE TRIVMPHO REGI DECERNENDO D. E. R. S. I. C.

REGI AMICO, QVONIAM INNVMERA PRÆLIA PRO REP. GESSIT, PLVRES VICTORIAS REPORTAVIT, NOSTRAM CIVITATEM SVO AMORE, SVA TVTELA, REGNI QVOQVE SVI IVRE DONAVIT, TRIVMPHVM DECERNI PRIMO QVOQVE TEMPORE OPORTERE: DESIGNATOREM TOTI NEGOTIO VNVM, TRIVMVIROS QVÆSTORES PROBOS, TRIVMVIROS CVRATORES OPERVM PRVDENTES ALIOS VTIBILES, ET NECESSARIOS ESSE. ITEMQ. QVONIAM TEMPORE INTERCEPTI SVMVS, EA RE SENATVI PLACERE, VT COMMVNIS REGI, AC REGINÆ CON. POMPA COMPARETVR, ARCVS DEDICENTVR, ET CVRRVS: SPECTACVLA DENTVR, AC LVDI: CORONÆ DECERNANTVR, PRÆCIPVA PRÆTEXTATA NOBILITAS EQVITET, RELIQVA RITE, RECTEQ. ADORNENTVR. DE ALIIS; VTI QVIGVMQVE IN ID NEGOTIOM NON ROGATVS VOCATVSQ. SVBREPSERIT, EVM, EOSVE AD PROXIMAS NVNDINAS DELEGARI, VBI IMPVNE SATIS NEGOTIARI POSSINT. H. I. C. S. Q. H. SC. I. P. A. P. D. Q. E. R. A. S. P. Q. R.

BARTHOLOMÆVS HENRICVS.

SE retournant vers la grand'porte du Pont-leuis paree de festons de Buyx, & autre verdure en forme d'arcade: elle trouua sur le linteau du Portal les armoyries de sa saincteté, du Roy, & de la Royne disposees, & enrichies comme celles du Triomphe, & sous celles de sa saincteté, celles d'Auignon accompagnees d'vn edit faict à l'Ancienne imperiale de la part du Prince. FILIO PRIMOGENITO ECCLESIÆ, comme le *Plebiscitum* de la populace CONSERVATOR, & le *Senatusconsultum* du Con-

                                              seil.

feil, AMICO ET FOEDERATO. Qui s'en prendra garde, l'on auoit entreprins si a propos
toutes les auenties, & tous les endroicts de la rue triomphale, esquelles sa Majesté
pouuoit de long, & de droit poser, & terminer sa veüe, qu'elle treuuast par tout quelque chose pour l'arrester, & repaistre iusques à l'Eglise de nostre Dame de Dons, qui
fut le bout de la carriere du labyrinthe, la plus longue traicte que l'on puisse faire en
toute la ville. Cet edict estoit aussi en charactere rouge Romain en ces termes.

EDICTVM PRINCIPIS
DE TRIVMPHO DECERNENDO HENRICO
REGI PRIMOGENITO ECCLESIÆ.

CAROLVS DE COMITIBVS PROL. AVEN. BONVM FACTVM. QVAE-
DAM SINE DVBIO IPSA RATIO TEMPORVM EDICIT, NEC SPE-
CTANDVS EST IN IIS BONVS PRINCEPS, QVIB. ILLVM INTEL-
LIGI SATIS EST: CVM HOC SIBI QVISQVE MEORVM AVEN.
SPONDERE, AC IVRARE POSSIT MIHI NON NISI QVAE
IPSIS PROSPERA SINT FVTVRA PLACERE. NE TAMEN HEN-
RICO MAGNO ISTHVC AD VOS CVM MARIA MED. SER. CON.
PROXIMO NOVEMB. APPELLENTE ALIQVAM GAVDIIS PV-
BLICIS ADFERAT HAESITATIONEM: NEV PRAEOCCVPATIS
IMPROVISA CELERITATE REGIS ADVENTVS INTERCIDAT:
NECESSARIVM PARITER CREDIDI AC LAETVM OBVIAM DV-
BITANTIB. IVSSA MEA MITTERE. NOLO EXISTIMET QVIS-
QVAM SECVS ILLOS IN HAC CIVITATE, QVAM IN REGIA REGNI EXCI-
PI PLACERE: NEV ALIOS HONORES, QVAM ALIAS CAESA-
RIBVS SOLEBANT DECERNI OPORTERE. IPSE POSTEA AV-
DIAM OMNIA. IPSE COGNOSCAM EOS QVI HOC EX ANIMO
ACCVRAVERINT REB. AVGEBO. HIC VVLGARE ALIQVID, AVT
SVPINVM OBREPERE NON PLACET. ITA MIHI SVMMA DIVI-
NITAS SEMPER PROPITIA SIT: ET ME INCOLVMEM PRAESTET
VT CVPIO FOELICISS. ET FLORENTE REP. QVIDQVID REGI AC REGINAE
ERIT, MIHI CENTIES FACTVM PVTABO. PRID. ID. NOV. AN. CIↃ. IↃↃ. INDICT. XIII.

Et manu diuina. PROPONATVR AVENIONEN-
SIB. CIVIB. NOSTRIS.

Qui sçait ce que s'est passé, pour acheminer à quelque bonne resolution cette entree: La ferueur, & le zele de mondict Seigneur le Vice-legat a commander: la vigi-
lance des Consuls à pouruoir à tous les moyens, & expediens qu'on y a tenu: il re-
cognoistra qu'es susdictes inscriptions, on a, en deux ou trois crayons exprimé au vif
tout le progrez de ce que s'est faict puis apres, *Ridentem dicere verum, quid vetat?*

L'OR-

L'ORDRE DES TROVPES.

CE PENDANT les troupes, qui auoient esté rompues, & embarassées hors la vil-ville à cause du concours extraordinaire d'vne infinité de peuple, tãt à pied qu'a che-ual, se mirent petit à petit en bon ordre, à la commodité, partie de cette belle place, qui se presente incontinent à l'entree de la ville dans les lices, partie de la grandeur, & capacité de la grandissime rue, qui sensuit d'eslince au triomphe. Voicy l'ordre que fut tenu de tous, chacun selon son grade, & preseanse. Ie ne mets pas en rang la fa-mille de la Royne, & la plus part de ses gardes, qui ne cesserent d'entrer file à file, dés les huict heures de matin iusques à vne heure apres midy : ie parle seulement de ceux qui entrerent auec elle.

Premierement les Prelats s'auancerent pour aller receuoir sa Majesté à l'Eglise Ca-thedrale, & illec l'attendre auec monseigneur le Reuerendissime Archeuesque d'A-uignon, lequel estant allé au rencontre de sa Majesté hors la ville, se mit deuant, à ses fins, dans son coche auec monsieur le Reuerendissime Archeuesque de Narbonne. Les autres Euesques estoient à cheual auec leur habit violet ordinaire : monsieur de Beziers grand Aulmosnier de la Royne, l'vn & l'autre le vieux & le ieune, monsieur de Mont-pellier, monsieur d'Vzez, monsieur de Lodeue, monsieur d'Aurenge, mon-sieur de Vaison, monsieur de Cauaillon, & autres Prelats.

Apres, marcherent les sept quartiers de la ville auec leurs sept capitaines, tous gens de pied mosquetaires, harquebusiers, ou picquiers, auec leurs enseignes, fifres, & tambours.

La compagnie des cheuaux legers entrenuë par nostre sainct Pere pour l'asseuran-ce du pays, auec leurs casaques bleuues passementees de iaune, la lance sur la cuisse, armez à plein, & commandes par le Comte Francesque leur Capitaine, en tresbel ar-roy, & ordonnance.

Les Gentils hommes, & autres vassaux du Comté Venicin à cheual, suiuis d'vn grand nombre de noblesse de Prouence, & de Languedoc.

La noblesse d'Auignon montee à l'aduantage, & en braue equipage. L'vniuersité auec son primicier, & autres Docteurs aggregez : Les quarante huict Conseillers de ville, & autres des plus apparens bourgeois.

Les Auditeurs de Rote : les deux Iuges : & autres officiers de Iustice auec leurs marques, & habits solennels, tous à cheual, & en bon ordre.

Monseigneur le Vice-legat, & monsieur le General auec leurs estaffiers, & famille deüement montez, & equippez.

Les Gardes Escossoyses, & les Suysses de la garde de sa Majesté.

Immediatement deuant la litiere de la Royne monsieur le Conestable, auec Dom Antonio frere de sa Majesté, & monseigneur le Duc de Guise au milieu auec vn habit tout couuert de broderie, & passemens d'or, monté sur vn rare, & superbe cheual, harnaché de mesme, qui le faisoit paroistre par dessus tous comme vn clair Soleil parmy les menus flambeaux.

Messeigneurs les Illustrissimes Cardinaux de Gondy, & de Ioyeuse marchoient tout proche de la Royne aux deux costés de la litiere.

Apres, tout aussi tost monsieur le Chancelier, & sa femme dans vne autre litiere, & vn camp de Dames dans les carrosses, & litieres qui venoient apres.

Madame de Nemours aussi en litiere.

                    Mada-

Madame de Guise dans vn autre, auec madamoiselle de Guise sa fille.

Madame la Contesse d'Auuergne, & madame de Ventadour.

Finalement toutes les autres Dames, & damoiselles de la Cour de la Royne, qui estoient en grand nombre.

L'on faisoit compte, qu'il y auoit bien deux mille cheuaux en tout, qui entrerent auec sa Majesté, sans compter les litieres, & carosses.

HENR· BOR· HERCVLI VII· HERCVLIS LABORVM AC &c

LE PREMIER ARC TRIOMPHAL
DV LABYRINTHE ROYAL.
DES BATAILLES, ET VICTOI-
RES DV ROY.

CHAP. VII.

ASSEE la grand' porte du pont-leuis, entrant en la place des liees, qui se rencontre la premiere, sa Majesté descouurit à plein le premier arc dressé à l'embouscheure de la grâde rue nommee la Carreterie, droit où aboutit cette place en triangle. Mais auant que venir à specifier en particulier toutes ses parties, ie diray premierement trois, ou quatre choses, qui sont communes à tous les autres, que ie desire estre remarquees en passant.

PREMIEREMENT quand nous parlerons de l'architecture, il ne faut pas que le lecteur pense, qu'il y aye rien de plate peincture, aux tëple, tour, galeries, colönes, piedestals, corniches, & autres appartenances des sept arcs: car tout estoit en relief de boys vni de toile par dessus, où il estoit de besoin, peinct, & verni en toute sorte de marbre, i'aspe, & porphyre, tous les chapiteaux, & leurs bases dorees, & argentees à rechange: l'ordre des colomnes tantost Ionique, tantost Dorique, tantost Corinthe, tantost composé, selon les occurences, auec les conuenances d'architecture gardees en tout: les vns doubles les autres simples. Toutes les frizes d'vne mesme couleur escrittes de iaune sur l'azur: les corniches, architraues, frontispices, & coronnements diuersifiez de toute sorte de iaspe, marbre & porphyre, & par fois de bronze, où le cas le requeroit; toutes lesquelles choses faisoient monstre, & ouurage de grande Majesté, & magnificence: car c'est bien autre de veoir vn si grand nombre de colomnes, & d'arcs tous releuez, & à iour auec toutes leurs appartenances, que des pilastres feints en plate peinture sur des ais rapiecez l'vn auec l'autre.

EN SECOND LIEV: tous les sept arcs estoient enrichis ez deux faces, par dessus la corniche, au pied du coronnement, de quatre grandes armoiries garnies de laurier, buyx, & coton (auec le clinquant sur les liurees du Roy, & de la Royne) peinctes de fin or, & de fines couleurs, les trois en parallele: asçauoir de nostre S. Pere au milieu, du Roy & de la Royne aux deux costés, la quatrieme d'Auignon sous celles du sainct Pere: ce que i'ay voulu signifier, d'autant que en la taille douce, on ne les a grauees qu'en l'arc quatriesme seulement, pour bonnes raisons, bien que elles fussent en tous les autres de mesme.

TROIZIEMEMENT: chacun des arcs contenoit quelque mystere du nombre septenaire, que nous descouurirons chacun en son lieu: & outre ce estoit composé des sept membres principaux, qui s'ensuiuent. I. d'vn Theatre, où s'exhiboit quelque chose. II. de l'architecture. III. de la dedicace. IV. de la parallele du Roy auec Hercules. V. des Emblemes, que l'Italien appelle impreses. VI. des inscriptions, & anagrammes.

F 3

VII.

VII. de la coronne. Nous suyurons cet ordre par tout, espluchans par le menu ces sept choses.

I.   CE PREMIER ARC doncques auoit son theatre fort long en forme de Galerie tapissé de taffetas verd, & orné de deux rancs de colomnes de Iaspe verd & bleu, les chapiteaux dorez, les stylobates d'autres diuers Iaspes, & porphyres : toutes d'ordre Dorique, à cause que l'arc comme ie diray apres, estoit dedié aux guerres & batailles du Roy. Ces colomnes portoient vn balustre garny de verdure, & liurees de diuerse façon : au fonds, du costé de la porte de la ville, à main droicte, l'on auoit plaqué cette loy à l'antique en lettre rouge.

LEX TRIVMPHALIS

CONSVLES POPVLVM IVRE ROGARVNT POPVLVSQVE IVRE SCIVIT: AD SACELLVM DEIPARAE VRBANAE. TRIBVS LAICA PRINCIPIVM FVIT. TRIVMPHVM GLORIAE REGIAE ADORNARI OPORTET. OPORTEBIT. PRINCIPES OPERVM, QVOS SENATVS DECREVIT DECREVERIT ESTVNTO. POMPAM CVRANTO. SVMPTVI AERARIOQVE PVBLICO NEV PARCVNTO, NEV PROFVNDVNTO. QVAESTORIBVS SIREMPS LEX ESTO. OPERAE DIV, NOCTVQVE NE REX NECINOPINATO INTERCIPIAT INTERCEPERIT NEGOTIOM VRGENTO, SINE DOLO MALO. TRIVMVIRI OPERIS SEDVLO APPARENTO. NOVAS OPERAS PRO FATIGATIS LEGERE SVBLEGERE OPORTET OPORTEBIT: DIEM EX DIE DVCERE DAMNAS ESTO. MAIESTATEM REGIS, AC REGINAE SINE FRAVDE, EGREGIA POMPA DEMERENTOR. POMPA AB PORTA D. LAZARI PERVIAM CVRVLEM AD IANVM, INDEQVE AD ARCEM AD MAGNAM MATREM DVCITOR. TRACTVM, AC VIAM TRIVMPHALEM SVPERNE VELANTO, INFERNE STERNVNTO DE NOVO: DEXTRA LAEVAQVE PERIPETASMATIBVS CAMPANICIS, ET ALIIS OMNIS RELIQVI GENERIS VESTIVNTO. QVI DE HAC LEGE, QVOD ABSIT, ADDVBITASSIT QVAESTIONEM REFERAT RETVLERIT: QVI IVSTE, ABSQVE DOLO MALO EI MVLCTA NE SIT. QVI LITIGIOSE ET VETERATORIE IIS MVLCTAE DICTIO ESTO.

A costé de cette loy se lisoit vne inscription françoise pour faciliter les Allegories, & Ænigmes de tout le suiect à ceux qui n'estoient pas versez au latin : à quoy l'on a eu esgard par tous les Theatres, estans toutes telles & semblables inscriptions escrittes de mesme par tout, de grosse lettre Romaine, couleur de lacque, sur de grandes carthoches, & quarrez de papier raisin, ce que soit dict maintenant vne fois pour toutes.

L'ARGVMENT
DE L'ENTREE ROYALE.

ICY COMMENCE LE LABYRINTHE ROYAL, QVI EST VNE PARALLELE DE HENRY IIII. ROY TRES-CHRESTIEN DE FRANCE, ET DE NAVARRE, AVEC HERCVLES, OV EST SOMMAIREMENT CONTENVE L'HISTOIRE DE LA VIE DE SA MAIESTE, ET LES SEPT DESTROICTS PRINCIPAVX, PAR LES QVELS IL S'EST ACHEMINE A L'IMMORTALITE. LE TOVT REPRESENTE PAR SEPT ARCS TRIOMPHAVX, RAPPORTANS LES PLVS SIGNALEZ, ET HEROIQVES FAICTS DVDICT HERCVLES, AVX SEPT DE SA MAIESTE, ET DEDIEZ A SEPT DIEVX, QVI ASSISTERENT AVX NOPCES D'HERCVLES, QVI CORRESPONDENT AVX SEPT VERTVS, LES QVELLES RENDENT SA DICTE MAIESTE SIGNALEE EN-TRE TOVS LES ROYS, ET MONARQVES DE LA TERRE.

Le theatre paré de la façon sa Majesté s'approche & commande de ioindre la litiere tout aupres, pour receuoir les clefs de la ville, qu'on luy deuoit presenter, & entendre ce qu'on auoit à luy reciter. Tous les Tambours cessent, tout le monde se tient coy, auec vn silence admirable, & inopinée que fut obserué en tous les autres theatres. La grand couple des onze violons estoit en vn bout, & le char Triomphal faisoit alte en l'autre vis à vis. Le Genie Royal, qui estoit comme auons dict cy dessus dans le char portant l'espee coronnee, & triomphante du Roy, se leuant sur ses pieds saliia sa Majesté.

Adonc les violons commençans à iouër le bransle des Nymphes les quatre gra-ces comparurent de l'autre bout du theatre, qui ioignoist à l'arc triomphal, entrelas-sees bras à bras, auec le visage riant, & vne demarche a demy bransle, qui sont les ge-stes des graces. Venus à cet effect auoit mis pied a terre, iouoit du Luth, & les condui-soit du long du Theatre, auec mesme contenance, iusques à l'autre bout où sa Maiesté s'estoit arrestee. Nous disions tantost, que les graces portoient les flambeaux aux Nop-ces d'Hercules: icy elles nous seruirôt de prologue pour le labyrinthe de nostre Hercul Gaulois, & d'accollade, & bienuenüe à cette Ariadne Françoise, qui doibt estre l'in-strument, & le filet qui conduira ce grand Roy à cette immortalité d'vne tres-heu-reuse, & feconde posterité, ou le labyrinthe se vient à aboutir. Tout seruoit à cecy: le nombre, l'habit, le nom, le geste, la proprieté de ces nymphes, & leur mere Venus, la-quelle feconde, & perpetüe toutes choses. Homere soubs le nom des Heures dict qu'elles sont à la porte du ciel le premier rencontre de ceux, qui y vont pour estre sol-doyez, & recogneus des trauaux qu'ils ont enduré en ce bas môde, leurs ouurât le ciel dont elles portent les clefs. Les Anciens les appelloient tantost Charites, tantost Heu-res, qui est le mesme: & cuidants qu'elles donnoient la beauté du visage, & de tout le corps; rendoient la terre fertile, & recognoissante du trauail, que l'on prend à la cul-tiuer: ils en mettoient quatre qui respondoient aux quatre saisons de l'annee coron-nees d'espics de bled, de fleurs, de grappes de raisins, & autres fruicts pour signi-fier la fecondité, & abondance, qu'elles causoient en toutes ces choses basses.

L'vne

L'vne s'appelloit Aglaye, c'est à dire Majesté, & bonne grace: la seconde Thalie, qui signifie fleurie, ou plaisante: l'autre Pasithee, qui veoit tout, & passe par tout, qu'Homere marie auec le sommeil: la derniere Euphrosyne, qui signifie resiouyssance , & allegresse. Sratius Poëte Tholosain adiouste, que c'est à elles à rasserener toutes choses : chasser les nuages & brouillars: amener au monde le beau Soleil, & se trouuer tousiours autour de son coche, à son leuer.

Lors que du clair Phœbus les blancs cheuaux rayonnent,
Les graces tout à point son beau coche enuironnent,
Affin de desbrider ses coursiers escumeux,
Qu'elles laschent depuis par les champs tous fumeux,
Pour renforcer leur course, & haletante haleine :
Les vnes d'autre part vont d'vne main soudaine
Deslacer les cheueux de ses dorez rayons
Esclairans l'vniuers par tous les enuirons.

L'on les auoit doncques mises à la porte de la ville, & du labyrinthe, pour en action de graces, & recognoissance du soin que les Roys de France côseruateurs d'Auignon ont de la fauoriser, & conseruer de leur authorité royale, presenter les clefs à la Royne, la receuoir en triomphe, & resiouissance apres la nauigation longue & fascheuse de son voyage de Florence : luy tesmoigner par leur ris, la ioye que cette cité conceuoit de sa venue : luy prognostiquer vn lict fecond , qui doit estre l'aube de ce Soleil , que la France attend auec tant de desirs, & de souspirs : feliciter cette beauté , & Majesté Royale qui reluisoit en sa face : toutes lesquelles choses sont les noms, les gestes, les prognostiques, & morales mythologies de Venus, & des Graces ses filles. Venus estoit equipee, comme nous auons dict tantost, entre les dieux : Pasithee portoit vne robe de veloux verd , & vne guirlande sur la teste estoffee de toile d'argent, auec tout plein de belles fleurs entretissuës à propos de rares pieces de camars, pierrerie, & orfeurerie. Thalie estoit vestuë d'vne robe de damas incarnat auec vn corps de toile d'argent boufant, & huppé iusques à demy bras : sa guirlande estoit de myrthe toute fresche, & à propos pour les Graces filles de Venus. Les autres deux Aglaye, & Euphrosyne au iugement de tous, eurent le pris, & la gloire de surpasser tous ceux , qui s'estoient habillez en ce triomphe, & à mon aduis il ne se pouuoit rien de mieux, de plus riche, ny de plus propre du suiect. Aglaye estoit coronnee d'espics de bled faicts de broderie de fin or, & argent, accompagnez d'autres fleurs richement trauaillées, & representant au naturel roses, œillets, & semblables , enrichies de grosses pieces de camars à l'equipollent, de gazes volantes en l'air , & d'vn diamant fort remarquable à la cime dans vne belle rose de toile d'or. Sa robe estoit de satin bleu rayé d'or, couleur que la Royne portoit pour lors : le haut des manches tout couuert de boutons de fin or fondu la ceinture d'or esmaillee à l'antique, & pendant iusques à terre. Au col elle portoit vne grande fleur de lis faicte de diamans penduë à vn carquan de perles regnant par tout le deuant, & faisant sur la poictrine vn grand Escusson, qui entouroit vne enseigne de pierrerie representant Pallas fort artistement faicte. Ie laisse à part vne quâtité notable de diamâs, rubis, esmeraudes, escarboucles, d'où tout le corps, & les manches brilloient, & esclatoient de toutes pars. Euphrosyne, qui denoit donner les clefs estoit assemblee d'vne robe de toque d'argent en bas, le corps de satin cramoysi tout semé de clefs d'or : le cotillon de drap d'argent frissure sur frissure : la teste coiffee à l'antique en corne d'abondance rebrassee par en haut en deuant, embellie au bout d'vn gros & singulier diamant enchassé en or : tout le reste couuert d'autres diamans, rubis, escarboucles, esmeraudes, & autres pierreries, & enseignes de grand pris,& en grand nombre. Elle portoit vne grande chaine de perles en escharpe,& vn' autre d'or esmaillee, & enrichie d'autres perles les plus rares : sa coronne couuerte de force pierres exquises, principalemēt de sept gros diamãs vn en chasque fleur de lis richement enchaissez en or, d'où pendoit iusques en terre vne gaze d'or. Cette troupe de Graces conduictes par Venus, & ornees, comme ie viens de dire, demarcherent à la cadence des violons, & du luth se venants rendre tout au deuant de sa Majesté,pour reciter ce que s'ensuit, apres luy auoir faict vne profonde reuerence iusques en terre.

LE SOTERION
BIEN-VENVE ET PROGNO-
STIQVE DES GRACES.
VENVS.

Euphrosyne, qui bouclés
    De trois clefs
Mon Auinion Gregeoise,
Venés, rendés les soudain
    En la main
De l'Ariadne Françoise:
Le plus qu'Alcide Henry
    Fauory
Non du filet d'Ariadne,
Ains du celeste bon-heur,
    Et faueur
De la belle Mariane.
Ayant ia franchy les tours,
    Et destours
Du Septizone Dedale,
Veut à l'immortalité
    Exalté
Faire vne entree Royale.

AGLAIE.

Le lict seul chaste, & Royal
    Du fatal

G

Ache-

Acheron braue les barques,
Rendant les hommes mortels
          Immortels,
Et redoutables au Parques :
Ce beau petit Henriot,
          Qui bien tost
Naistra de la Royne mere,
Maintiendra de la maison
          De Bourbon
Le noble sang, & la gloire.

THALIE.

Ie te voys espanoüyr,
          Et fleurir
Au beau milieu de la France :
O ma belle fleur de lis,
          Dans les liéts
De Bourbon,& de Florence.
Si ie le puis, ie le veux,
          Que tous deux
Au leuer de mon Aurore,
Germent à ce renouueau
          De nouueau
Cet Herculin que i'adore.

PASITHEE.

Viens çà petit de Bourbon
          Au giron
De ma seconde Marie :
Viens iouër l'Esté prochain
          Dans le sein
D'Hercule, qui se marie :
Ie te veux voir tendrelet
          Tout seulet,
Au premier an que ie t'ouure
La galoper vn long bois
          Mille fois
Dans le neuf porche du l'ouure.

EVPHRO

EVPHROSYNE.

La terre, l'onde, & les cieux.
    Radieux
S'ouurent de ma main feconde,
Rien ne germe, ny ne croit
    Quoy que foit,
Sans mes clefs, dans ce grand mõde.
Ie fuis portiere des dieux,
    Et des lieux,
Où tous les Aftres rayonnent:
Perfonne n'entre fans moy,
    Fut il Roy,
Que les Dieux mefme coronnent.
Eft-ce l'Hercule Gauloys,
    Que ie voys
Heurter auec fa Conforte
A ce beau l'Ouure eftoillé
    Efchelé
Ia de luy iufqu'à la porte?
Entre, entre, race des dieux,
    Dans les cieux
Par le fentier, que ta vie,
Tes batailles, tes trophés,
    Et hauts-faicts
T'ont frayé, & à Marie.
Vous, clef de France, venez,
    Et prenez
Ces trois clefs, que ie vous donne.
Prefage que de voz flancs
    Trois enfans
Sortiront portans Coronne.
Si d'vne clef des faueurs
    De noz cœurs
L'on pouuoit faire ouuerture:
Tout Auignon vous donroit,
    S'il pouuoit
Et la clef, & la ferrure.

Cela dict, Euphrosyne faisant vne grande reuerence presenta à sa Majesté trois clefs(qui sont les Armoyries d'Auignõ comme nous auõs desia dict)dorees sur l'argét, pendantes d'vn cordon, auec des grandes houppes de soye verte, bleue, & incarnate, meslee de fil d'argent, qu'elle donna de fort bonne grace, & d'vne contenance merueilleusement asseuree : si que sa Majesté les receuant la loüa, adioustant que celle, qui auoit donné les clefs auoit tres-bien dict. A donc le chœur des Nymphes, qui estoiét dans le chariot triomphant reprint son viue le Roy, pendant que la Royne prenoit les clefs : & commença à marcher en chantant son Hymne triomphal, prenant en passant les Graces, qui s'assirent dedans auec les Nymphes. Entretant sa Majesté consideroit ce bel Arc, qui estoit là dressé tandis que les troupes se desmeloient : & lisoient cette Inscription en françois affigee sur la tapisserie du Theatre, pour estre leüe à loysir,& faciliter à ceux, qui n'estoient pas versez au latin, l'intelligence des Allegories cachees sous l'escorce de l'Arc triomphal.

LE PREMIER ARC TRIOMPHAL DV LABYRINTHE ROYAL SVR LE SVIECT DE L'HYDRE D'HERCVLES: EN COMPARAISON DES VICTOIRES MERVEILLEVSES GAIGNEES PAR LE VICTORIEVX, ET TRIOMPHANT HENRY IIII. ROY DE FRANCE, ET DE NAVARRE CORONNE DE LAVRIER.

II.   L'ARCHITECTVRE, en estoit telle L'ordre Ionique à deux faces : les colomnes peintes & vernies en porphyre:deux de rouge,& deux serpentin verd:les bases & chapiteaux dorez,le planchier endedans peinct de bronze sur l'azur, composé de figures, & armoyries,accompaignees d'vne belle Grotesque. Au centre estoient les armes doubles du Roy,en grand volume,que faisoient le corps accõpagnees de deux grandes figures de Pieté,& de Iustice,en deux compartiments faicts en ouale : suyuies encore de quatre autres Escussons des armoyries d'Auignon à l'entour entrelassez de Grotesque de Bronze.Sur les corniches portoient les frontispices d'ordre Ionique,leurs colomnes peinctes de diuerses couleurs , & leurs petittes corniches brisees au dessus auec trois boules sur le bout en triangle. L'œuure auoit de iour dans l'Imposte vingt & vn pied, de hauteur auec le frontispice trente cinq pieds , vingt & vn de l'arge de colomne à colomne.

L'ON VOVLVT donner l'honneur en ce premier Arc à l'ordre Ionique, pour l'amour d'Auignon colonie Grecque, fondee par les Ions appellés autrement Phocenses,fondateurs de Marseille, d'Arles, de Nice, de Tholon, Agde,Lyon,Turin,& autres nommees par Strabon,& Estienne Bizantinoys.Toutes les villes presque des Anciens Cauares, desquels Auignon estoit la metropolitaine,portent encore le nõ des Ions cheus les anciens Geographes Strabon,& Ptolomee : Acusion, qui est Grenoble, Aurasion Aurauge, Cauaillon Cauaillon, Vasion Vaison, & Auenion,que l'autheur faict pourtant quadrisyllabe en quelques vns de ses vers françois. Les tables vieilles de Ptolomee l'appellent Lauenion , qui est son vray nom tiré de Lauenic, Capitaine des Cauares Assiens, qui fut (comme l'a couché par escrit Fontian autheur ancien en son *De inclinatione Romani Imperij*) le premier fondateur d'Auignõ,& du nom que luy ont mis les Phocenses, principaux autheurs,& cõducteurs de cette Colonie

Asiati-

Asiatique merueilleuse, qui transfera, comme dict Iustin, quasi toute la Grece ez Gaules. Mais de l'Ancien nom de Lauenion s'est alteree auec le temps la premiere lettre restant entier le reste Auenion d'où approche fort le vulgaire Auignon, & non pas Auenio nom corrompu, & tronqué par les Romains, luy bifant ce beau charactere, de Grece, & des Ions qu'elle portoit graué sur le frõt. Nous trouuons encore en quelques vns des Anciens, comme en nostre Appollinaire, qu'elle se nommoit Auenicus, & en d'autres Auenica à tout bout de champ, d'où est venu le nom de *Comitatus Auenicinus*, Et puis vne lettre tronquee *Venicinus*, en françois le Comté Venicin que les indoctes notaires, & Grefiers depuis ont corrompu en cent façons. Ce nom ancien d'Auignon Auenicus, ou Auenica retenoit quasi tout entier celuy de son fondateur Lauenicus estant cette regle generale entre les doctes que les noms des villes du genre masculin sont les noms des fondateurs comme Lutetiæ Parisius, Narbo Martius, Mediolanum Sanctonus: voyez ce qu'en dict Scaliger en ses leçons Ausoniennes. I'ay voulu toucher cecy en passant *tanquam ex nilo canis*, pour donner quelque auant-goust des choses grandes, & signalees, qui se peuuent dire de cette tres-ancienne Cité d'Auignon, & ne laisser plus long temps son origine enseuelie dans vne si longue, & honteuse oubliance. Reseruãt les preuues Authentiques, les cõiectures necessaires, les argumẽts deduits plus au lõg à l'autheur qui en a recherché l'histoire ces ans passez. Cependãt, lecteur, si ie touche ainsi quelques fois quelques vnes des choses principales de l'Antiquité de cette ville parmy le suyuant discours, sans m'y arrester autrement, & ne faisant quasi que les monstrer au doigt en passant; vous prendrez le tout en bonne part: attendãt quelque chose de mieux, ne m'estant loysible maintenant, ny ceant de faire autre, sans preiudice de ce qui est de mon principal.

L'Arc estoit dedié à Mars: c'est à dire à la vaillance, & force du Roy. Les Poëtes ont faict le planete, qui auoit le nom de Mars, Dieu des batailles, & des armees: pource que les Astronomes croyoient que ceux, qui naissent soubs cest astre ioint aux Iumeaux sont guerriers, vaillants, & accords en faict de guerre: & s'il se trouue auec l'Escaruice enclins à picquer cheuaux, manier flesches, cimeterres, & autres attirals de Mars: auec le lion, qui est l'horoscope du Roy, courageux, puissans, & inuincibles: auec le scorpion, victorieux, & triomphans: principalement apres que Saturne aura passé le premier triangle de la naissance, comme ils parlent en leur Iargon: auec Capricorne, Royaux, chargés de trophees, & de gloire. Et de vray, bien que ces maistres Genethliaques ayent passé terme quelque fois, si est-ce que la vraye Astrologie ne desaduoüe pas, que les Astres ne causent des grands, & admirables effects aux corps des hommes és qualitez, qui dependent de la bonne symmetrie des complexions, & organes exterieurs: comme seroit la force, & habilité des membres, la parfaicte santé, & choses semblables qui n'ont rien à faire auec le franc arbitre: car de penser, qu'il soit subiect en rien aux Constellations, & influences celestes, c'est vne entree, & faulbourg à l'Atheisme, que nous voyons rouler d'ordinaire dans le phantastique cerueau de ces palabreurs, & faiseurs d'Armanacs, resueurs, & alãbiqueurs de quintes essences. Doncques pour reprendre noz brizees, Mars estoit tenu pour le Dieu des armees, & victoires; en quoy il est commun à tous les soldats, & Capitaines. Il y a vne particuliere conuenance du Roy Henry IIII. qui est septenaire, auec Mars. Suidas dict que ceux de l'Arabie Pierreuse pour simulachre de Mars, faisoient vn Cube, ou vne pierre quarree posee sur vn piedestail d'or, laquelle figure pour sa stabilité à tousiours esté le Hierogliphyque de force propre de ce Dieu, se trouuãt tousiours immobile, de quelque costé que l'on la torne, non pas inconstante, & facile à rouler, comme la figure

III.

G 3　　　　　ronde:

ronde; qui a esté la cause que par le Cube les Pythagoriciens signifioient iadis la diuinité supreme, qui ne se meut iamais, & meut toutes choses. Or il est vray d'ailleurs
que le nombre de sept est quarré & cubique:remarque des Aritmeticiës prisée, & van-
tée de Philon le Iuif en sa Cosmopæie; où il distingue deux septenaires: l'vn qui est
comprins dans le disain; l'autre qui comprend le disain,ce que se doibt remarquer at-
rentiuement : car parlans du septenaire,nous parlerons ores de l'vn, ores de l'autre. Il
dit que le septenaire qui comprend le disain, ἐπὶ κύβος τε, ἡ τετράγωνος, est cubique , &
quadrangulaire : car multiplié en sa premiere vnité hors le disain en double proportion asçauoir 64. il est quadrangulaire, huict estant multipliez huict fois; & cubique
estant multiplié quatre fois quatre,en quatre fois. Dauantage multiplié en triple proportion en son vnité, qui est 729. il est quadrãgulaire estant multiplié en vingt,& sept
qui est l'aage de la Royne : & cubique , neuf fois neuf, multiplié neuf fois en soy : &
ainsi tousiours commençant au septiesme comme deuant en son vnité , & multi-
pliant auec la mesme proportiõ iusques au septiesme,vous trouuerez qu'il croist tousiours en Cube, & quadrangle,& porte aussi bien la signification,& symbole de la force,comme le Cube,& quadrangle solide : & pource Philon au lieu allegué,ayãt monstré que le nombre de sept n'est engendré,ny meu d'aucun autre, conclud qu'il est l'i-
mage de Dieu,lequel est tousiours le mesme,immobile, sëblable à soy, dissemblable à
tout-autre,comme disoit Philolaus : dont il s'exclame τοσαύτα δὴ ἱβδομάδι πρόσυεσι ἐν
τῷ ἱεραπρέπει : c'est à dire : *si grande est la sainčteté de ce nombre septenaire*. Puis que donc
c'est le nombre du Roy,pourquoy ne sera-il son Image Cubique,& quarree, & le symbole de sa force,aussi bien que la pierre quarree de Mars ? Ce fut le motif , qui fit tenir ce premier arc en forme quarree estants tous les autres suyuants faicts en rond,
& d'exprimer les victoires & vaillances du Roy par l'Allegorie de Mars Dieu victorieux,& de complexion quarree,comme parle Tranquille de Flaue Vespasien Empereur.

IV. La ᴘᴀʀᴀʟʟᴇʟᴇ estoit peincte au corps du frontispice,c'estoit vne Hydre ayant toutes les testes coupees,& mises par terre, auec ce mot.

NIHIL HYDRA REPULLULAT ULTRA
De l'Hydre la sanglante beste
Ne leue plus ne col, ne teste.

Hercules estoit septenaire comme nous auons desia dict : l'Hydre l'estoit aussi à
sept testes,au dire de Naucrates Erythree,laquelle suyuant l'explication des Mythologistes rapportants la fable à son histoire,ne fut autre chose,que sept freres liguez, &
ralliez ensemble pour faire la guerre à Hercules,desquels l'vn estant vaincu , l'autre se
leuoit auec secours tout frez,& nouueau courage : qui donna occasion de bourde aux
Poëtes,& de dire que c'estoit vn furieux animal à sept gosiers , desquels les vns estans
tranchez,les autres sortoient en leur place:iusques à tant qu'Hercules les eut tous mis
à bas. D'aucuns comme Palæphate en ses fables , cuident que c'estoit vne ville nommee Hydre du Gouuernement de Lernus roytelet assisté de plusieurs endroicts , &
secours qui luy rafreschissoient son armee:Et qu'elle fust assiegee , & forcee par Hercules. *Qui Iolaus* (dict Palæphate) *Iphicli fratris filium cum delecta Thebanorum manu in*
auxilium vocans eoque subsidio adiutus Hydram hostile oppidum solo æquauit, copiásque omnes
deleuit. La parallele & comparaison consiste en ce que le Roy a surmonté tous ses ennemis,

nemis, qui estoient bien plus de sept : comme aussi quelques vns ont donné cinquante testes à l'Hydre. *Quinquaginta atris immanis hiatibus Hydra.* Mais nous auons mieux
aymé suiure l'opinion de Naucrates à cause de nostre septenaire : veu mesmement que
le nombre de sept tant en l'Escriture saincte qu'ailleurs, signifie vniuersalité, & totali-
té de tout nombre : & nous fauorisoit pour donner à entendre que le Roy a tellement
abbatu tous ceux, qui luy ont faict la guerre, qu'aucun d'iceux ne remuë plus rien.

Les devises, ou Emblemes estoient cinq, vn qui respondoit à l'Hydre, au frontispice de la seconde face : & quatre pour les quatre coins des frontispices des deux
faces. Le premier estoit vn labyrinthe, & vne massüe d'Hercules au milieu, touchant
du bout les nuees, quasi comme elle est dans la deuise des gardes Escossoises : mais
plantee toute droicte au centre dudict labyrinthe, & accompagnee de cet hemistique.

HIC CÆSTVS ARTEMQVE REPONO.
Ie pose icy & mon Art, & mon Art.

Cestuy-cy est general à tout le dessein, & monstre que le Roy venu à bout de tous
les destours de ce labyrinthe septenaire, y a plâté au milieu ces armes victorieuses es-
leuees iusques au ciel d'vne gloire eternelle, exaltees iusques aux nuees de l'immortalité, pour vser desormais de la paix qu'il s'est acquise pour l'entier establissement de
son Royaume, propagation de sa posterité, tranquillité, & repos de sa personne.

La seconde deuise à main droicte de la premiere face, estoit vne foudre esclat-
tante auec grande impetuosité, & vehemence d'vne espesse nuee : representant la bataille d'Yury auec ce dicton de Seneque en bas.

SVPERAT, ET CRESCIT MALIS.

Et ce mot tout en haut.

YVRY.

Les Philosophes disent que l'exhalation subtile, & seche attiree de la terre par la vertu du Soleil, iusques à la premiere, ou moyenne region de l'air, estant enuironnee de
quelque espece, & froide nuë, se voulant despetrer de cette captiuité, se roule la dedans, & d'autant plus que la nuë la presse, se renforce d'auantage par l'Antiperistase
de ce sien côtraire, qui l'assiege : se ramasse en soy, tant qu'elle peut, cherche issuë de to~
costés, s'eschaufe de son mouuement, & en fin s'enflamme, & attise : puis reprenant
nouuelles forces romp, & fracasse, auec vn tintamarre effroyable, cette barriere de vapeurs campees à l'entour, & eslançant tout outre l'esclat de son feu, cause ce bruit, &
grondement, qui estonne les hommes, que nous appellons la foudre, & tonnerre. Le
Roy lors de la grande bataille d'Yury se trouuant plus pressé de ses aduersaires qu'onques il n'auoit esté : plus foible qu'eux de beaucoup, ayant en front l'armee la plus
puissante, les Capitaines & Princes les plus vaillans de l'Europe, les ennemis plus ralliez, & forts que iamais : il accreust de courage de leurs forces, & deuint foudre entre
leurs assauts donnant tant plus rude coup, & esclat de son bras inuincible, que l'An-
tiperistaze en estoit alors plus forte, vrgère, & perilleuse. L'artillerie qui est vne foudre
artificielle, & vn tonnerre terrestre, y feit le plus grand effort apres la valeur, & vertu
du Roy : & par ainsi l'Embleme n'a pas esté hors de propos pour representer cette bataille espouuentable par l'effect du tonnerre du canon, & encore plus du bras, & de

l'espee

l'eſpee foudroyante du Roy. Et pour veoir de ſuite combien le nombre ſeptenaire eſt fauorable,& heureux à ſa Majeſté : ie m'eſſargiray vn petit ſur les ſingularitez de cette victoire ſuyuant les hiſtoires,qui en ont eſté eſcrittes du depuis par diuers.

Arriué le iour de cette derniere criſe de la fortune du Roy,qui fuſt le deux fois ſep-tieſme 14. de Mars de l'an 1590. le rendez vous de toutes ces troupes donné au village de S. André, à quatre lieues de Nonancourt ſur le chemin d'Yury,le Roy diſpoſa tou-te ſa caualleric en ſept Eſcadrons de deux à trois cents cheuaux chacun , ayant aux flancs l'infanterie. Le premier Eſcadron eſtoit celuy de Monſieur le Mareſchal d'Au-mont auec deux regiments françois. Le ſecond de M de Mont-pencier auec cinq cẽs Lanſquenets,& vn regiment de Suyſſes. Le troizieme celuy de la caualleric legere en deux troupes, l'vne ſoubs M. le Comte d'Auuergne,l'autre ſoubs M. de Giury. Le qua-trieſme de Monſieur le Baron de Biron. Le cinquieme celuy du Roy , qui eſtoit de cinq rãgs & ſix vints cheuaux de front auec le renfort des troupes de môſieur le Prin-ce de Conty,& monſieur de la Guiche. Le ſixieme de monſieur le Mareſchal de Biron auec deux regiments françois. Le ſeptieme des Reiſtres de deux cens cinquante che-uaux. L'Artillerie eſtoit à la gauche de la Caualleric legere. Les armees acharees en terme,& diſtance de ſe battre, ſa Majeſté commanda à monſieur de la Guiche de fai-re ioüer l'artillerie,qui penetra,& enfonſa les plus eſpais eſcadrons des ennemis , qui s'eſtoient rangez en croiſſant comme vne nuëe eſpeſſe à l'encontre de l'armee du Roy rangee de front en droicte line, qui eſt la figure du Carreau qu'eſlance la foudre:d'où les Eſcadrons de cette figure & ledict Carreau de la foudre ſont appellez des latins d'vn meſme mot de *Cuneus* pour ce que ils imitent la figure d'vn coin à fendre bois. Icy l'on veit la complexion ſubtile & chaude du Roy,en teſte de ſix cẽs cheuaux,s'eſ-chaufer, & embraſer dedans le harnoys enuironné de toutes parts,s'embarraſſer en la meſlee de deux mille cheuaux,heurter à grãds coups de ça & de la à tout ce qu'il ren-contre : ſe perdre,& demeurer caché,& incogneu meſme des ſiens,dans cette tempe-ſte de coups, l'eſpace d'vn quart d'heure iuſques à ce que luy douzieme fracaſſant , & briſant tous les obſtacles, & ſortant glorieux de cette meſlee l'on oüit eſclatter le ton-nerre de ces criz VIVE LE ROY redoublé par toute l'armee:& ſe veit eſtinceler ſõ cui-raſſe,comme vn eſclair,fourbi de coups,ſon coutelas foudroyant,& rougiſſant du ſãg eſtranger, ſa face flamboyante de hardieſſe,ſon Eſcharpe, ſon panache , toute ſa per-ſonne blanchiſſante de gloire,& d'allegreſſe : ſemblable en tout au Carreau tout de feu dardé,& decoché de la nuëe par la force du tõnerre. Les parties les plus ſubtiles & leſtes de l'armee contraire s'eſcarterent,& eſuanouïrent habilemẽt:les plus groſſieres, & terreſtres comme les gents de pied, ſe fondirent en eau : les vns de larmes deman-dants la vie : les autres dans la riuiere d'Eure, où ils ſe ſauuerent,qui peut, à la naige : cõme apres vn grand coup de tonnerre,l'on voit les vapeurs les plus eſpeſſes & lourdes ſe reſoudre en groſſe pluye : & les autres plus delicates s'eſparpiller , & s'enfuir parmy l'air pouſſees de quelque puiſſante bize. En cet Embleme,ſans y penſer,l'on auoit ren-contré auec monſieur d'Eureux le parangon des Prelats,& des eſprits de noſtre aage, lequel parlant d'vne autre victoire du Roy, le compare au foudre. C'eſt ez tableaux de ſes triomphes en cette ſtance.

Pour vnique salut tout salut negligent,
Comm' vn foudre enfermé se faict iour par la nue,
Et fend l'ombrage espaix, qui l'alloit assiegeant.

L'AVTRE EMBLEME de cette premiere face estoit tracé sur la victoire d'Arques, qui auoit desia eu au parauant ses merueilles, aussi bien que l'autre, & auoit esté comme vn vif esclair d'où depuis sensuyuit ce tônerre. C'estoit vn oyseau, que les latins appellent *Salus*, sur le dos d'vn cheual, luy donnant l'esperon de son bec, & le mettant en fuitte, aupres de cette deuise.

NVNC HERCVLES CONTRA DVOS.

Et au dessus.

ARQVES.

La chose est, que les cheuaux & iuments sont ennemis iurez, & capitaux de ce petit animal: lequel faisant son nid d'ordinaire entre les espines, & buissons ces siens ennemis se sentât chatouillez des playes, qu'ils ont sur le dos, se vont frotter côtre, rompêt leurs nids, & petits boulars, brisent les œufs, tuent les poussins: dequoy les pere, & mere s'alterent, & s'offensent si irreconciliablement que n'ayants autre recours contre des ennemis si puissants, ils leur sautent sus, se campent en croupe sur la cicatrice de leurs playes, qu'ils becquent, & breschent de telle furie sans leur donner respir, ou haleine, qu'ils sont contraincts de prendre le galop, courir par monts, & par vaux à bride aualee, & le plus souuent se precipiter, & se rompre le col. Ce qui est cause que l'antipathie est si grande entre eux, que si l'on vient à mettre leur sang l'vn auec l'autre, ils se separent incontinent dans le plat ne pouuant se mesler par ensemble. Le Roy est icy côparé pour le rencôtre d'Arques au *Salus*, & ses ennemis au cheual. Cet oysillon n'a quasi point de proportion en force, & apparence exterieure auec vn si guerrier, & grand animal. Le Roy lors de cette bataille, qui fut le premier ressort de son bon heur, l'arrest de sa fortune, le Palladium de son asseurance, la mesche, l'amorce, la balle, le canon de ce grand coup de guerre, n'auoit alors auec soy que sept cents cheuaux, douze cêts hommes de pied, & deux mille Suysses contre vne grâde armee. Le Salus bastit son nid entre les espines, le Roy, comme le *lilium inter spinas*, a estably son throne au milieu d'vn monde de trauerses, & dangers: où il y a plus de peril plus il fleurit. Le Salus se perche dans la playe de son ennemy: le Roy, la nouuelle arriuee, que l'ennemy s'approchoit, se retirant à Arques distante d'vne lieue & demy de Diepe, se campa dans vne Maladerie, ou Hospital des playez, ou s'estoient retranchez sept cens arquebusiers françois: cette Maladerie fut le suject de cette victoire, le Theatre de ces triomphes, la playe, & l'esperon du party contraire. Demeurant le Roy victorieux, & maistre du champ de bataille, que monsieur d'Eureux le Prelat des esprits de nostre siecle, d'escrit ainsi en peu de mots, mais comprenant d'vne façon eminente tout ce que venons de dire.

Champ dont la mer Angloise humecte le riuage,
Où Neptune estonné de changer de couleur,
Veid disputer la force auecque le courage,
Et combattre le nombre auecque la valeur.

Il ne faut pas passer sans considerer qu'encore en cet endroict le nombre septenaire fut fauorable à sa Majesté, aussi bien qu'à Yury : car pour ne rien dire des sept cens arquebuziers de la Maladerie, cette victoire aduint l'an 1589. le Ieudy iour vingt & vniesme trois fois septiesme du moys de Septembre, qui est le septiesme mois de l'an solaire, appellé pour cela du nom de Septembre. Le mot de la deuise Nvnc Hercvles contra dvos s'entend de soy mesme, ayant à ce coup nostre Hercule Gauloys dementy l'Adage, passant au dela d'Hercules, pour auoir gaigné vne bataille, non pas d'vn contre deux, mais contre vn si grand nombre, que les historiens exaggerent si fort.

La victoire de Fontaine Françoise vers Dijon auoit son embleme en la seconde face composé de grãds oyseaux nommez Stymphalides, qui se leuoient du lac Stymphale, chassez par Hercules au son d'vn Tymbale qu'il frapoit n'ayant rien auancé auec les armes : ainsi le chante Apollonius au second de ses Argonautes.

Χαλκείην πατάγην ἐπὶ χειρὶ πιφαύσσων.
Il les chasse frappant vn Tymbale de cuiure.

Aupres se lisoit ce dicton.

STYMPHALIDAS PEPVLIT VOLVCRES.

Et vn peu plus haut, cet autre mot.

FONTAINE FRANCOISE.

Pausanias dit qu'en l'Arabie deserte se voyoient autresfois d'oyseaux nõmez Stymphalides non moins pernicieux aux hommes, que les Lyons ou les Tygres : car ils perçoient de leur bec les cuirasses de fer, & de cuiure, dont il estoit force de s'abiller pour se garentir de leur rage : si que ils furent cõtraincts en fin de s'armer d'vn certain bois fort tenant, où ils se prenoient par le bec, s'y enfonçant si auant, qu'il y demeuroit. Dela les Poëtes prindrent pied de feindre, que ces oyseaux auoient le bec, les aisles, & les gryphes de fer. Timagetas appelle ceux qu'Hercules chassa σιδηρόπτερες, σιδηρόνυχας, σιδηρόρυγχας. Sans faute tels oyseaux ne furent autre que ces premiers guerriers qui s'armerét de fer de pied en cap, vaincus par Hercules non en bataille rãgee, mais au seul lustre, & esclat de son nom, & de sa presence. Qui a seruy d'allegorie, & d'Ainigme pour deguiser la iournee de Fontaine Françoise, où se veit vn grãd camp tout armé de fer, & d'acier mis en route par la seule presence du Roy, qui donna l'effroy, & la fuite à deux mille auec quatre vingt cheuaux. Les Stymphalides eurent l'espouuente sur le lac par Hercules, & ceux cy l'estrette, & la chasse à Fõtaine Françoise, par le Roy. Vulcan qui estoit le Mareschal des dieux, & qui assista en tout & par tout à Hercules contre sa mere propre Iunon, luy auoit forgé le Tymbale, qui estonna ces oyseaux : & le Mareschal de Biron fut icy le principal instrument, duquel le Roy se seruit en ce triomphe, qui espouuãta le plus ces Stymphalides toutes de fer, qui receut les coups le premier, assista nostre Hercules comme vn autre Vulcan tout feu, tout fer, tout foudre, l'vn des plus braues & determinez guerriers, des plus assidus & resolus Achates de la Majesté françoise, que la France aye porté de plusieurs siecles. Vulcan pour l'amour de son Hercules comme Pindare, & Epicharme le chantent, garrota sa propre mere Iunon sur le siege charmé d'or. Ce grand Mareschal extraict de Bourgoigne du costé maternel, de la tref-ancienne maison d'Authun, a recõquesté la Bour-

goigne

goigne sa mere,& rendue souple,paisible,& ployable au Roy son Hercules, qu'il n'abandonna iamais au besoin. Aussi se treuue il dans le nom de sa Majesté auec vn heureux anagramme tout entier sans alteration aucune.

HENRY DE BOVRBON.
BON HEVR DE BIRON.

Que si son nom se treuue dans celuy du Roy,les armes du Roy se retreuuent aussi en sa poictrine: tesmoin ce qu'il en dit luy mesme,quand il harangoit du fossé à Messieurs de Dijon pour les ranger à l'obeyssance de sa Majesté; où se desbraillant par le deuant leur monstra,& leur dict que son estomac estoit plein de blesseures,toutes faisant vne figure de fleur de lis,receües pour le seruice de cette coronne:laquelle harangue fit plus d'effect dans le cœur des Dijonoys, que cent coups de canons n'eussent peu faire en leurs murailles. Mais ie veux admirer en cet endroit ce que ie ne puis passer de leger,& pour ne rien dire de ce que le septenaire a esté icy heureux au Roy,comme en toute autre chose : considerez vn peu la prouidence diuine sur sa Majesté,& sur ce Royaume , que tousiours il a assisté & comblé de ses faueurs plus que Monarchie qui soit en la Chrestienté. Le Roy arriué à Dijon le Dimanche l'an 1595. au cinquiesme de Iuillet,qui est le septiesme mois de l'an commun,auoit eu aduis que le Conestable de Castille passoit la Saosne à Grey pour venir en diligence secourir le chasteau de Dijon : qui fut cause que le lendemain lundy matin à quatre heures il remonta à cheual accompagné dudict Sieur Mareschal de Biron,auec dessein d'aller donner le bon tour à cette armee estrangere,pour retarder leur venue & donner loisir à Dijon de se retrancher contre le Chasteau. Le dernier rendez vous fut donné aux troupes qui pouuoient estre mille cheuaux, & cinq cens Carabins , pour les trois heures apres midy à Fontaine Françoise,quasi à my chemin de Dijon & de Grey. Il faict recognoistre l'ennemy,se part de Lux à vne heure apres midy auec le Mareschal : vne lieüe de là sur les deux heures,qui sont les deux fois sept de la iournee , & l'heure que la Royne fit son entree en Auignon,l'ennemy s'approche piustost que l'on n'eust cuidé , qui fut cause que les troupes du Roy,qui auoient le rendez vous aux trois heures,ne vindrent pas à temps. Sa Majesté apres le choc ayant faict ferme treuue auoir faict cet effect , auec quatre vingts,& tout côpté,n'auoir perdu que quatre des siens,& vn prisonnier,là ou des esträgers en demeurerét six vingts morts sur la place, soixante de prins,deux cens de blessez.

Que dirôt mainrenât ces Philosophes d'estat,ces Alchimistes de creãce,ces Astrologues des autos epha de Machiauel,qui ne recognoissent que la prouidence de Dieu à bourades,mesurent à leur compas la diuinité : ne confesseront ils pas vne fois , qu'il semble que l'Ange tutelaire de la France aye tousiours conduict par la main ce grand Roy : & que Dieu le regarde continuellement de son œil fauorable, comme s'il n'auoit autre obiect de sa prouidence paternelle çà bas; & ne pensoit à autre qu'à luy? qui guide tous ses pas,preuient ses conseils , achemine ses entreprinses,anime ses desseins,gouuerne son Royaume le plus beau,& florissant que le Soleil regarda iamais.Si la memoire n'en estoit encore fresche , & qui n'auroit ouy parler ceux qui l'ont veu, l'on penseroit que ce sont contes de Mellusine , rencontres de Chysildi,sornettes de Rabelais, farces de Patelin , textes de Bible Guiot, fourbes de Pantagruel, maximes des vieux Romans des quatre fils Aimond, ou d'autres bouquins & Calepins estampez à l'enseigne de Ronceuaux,ou de la forest d'Ardaine: & ne sçay si la posterité le lisant croyra la moitié de ce que nous auons veu.

 LA

LA QVATRIESME victoire depeincte à main gauche de noftre ARC eftoit la prinfe d'Amiens,qui fut l'an 1597. vn autre feptenaire, & le 25. de Septembre. D'vn cofté e-ftoit portraicte la ville de Troye,& dehors la ville,deuant la porte,en vne belle cam-pagne vne roue,fur laquelle eftoit toute droicte Hefione leuant les mains ioinctes au ciel, & implorant l'ayde d'Hercules. Elle eftoit parfemee de fleurs de lis , pour figni-fier que c'eftoit la fortune de la France reprefentee par cette roue,& par cette Damoy-felle. Hercules eftoit d'vn cofté de la roue,& Laomedon de l'autre , qui tafchoient à qui mieux mieux,à grãd force de corps & de bras de tirer,& faire tourner la roue cha-cun de fon cofté:Laomedon eftãt emporté en l'air,& ne touchant defia plus des pieds en terfe.Auplus haut fe lifoit.

AMIENS.

Et au bas de la roue deuers Hercules ce vers de Virgile.

SORTITVS FORTVNAM OCVLIS, ET CORPORE TOTO INTORQVET.

Du cofté de Laomedon emporté de la roue,eftoit cet Hemiftique.

QVO DVRA RAPIT FORTVNA SEQVAMVR.

Tout le long de la maffe d'Hercules,qu'il tenoit d'vne main, fe lifoit cet autre He-miftique,qui eft de Virgile comme les autres.

QVÆCVNQVE EST FORTVNA MEA EST.

Chacun fçait comme Hercules ayant deliuré Hefione de la gueule du monftre marin,& avant efté fruftré de fon merite,& deue recompenfe , il mit le camp deuant Troye,d'où eftoit Roy Laomedon : & fit tant par fes iournees, qu'il fut maiftre de la ville,& d'Hefione. Le Roy qui la auoit deliuré la France fon Hefione de dangers ex-tremes,fe voyant de rechef affailly iufques à la citadelle du cœur de fon Royaume,au lieu de iouïr du fruict de fes trophees,& merites,va debatre vne autre fois deuant A-miens fa coronne,qu'il auoit plufieurs fois conqueftee à la pointe de l'efpee. L'on ne niera pas que le fiege de cette ville imprenable à tout autre,finon qu'au Roy , & bien d'autre eftoffe que Troye,que les Epithetes,& Rodomontades des Poëtes ont agran-die de vâterie,& de fable,n'aye efté le theatre où fa Majefté expofa tout fon eftre pour la franchife & affeurance de fes fubiects:le parquet,où fe playda la fortune de la Fran-ce, le champ, où fe desbatit le droict du Royaume,le fiege où fe vuida le procez de la fouuerainété de cette Monarchie , le fpectacle où la iuftice luicta auec la force ; la vertu auec la fortune , le droict auec les armes. La roue eft propre de la fortune,tef-moin ce qu'en difoit en Nicephore Theodore parlant à Gayan Roy des Arabes : Se-foftres,difoit il,Roy d'Ægypte trefpuyffant s'ẽorgueilliffant pat trop des heureux fuc-cez de la guerre,fe feit faire vn chariot tout d'or,enrichy de perles & pierres preticufes des plus rares & choifies,où il fe faifoit trainer par quatre Roys,qu'il auoit gaignez en bataille attellez enfemble cõme cheuaux.Mais il aduint qu'vn iour de fefte fort cele-bre marchant en cette pompe,& magnificence il s'apperceut, que l'vn de ces quatre miferables regardoit à tout coup,& auec attention vne des roues qui trainoiẽt ce cha-riot,& luy demandant Sefoftres,qu'eft ce qu'il contemploit fi à l'ayfe,& fi fouuent, il luy refpondit: i'aduife, ô Sefoftres & m'eftonne de l'incroyable viteffe, & rapidité de cette roue, laquelle roulant fans ceffe tantoft efleue fes rayons en haut , tantoft les ra-

ualle

ualle en bas, haufant maintenant les inferieurs,& puis rabaiffant les fupremes. Sefoftres qui entendit bien que cette pierre tomboit en fon iardin , & defcouuroit le me-
ftier de la fortune (appellee par Pindare φερεπόλος, & par les Romains premierement
Fortuna à vertendo,eftant fon propre de pyrouetter fur la roüe d'inconftance,puis *For-*
tuna vn digamme changé) s'arrefta au milieu de fon fafte,donna les champs à fes pouures captifs,& fut plus aduifé pour l'aduenir. Noftre pouure France eftoit au fomme
de cette roüe de fortune proche de fa totale ruine,& du precipice final,fi noftre Hercules par le fiege memorable de cette Troye françoife, n'euft arrefté la fortune, qui
prenoit deffa le vol pour s'en voler de noftre Hemifphere aux terres neuues en
quelque lieu aux moluques,ou à la floride. Ce fut icy la pierre de touche , où le Roy
recogneut fes bons,& fideles fuiects : & vn Theatre folennel de la fidelité des bons
françois Catholiques.Ces meffieurs les confiftoriaux tard-venus qui auoient mieux
aymé croupir aux cendres,pour monopoler,& confiftorier le ciel & la terre,que d'aller fecourir la fleur de lis, drefferent des cayers à fa Majefté fur leurs doleáces côme
n'en pouuant plus,& n'ayant rien que les larmes aux yeux,les foufpirs en la poictrine,
les derniers aboys au gozier, le hault mal entre les dens. Dans ce codicille admirable
ils fyndiquoient la France,regétoient les parlemens, cenfuroient les trois eftats. alar-
moient le peuple,bafoüoient les Princes,menaffoient le Roy,qui les pourroit efcrazer
auec le poufle,s'il vouloit.En fin fe lamentoient,que Mefchinet pour n'auoir paré les
rues le iour du facre,fut condamné à fix efcus d'amende:qu'on auoit forcé vn Mene-
ftrier à Angers de ioüer de fon violon au deuant de la proceffion : qu'à Neuers l'on
auoit prins à vn de leurs Theologiens fretcur de Chanure fa Bible,& fes pfalmes Marot. Que Pierre Balduin Cordonnier fut condamné en amande : qu'à fainct Eftienne
de Furan le Coré drapa du bafton de la croix Bertrand Guillaume : qu'on auoit arraché les vignes de Guillemin Peteuille : tué les poules de Iean Rafcler:qu'vn pedát fut
chaffé de Salaize,vn horlogeur de Lyon, vn Marefchal de Meaux , vn Cardeur de ie
ne fçay où:fur ce,la patience leur efchappe,leur colere s'enfle,leurs menaffes fe refor-
ment, leurs rodomontades fe bouffiffent,& difent, *Et qui euft creu que noftre patience fut*
fi grande ? ô Dieu infques à quand ? voyla leur *quos ego.*Cependant les Catholiques y ac-
couroient de toutes pars expofans leur vie,pour ne laiffer perdre leur patrie : ne tenás
conte de foy,pour n'abandonner leur Roy. Ie me baignerois d'Apotheofer vn apres
l'autre ces guerriers infatigables , fi ie ne faifoys eftat de briefueté,qui feront à iamais
prifez de la France,honorez des Roys,aymez de la pofterité.Et fur tout ce grand Duc
de Mayenne l'vn des plus braues, & redoutez Capitaines de l'vniuers,Prince accomply de toutes les qualitez qu'onques furent admirees en ces anciens Cæfars,Alexan-
dres,& Pompees, qui ne s'oferoient maintenant treuuer deuant luy : le bras droit du
Roy, l'Oeconome de ce fiege, le paranymphe de cette victoire.I'acheue maintenant
les deux parties qui reftent de cet arc : les infcriptions & la coronne.

A̲v̲ ̲r̲e̲s̲t̲e̲ du frontifpice en toutes les deux faces en vn compartiment faict en oua- VI.
le, fe lifoit l'infcription de la dedicace.

I.

MARTI APOTROPÆO.

C'eft à dire *Auerruncatori*, qui deftourne les maux,& dangers : qu'eftoit l'office de
Mars,d'Hercules, & d'autres Dieux que les Grecs nommoient ἀποτρόπαιοι, les latins
Auerruncos, d'autant que c'eftoit à eux de chaffer tous maux,& obftacles funeftes.En

H 3   ce

ce mariage du Roy ie donne ce titre à Mars, qu'en a faict l'office, & frayé le chemin à la gloire de ce mariage : ayant desuoyé tous les grands obstacles, qui le pouuoient arrester au commencement de la course. Dans vne petite frize s'expliquoit l'Allegorie de Mars par cet autre mot.

II.

REGIÆ FORTITVDINI.

En la premiere face estoient escrittes toutes ces inscriptions ; & signamment dans la grande frize, qui portoit sur les colomnes, soubs la parallele, l'inscription triõphale.

III.

HENRICO BORBONIO HERCVLI SEPTIMO HERCVLIS OSYRIDIS LABORVM, AC REGNI SVCCESSORI. PRINCIPI OPT. MAX. OB REMPVBLICAM LIBERATAM, OPPRESSAS CONIVRATIONES, HOSTEIS DEBELLATOS, REGNVM STVPENDIS VICTORIIS, AC TRIVMPHIS ARQVENSI, TVRIENSI, DIVIONENSI, AMBIANENSI STABILITVM ATQ. ASSERTVM S. P. Q. AVEN. NOBILEM AC TRIVMPHIS INSIGNEM ARCVM DICAVIT. LAVREAM. D.

I'appelle le Roy le septieme Hercules : d'autant que les Poëtes ont dict qu'il y en auoit desia eu autres six : luy en estant vn nouueau, il est le septieme, septenaire en tãt de façons qu'auons dict cy dessus. L'Architraue en long portoit ces deux vers.

IV.

HI MOTVS ANIMORVM, ATQ. HAEC CERTAMINA TANTA PVLVERIS EXIGVI IACTV COMPRESSA QVIESCVNT.

Tous les piedestals estoient quarrez, & à quatre faces, lesquelles portoient quatre inscriptions toutes diuerses, l'vne de quelque parallele d'Hercules, l'autre Grecque, la troisiesme hemistique en latin : la 4. vn anagrãme : de façon que le piedestal droict seruoit pour le Roy, le gauche pour la Royne. L'escriuain en laissa la plus part pressé du temps pour vacquer à d'autres choses plur vrgétes. Ie les rapporteray neantmoins fidelement toutes telles, qu'il les auoit eües sans y rien obmettre, ou alterer.

Aux costés de deuant estoit tonsiours l'Anagramme ; aux deux du dedans vne nouuelle parallele du Roy, & d'Hercules : aux autres la Grecque, & latine : & que cela soit dict maintenant vne fois pour toutes. Les notes d'Arithmetique grauees par cy par là dans les Arcs, en feront la raison correspondants à chaque inscription, selon l'ordre, & situation de chacune d'icelles. Cette premiere parallele est de Iunon animee cõtre son Hercules, qu'elle auoit alaicté : mais gaignee par sa vertu, luy ayãt seruy de matiere, & de suiect de triomphe en ce mesme qu'elle cuidoit deuoir estre sa ruine. La Iunon courroucee du Roy a esté la France sa mere nourrice, toutes les menees de laquelle semblent auoir esté autant de marches, & d'echelons à sa Majesté pour paruenir à ce grade de gloire, où nous la voyons maintenant : les vers de ladicte parallele sont extraicts de Seneque.

V.

IN LAVDES SVAS

MEA VERTIT ODIA, DVM NIMIS SCOEVA IMPERO,
IRAQVE NOSTRA FRVITVR, ET TOTO DEVS
NARRATVR ORBE: MONSTRA IAM DESVNT MIHI,
MINORQVE LABOR EST HERCVLI IVSSA EXEQVI,
QVAM MIHI IVBERE.

Elle en difoit quafi de mefme cheux Virgile contre Æneas.

> *Aft ego magna Iouis coniunx, nil linquere inaufum*
> *Quæ potui infelix, quæ menet in omnia verti,*
> *Vincor ab Ænea.*

VI.

ΠΤΕΡΟΕΙΣ ΝΙΚΗΤΙΚΩΤΑΤΟΣ.

C'eft la deuife de Darius, lequel fe promettant la victoire de tout le monde, pour môftrer qu'il eftoit le maiftre victorieux de toutes chofes, portoit vn Palletoc de drap d'or, où eftoient trois Efpreuiers, ou faulcons d'or, volans & côme s'entrechoquans à coup de bec, auec ce mot entrelaffé entre leurs ailes ΝΙΚΗΤΙΚΩΤΑΤΟΣ. C'eft à dire tres-victorieux, auquel on auoit adioufté πτεροεις empenné, ou ailé. Cette deuife eftoit icy à propos: pource que elle eft tiree encore des Armoyries d'Auignon fuyuant ce qu'en a efté dict vn peu plus haut: & d'Hercules encore, puis que au rapport de Valerian, comme i'ay monftré ailleurs, le faulcon eft le fymbole des victoires d'Hercules. Quelle plus belle deuife pouuoit choifir la victorieufe & triomphante cité d'Auignon, laquelle ne fut iamais prinfe par force, ou d'affaut, demeurant effroyable à tous ceux qui fe hafarderent iamais de l'affieger? lifez les Annales de France, & courez tous les fieges d'Auignon, vous trouuerez la verité de ce que ie dis. Clouis premier Roy Chreftien y mit le camp contre Gondibaut: mais il fut contraint de prendre compofition tres-honefte, & fauorable. Guntran Roy de Bourgoigne y affiega long temps Mummolus, mais il s'en retourna d'où il eftoit venu. Les Sarrafins prindrent Auignon: voyre, mais de nuict par la trahifon de Maurice gouuerneur de Marfeille, & de tout ce pays, qui l'auoit vendue à Athin Roy defdicts Sarrafins. Charles Martel les en chaffa: ouy, mais par efcalade & par miracle, apres y auoir tenu le camp plus d'vn an, & demy, fans pouuoir faire vn pan de brefche. Louys huictiefme y entra victorieux: il luy coufta cher, ayant demeuré à ce fiege plus d'vn an, & perdu quafi tout fon camp, & les principaux de fon Royaume, & contreint en fin d'accepter compofition, en grandiffime danger d'eftre noyé auec toutes fes troupes par la Durence, qui fe desborda la mefme nuict, qu'il auoit leué le camp, rauageat tout le champ où luy, & fes gens s'eftoient campés: comme l'a efcrit Bellefores, & autres Annaliftes françois. Bref ie ne leus iamais qu'Auignon aye efté prinfe d'affaut, & par brefche.

L'autre cofté eftoit remply de cet hemiftique.

VII.

QVÆRIS HENRICO PAREM?
NEMO EST NISI IPSE.

De l'anagramme; nous en parlerons tout maintenant, voicy cependant les dictons du piedeftal gauche.

La parallele est facile à entendre à ceux, qui ont tant soit peu de cognoissance des choses passees. Le Roy a eu son Eurystheus aussi bien qu'Hercules.

X.

IPSE IMPERANDO FESSVS EVRYSTHEVS VACAT.

XI.

ΝΙΚΗ ΕΠ' ΕΥΔΟΞΩ ΘΑΛΙΑΙΣΙ ΒΡΙΑΖΩΝ.

Apres ces trophés, & labeurs
Il s'esiouyt parmy les fleurs.

Parmy les fleurs cueillies au beau Iardin de Florĕce, d'où nous attendons les fruicts d'vn repos asseuré, au quatriesme estoit cet hemistique de Virgile.

XII.

PARTOQVE IBIT REGINA TRIVMPHO.

Les anagrammes de cette face estoient quatre : moitié du Roy, moitié de la Royne les deux escrits soubs la parallele entre les armoyries du Roy, de la Royne, & du Pape: & les autres deux aux deux costés en dehors des Stylobates.

VIII.	XIII.
HENRICVS BORBONIVS REX GALLORVM	*MARIA DE MEDICIS*
O LAVS, REGNVM, ROBVR BONI HERCVLIS.	*IAM MEIS DICAR DEA.*
X. En V.	*A. Repeté.*
HENRICVS BORBONIVS.	*MARIA MEDICIA.*
VNVS HEIC NOBIS ROBVR.	*MIRA AMICA DEI.*

Le premier anagramme est propre à tout le suiect, puis que il contient que le Roy a le Royaume, la force, & la gloire d'Hercules : le second luy respond : car cela estant la Royne est comme demy Deesse, & Heroine ayant esté Hercules marié à Hebe Deesse de la beauté. Les autres deux sont faciles, & plus celuy du Roy comprenant l'argument de tout l'arc dedié à sa force, & à ses victoires REGIAE FORTITVDINI. Les inscriptions de la seconde face estoient celles cy : & premierement dans la grande frize.

III.

VOTVM.

MARS ADES, ET SATIA SCELERATO SANGVINE FERRVM,
   STETQVE FAVOR, CAVSA PRO MELIORE, TVVS.
TEMPLA FERES, ET IAM ME AVTHORE VOCABERIS VLTOR,
   LIBA DABO, ET PVRIS SERTA FERAM MANIBVS.
AEMVLVS ALCIDAE NOSTER BORBONIVS, ALTO
   IAM TANDEM VT TECVM SYDERE VECTVS EAT.

Les doctes sçauenç que c'est, d'où il est extraict, & à quelles enseignes. Ie ne puis m'arrester par tout pour n'estre infiny. *Pauperis est numerare pecus.* Dans l'architraue estoit cecy.

IV.

QVAE REGIO IN TERRIS NOSTRI NON PLENA LABORIS?
HIC LABOR EXTREMVS, LONGARVM HAEC META VIARVM.

La parallele de ce piedestal demeure expliquee de ce qu'auons dict au commencement d'Hercules bataillant contre les Ligurs, que nous appellons auiourd'huy Geneuoys veincus par l'ayde de Iupiter en la plaine de Sellon : le vers est d'Æschyle que
nous auons interpreté là mesme.

V.

ΒΑΛΩΝ ΔΗΩΣΕΙΣ ΡΑΔΙΩΣ ΛΙΓΥΝ ΣΤΡΑΤΟΝ.

Cestuy-cy est de Theocrite correspõdant au premier anagrãme de la premiere face.

VI.

ΣΥΝΔ ΥΙΟΣ ΤΕ ΒΙΗ ΤΕ ΠΟΛΥΦΡΟΝΟΣ ΗΡΑΚΛΕΟΣ.

C'est le fils & la force ensemble
D'Hercul, soubs qui le monde tremble.

VII.

HERCVLES MONSTRI LOCO
IAM COEPIT ESSE.

Il y en auoit tout autant au piedestal gauche : & la parallele prinse de la victoire
d'Hercules contre les Geans, que tous prennent pour les subiects, qui se leuent contre
leurs souuerains, tels que furent ces enfans de la terre, qui armerent contre Iupiter sub-
iuguez par ledict Hercules, ainsi qu'Horace le chante au second de ses Odes, d'où le
dicton de cette parallele auoit esté puysé.

X.

DOMITOSQVE HERCVLEA MANV
TELLVRIS IVVENES, VNDE PERICVLVM
FVLGENS CONTREMVIT DOMVS
SATVRNI VETERIS.

XI.

ΝΥΜΦΙΕ ΠΟΛΛΑ ΜΟΓΗΣΑΣ Α ΜΗ ΠΑΘΕΝΥΜΦΙΟΣ ΑΛΛΟΣ
ΔΕΥΡΟ ΤΕΟΥΣ ΙΔΡΩΤΑΣ ΕΜΟΙΣ ΕΝΙΚΑΤΤΕΟ ΚΟΛΠΟΙΣ.

Mon espoux, qui auez soufert tant de labeurs,
Venez en mon giron essuyer voz sueurs.

XII.

QVAS EGO TE TERRAS, ET QVANTA PER AEQVORA VECTVM
ACCIPIO? QVANTIS IACTATVM, SPONSE, PERICLIS?

Les quatre anagrammes, qui suyuent estoient en mesmes endroicts, que les autres
quatre mentionnés.

VIII.	IX.
ERRICVS BORBONIVS	*MARIA MEDICEA*
VINCES ROBVR ORBIS	*DEIECI AMARA.*

I   HEN-

IX.

ENRICVS BORBONIVS   HENRICVS BORBONIVS: MARIA DE MEDICIS

EN SVB ROBORE VINCIS.   HEM BINI DII ORBIS, CREDO, MARS, AC VENVS.

Celuy de la Royne, DEIECI AMARA, s'accorde auec les vers Grecs : les trois comprenent toute l'essence de l'arc, & n'ont besoin d'interprete.

VII.   LA CORONNE de laurier septieme partie d'où cette Architecture estoit composee, pendoit soubs la clef de l'arc seruant d'Epilogue, & comme d'Anacephaleose à tout le reste. Cheux les Romains la coronne triomphale se faisoit de laurier, que les Empereurs prisoient plus que l'or, & apres leur triomphe, la portoient au Capitole à Iupiter, la laissant en son sein : qui estoit vne belle protestation qu'ils tenoient leurs victoires, & heureux succez de la main des dieux ; qu'ils releuoient de sa prouidence, estoient hommes ligez de sa diuinité. Car comme les batailles sont les parlements souuerains, où se vuident les procez des souuerainetés; Dieu, duquel dependent toutes les puissances, s'en est reserué la cognoissance, pour faire voir quand il luy plaît, que les euenements admirables de la guerre ne consistent pas au nombre, ny à la force : ains en l'entiere disposition de ses faueurs, a ceux qui s'en rendent capables : mesurant leur estat & bon heur, non à la phantasie detestable, & denaturee poltronnerie d'vn Machiauel, mais au droict niueau, & esquierre infallible de la diuine prouidence, qui peut quãd il veut abysmer d'vn petit souffle les plus puissantes armees, & renuerser les guerriers les plus indomtables en vn moment. Hors de l'arc a costé, sur la tapisserie, estoit plaqué ce quatrain escrit en lettre rouge Romaine.

POVR L'HYDRE
LE LAVRIER.

SI LE DOMTEVR DE L'HYDRE AVX SEPT COLS RENAISSANT
VN IMMORTEL CHAPEAV DE LOVANGE ENVIRONNE,
DV PLVS QV'HYDRE ENNEMY, PLVS QV'HERCVL TRIOMPHANT
MERITES TV PAS MIEVX, GRAND ROY, CETTE CORONNE?

Au plus; pour la tapisserie du dedans de l'arc ez deux flancs d'vne colonne à l'autre, seruoient autres deux inscriptions escrites en grand volume. La premiere de vers latins.

HERCVLIS IMMENSOS QVONDAM MIRATA LABORES
   GRÆCIA VICTOREM DIVA SVB ASTRA TVLIT.
ECCE TRIVMPHALI TERRET SVA SYDERA CLAVA,
   ET COELO IN MEDIO PARTA TROPHÆA LOCAT.
QVA SVA POSTERITAS HENRICVM IN PARTE LOCABIT?
   ILLE FERAS TANTVM VICERAT, ISTE VIROS.

En la seconde, estoit vn Epigramme Grec escrit en charactere Grec à l'antique, qui à du rencontre en sa conclusion à cause des deux mots χρήματα, ῥήματα : que veulent dire que nous auons Hercules en effect, que la Grece n'auoit qu'en palabres.

ΜΥΘΟΤΟΚΟΣ ΦΥΓΑΣ ΕΛΛΑΣ ΕΠΙΔΡΟΜΑ ΘΗΚΑΤΟ ΤΟΙΧΗ
ΣΥΝΤΕΛΕΑΣΤΕ ΝΟΜΟΥΣ ΧΑΛΚΟΚΡΟΤΟΝΤΕ ΛΕωΝ
ΝΥΝΔ' ΗΡΑΚΛΗΟΣ ΚΡΑΤΕΡΟΦΡΟΝΑ ΠΕΜΨΑΤΟ ΠΑΙΔΑ.
ΚΡΕΙΤΤΟΝΑ ΠΑΝΤΟΛΕΤΟΥ ΘΡΑΣΥΤΕΡΟΝΤΕ ΠΑΤΡΟΣ,
ΕΙΠΕ ΤΙ ΑΛΛΗΛωΝ ΝΥΝ ΔΙΑΦΕΡωΣΙΝ ΑΝ ΑΜΦω;
ΧΡΗΜΑΤΑ ΑΤΕΝΙωΝ, ΡΗΜΑΤΑ ΕΛΛΑΣ ΕΧΕΙ.

CET A DIRE.

La fabuleuse Grece establit ces murailles,
Ce peuple Martial, & ces tant belles lois:
Maintenant elle enuoye vn Hercule Gauloys
Fils de son Hercules, mais plus braue aux batailles,
Plus hardy que son pere, & cent fois plus vaillant:
Dictes moy qui des deux l'a le mieux maintenant
Ou la mere ou la fille ? elles l'ont dissemblable
Auignon à l'effect, & la Grece la fable.

LE CINQVIEME RENCONTRE
DE PARNASSE,

ET DV
Cardinal de Foix Legat d'Auignon.

CHAP. VIII.

APRES auoir oüy les Graces, receu les clefs, consideré les victoires du Roy, le char triomphal chantant, la Royne passe soubs ce premier Arc, & iette les yeux sur la belle croix posee en vn celebre Trepier, ou quarrefour, où se rendent trois grandes rues. Le grand Cardinal de Foix la faicte bastir en forme de chapelle, couuerte en plate forme, & voutee de pierre de taille, faicte à quatre faces, & arcades aboutissantes à quatre Arcs-boutás, côme les autres cinq ou six, qui sôt es diuers endroicts de la ville de mesme forme. Auignô a puysé cette deuotiō de dresser des croix les plus magnifiques que se voyent en France, de S. Ruf son premier Euesque fils de Simon Cyreneen, qui porta la croix de IESVS CHRIST, comme nous dirons tantost. L'on print l'auantage de ce rencontre si heureux, & pour la qualité de ce grand personnage, & pour le parentage du Roy auec la maison de Foix.

PIERRE DE FOIX de l'ordre des freres mineurs Cardinal, l'vn des plus grands personnages, que la legation d'Auignon aye veu, estoit fils de Gaston Comte de Foix, qui amena la maison de Foix à la coronne de Nauarre, pour auoir prins Leonor premiere du nõ, laquelle auoit succedé audict Royaume l'an 1479. à son pere Iean Roy d'Aragõ, & de Nauarre bisayeul de François Phœbus fils du frere de noſtre Cardinal, & biſa-yeul du Roy. Il fut creé Cardinal l'an 1409. aux quatre téps de Septẽbre, & l'an 1429. enuoyé par le Concile de Conſtance Legat en Eſpaigne pour eſteindre le ſchiſme que Clemẽt VIII. Antipape en la reuolte de Pierre de Luna continuoit à Pauſelle, ce qu'il fit, contraignant à force d'armes, & d'authorité ledict Antipape à ſe demettre de la dignité vſurpee : & par ainſi print fin ce grand ſchiſme, qui auoit esbranlé, & troublé toute la Chreſtienté. Eugene le quart, & le Concile de Baſle en la ſeſſion 27. eu eſgard à ſes merites, & aux offices ſignalez qu'il auoit faict au ſainct Siege, le crea Legat en la Legation d'Auignon : l'an 1434. qu'il adminiſtra trente quatre ans entiers, & puis mou-rut en ladicte ville d'Auignon : où il a laiſſé ſa memoire graue quaſi par tous les quar-refours de la ville. Il a faict releuer, trouué, & authentiqué ſolennellement les ſain-ctes reliques des Maries en l'Iſle des trois Maries, acte celebre & memorable. Il a faict rebaſtir la grande plateforme deuant l'Egliſe de noſtre Dame de Doms, auec l'eſcalier, qui a autant de degrez que l'oraiſon dominicale de mots, qui font le nombre de ſept fois ſept, ou quarante neuf. Il a fondé, & edifié vne ſomptueuſe Chapelle en l'Egliſe des venerables Peres Celeſtins : a dreſſé cette belle croix, où nous ſommes main-tenant comme vn trophee de ſa victoire contre le ſchiſme, y faiſant grauer ſes Armoy-ries, & celles du Pape Eugene, leſquelles s'y voyent encore. Il a faict le deuant de ce beau vaſe de l'Egliſe des freres mineurs, auec vne gentile chapelle, où eſt ſa ſtatue à ge-noux le repreſentant au vif. Il giſt deuant le grand autel de ladicte Egliſe des Corde-liers ſoubs vne belle lame de bronſe, où eſt ce ſien Epitaphe.

SVB HOC HVMILI IACET LOCO FR. P. DE FVXO CREATVS CARDINALIS,
ANNO ÆTATIS SVÆ XXI. QVI IN CONCILIO CONSTANTIENSI CVM R.
CARDINALIBVS, ET IN HISPANIA LEGATVS SCHISMA DELEVIT, ET
DVOS HISPANIÆ REGES CONFOEDERAVIT, TYARAM B. SYLVESTRI LA-
TERANENSI ECCLESIÆ RESTITVIT : AVENIONENSEM AC DIVERSAS
PROVINCIAS, VT PATRIÆ PATER, ANNOS XXXIV. REXIT : IACOBI
ET SALOMES MARIAS IN ALTO LOCAVIT. TANDEM M. CCCC. LXIIII.
MENSE DECEMBRI ANIMAM COELO REDDIDIT, QVEM SANCTA
SVSCEPIT DE TERRIS LVCIA.

I'ay corrigé l'epitaphe d'vn an, par les bulles de ſa legation, que i'eſtime plus au-thentiques & aſſeurees : eſtant choſe facile à faire que les maſſons ayent mis vn an de moins. L'on auoit prins argument de cette croix, laquelle ſe rencontroit ſi à pro-pos au paſſage de la Royne, d'y dreſſer le mõt de Parnaſſe auec Phœbus, Pan, Syluan, Bacchus, Orphee, & les Muſes. Par ce que François Phœbus biſayeul du Roy, Comte de Foix, & Roy de Nauarre eſtoit le propre nepueu fils du frere dudict Cardinal le-gat, qui fit baſtir cette croix. Ceſte alluſion des noms de Phœbus en donna le deſſein, & encore la grande affinité, qu'a eu Hercules auec les Muſes. Car ils auoient iadis à Rome, au rapport de Suetone en ſon Auguſte, & de Plutarque en ſes queſtions, vn meſme temple commun, que Fuluius leur auoit erigé au Cirque de Flaminius pource que, dict Eumenius, eſtant en Grece il auoit apprins, que les Grecs appelloient Hercu-les Muſagete c'eſt à dire, Capitaine, & conducteur des Muſes : que fut la cauſe, qu'il les
voulut

voulut afsébler en vn mefme téple:*vt res quæ à mutuis operibus, & præmiis,* dit le mefme
Eumenius, *iuuari ornariq́, deberent, Mufarū quies defenfione Herculis, & virtus Herculis voce*
Mufarum: c'eſt à dire, *Hercules & les Mufes font deux chofes, qui s'êtr'aydent l'vne l'autre, de-*
pendant le repos des Mufes de la protection d'Hercules, & la vertu d'Hercules de la voix des
Mufes. Et certes, ſi n'eſtoient les gens doctes, les vaillances des grands Capitaines
mourroiét auec eux: & Alexãdre le grand n'eſtimoit pas moins heureux Achilles pour
auoir eu Homere chantre de ſes vertus, que d'auoir gaigné tant de batailles : *nam niſi*
Ilias illa extitiſſet idem tumulus, qui corpus eius contexerat, nomen etiam obruiſſet. Cette gloire
eſt bien plus ſolide, plus aſſeuree, & de plus longue duree, que celle qui conſiſte aux
vaines loüanges des flateurs, que le vent en porte : ou aux Palais, que le feu, & le fouldre embraſe : ou aux pyramides, que le temps abat : ou aux Mauſolees ſomptueux,
que les Huguenots renuerſent : ou aux enfans, & lignee, que la mort rauit: ou aux victoires meſme, & aux triomphes, que le monde oublie ſi facilement, ſi les Mufes, &
les doctes eſcriuains, qui ne meurent iamais, ne les conſeruént.

V O Y L A le ſuject que l'on auoit de dreſſer vn Parnaſſe du coſté du Roy, & II.
d'Hercules. On l'auoit encore plus du coſté de la maiſon de Medicis, que les doctes
appellent ſouuent la mere des Mufes, & le magaſin de toutes ſciences : ce que s'entendra par l'Eloge, que Iouius donne au docte Laurens de Medicis. *Salue heros optime*
max, ingeniorum liberalis educator, artiumque omnium, & elegantiarum pater, ac vnicus veræ
virtutis æſtimator. Salue itidem, qui luculenter ET FOVISTI MVSAS, & feliciter exercuiſti
præclarus vtique vatum hoſpes, & æmulus, ideoque cæleſti munere nomini tuo debita virenti
laurea digniſſime : niſi hæc fortuna tua putetur inferior, quando Coſmum auum eruditi ſeculi
decus gloria ſuperaſſe ſummè arduum videri poterit, niſi Leonem decimum ad ornandam virtu-
tem cælo datum felici prole genuiſſes. Que peuuent attendre les Mufes, & hommes doctes de France de cette princeſſe extraicte de ce docte ſang, que toute faueur, & ſecours
pour fleurir plus que iamais en ce Royaume? On auoit doncques parec cette croix
de feſtons de laurier, qui faiſoient comme vn balluſtre tout autour à la cime ſeruãt de
parapet aux Mufes, & à ces Dieux, appuyé ſur des pilaſtres reueſtus de mefme auec
leurs Archades d'vn pilaſtre à l'autre; & les friſes au deſſus à proportion de l'enceinte
de pierre de taille de ladicte croix faictes de deux bords de mefme : & tout cecy enuironné des liurees du Roy, & de la Royne auec le clinquant. A la premiere face ſouz
la Galerie immediatement eſtoient les Armoyries dudict Cardinal de Foix entourees
de laurier, & de clinquant regardans la premiere auenuë de la Royne. Ces vers eſtoiét
dans la frize.

L'alluſion eſt de François Phœbus Nepueu du Cardinal de Foix, fils du grand Ga-
ſton de Foix, que noz Huguenots reformateurs du monde defenterrerent à Orthes,
ces annees paſſees, iettant ſes cendres au vent : comme ils auoient faict des corps de
noz Roys à Clery, qu'ils expoſerent aux chiens & poignarderét tous morts, & du Pape
Clemét cinquieme à Baſas, & du Cardinal d'Albret ailleurs, en deuotion d'en faire de
meſme aux autres Papes, & Roys qui les lairroit faire.

Sur la plateforme au plus haut de la croix, on auoit placé Phœbus en l'equippage
qu'auons dict tantoſt parlant des Dieux, brillant de tous coſtez de pierrerie, & de toile
d'argent ſe tenant tout droict vers le pannonceau du milieu de ladite plateforme, &
ioüant de ſon luth. Il eſtoit accompagné des Dieux Pan, & Syluan qui ioüoient de la

I 3

harpe,

harpe, de Bacchus qui sonnoit la Mandorre. Les sept Muses toutes rangees par ordre
à l'entour de la croix, sur le bord suyuant le balluftre, faisoient vn concert auec eux de
diuers instruments, luths, epinetes, cistres, violons, & semblables. Outre ceux cy, vn
petit Orphee habillé de toile d'argent, estoit au milieu des deux pannonceaux de la
premiere face droict sur les armoyries du Cardinal, paroissant au trauers du balluftre,
pour iouer sur le luth accompagné d'vne belle voix cette odelette: le reste de l'accord
repliquant en reprinse chaque couplet.

ODELETTE.

Approche toy ma Princeße
De plus pres
Pour voir de noftre Permeße
Les beaux prais.
Icy la diuine troupe
D'Apollon
Chante l'hymen sur la croupe
D'Helicon.
Ne mesprise pas noz roches,
Ny noz bois
Frequentez par tes plus proches
Autres fois.
Vn Cardinal de la race
Des de Foix
Feit planter en cette place
Cette croix.
Phœbus qui gouuerne mesme
Parmy nous
Fut ayeul d'Henry quatrieme
Ton Espoux.

III.   EPICHARME chantant les nopces d'Hercules, & d'Hebe disoit, que les Muses
n'estoient que sept, lesquelles y assisterent toutes : & tenoit on qu'elles faisoient l'harmonie auec les sept planetes, chacune auec le sien. Ainsi l'entend Philon en la Cosmopeie, *λύρα μὲν γὰρ ἡ ἑπτάχορδος ἀναλογῆσα τῷ τῶν ἑπτὰ πλανήτων χορεία τὰς ἐλλογίμους ἁρμονίας ἀποτελεῖ La lyre à-sept-cordes correspondant au branle des sept planetes, faict des Har-
monies memorables.* Clio faisoit auecque la Lune l'Harmonie appellee Hypodorion :
Calliope, & Mercure l'Hypophrygion : Terpsichore, & Venus, l'Hypolydion : Melpomene, & le Soleil le Dorion : Erato, & Mars le Phrygion : Euterpe, & Iupiter le Ly-
dion : Polymnie, & Saturne le Mixolydion. Les Poëtes feignoient tout cecy, pour ce
que le nombre septenaire est Harmonique comme le remarque fort exactement le
mesme Philon. *ἡ δ' ὁ πλανώμενος μόνον, ἀλλὰ κ, ὡς ἐπὶ ταῖς ἑπτὰ ἁρμονικώτατος, κ, τέρπει ἡμᾶς,*
πᾶγε̃

περὶ τὸ κάλλιστα δι/ᾳ ἐσύμματος, ἢ μᾶλλον ἰδὴ ἁρμονίας τὴν δια τεττάρων, τὴν δια πέντε, τὴν δια πα-
σῶν ἔχει, &c. Que veut dire. *Le nombre septenaire n'est pas seulement tres-parfaict, mais tres-
harmonieux, & en certaine façon, la source d'vn tres-excellent diagramme, & tablature, qui
contient toute sorte d'Harmonie: aſçauoir diateſſaron, diapente, & diapaſon: & est composé de
ces nombres: six, huict, neuf, douze: huict à six, en proportion ſurtierce, qui eſt du diateſſaron: neuf
à six, en proportion Hemiolie, qui eſt diapente: douze à six en proportion double, qui eſt le diapaſon.*
Et par ainſi on auoit faict iouër en ce triomphe, & à ces nopces Royales, cette vertu, &
proprieté du ſeptenaire du Roy, correſpondant aux ſept Arcs, par le concert des ſept
Muſes anciennes, auec la varieté des inſtruments: & pour donner encore à entendre
que noſtre Hercules ſeptenaire à faict en ſon Royaume vne autre admirable Harmonie ciuile: accordant tant de contraires partis par vn accord parfaict de la reunion
entiere de ſon eſtat: muſique celeſte, & la plus agreable, & acroamatique que puiſſe e-
ſtre à l'oreille des Roys. A cecy meſme ſe rapportoit ce diſtique en la frize de la ſeconde face, à main droicte des armoyries de Foix.

*GALLICA SI RESONAT DISCORS CONCORDIA, TANTVM
SEPTENO ALCIDAE GALLIA DEBET OPVS.*

L'eſcriteau de la troizieſme face deſcouuroit tout le deſſein de ce Parnaſſe en deux
vers.

*HARMONICVM, MVSAE, PHOEBI CELEBRATE NEPOTEM.
HANC POSVIT PHOEBI PATRVVS IPSE CRVCEM.*

En la quatrieme ſe liſoit vne inſcription de Trophee erigee pour la victoire obte-
nuë contre les ſchiſmes.

*SCHISMATIS IMMENSOS DVM VINCERET VLTOR HIATVS
FOXIVS, HAEC IVSTO MARTE TROPHAEA TVLIT.*

BRIEF DISCOVRS
DV GRAND SCHISME
D'AVIGNON

Appaisé par le Cardinal de ſoix.

SVR LE SVIECT de ce diſtique, auant paſſer outre, i'ay eſté requis d'eſ- IV
claircir certaines difficultés touchant le ſchiſme, d'où i'ay icy faict mention, appaisé par ce grand Cardinal de Foix: qui ſeruira, tant pour
mieux cognoiſtre combien l'Egliſe Catholique doit à ſa memoire, &
à quelles enſeignes il a dreſſé ce trophee de la ſaincte Croix, que pour
denieſer en peu de mots, ceux qui parlent d'Auignon tout autrement que la choſe
n'eſt: crient au ſchiſmatique: blaſment la ville de ce, dequoy ils la deuroient
grandement loüer, s'ils pouuoient entendre vne fois ce qu'en eſt, & prendre la
                                                                            patience

patience de s'enchercher de la verité, auant qu'en parler par cœur, & à la volee. Il est
vray que Gregoire vnzieme decedé, l'on crea Vrbain sixieme en sa place à Rome, l'an
1578. homme seuere, & rude à outrance à la reformation des meurs des Cardinaux:
ce qui occasionna la plus part d'entre eux de brouiller cette election, & la rendre ou
nulle, ou suspecte. Ils sortent de Rome prenant pretexte des chaleurs du moys d'Aoust:
se retirent à Fundi ville de Lombardie: crient à cor, & à cry contre l'election pretéduë
forcee, & nulle d'Vrbain: de là se retirent à Narny autre ville d'Italie: creent vn Antipape, qu'ils nomment Clement 7. pour lors Robert comte de Geneue, nom fatal, &
de mauuais rencontre à la France, & à toute l'Eglise. Il conste dés letres autographes,
qu'ils en expedierent pour lors, les seaux pendants de ces 13. Cardinaux, signees de
leurs propres mains, datees du 9. d'Aoust de l'an susdict à Narny, que chacun peut voir
en l'archiue des peres Celestins: peu apres ils s'en reuiennent en Auignon. Ils y sont re-
ceuz. La cause estoit si douteuse, que mesme iusques à auiourd'huy les plus grands docteurs sont bien empeschez d'en resoudre quelque chose d'asseuré: & ainsi le schisme
fut conceu à Rome, formé, & fondé à Fundis: enfanté à Narny: nourry, estoufé, & at-
terré, comme ie diray, en Auignon. Ce Clement 7. mourut en Auignõ & fut enseuely
aux Celestins de ladicte ville, qu'il a fondés, & non pas au Gétily comme l'a escrit Platina (ce n'est qu'vne de ses moindres impertinenses, & sotises) il repose encore en la
mesme Eglise deuant le grand autel: homme au reste de saincte vie, & d'vn rare en-
tendement. Pierre de Luna luy succeda creé au grand Palais d'Auignon 1394. le vingt
& huictiesme de Septẽbre: septenaire, qui ne fut gueres heureux à Auignon non plus
que le septenaire de Clement septiesme qui commença ledict schisme. Deslors petit à
petit l'on vint à descouurir plus clairement, que le Roy estoit du costé du Pape de
Rome: & que Pierre de Luna estoit intrus: les Cõciles generaux s'assamblẽt: l'on somme l'homme de se ioindre à la raison, & de proceder à la voye de cession. L'Empereur
Sigismond s'y estudie, le Roy de France Charles sixieme employe le verd, & le sec: re-
mue tout son Royaume: n'espargne ny moyens, ny industrie pour pacifier l'Eglise: enuoye ça bas les Ducs de Bourgoigne, & de Bourges ses Oncles, & son frere Duc d'Orleans: qui mirent cependant la premiere pierre à l'Eglise des Celestins au nom du Roy.
Les Auignõnoys sous la conduicte de ces Princes, & de Boussicaud, arment contre le
Palais Apostolique: assiegent le schismatique, qui s'y estoit fortifié: le batent à dos, &
à ventre, depuis le 1. de Septembre de l'an 1398. iusques au 12. de Mars de l'an 1403. le
tiennent si de pres, luy liurent de si vifs assauts, qu'estãt aux aboys, & reduict à la faim;
(bien que outre les grandes prouisions, qu'il auoit faict, il fut soustenu, sous main, du
Roy de Sicile, & de quelques autres qui luy donnoient des viures en cachete) qu'il
prend expedient de s'en fuir habillé en docteur, & se sauuer à Chasteau Renard, en
Renard, où il treuua l'armee du Roy de Sicile venue pour le receuoir à poinct nommé. Tout cecy a esté tiré de trois diuers manuscripts de ce temps là fort exactes, &
principalement du proces, que ledict pierre de Luna mesme en feit instruire au Pseu-
doconcile de Perpinian qu'il cõuoqua, signé authentiquemẽt par le secretaire dudict
Concile: là dedans ce schismatique, entre autres, faict ses doleances en la session premiere, de sa suite: & le faut croire, car il y estoit en personne: *Post hæc iam Dominus no-*
ster Papa videns, quòd nõ poterat proficere cum Cardinalibus, disposuit omnino exire, & se com-
mittere Deo, & exponere tanto periculo: demum postquam fuit sic detentus per quatuor annos,
& sex menses, 12. Martÿ de nocte exijt palatium, & de manè circa ortum solis intrauit Rhoda-
num in vna parua barca, & vt meliùs, & faciliùs posset tractare cum Rege Franciæ, ac dictis
Cardinalibus, ac ipsos reducere, posuit se ad Castrum Reynardi ad vnam leucam prope Aue-
nionem.

nionem. Or estant en liberté aueque ses menees, & assez asseuré dans sa taniere, il feit si bien & si beau, qu'il regaigna non seulement les Auignonoys, mais aussi le Roy de France, & tous les Princes de deça les monts : comme c'estoit vn maistre homme, le plus accord, & le plus eloquêt de son siecle, à ce que Paul Æmile en a escrit. Il ne voulut toutefois du depuis iamais plus rentrer en Auignon : mais se partit de Chasteau Renard l'an 1404. en Ianuier : & apres auoir vn peu tracassé à Tarascon & en Prouence, s'en alla à Nice pour traicter plus facilement auec le Pape de Rome, qu'il esperoit de pouuoir gaigner. Cependant, auant de quicter la Prouence, il auoit ia enuoyé en Auignon son Nepueu Rodrigues de Luna des premiers de son temps en faict d'armes, pour son lieutenant general, assisté du Viconte de Vol, leur enioignant de bien munir la ville, se retrancher dans le Palais, se saisir gentiment, & souz main des forteresses, faire diligente prouision de munition de guerre, introduire vne bonne multitude de soldats Catalans : ce qu'ils firent aysement, & à foison : & mesme voyant que le clochier de nostre Dame dominoit fort sur le grand Palais, ils le minerent secrettement, & le renuerserent par terre, sans que l'on sçeut d'ou venoit cela, faisants croire aux citoyens, que c'estoit vn cas fortuit. Il preuoyoit desia bien ce petit homme de corps, mais grand homme d'estat, la Catastrophe de sa Tragedie, & le grand changement qu'aduiendroit tost apres en ses affaires : car ayant long temps repeu, & amusé les Princes de belles promesses, & faux semblans de vouloir ioindre à vn accord : eux se prenant garde de ses collusions, & momeries, le tournerent pincer de pres, & presser de se renger à la cession. Charles sixiesme Roy de France luy en escriuit chaudement l'an 1406. le 7. de Feburier, luy intimant que si dans dix iours il ne se deportoit du Pontificat, qu'il le tiendroit pour Schismatique notoire, & l'abandõneroit. Icy il commença ouuertemêt à monstrer les cornes, les pates, & les grifes, & le peu d'espoir qu'il y auoit en sa recidiue, & recheute. Il fulmine vne excommunication contre tous les Princes, & Roys, & autres, qui se mesleroient plus de luy parler de ceder au Pontificat. Cela faict se sauue en Espagne à Pauselle place forte, & pour lors imprenable : n'estant encore en vsage en Europe l'artillerie, que fut seulement inuentee du temps dudict Clemêt 7. Schismatique par Bertold Alemand l'an 1380. d'où l'on n'estimera si estrange si Pierre de Luna fut assiegé si long temps dans le Palais d'Auignon, biê que tenu de si pres. Ayant donques le Schismatique eu du vent, que le Concile assemblé à Pise l'auoit excommunié, & declaré Apostat, & Heretique : appella, comme i'ay dict, vn anticoncile à Perpinian l'an 1408. le 15. de Nouembre : d'où a esté fidellement tiré tout ce que dessus, & confronté auec les trois Diaires diuers escrits de ce temps là : & auec Theodoric de Nyemps qui estoit pour lors Secretaire du Pape legitime à Rome accordants en tout, à ce qu'il en a instruict au procés inseré dans ce Concile. Cependant Rodrigues de Luna, qui tenoit sous ses pates Auignon, ayant entendu quelque bruit sourd de cette si grande, si tragique, & si soudaine esmotion, & antistrophe inopinee : auant que les citoyens en sçeussent rien, appelle au Palais, sous pretexte de leur donner à disner, les Consuls, & autres des principaux qu'il sentoit plus portés, & dangereux pour le contraire party, iusques au nombre de douze, que nous auons par nom, & surnom. Les tenant vne fois, les faict enserrer l'an 1410. le 26. d'Auril, & peu apres les faict mourir vn apres l'autre secrettement, & en cachette, & estans morts les rend aux parents pour la sepulture comme s'ils fussent morts de maladie naturelle. Cecy a donné pied au vulgaire de feindre mille fables, que les vieilles edentees chantent en hyuer aupres du feu, à Aurenge, & à Nismes, & que les Huguenots ont inseré dans leur Alcoran, & Euangile reformé. C'est que le Pape de Luna inuita à vn disner

K

ie ne

ie ne ſçay combien de mille Auignonois,& puis les ayant fermez à clef, & grilles de
fer,feit mettre le feu en la ſale,où ils furent bruſlez tous vifs.Biē que la choſe fut ainſi,
qu'elle nouuelle ſeroit ce,ſi vn Schiſmatique,Apoſtat,excommunié,& declaré Heretique Patriarche de nōz Huguenots,eut bruſlé vn corps de logis,lequel auoit deſia em-
braſé de ſes reuoltes toute la Chreſtienté ; & les nepueus duquel ont deſia tant em-
braſé de Palais,d'Egliſes,& de prouinces entieres? Ie reuere la verité & dois honneur
à la conſcience.Le feu ſe meit fortuitemēt au palais l'an 1413.le ſeptieſme iour de May,
de grand matin,cinq ans apres ce meurtre de Rodrigues, & bruſla l'Audience, eſtant
deſia la guerre appaiſée : & Pierre de Luna auec Rodrigues en Eſpagne. Le ſot vulgaire à ioinct ces deux choſes, *velut ægri ſomnia* , & nous en a faict vn Mithridat fort
cordial pour les Huguenots Apothiquaires de telles danrees : ne ſçachant pas que lors
de ce banquet Pierre de Luna eſtoit ia en Eſpagne,& horsd'Auignon ſix ans deuant:
& meſme Rhodrigues ny eſtoit deſia plus quand le Palais ſe bruſla. Ie veux abreger
cette hiſtoire vne des plus prolixes , & tragiques que furent iamais. Les Auignonois
prennent vne autre fois les armes contre Rodrigues, qui s'eſtoit barricadé dans le Palais, à l'Egliſe de noſtre Dame,d'où il auoit chaſſé les Chanoines, en la Vicegerance,
au petit Palais, & à la grāde tour du pont. C'eſt merueille que l'ennemy eſtant maiſtre
de toutes ſes places,les Auignonois ozerent entreprendre de ſe remuer:ce qu'ils feirēt
neantmoins , & chargerent de telle furie les Schiſmatiques par l'eſpace de dix , &
huict mois,des le 27 de May,de l'an 1410.iuſques au 22. de Nouēbre de l'an 1411.qu'en
vn ſeul aſſaut,qui ſe donna tout d'vn coup au grand Palais à la Vicegerance,& à la roche de Dons,l'an 1411.le 14.de Feburier,en demeurerēt ſur la place quatré mille,en vn
iour , de l'armee Auignonoiſe : & neantmoins Rodrigues fut leué de ſentinelle , &
contrainct de ſe rendre. L'on a veu les roles des deſpenſes en l'vne,& en l'autre guerre contre le Palais en l'Archiue de la maiſon de ville,& tous les actes publics,qui con-
cernent ce faict : entre autres l'accord de compoſition , que feit Rodrigues auec les
Auignonois de quicter les places qu'il tenoit, & ſe retirer le 22. de Nouembre ſuſdict,
qui meit la fin à cette guerre ſanglante , & plus que ciuile. Treze ans apres Pierre de
Luna mourut obſtiné à Pauſelle,en Eſpagne delaiſſé de toute la Chreſtienté , & Pape
de ſon village:l'an 1424.au mois de Septembre,annee trentieſme de ſon pretendu pontificat,& huictantieſme de ſon aage.Il commanda à ſes eſtafiers,& à deux Cardinaux,
qui luy eſtoient reſtez,de creer vn,qui luy ſuccedat, qui fut Clement 8.Sur cela noſtre
Cardinal deFoix eſt delegué auec main forte par le Cōcile general pour le pourſuiure:
l'attrape en fin, le cōtrainct de ſe demettre, le laiſſant Eueſque de Maillorque pour le
reſte de ſes ans, faict priſonniers les deux pſeudocardinaux, qui moururent bien toſt
apres miſerablement,les fers aux pieds : & pour auoir faict vn ſeruice ſi ſignalé à l'E-
gliſe eſt enuoyé Legat en Auignon,l'an 1434.où il mourut comme auons dict tantoſt.
Les Papes, & les Conciles ont du depuis fort honoré Auignon pour s'eſtre com-
portee auec tant de zele,& de fidelité en ces extremes neceſſitez de l'Egliſe. Pour n'e-
ſtre prolixe, ie lairray à part de grādes,& ſignalees preuues,me contentār pour maintenant , du reſmoignage du Concile de Baſle en la ſeſſion 27. tenue l'an 1437.où eſt
faict vn decret ſolennel à part , & defenſe fort expreſſe,de n'aliener iamais du ſainct
Siege la ville d'Auignon,la declarant eſtre en la ſauuegarde ſpeciale du Concile,& de
l'Egliſe : voicy le texte du decret , apres auoir dict que c'eſtoit au Concile de pouruoir que les terres du patrimoine de l'Egliſe ne fuſſent iamais deſmembrees du ſainct
Siege , *illa præſertim loca inſignia,in quibus neceſſitatis tempore liberè valeat commorari, vbi
nullus ſecularis poteſtatis metus exterreat, nullus temporalis fauor abſorbeat : cùm non abſque
prouiſione*

prouiſione diuina ipſa loca Apoſtolica ſedi proueniſſe dicantur. De la non ſans cauſe l'on col-
lige que la ville d'Auignon eſt reſeruee pour ſecond Siege Apoſtolique, lequel tiltre
d'honneur luy eſt demeuré en heritage depuis la demeure ſi longue de tant de Papes
& en recognoiſſance de ſa fidelité enuers le ſainct ſiege. Mais le texte pourſuit ainſi.
Ex his autem cauſis & alijs nos iuſte, & meritò mouentibus preuiſione congrua occurrere duxi-
mus, ne inclyta Ciuitas Auenionis, quæ ſe ſemper deuotiſſimam, & fideliſſimam Eccleſiæ exhi-
buit, & nouiſſimè in fidei Catholicæ obſequium de ſuis facultatibus copioſiſſimam ſubuentionem
pro vnione Græcorum cum Latinis proſequenda miniſtrauit ; quoquo pacto ab ipſius Eccleſiæ do-
minio alienetur aut ad manus alienas transferatur, cùm ex ys, & alijs Eccleſiæ vniuerſali per
ipſam inclytam ciuitatem impenſis obſequijs non impeti, non damnificari, non in alios vſus alie-
nari, ſed beneficijs attolli meritò debeat : Eccleſiaſticis enim vtilitatibus inſudantes, Eccleſiaſtica
dignum eſt remuneratione gaudere. Decernit igitur hæc ſancta Synodus, vt nullus cuiuſcunque
dignitatis, vel præeminentiæ fuerit, ciuitatem prædictam, & etiam comitatum Venayſini cum
terris, & dominys ſibi adiacentibus, andeat, vel præſumat quouis modo, ſeu iuris colore quæſito,
vendere, ſeu pignori obligare, aut in feudum, vel cenſum dare, aut quouis modo alienare. Et plus
bas. *Inſuper Ciuitatem prædictam Auenionenſem, quæ magnam mercedem ab vniuerſa prome-*
retur Eccleſia, cuique indigniſſimum eſſet pro eius optimis meritis mala quæuis per aliquem irro-
gari, eadem ſancta Synodus ipſam, & ſuppoſita eiuſdem in ſuam, & Eccleſiæ vniuerſalis, quam
repræſentat, ſpecialem protectionem & Saluagardiam ſuſcipit ac reponit. Là meſme, le Concile donne vn teſmoignage digne de memoire du Cardinal de Foix, qui nous a porté
à ce diſcours. *Et quoniam id pariter indignum eſſet,* dict le ſainct Concile, *vt venerabilis*
Petrus Epiſcopus Albanenſis ſacroſanctæ Romanæ Eccleſiæ Cardinalis de Fuxo vulgariter nun-
cupatus, & Apoſtolicæ ſedis Legatus, qui ad ipſius ciuitatis Auenionenſis, & Comitatus Venay-
ſini prædicti gubernationem deputatus eſt, quique pro expeditione ſubſidiorum ſanctæ matris
Eccleſiæ præſtitorum, in eadem ciuitate Auenionenſi, ad proſequendam vnionem Græcorum fi-
deliter, & efficaciter laborauit, huic ſancta Synodo ſe obſequentiſſimum exhibendo, per quem-
piam vexaretur, inquietaretur, aut moleſtaretur, cuius etiam perturbatio, & moleſtatio in ma-
gnum diſpendium, & in grauem calamitatem ipſius ciuitatis Auenionenſis veriſimiliter proue-
niret, idcirco ſub eadem protectione, ex præmiſſis cauſis recipit hæc ſancta Synodus eandem vene-
rabilem Petrum Epiſcopum Albanenſem.

K 2

LE

QVEM   TVLI
MVNDV   PETO

13.

DIEM QVO SERVASTI REGNVM LEGEMQ SALICA VIDICASTI.

REDEVNT FELICIA REGNA   DIGNVM HERCVLE CORNV

NON FLECTET HVMEROS   MOLIS IMMENSÆ LABOR.

4

Le Theatre long de 17 pieds
large de 14.

7   9   10   11   14   12

LE SECOND ARC
TRIOMPHAL DV SACRE
DV ROY.

Auec le Blaſon des Armes de France.

CHAP. IX.

E Parnaſſe eſtoit quaſi à my chemin d'vn arc à l'autre, ſitué ſi à propos, qu'à grand peine ſa Majeſté l'auoit paſſé, qu'elle voyoit au fõds
de cette grande rue, deuant la porte des Carmes, le ſecõd arc le plus
haut, & le plus large de tous, cõpoſé des ſept parties, que nous auõs
deſcrites au premier.

    LE THEATRE eſtoit fort ample, & beau, à main droicte de
l'Arc, tapiſſé de rafetas incarnat, blanc, & bleu : entouré tout autour en quarré d'vne
galerie de laurier, buyx, & autre verdure ornee de liurees peintes de meſmes couleurs.
La Royne y eſtant arriuee, feit ioindre la litiere tout aupres du Theatre. Les tambours
ceſſerent. Les Princes, & toutes les troupes s'arreſterent, ſe feit vn ſilençe extraordinaire, & tel que l'on n'oſeroit attendre en vne ſimple ſale entre quatre murailles : alors
deux Nymphes Florence & Mariane, commencerent à ſe dire le dernier adieu, qui
s'enſuit auec telle grace, & emphaſe que nous en viſmes la Royne mouiller les yeux,
& ſi attentiue, qu'elle ne bougea iamais la veuë de deſſus les acteurs.

L'ADIEV DE FLORENCE,
ET DE LA ROYNE.

EPIBATERION.

FLORENCE.	*Puis qu'il faut qu'à cette heure*
	Ie te perde, mon cœur,
	Et que ſans toy ie meure
	Tranſie de doleur :
	Au moins de ta Florence,
	Florence que tu voys,
	Aye la ſouuenance
	Quelque part que tu ſois.
MARIANE.	*Pluſtoſt que ie m'oblie*
	De moy, & de mes yeux,
	Que de toy, ma patrie,
	Seiour de mes ayeux :

Ny la mort, ny la gloire,
Ny les Lis, ny les Roys,
N'esteindront la memoire,
Mere, que ie te dois.

FLORENCE.   *Vogant dessus les ondes*
Regarde quelque fois
Les Nymphes vagabondes
Au riuage Lucoys,
Qui toutes desolees
De te voir desmarer
De leurs larmes salees
Espouuentent la Mer.

MARIANE.   *Que la trouble maree,*
Que les flots sablonneux,
Et la plaine salee
Des Tritons escumeux,
M'arrestent à Liuorne,
Si ie m'en oblioys:
Et que ie m'en retourne
D'où partie i'estois.

FLORENCE.   *Lors que le doux Zephire*
Venant de ces costés
Poussera le Nauire
Sur les flots agitez:
Pense que ta Florence
Se voulant alleger
Du dueil de ton absence
S'en sert pour messager.

MARIANE.   *Ny l'aube safranee*
Reueillans mes langueurs,
Ny la brune vespree
Endormant mes labeurs,
De toy, ma bien aymee,
Florence mec amour,
N'ostera la pensee
De te reuoir vn iour.

FLORENCE.   *Quand la nuict estoillée*
Versera sur tes yeux
Vne douce rosee

D'vn sommeil gracieux
S'onge d'estre en Florence:
Car le seul souuenir
De sa douce presence
Te fera reuenir.
   Quand l'Hercule de France
Des Alpes triomphant,
Passera par Florence
Pour aler en leuant :
Suis-le iusqu' en Turquie
Iusqu'au riuage Indoys,
Pour reuoir ta patrie
Pour le moins vne fois.
   Cette seule esperance
De te veoir retourner,
Faict que ie ne m'auance
Pour t'y accompagner

MARIANE.   *Adieu douce rosee.*
FLORENCE.   *Adieu mon clair flambeau.*
MARIANE.   *Adieu aube doree*
FLORENCE.   *Adieu mon renouueau.*
MARIANE.   *Adieu perle choysie*
FLORENCE.   *Adieu mon petit œil.*
MARIANE.   *Adieu ma chere vie.*
FLORENCE.   *Adieu mon beau Soleil*
MARIANE.   *Adieu rose pourprine.*
FLORENCE.   *Adieu lis blanchissant.*
MARIANE.   *Adieu myrthe diuine.*
FLORENCE.   *Adieu lis bien fleurant.*
MARIANE.   *Adieu mon esperance*
   Adieu mon doux soucy.
FLORENCE.   *Tornés tost en Florence,*
   Soyés bien tost icy.

Ces deux nymphes s'estant retirées, les hommes illustres de la maison de Medicis vestus de velour, la teste coronnee de laurier, le col chargé de grandes chaines d'or à plusieurs tours, reciterent chascun son distique, que sa Majesté escouta auec grande patience & contentement.

LES HOMMES ILLVSTRES DE MEDICI.

Everard chevalier François chef de la maison de Medicis en Florence.

*GALLIA ME GENTIS MEDICES CAPVT EXTVLIT, ECCE
IAM GALLO NOSTRVM REGNAT IN ORBE GENVS.*

Nous auons dict au chap. 2. que Euerard fleurissoit du temps de Charlemaigne enuiron l'an 801. Car la defaicte du Gean Mugel, narree cy dessus, aduint au retour dudict Empereur de la ville de Rome, ou il auoit receu la coronne Imperiale par le Pape Leon. Cet Euerard estoit grand guerrier ; & le premier qui agrandit le nom de Medicis, natif de France, autheur des armes de cette maison, & qui a laissé en partage hereditaire à la belle ville de Florence l'affection cordiale, & constante enuers les Roys, & Royaume de France, qu'elle s'est esfortuee d'assister contre les esmotions ciuiles, y ayant apporté vne plus que françoise affection : bonne amye de tous temps, & fidelle alliee de cette coronne.

IEAN LE PIEVX.

*INFENSVS NVLLI, BONVS OMNIBVS, OMNIBVS AEQVVS,
SIC IN NEPTE MEA IAM REDIVIVVS ERO.*

L'on n'auoit pas dessein de dresser la Genealogie entiere de la maison de Medicis, estant la chose de trop longue entreprinse pour vn theatre où la Royne ne deuoit que passer : bié auoit on choisy quelques vns des plus illustres pour l'ornemét du suiet. Car entre Euerard, & Iean second, se coulerent beaucoup d'annees, & beaucoup d'aultres grands personnages, que ie passe soubs silence : comme Iaques de Medicis cheualier, qui defendit si valeureusement les tranchees du camp Florentin à Montcatin : Iean de Medici fils de Bernardin, qui print Luques pour les Florentins accompaigné de trois cens cheuaux, & cinq cens hommes de fanterie en barbe de trois camps, que les Pisans auoient campé deuant ladicte ville. Vn autre Iean si renommé par les historiens de ce que ayant le viconte Milanoys grand ennemy des Florétins, tenüe la Scarperie longuement assiegee, il se mit aux champs auec cent hommes de pied, & sur la minuit se faisant chemin à force d'armes, mit ses gés dans la ville, qui estoit aux abois, fit leuer le siege à l'ennemy, deliura sa patrie du manifeste danger, où elle se trouuoit pour lors.

Ie n'aurois iamais faict, si ie voulois esplucher par le menu tout ce que ceux cy ont faict de signalé, & tous les autres, qui furent despuis Euerard, desquels Aretin Vilani, & Nestor apres eux font mention : comme de Syluestre, Euerard 2. Chiarissimo, qui furét les chefs de cet estat trauaillé de tant de seditions, & esmeutes populaires, qu'ils appaiserent tant de fois. Bien diray ie que Iean de Medicis fils d'Euerard 2. du nom, Confalönier de Florence, l'an 1423. (Magistrat de iustice souuerain presque semblable au dictateur des anciens Romains) estoit riche, noble, clement, accord, sensé, aumosnier misericordieux, tout ce que se peut, honoré, aimé, redouté de tous : il ne demanda iamais honneur en la Republique, & si les eust tous : deresta la guerre plus que la mort, & si y fut de grands exploicts : moyenna la paix à quelque pris que ce fut, iamais n'offensa personne, fit plaisir à tous, mesme à ses ennemis.

COSME LE GRAND, PERE DE LA PATRIE.

MAGNVM ME, ET COSMVM VIRTVS HEROICA FECIT
IAM MACROCOSMOS EGO, NON MICROCOSMOS ERO.

Les philosophes ont dit que l'homme est vn microcosme, c'est à dire, vn petit monde, comme estant vn abbregé, & epitome de toutes les perfections, & parties de l'vniuers, qu'il contient en soy d'vne maniere tres-excellente: magazin viuant de toutes les natures, soit que l'on le considere en la partie la plus noble, qui est l'ame, soit en la plus basse, qui est le corps. Les Grecs d'ailleurs appellent le monde Cosmos, c'est à dire beau & parfaict: d'où est tirée l'allusion auecque Cosme surnommé le Grand. Les histoires sont toutes pleines des louanges de ce grand personnage, & le monde de ses faicts heroïques. Il fust fils de Iean de Medicis le pieux, se fit des ennemis par trop de vertu: deuint suspect à plusieurs à cause de son excessiue liberalité, & facilité de meurs, experimenta l'inconstance de la fortune, & la force de l'enuie: laquelle comme vn autre Coriolan le fit exiler quelque temps de sa patrie ingrate: mais ce luy fut vn eschelon pour monter à vne plus grande gloire, & pour s'ancrer plus auant, dans les cœurs de ses citoyens, qui le rappellerent depuis, luy allant toute la ville au deuant, auecque grande pompe, & magnificence: le saliant pere de la patrie: lequel tiltre d'honneur luy est demeuré graué en son tombeau: retour que les historiens comparent à celuy de Ciceron en la ville de Rome, & disent que iamais auparauant aucun n'entra auec tant de gloire, & d'appareil que luy en la ville de Florence. Vne partie de ses ennemis furent bannis sans esperance de rapel: les autres massacrez, & decapitez par le peuple. Il restablit par sa puissance François Sforce en son duché de Milan: bastit & fonda somptueusement cinq belles Eglises, ou monasteres, & autant de Palais, y employât quatre millions d'or. Il donna aux pauures vn million d'or par aumosne: fit vn bel hospital en Hierusalem, qu'il renta magnifiquement, pour l'vsage des Pelerins: gouuerna la Republique paisiblement 31. an, fut le premier homme d'estat, le plus riche, le plus aumosnier, le plus respecté de son siecle, & de tous autres en general (pour parler auec Nestor) qui ont laissé leurs memoires engrauées ez anciènes, & modernes maisôs de l'Italie. Il deceda l'an 1464. regretté mesme de ses ennemis, laissant vn exemple immortel à tous les Princes Chrestiens que la pieté, deuotion, & vertu Chrestienne n'est pas incôpatible auecque l'estat: voire le renforce, & l'asseure d'auantage, que toutes les ruses, & inuentions humaines subiectes à mille euenemens dangereux, & funestes.

LAVRENS PERE DES MVSES.

ME DOCTRINA OMNIS, LAVDEM GENVS OMNE CELEBRAT:
SIC LAVRO DIGNVM NOMEN, ET OMEN ERAT.

L'on compare Lucrece de Tornaboni mere de Laurens de Medici, & de Iulien son frere, à Cornelia mere des Graeches, qui fit instruire, & forma elle mesme es bônes lettres ces deux beaux esprits Romains, & en toute sorte de vertu. Politian a descrit en vers latins le triõphe de Iulien pour la victoire qu'il emporta au tournoys sur la plus part de la noblesse d'Italie, & le progres de son heureuse education. Deslors la maison de Laurens estoit comme vne eschole de tous les plus doctes personnages de l'Europe, tels que furent Politian, Aretin, Ficin, Lascares, Calcondyle, Landin, Iean de la Mirande homme d'esprit admirable, & autres qui l'ont loué hautemêt, & immortalisé en

leurs doctes escrits, & luy ont acquis le surnom de pere des sciences : esquelles il e-
stoit tres versé, principalement en Philosophie, Poësie, Musique: tesmoings les beaux
liures, qu'il en a escrit. Il auoit les lettres en telle estime, & sur tout la Philosophie, qu'il
prisoit plus ce qu'il en auoit, que tous les thresors du monde : aussi il fit dresser à gros
frais vne librairie de toute sorte de liures Grecs, & Latins, qu'il faisoit venir du bout de
la Grece. Ie laisse à part la coniuration des Pazzi contre luy, & son frere Iulian, qui y
fut massacré : la plus sanglante tragedie qui se puisse lire, & en laquelle se voit la grandeur de courage de Laurens, & l'affection plus que filiale que les Florentins luy portoient, & vn traict admirable de la prouidence de Dieu, qui permit que ces deux freres poursuiuis à mort dedans l'Eglise mesme, fussent (Dieu le voulât ainsi en tesmoignage de leur innocence, & integrité) peres de deux Papes: Iulien de Iule de Medicis,
qui fut Clement septiesme : & Laurens de Iean de Medicis appellé puis apres Leon
dixiesme: mais sur tout le nom de Laurës fut si celebre par tout l'vniuers, que mesme
le grand Turc Baiazet luy liura Bandin garroté assassineur de son frere Iulien : le Sul-
tan d'Ægypte l'honora de presens, & ambassades honorables : les grands Princes, &
les Roys rechercherent son amitié. Il estoit fils de Pierre de Medicis fils de Cosme le
grand, & mourut l'an 1492. Politian descrit en vne epistre sa mort, & les grands prodiges, & prognostiques qui la precederent.

IVLIEN LE MAGNIFIQVE.

MAGNIFICO TITVLOS MEA MAGNIFICENTIA FECIT:
HAEC VIRTVS REGES VNA, DEOSQVE DECET.

Laurens de Medicis laissa apres soy trois enfans signalés. 1. Iean, depuis Pape Leon
10. duquel nous parlerons apres. 2. Pierre second du nom, qui gouuerna la Republique
apres son pere quelque temps, & puis pour auoir adheré à Charles 8. Roy de France,
& rendu quelques places fortes, fut proscrit par les Florentins, sa maison, & ses biens
pillés, la belle bibliotheque de Laurens rauagee : il se rangea du party de Loys 11. espousa la cause de la France, pour laquelle il batailla au Royaume de Naples iusques à
la mort. 3. Iulian de Medici qui fut surnommé le magnifique pour deux causes : pour
estre liberal, & magnifique à toute sorte de gens : & pour se plaire à choses exquises,
rares, & magnifiques comme peintures, pierreries, spectacles, & autres. Il entra au gouuernement de la Republique, fut Lieutenant general de l'armee du Pape, pour le secours des Sforcia, & de l'Italie, ayant prins pour femme Philiberte de Sauoye Duchesse de Nemours, qu'il espousa auec grâd' pompe, & magnificence non oüye, si que aux
seules nopces furent despendus 150. mille escus. Il mourut sans enfans legitimes,
ne laissant qu'Hippolyte de Medicis, qui fut Archeuesque d'Auignõ, & Cardinal, luy
succedât au gouuernement de la Toscane, Laurens de Medicis Duc d'Vrbin pere de
Catherine de Medicis Royne de France, mere de tant de Roys.

ALEXANDRE, PREMIER PRINCE DE FLORENCE.

VIRTVTEM, ATQVE GENVS MIHI TRANSMISERE PRIORES,
AST EGO DIVITIAS, IMPERIVMQVE MEIS.

Alexandre fils de Laurens Duc d'Vrbin, & fraire de Catherine de Medicis Royne
mere fut installé à la seigneurie de Florence par l'Empereur Charles quint auec lettres
authentiques, & expresses sur ce faict, qu'il receut au mois de Iuillet de l'an 1531. sellees

du

du seau d'or, ou l'Empereur le declare Prince de Florence, & en donne la cause, pour deliurer cette pouure Republique des seditions sanglantes, desquelles de tout temps elle auoit esté agitee : & pour domter son courage si prompt, & facile à desordre & rebellion ; à quoy se pouuoit facilement obuier par le gouuernement d'vn souuerain. L'Empereur auoit receu beaucoup de brauades de cette seigneurie : l'auoit tenue assiegee presque vn an entier iusques à la forcer de se rendre à sa mercy : luy auoit pardonné le sac de la ville, & pource vsant de sa victoire la pouuant retenir pour soy, s'il eust voulu, ayma mieux y establir à iamais la maison de Medicis : & pour l'authoriser d'auantage donna en mariage audict Alexandre sa fille Marguerite d'Austriche. Ces lettres leües, & intimees à la Republique par Mussetola son Ambassadeur, furent receües de tous auec grand applaudissement, & resiouyssance de toute la seigneurie : la forme des Anciens Magistrats fut abolie : toute la police changee en vne meilleure : la principauté introduicte l'à 1531 le 5. de Iuillet, & mois septiesme de l'annee, iour que Florēce doit tenir pour natal, & principe de son bon heur, & repos : & l'enregistrer aux fastes d'vne memoire, & feste eternelle. Alexandre apres auoir estably sa principauté par des belles loys qu'il fit, & par cette belle forteresse, qu'il bastit, pour tenir en ceruelle ses subiects, fut tué en sa maison.

CATHERINE ROYNE DE FRANCE.

ILLA EGO TOT REGVM GENITRIX, TOT FVNERA VIDI :
TV CMEA PROGENIES TOT REGNA AETERNA VIDEBIS.

Tout ce que ie pourrois dire est moindre, que ce qui est deu à cette Princesse. Les volumes en sont tous entiers de sa vie, la memoire fresche, & le suiect si ample, qu'il vaut beaucoup mieux l'honorer d'vn honneste silence, que de l'esbaucher seulement.

COSME SECOND AYEVL
DE LA ROYNE.

ME COSMVM TOTO FECIT MEA GLORIA MVNDO :
META EADEM NOSTRAE LAVDIS, ET ORBIS ERAT.

Apres le decez d'Alexandre, Cosme de Medicis son cousin fut receu seigneur de Florence. Il estoit yssu d'vn Laurens de Medicis frere de Cosme le grād, qui eust pour fils Pierre François pere de Iean de Medicis, duquel naquit Iean surnommé l'inuincible pere de ce Cosme, d'où nous parlons maintenant. Les Florentins pour ne contreuenir aux loys, que leur auoit donné l'Empereur, & n'ayans esté aucunement consentans à la mort tres-inique d'Alexandre, receurent Cosme pour leur Prince auecque beaucoup d'affection : & l'Empereur par lettres expresses ordonna, que doresnauant il seroit honoré du tiltre de Duc, que ses deuanciers n'auoient iamais voulu vsurper, se contentans du nom de seigneur.

FRANCOIS PERE DE MADAME
MARIE ROYNE DE FRANCE.

HEROAS PROAVI FORTESQVE, DVCESQVE DEDERE,
PLVS EGO, QVOD REGES, QVOD MARIAMQVE DEDI.

Le Prince des peintres voulant faire vn essay de son pinseau à peindre Iphigenie immolee à Diane par son pere Agamemnon, & par ses Oncles : ayant depeint Chalcas

auec vne contenance fort triste,& Vlysses extremement affligé,& sur tout Menelaus
desolé autant que le pouuoit porter son pinseau, estant venu à Agamemnon le pere de
cette ieune Damoyselle,& desesperant de pouuoir exprimer dignement auecque ses
couleurs la detresse,& creuecœur qu'il ressentoit de la mort de sa fille,luy mit vn voile sur la face, laissant à penser aux spectateurs , ce qu'il n'auoit peu imiter auec ses
couleurs.Quand ie pense à par moy la grãdeur,& la gloire des hommes illustres de la
maison de Medicis,ie les admire trestous , & estime qu'vn Plutarche seroit tref-bien
employé à escrire leurs vies:& qui auroit la faconde,le loisir, & l'esprit equipollent à
leurs merites,auroit vn beau suiect , & large campaigne d'y faire triompher son eloquence, & de deployer toutes les maistresses voiles de son bien dire : mais considerãt
les hauts faicts de François pere de la Royne pour laquelle a esté dressé tout cest appareil,il me semble que l'on ne sçauroit mieux honorer ses vertus heroïques,qu'en les
passant soubs le voile de silence, estant tout ce que l'on en pourroit dire de beaucoup
inferieur à ce qu'en est. Et me deura seruir d'excuse plus que legitime l'incapacité de
ma plume,& de mon sçauoir, si ie n'ose entreprendre d'en dire pour maintenant autre chose sinon que en ce il a surmonté la fortune de ses deuanciers, pour estre filz de
Cosme l'vn des plus braues Princes de ce siecle,pere d'vne si grand' dame , mary de
Ieane d'austriche fille de l'Empereur Ferdinand mere de la Royne : & qui surpasse
tout; estre le beau pere d'vn Roy,à qui la France de plusieurs siecles n'a eu le semblable en puissance,en valeur,& en gloire.

FERDINAND.

SINGVLA MAIORVM SVNT MAXIMA FACTA MEORVM,
SED MAIORA TAMEN SINGVLA IVNCTA MEIS.

Ferdinand frere de François,oncle de sa Majesté,defaillant la line masculine de son
frere,succeda à ses vertus & a son Duché,qu'il gouuerne auiourd'huy si heureusemét
que chacun sçair,ayant espousé madame Christine de Lorraine fille du Duc de Lo-
raine,vne des plus nobles,plus anciennes,plus Catholiques, & heroïques maisons de
toute la Chrestienté.

Voyla, en courant, ce que fut representé en ce second Theatre orné,outre ce que
dessus , de l'inscription en vulgaire escrite en vn grand quarré de lettre rouge, poursuiuant l'argument & hypothese du labyrinthe. Nous l'auõs colloquee apres les deux
tables,que s'ensuyuent,au commencement de la page 97.pour la commodité de l'im-
primerie : & encore pour ioindre mieux à propos la suitte du discours de cet Arc, que
nous auons vn peu interrompu à cause de ce que s'estoit passé au Theatre, & n'estant
raisonnable de passer la maison de Medicis sans en dire quelque chose.

TABLE

TABLE
DE L'EXTRACTION DE LA ROINE
DV COSTE PATERNEL,
AVEC LES DEVX BRANCHES DVCALES
de la maison de Medicis.

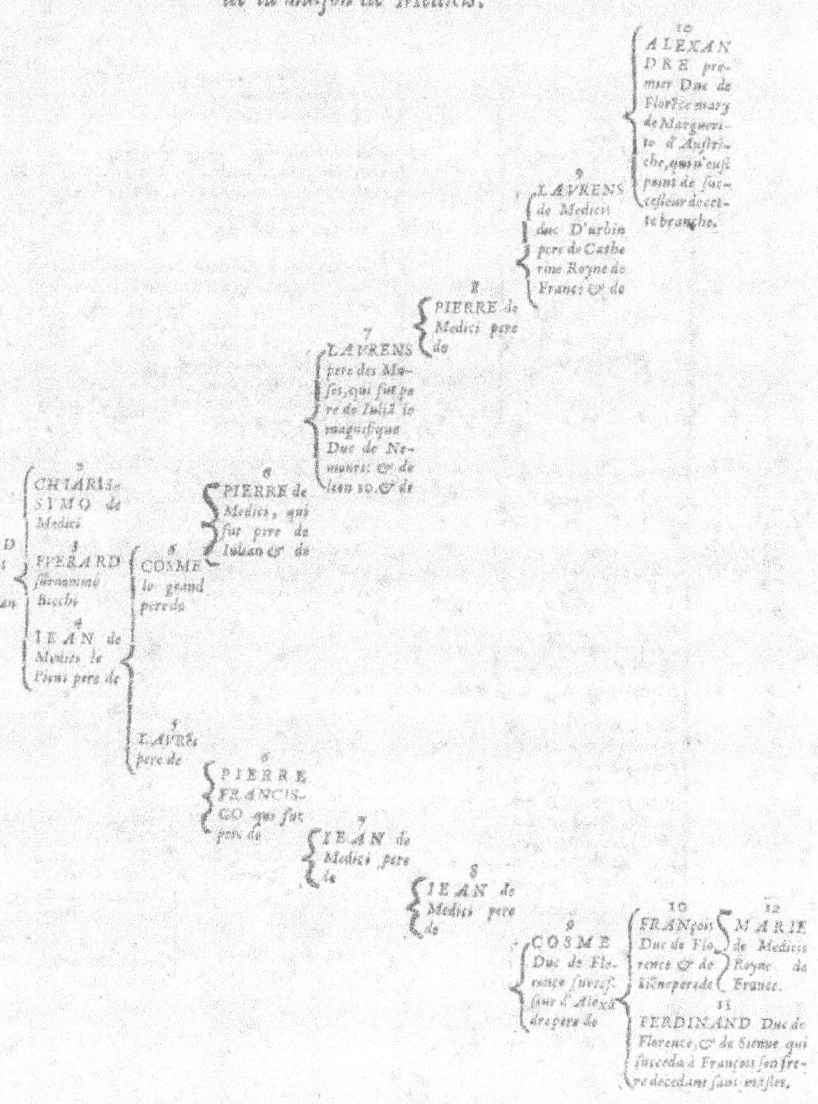

TABLE
DE L'EXTRACTION DE LA ROINE
DV COSTE MATERNEL, DES DVCS
& Archiducs d'Austriche.

1. RODOLPHE premier Empereur de la maison d'Austriche l'à 1273.

2. ALBERT fils de Rodolphe fut faict Duc d'Austriche destituee d'heritiers, par son pere, & luy succeda à l'épire l'an 1298. Adolphe de Nassau, ayãt esté deposé. Il eust entre autres pour

FRERES
- Rodolphe Duc de sueue, qui espousa Agnes fille d'Ottocar Roy de Boheme.
- Hartman Comte d'Alsatie la haute.

SOEVRS
- Methilde Mariee à Lewys Duc de Baniere.
- Caterine femme d'Otthon Roy de Hongrie
- Iutte femme de Vencestlaus Roy de Boheme.
- Clemence femme de Charles Marcel Roy de Naples mary de Ieanne dame d'Auignon.

3. ALBERT LE SAGE (fils d'Albert premier) Duc d'Austriche l'an 1324.

ses freres
- Rodolphe Roy de Boheme à cause d'Elizabet sa femme.
- Otho qui eust pour femme Elizabet de Bauiere,
- Frideric le beau.
- Leopolde qui eust pour femme Caterine de Sauoye.

ses sœurs
- Elizabet à Tyerry Duc de l'orreine.
- Agnes à Andrà Roy de Hongrie.
- Catherine à Charles Duc de Calabre, fils de Robert Roy de Sicile Comte de Prouence & Seigneur d'Auignon.
- Iutte à Lewys de Bauiere.

4. LEOPOLDE fils d'Albert le sage mourut l'an 1389.

ses freres
- Rodolphe, qui eust à femme Caterine fille de Charles 4. Empereur & Roy de Boheme.
- Albert marié à Ieanne de Bauiere, de laquelle il eust Albert second Empereur & Roy de Boheme.

5. ERNEST fils de Leopolde

ses freres
- Frideric à Elizabet fille de Rupert Empereur.
- Leopolde qui succeda à son frere au Duché d'Austriche.
- Guillaume à Ieanne fille de Charles Roy de Sicile.

6. FRIDERIC fils d'Ernest le premier qui fut appellé Archiduc & Empereur l'an 1450.

Ses freres ne firent pas des alliances fort remarquables.

7. MAXIMILIAN fils de Frideric fut faict Empereur l'an 1486.

8. PHILIPPE fils de Maximilian, fut Roy d'Espagne à cause de Ieanne sa femme fille du Roy Ferdinand, mourut l'an 1506.

9. CHARLES QVINT fils de Philippe fut Empereur, & Roy d'Espagne dernier mort.

Le frere de Charles Quint

10. FERDINAND l'Empereur pere de Ieanne d'Austriche mere de la Royne de France MARIE de Medicis.

Les sœurs de Ferdinand Empereur.
- Eleonor femme de Francoys 1. Roy de France.
- Isabeau du Roy d'Annemarc.
- Marie de Lewys Roy de Hongrie.
- Caterine de Iean 3. Roy de Portugal mere d'Emmanuel.

Son fils
- Maximilian l'Empereur pere de Rodolphe Empereur viuant.

LE SECOND ARC TRIOMPHAL DV LABYRINTHE ROYAL DEDIE A LA MAIESTE, ET SACRE DV ROY VRAY ATLAS, ET SVPPORT DV ROYAVME, ET CORONNE DE FRANCE.

QVANT A L'ARCHITECTVRE de cet arc, il auoit de iour trente pieds, de l'arge, 25. de haut en tout quarante deux : ſes colomnes eſtoient de iaſpe rouge aux chapiteaux & baſes, dorees, vernies, & de relief comme les autres : ſur la pointe portoient deux grands thermes d'Anges en bronſe plians ſoubs le fais de l'arc, qu'ils portoient ſur la teſte. Tout l'ordre eſtoit Corinthien, à cauſe qu'il s'agiſſoit icy des fleurs de lis.

IL ESTOIT DEDIE' à Apollon Oeconome, ainſi appellé par Epicharme es nopces d'Hercules, pource que il y faiſoit l'office de grand maiſtre d hottel, comme il gouuerne auſſi tout l'vniuers par ſes rayons, & occultes influéces, diſtingue les iours, faict les ſaiſons de l'annee, concourt à la generation de toutes choſes, & en vn mot, eſt la viue image des Roys : car Apollon, & le Soleil ſont la meſme choſe Les Roys de Perſe ſe diſoient tous eſtre freres du Soleil, & pour cette cauſe faiſoient marcher auec eux ſon image, telle que la deſcrit Quinte Curce au liure 3. en l'armee de Darius enchaſſee dãs le chryſtal, & colloquee ſur la tente du Roy en lieu eminent : & meſme, à ce qu'en dit Philoſtrate, leur porche Royal tant priſé, & vanté des anciens, repreſentoit naïfuement le ciel, auecque ſes aſtres, & le Soleil auec toutes ſes appartenances, en tant que l'art, & l'eſprit Perſan y auoit peu atteindre, colloquant deſia en certaine façon ces Roys en vn ciel terreſtre. L'on remarque es anciennes hiſtoires, que cet aſtre faiſoit de grands ſignes en faueur des grands monarques : Virgile le dict de Cæſar.

Ille etiam extincto miſeratus Cæſare Romam
Tunc caput obſcura nitidum ferrugine texit.

Peu deuant le maſſacre de Domitian l'Empereur, l'on veit vne coronne qui entouroit le Soleil, preſage qu' Eſtienne, qui ſignifie en Grec coronne, l'vn des domeſtiques dudict Domitian, le feroit mourir. Les aſtrologues veulet dire auſſi que ceux qui ont pour horoſcope le Soleil au rencontre du lyon, ſeront grands Princes, & Roys treſpuiſſans : commanderont à tous, comme auſſi au rencontre de l'Archier, quand Saturne eſt au dela du premier triangle de la naiſſance. Brief l'on ſçait que le Soleil eſt au milieu des autres planetes en ſon exentrique, comme dans ſon l'Oüure : les illumine tous, gouuerne toutes choſes ça bas : & rienne ſe faict ſans luy.

Les coronnes des Roys repreſentent les rayons du Soleil, ainſi que l'a doctement remarqué Valerian en ſes Hieroglyphiques au li. 61 en ces termes. *Coronæ porrò Regia ex inſtituto veteri radiorum referunt ſimilitudinē, vt non temere olim inſtitutum ſit eas in Appollineo capite duodecim pretioſis lapillis confici, qui ſplendore ſuo fulgentes caput vniuerſum radiis illuſtrarent, atque vetuſti numi, marmoreæ, aheneæque Regum ſtatuæ pleræque duodecim conſpicuæ radiis oſtenduntur,* c'eſt à dire. Les coronnes antiques des Roys reſſemblent aux rayons du Soleil : de ſorte que non ſans cauſe l'on mettoit anciennement à Apollon vne corōne en teſte faicte de douze pierres pretieuſes, leſquelles de leurs rayons faiſoient eſtinceler toute la face : & meſme en la pluſpart des medailles anciennes, & ſtatues des Roys, l'on les voit auec douze rayons autour de leur front : voyez à ce qu'en dict cet autheur, ſi les Roys ſont des Soleils. Virgile remarqua ces 12. rayons au chef du Roy Latin.

Quadriiugo vehitur curru, cui tempora circum
Aurati bis ſex radiis fulgentia cingunt
Solis aui ſpecimen.

Quand

Quand il eut voulu deſcrire le Soleil il eut vſé de meſmes parolles:& cela eſt commun à tous les Roys: mais particulierement au Roy de France: car nous diſions là haut,que la France eſtoit vne nef gouuernee par le Roy , & nous trouuons que le ſimulachre du Soleil anciênement eſtoit vn Apollon ſur la proüe d'vn nauire, pour mōſtrer qu'il tenoit le gouuernail du monde. Vous le trouuerez ainſi depeint en l'appendix de Valerian au liure 1.que ſi le Roy tient le timon de ſon vaiſſeau Pariſien , mais bien Gauloys , pourquoy ne ſera il pas noſtre Phœbus yſſu d'vn biſayeul François Phœbus? Cecy s'entendra encore mieux maintenant , que nous comparerons aux ciel le Royaume de France.

IV.   LA PARALLELE eſtoit priſe du faict d'Hercules,lequel eſtant paruenu à l'endroit,où Atlas portoit le ciel, le deliura pour vn temps,& endoſſa ce grand fardeau pour faire preuue de ſa force. Ainſi le frontiſpice de cet arc portoit vn Hercules auec le ciel ſur le dos,l'ame eſtoit cette cy tiree de Seneque.

QVEM TVLI MVNDVM PETO.

Le Roy le pouuoit dire de ſon Royaume auſſi bien qu'Hercules demandant le ciel à Iupiter: ayant autant pené,& ſué ſoubs le fardeau des difficultés,qu'il trouua à ſon aduenement à la coronne,que le fabuleux Hercules apres ſon ciel: car les poëtes ſeignoient cela de luy,pour ſignifier que par ſa vertu,ſes batailles,& ſes trauaux,il auoit ſouſtenu tout l'vniuers,comme l'on dict communent,ſur ſes eſpaules,ayant le ſoin de chaſſer les monſtres,qui l'infeſtoient de toutes parts. Que ſi le ciel, au iugement de tous,eſt vn ſymbole manifeſte des Royaumes,& gouuernements,comme le Soleil,autrement appellé Apollon, l'eſt des Roys: il l'eſt beaucoup d'auantage du Royaume de France pour pluſieurs raiſons. Le Roy a en ſa deuiſe les eſtoilles,comme auons dit expliquant le trophee: & qui eſt bien d'auantage, les eſtrangers meſme parlant du Roy de France, l'appellent l'eſtoille,& le Soleil des Roys. *Eſt tanquam ſtella matutina ſu medio nebule meridionalis,* ce dit Baldus. *in titu.de feud.alienatione per l'edericum in vſibus feudorum.* C'eſt à dire. *Le Roy de France eſt vne eſtoille matiniere au milieu d'vne nuee meridionale* Et le meſme au Conſeil 417.en la 1.part. *Eſt apud nos polus Arcticus nullum in temporalibus ſuperiorem recognoſcent.* Il eſt le pole arctique ne recognoiſſant quant au temporel, aucun plus haut que ſoy. Si le Roy eſt vn aſtre, ſon Royaume eſt vn ciel.Lors du Bapteſme de Clouis,Dieu enuoya du ciel l'ampoulle miraculeuſe du ſainct huile, qui ſert aux ſacre de noz Roys , & duquel Clouis fut creſmé à ſon Bapteſme. Ie ſçay bien que c'eſt le malheur de noſtre temps,que pluſieurs ne croyent aux hiſtoires ſainctes, qu'à diſcretion,comme ils ne donnent croyance aux choſes de la foy , que à tant qu'ils en peuuent ſurpanter auecque leur euantee ceruelle : voyre meſme s'en ſont trouuez ſi iniurieux à leurs Princes,ſi iniques à leur patrie,ſi ennemys de l'honneur de la France, qu'ils ont oſſé impudemment nier,de leur propre authorité , les miracles fondamentaux de cette Monarchie,aucrés par les plus anciens hiſtoriens de France , authentiquez par le conſentement d'vn ſi grand Royaume tant d'annees y a: au reſte ce ſont hommeles,qui tiênent pour texte d'Euangile ce qu'vn Tite Liue,ou vn plutarque ont eſcrit: & pour maximes irrefragables les gloſes de Machrauel mais ce qui reſſent tant ſoit peu la toute puiſſance de Dieu,le balancent au trebuchet de leur teſte mal tymbree: enleuant les plus belles perles qui ſoient au chapeau de ce Royaume tres-chreſtien,& qui le rendent venerable à toutes les nations eſtrangeres. Laiſſons les là croupir en leur incredulité,& diſons auec noſtre Ammonius au liure 1.chap 6. Et Hincmarus Euesque de Rheims, & vn grand nombre d'autres voysins de ce temps la, que ie laisse à part, pour ne charger de citations mes cayers : *Ecce subito, non alius sine dubio quàm Sanctus apparuit spiritus in columba visibili figuratus specie, qui rutilanti rostro sanctum deferens chrisma inter manus deposuit sacerdotis vndas fontis sanctificantis.* Ce sont les propres termes d'Aymonius. Les fleurs de lis aussi des armoyries de France furent enuoyees du ciel au mesme Clouis à Montoye par ministere des anges : en memoire dequoy depuis on bastit l'Eglise, & monastere de Ioyenual, afin que nul reuoque en doubte ce dequoy les fondations si anciennes, & authentiques nous peuuent faire foy. Et ont faict si grand cas de ces armes noz ancestres tant de Roys si sages, & accorts, tant de gens doctes de tous estats, que iamais ils ne les ont voulues chãger, ou escarteler, quelque changement que soit suruenu de familles : il est bien vray qu'anciennement ils mettoient des fleurs de lis sans nombre, iusques à Charles sixiesme (duquel nous auõs parlé tantost en l'histoire du Schisme) qui ordonna que l'on n'en mit desormais que trois.

Les mieux entendus es blasons des armoyries cuident que ces fleurs de lis ont esté mises en champ d'asur pour auoir esté enuoyees du ciel, qui semble de couleur d'azur, & faictes d'or, pource que elles apparurent brillantes comme des astres : & Clouis estãt assemblé auec Clotilde sa femme, & sainct Rhemy, vint du ciel à l'improuiste vne lumiere, qui surpassoit la clarté du Soleil. *Repente namque lux copiosa totam repleuit Ecclesiam, vt claritatem solis euinceret.* Qui sont les propres paroles du grand Pape Hormisda, qui estoit proche de ce temps là, & escrit tous ces miracles de sainct Rhemy faicts en la personne de Clouis, disant pouuoir estre comparez aux miracles, qui se faisoient du temps des apostres.

Ce blasõ, qui à mõ aduis, n'est pas hors de propos, dõna occasiõ à Chassené d'en parler ainsi en la 5 partie, Consid. 51. §. quarto princip. *Lilia aurea ponitur in scuto Regis Christianissimi sapphirino, decentissimum enim fuit insignia maiestatis suæ sereno cælo similia esse, vt sicut Christus, qui est Rex Regum, quodammodo pro scuto habet cælum sidereum mira, ac vario astrorum fulgore decoratum, sic Rex Francorum Christianissimus pro gloria Christi scutum gerat nobilissimum, in quo aurea lilia colore sapphiri quasi astra in sereno cælo affixa fulgere videntur.* Que veut dire en françois. *Les fleurs de lis d'or sont en l'escusson d'azur du Roy treschrestien : car il estoit tres conuenable que les armoiries de sa Maiesté fussent semblables au ciel serein : à fin que comme Iesus Christ Roy des Roys a en certaine façon le ciel azuré, & estoilé pour escusson brillant d'vne grande varieté, & splendeur d'estoilles : ainsi le Roy de France tres-chrestien, à la gloire de Dieu, eusse vn escusson tresnoble, auquel les fleurs de lis paroissent sur la couleur d'azur, comme des astres fixes, & incrrants au ciel serein.* Toutes lesquelles choses monstrent assez qu'il y a du celeste au Royaume de France. En suitte dequoy nous voyons que noz Roys se sont delectés à des deuises tirees du ciel. François second auoit deux globes pour deuise, l'vn terrestre, l'autre celeste auec cest'ame. VNVS NON SVFFICIT ORBIS, tiree à mon aduis de Iuuenal parlant d'Alexandre le grand, qui plauroit entendant le peu qu'il auoit conquesté, au respect des autres mondes qui restoient, comme on luy donnoit à croyre.

Vnus Pelæo Iuueni non sufficit orbis.

Qui n'estoit autre que l'explication des armes de France : car comme dict benedicti, *Le champ de l'escusson du Roy de France, n'est pas seulemẽt semblable à vn ciel net, & serain, mais encore au sapphir. D'autãt que le sapphir sable pousser, & attirer le Roy aux choses celestes, ny ayant rien de si lumineux, & brillant en vn Prince que la vraye foy.* Et sainct Gregoire au lit.

dixhuictiefme de fes morales chap. 8. dit que le fapphir tient de la couleur de l'Aer : par laquelle il reprefente le defir d'vne ame languiffante, & fouspirante apres le ciel : ce qu'a faict dire auffi à Holimäd que le fapphir eft femblable au ciel ferein. Iufques icy parle Benedicti. Beau blafon à la verité, & digne des Roys tres-chreftiens, & que François fecond auoit deuãt les yeux en fa deuife, comme l'explique Rufcelli au liure 2. de fes Imprefes : où il dit que ce bon Roy, voyant que fon pere, & le Roy Catholique fe donnoient tant de peine à acquerir vn petit bout de terre, & à fe batre, pour parler auecque Pline, fur vn petit point, & atome : iugea quê fon ame genereufe eftoit capable de chofe plus grande, qui eft le ciel. *Percioche*, dict Rufcelli, *quando ancora vn folo ito fuffo monarca di tutto il mõdo, quefto non baftarebbe alla vera felicita fua. Et che pero conuenga afpirar' all' acquifto d'ell' altro mondo, cioè del cielo vero, eterno, & feliciffimo mondo, & patria di chi per fe fteffo col non curarlo, non fe ne priua.* Belle leçon pour noz Roys, & digne d'eftre apprinfe de l'oracle d'vn tel maiftre, & d'vn fi grand Roy qu'eftoit ceftuy-cy. Ce qu'ils auront faict pour l'amour de Dieu en ce monde, cela feul leur fera compté au ciel pour finance de la felicité : tout le refte pour rien. Ce monde fe paffe en vn moment : l'autre vie s'enfuit eternelle. Hé Dieu que feruiroit il d'auoir efté grand en ce monde, voire Roy de tout l'vniuers, s'il falloit puis apres eftre mortepaye du feu d'enfer, efclaue des tourments, fubiect de damnation eternelle ? Vanité des vanités, & toutes chofes vanité, finon que de feruir Dieu. Celuy qui prononça ce notable dicton pour en heurter à la porte des cœurs de tous les Roys, peut eftre en porte encore la folle enchere.

Qui voudroit contir les autres deuifes de noz Roys, il en treuueroit la plus part tirees du ciel, comme le croiffant de Lune de Henry III. auec le dicton Donec totvm impleat orbem. Et l'arc en ciel de la Royne mere auecque ce mot φῶς φέρει ἠ δὲ χαλᾷ. Et mefmes les eftoilles du Roy regnant en fa deuife, defquelles nous auons parlé cy deffus : & beaucoup d'autres femblables, qui auroit le loifir de les rapporter, & efplucher toutes par le menu. Mais ie fuis preffé de paffer outre. Au facre du Roy fe trouue encore vn feptenaire : car il fut coronné à Tours le 27. de Febuiier de l'an 1594. cõme au ciel fe retrouue auffi, en plufieurs manieres, le mefme nõbre : car outre les fept planetes, lefquelles gouuernent le monde, & les 7 eftoilles du Septentrion, qui dominent fur mer (defquoy nous auons deia parlé) Philon en fa Cofmopœie y treuue encore d'autres feptenaires ; voicy ce qu'il en dit tourné du Grec en françois. *Quelle partie de l'vniuers, n'eft efprinfe du feptenaire, domtée de fon amour? En premier lieu la fphere du ciel n'a que fept cercles, qui s'appellent Arctique, Antarctique, Tropique, Solftitial, Tropique brumal, l'Aequinoctial le Zodiaque, & celuy qui s'appelle Galaxia : car l'Horifon eft accidentaire, felon que chacun eft fitué, on y voit plus ou moins.* Et vn peu plus bas, pourfuiuant fon difcours adioufte ces paroles qui font tres-importantes pour noftre faict. ὁ δ᾽ οὐρανὸν ὑφίστας ἕλιξ ἑπτὰ ζώναις διειργαστόν, ὧν ἑκάστη γ᾽ ἀποτελεῖ ἰσομεγέθεας ἴσας, καὶ μέσην μὲν ἑαυτὴν ἐν ἑβδόμῃ· τὴν δὲ μετ᾽ ταύτην ἐν ζώῃ ἐξαριθμῶν περιέρχεται πᾶσαν τὰ περὶ τὴν ἑβδόμην θεωρμάτων, ἵνα τῶν ζωνῶν ἑβδόμῃ γένη καὶ καθ᾽ ἃς, καὶ ἑορτάζειν δίκαιον· νόμῳ τῆς μεγίστης ἀποτελεσμάτων ἑορτάς. *Le Soleil mefme, (dict-il) qui gouuerne le iour faifant tous les ans deux Aequinoxes au printemps, & à l'Automne en la Ballance, donne vne preuue trefmanifefte de la Maiefté diuine, qui fe retreuue au feptenaire : car l'vn & l'autre Aequinoxe fe faict au mois feptiefme, auquel temps auffi la loy a commandé deux feftes fort celebres, & folennelles.* Bungu montre d'abõdant, que le Zodiaque eft feptenaire : mais ie ne m'y veux arrefter pour n'eftre prolixe. Remarqués feulement le mot de Philon θεωρημάτων περὶ τὴν ἑβδόμην, c'eft à dire, la Maiefté diuine du feptenaire : qui faict à l'infcription de la dedicace de noftre arc. Apollini Oeconomo: Maiestati Regiæ. Et encore
plus

plus ce que dict le mesme Philon, que les latins ont appellé ce nombre *septem, quasi* σέπτεν ou σεβασθèν que veut dire maiestueux & diuin.

L'EMBLEME de l'arc à costé droict, estoit d'Hercules tenant en main vne corne d'A- V.
malthee remplie de fleurs auec ce vers.

FERT FLORES, FRVCTVSQVE FERET DIGNVM HERCVLE CORNV.

Les fables racontent, que Achelous, & Hercules se donnerent le duel pour debatre, qui des deux auroit pour femme Deianire fille du Roy Oeneus : & que Achelous se voyant le plus foible, se metamorphosa en forme de Taureau : mais Hercules le sasissât par les cornes, l'escorna, luy en rôpât l'vne, pour laquelle rachepter le veincu luy donna en rechange la corne d'Amalthee, à laquelle Iupiter auoit communiqué cette force, que quoy que l'on demandât à celuy, qui l'auoit, il le pouuoit donner à l'instant, & le faire naistre s'il ne l'auoit. La corne à toutiours signifié la coronne, & la Royauté, tant cheux les Gentils, qu'es sainctes lettres, & principalement cheux les Hebrieux. Au premier des Roys cha. 2. וְיָרֵם קֶרֶן מְשִׁיחוֹ *Veiarem Kerem Mesicho : & exaltabit cornu Christi sui.* Il exaltera le Royaume de son oinct. Et de mesme en cent autres passages de l'escriture : la raison de cecy est, pource que les rayons des coronnes des anciens Roys, desquels nous venons de parler, s'esleuans en haut ressemblent à des cornes : & qu'il soit vray, les mesmes Hebrieux se seruent du mesme nom *Kerem* d'où sans doute le Latin *cornu* est deriué, & le Grec κέρας) pour signifier les rayons : ce qui a donné occasion aux interpretes de l'escriture saincte de tourner (cornu) en plusieurs endroicts au lieu de (rayon) & signamment lors qu'il est parlé de Moyse en ce beau passage de l'Exode chap. 34. וְהִנֵּה קָרַן עוֹר פָּנָיו *Vehinneh Karan chor phanau & ecce splendescebat cutis facierum eius.* Sa face estoit resplendissante : ainsi que l'interprete Rabbi Selomo, & le Targhum : & mesme sainct Paul en la 2. aux Corinth. cha. 3 *propter gloriam vultus eius.* Mais la version commune, & sainct Hierosme, au lieu de tourner, *sa face resplendissoit :* ont mieux aymé dire, *Cornuta erat facies eius,* la face de Moyse estoit cornue, qui est autant comme resplendissante : non pas que Moyse eut des cornes : mais pource que le mesme mot de corne en Hebrieu signifie rayon, & corne : voire encore l'on estime, que le nom latin *corona* se deriue de *cornu* à cause des rayons, qui sont en la coronne en façon de corne. C'a esté l'occasion pourquoy l'on à voulu representer en cet Embleme la coronne, & sacre du Roy, par la corne d'abondance, veu mesmement qu'elle appartient de droict à Hercules. Et certes comme Hercules se batant auec Achelous pour la belle Deianira l'escorna, luy arrachant la corne de la teste : ainsi sa Majesté a gaigné sa coronne auecque les armes, & l'a arrachee de la teste de ses ennemis, d'où la France, & le Royaume en demeure plus fleurissant, que iamais : ce que l'on vouloit representer par les fleurs, qui paroissoient dans la corne d'Amalthee.

POVR LE SECOND Embleme à costé gauche de l'arc, estoit depeint l'Archange S. Michel custode de France, renât ferme des deux mains vne autre corne d'abondance, d'où sortoient des rameaux d'oliue, force fleurs de lis d'or entremeslees auecque des autres petits lis, que quelques vns appellent *lilia conuallium :* & quelques herbes du Soleil, autrement heliotropia : par lesquelles choses s'entendoient tout ce que entre au sacre des Roys, comme la coronne d'or signifiée par l'herbe du Soleil, le sainct huile, & les fleurs de lis, le tout ennoyé du ciel, & signifié par les lis d'or, & bleus, & par l'oliue : & ce soubs la protection de ce sainct tutelaire du Royaume, qui a en ses mains & sauuegarde cette coronne tres-chrestienne. Le mot de l'Embleme estoit.

REDEUNT FELICIA REGNA.

Il vise au fleurs de lis d'or, à l'huile, & à la corne d'abondance que signifiét tout courant la beauté de l'aage d'or, que le sacre de sa Majesté à ramené a la France. Il ny a plus rien icy d'obscur, à qui a entendu ce qu'auons discouru du Soleil, & des armes de France. Où ie remarqueray en passant, que iusques à maintenant nous auons blasonné de guet à pan, qui çà, qui là, toutes les armoyries qui ornoient les arcs par toute la ville : celles de sa sainčteté au trophee : celles du Roy, de Medicis, & d'Auignon au chap. 2. traičtans du suiečt du triomphe : & maintenant celles de France. I'ay voulu admonester de cecy en passant, pource que lesdičtes armoyries estoient si richement faičtes, & en si grand nombre par tout, que c'estoit bien vn des plus beaux ornements des arcs, & qu'il n'estoit pas raisonnable de passer sans en rechercher la quinte essence.

VI.   LES INSCRIPTIONS estoient disposees de la mesme façon, que toutes les autres. La dedicace double, allegorique, & moralle dans l'oualle, & frize du frontispice.

I.

APOLLINI OECONOMO.

II.

REGIAE MAIESTATI.

Dans la grande frize l'inscription triomphale en forme de supplication à l'antique.

III.

SVPPLICATIO.

DIEM QVO SERVASTI REGNVM, REGEMQVE SALICAM VINDICASTI, DVM DIADEMA SVSCIPIS, QVANTA MERERIS LAETITIA HENRICE GLORIOSE, CELEBRAVIMVS : PRECATI SVPEROS, VT TE GENERI GALLICO, TVAEQVE AVGVSTISSIMAE CONIVGI, QVORVM TVTELA, ET SECVRITAS SALVTI TVAE COMMISSA EST, INCOLVMEM, FLORENTEMQVE SERVARENT : VTQVE REMPVBLICAM BEATAM EA BENIGNITATE TVERENTVR, QVAM SVPER MAGNAS, PLVRIMASQVE VIRTVTES PRECIPVA PIETATE CONSEQVI SVPERVM IMMORTALIVM, QVI TIBI COELVM, QVO TE HORTANTVR, PARANT, HONORE ATQVE AMORE MERVISTI. CORONAM GALLICAM AVREAM.

Pour le rond de l'arc seruoient ces deux vers de Seneque,

IV.

NON FLECTET HVMEROS MOLIS IMMENSÆ LABOR:
IMMOTA CERVIX SYDERA ET COELVM FERET.

Voyés la parallele traičtee au long par Macrobe liu. 1. de ses saturnales chap. 20. où il va discourant qu'Hercules n'est autre que le Soleil, que nous auons dič estre l'image des Roys, & entre autres recherches tresbelles, & curieuses à ce propos, rapporte ce dicton des Ægyptiens que l'on auoit icy mis pour parallele.

V.

ΤΟΝ ΕΝ ΠΑΣΙ ΚΑΙ ΔΙΑ ΠΑΝΤΩΝ ΗΛΙΟΝ.

Qui est autant comme dire : *Hercule en tout & par tout n'est autre que le Soleil. Quippe Hercules,* dict Macrobe *, ea est solis potestas, quæ humano generi virtutem ad similitudinem præstat Deorum,* & vn peu plus bas. *Et reuera Herculem solem esse vel ex nomine claret: Ἡρακλῆς enim quid aliud est nisi ἥρας id est aeris κλέος id est gloria ? quæ porrò alia aeris gloria est, nisi solis illuminatio?*

VI.

ΡΟΔΟΕΝΤΙ ΔΕ ΧΡΙΕΝ ΕΛΑΙΩ
ΑΜΒΡΟΣΙΩ.
Elle l'oignoit du rosat immortel.

Homere faict oindre Vlysse par Minerue de l'huile rosat mysterieux, apres les trauaux de sa peregrination, d'où il se trouue tout refaict. κάλλεϊ, ἐ χάρισι εἵλβων, en restant plus beau, & plus glorieux. Venus en faict de mesme à Hector, qui par cette onction fut rendu exempt de toute iniure, & offense. Les bons esprits me deuancent desia à l'approprier à sa Majesté chresmee, de l'huile donné du ciel, qui ne tarit iamais. Voicy le dicton latin emprunté du Prince des Poëtes, contenant de point en point tout le miracle des armes de France.

VII.

SIDEREO FLAGRANS CLYPEO, ET CAELESTIBVS ARMIS.

Cecy demeure expliqué de ce que venons de dire maintenant. Celles cy sont les trois inscriptions des trois costés du piedestal gauche.

X.

THERONEM ALCIDES RADIIS FLAGRANTIBVS ARCET.

C'est, que Theron Roy des Espagnes ayant assiegé le temple d'Hercules fut mis en route miraculeusement, le feu s'estant mis en ses vaisseaux. *Paucißimi, qui superfuerant hostium capti, indicauerunt apparuisse sibi leones proris Gaditanæ claßis superstantes : ac subito suas naues immißis radiis, quales in solis capite gignuntur exustas.* Cecy est de Macrobe au liure preallegué, d'où il preuue qu'Hercules est le Soleil par cet incident remarquable verifié en la personne du Roy, lequel au seul esclat de sa Majesté, & coronne signifiee par les rayons du Soleil, a esblouy les yeux aux estrangers, iadis ses ennemis, maintenant ses alliés, & parens par ce nouueau mariage.

XI.

ΗΡΩ Δ ΗΛΙΒΑΤΟΙΟ ΦΑΕΣΦΟΡΟΣ ΥΨΟΘΙ ΠΥΡΓΟΥ.
La belle Hero le flambeau luy montroit,
Dessus la tour, que le Soleil batoit.

XII.

TROES TE MISERI.

Quelques vns pensent que les François sont yssus de Francus Troyen: Ie m'en rapporte à ce qu'en est : ils le seront en ce dicton pour maintenant, dressans tous leurs vœux, & leurs yeux sur cette princesse, qui doibt apporter à ce Royaume vne asseurée tranquillité, & vne tranquille asseurance. Pour les deux costez au deuant des piedeſtals, & pour les deux compartiments deſſouz la parallele, entre les armoyries, eſtoient ces quatre anagrammes propres de l'argument qui ſe traictoit en l'arc.

VIII.

HENRICVS BORBONIVS.
HEROS VNICVS IN ORBE.
B. En E.

IX.

HENRICUS BORBONIVS GALLIARVM REX LVX REGVM RVTILA, BIS CORONABERIS.
N. En T.

XIII.

MARIA DE MEDICIS.
DIADEMA RECIPIS.
M. En P.

XIV.

MARIA DE MEDICIS REGINA GALLORVM. DIADEMA, AC REGNA LILIORVM REGIS.

Ciceron, & d'autres diẽt, que le Soleil eſt appellé des Latins Sol, *Quaſi ſolus*: c'eſt à dire vnique, comme la Lune, *Luna vna.* Le premier anagramme s'approche de cette etymologie. HEROS VNICVS IN ORBE. Le Roy eſtant entre les Princes, ce qu'eſt le Soleil entre les Planetes. Le ſecond contient tout ce qu'auons deduit tantoſt des rayons des coronnes Ravales, & d'Apollon: & encore ſignifie, que le Roy eſt coronné, & comme rayonnant deux fois, à cauſe des deux coronnes de France, & de Nauarre. Le troiſieſme auec fort peu de licence, comprent tout ce que l'on pourroit deſirer pour le ſuiect. Le quatrieſme m'aggree d'auãtage pour eſtre tiré de la propre marque, & comme difference indiuiduante du diademe de France, qui ſont les fleurs de lis: & ſe treuue tout entier dans le nom de la Royne ſans rien changer.

VII. LA CORONNE pendante au deſſoubs de la clef correſpondante à l'arc, eſtoit la coronne françoiſe couuerte à l'Imperiale. Elle reſte toute expliquee de ce qu'auons diſcouru des coronnes des Roys, & des fleurs de lis miraculeuſes.

LE

LE SIXIESME RENCONTRE
DE CHARLES MARTEL, SVIVY
D'AVTRES RENCONTRES DES PRINCES
de la race Royale parens du Roy, qui
fleurirent iadis en Auignon.

CHAP. X.

ENTRE l'arc second, que ie viens de descrire, & le troisiesme, quatriesme, & cinquiesme, d'autant que la rue estoit interrõpue par diuers carrefours, l'on auoit dressé de petits chafaux en chafque coin
pour les Genies des hommes illustres deuanciers du Roy, qui firêt
iadis quelque acte heroique en la ville d'Auignõ, afin que la Royne
trouua par tout quelque rencontre, qui la peut entretenir d'vn arc
à l'autre. Ces petits chafaux estoient composez de 4. choses. 1 des
Genies des Princes, qui y estoient representez, qui reciterent chacun quelques vers,
tous habillés richement, quasi en Anges hormis la teste, qu'estoit ornee à l'antique en
façõ de Genie, & les estoilles d'or, desquelles l'habit estoit tout parsemé. 2. des armoyries des mesmes Princes. 3. d'vn distique latin sur le suiect escrit soubs les armoyries.
4. du Theatre tapissé honorablement auec vne chaire pour receuoir le Genie. I'ay mis
icy tous ces menus rencontres accessoires, encore ceux, qui estoient entre le troisiesme, quatriesme, & cinquiesme Arc en suitte de celuy de Charles Martel, pour auoir
puis apres l'expositiõ du labyrinthe, & du principal plus nette, & moins interrompue.

CHARLES MARTEL.

A la sortie du second Arc, apres douze ou quinze pas, sa Majesté arriua au portal
vieil de la seconde ville, où estoiét les anciênes armes d'Auignon, lesquelles nous auõs
blasonnees au commencement de ce discours, & le Genie de Charles Martel, qui luy
recita ce quatrain.

Iadis Charles Martel desbouta de ce lieu
De son bras fudroyant la race Sarazine:
Henry y tient la foy, & la loy du grand Dieu,
Contenant en deuoir la France sa voysine.

Ce distique s'adressant au Roy, estoit escrit sur la clef de l'arc du portal.

CAROLVS MARTELLVS, QVI AVENIONENSES
TYRANNIDE ARABICA LIBERAVIT.
VICTVS ARABS PER ME, PER ME TVA MOENIA RESTANT,
AVENIO, PER TE STENT QVOQVE TVTA, NEPOS.

Blonde, & noz annalistes françois escriuent que Athinus Roy des Sarazins, qui
auoit passé les Pyrenees auec quatre cens mille hommes, print Auignon de nuict par la
trahison

trahison de Maurice Gouuerneur de Marseille, auec dessein, comme parle Blondus d'establir le siege de l'Empire Sarazin en cette puissante ville. Charles Martel ayeul de Charlemaigne ainsi nommé, pource que il fut vrayemét le marteau de ce peuple barbare, assemble vne belle armee l'an 736. & ayant long temps eu du pire, appella à son secours Luitprand Roy des Lombards, pour assieger Auignon, qu'il print miraculeusement, leuant de sentinelle plus viste que le pas ce barbare, & pardonnant à la ville: ce qu'il ne fit pas à Nismes, la faisant raser bien tost apres tout à plat, pour auoir receu Athin qui s'estoit sauué d'Auignon, par le Rhosne dans des fregates. Ce fut vn des beaux sieges, qui ayent estés veus depuis en France, & plein de merueille: si que Aymonius le compare à la prinse de Hierico, que Iosué abbatit auec les sept-trompetes. Lisez ce qu'il en dict: & sur tout ce qu'en ont escrit au long Æmile, & Blonde. Ie ne me veux distraire à se discours d'auantage: ny parler aussi de ces murailles anciennes. On en a traicté assez à autre occasion.

Ie mets Charles Martel grand pere de Charlemaigne le premier, entre les Princes de la race du Roy: d'autant que la genealogie de S. Loys d'où est yssu prochainement le Roy, est celle mesme des Capets, sur laquelle la maison de Bourbon s'est hantee, par le mariage de Beatrix de Bourbon auec Robert fils de S. Loys. Et celle des Capets est celle des Carolins descendus de Charles Martel: car Pepin fils de Charles Martel, fut pere de Charlemaigne: & en luy se firent deux branches de la maison de France, qui furent depuis vnies en la personne de Hues Capet, que Philippe troisiesme, & Robert chief de la maison de Bourbon enfans de sainct Loys diuiserent en autres deux.

CHARLEMAIGNE.

Les murailles anciennes d'Auignon estoient doubles tout à l'entour de la ville, & sôt demeurez encore entiers quasi tous les portaux doubles, auecque les vieilles lices, belles & spacieuses entre deux: en la seconde porte estoient les armoyries de Charlemagne, qui sont celles de France, à fleurs de lis sans nombre escartelees de celles de l'Empire, & dessouz, ces vers.

CAROLVS MAGNVS FVNDATOR
ECCLESIÆ AVENIONENSIS.

AVENIONÆI SVRGVNT MEA MVNERA TEMPLI,
FECIMVS HAEC, POSTHAC HAEC TVEARE NEPOS.

Nous parlerons tantost de l'Eglise Cathedrale de nostre Dame de Doms fondee premierement par saincte Marthe, puis ayant esté profanee, & abatue par les Sarazins, restablie par Charlemaigne.

Cependant sa Majesté s'auançant à cette seconde porte, s'arresta pour ouyr du Genie cet autre quatrain.

Icy Charles le grand vn de vos sainéts ayeuls
   Nostre Dame de Doms fonda dessus la roche;
Mais Henry de ses fils en valeur le plus proche
A restably l'Eglise en plus de mille lieux.

LOYS

LOYS HVICTIESME PERE
DE SAINCT LOYS.

Plus auant dans la ville, au premier coin, que rencontra sa Majesté, estoient les Armoyries anciennes de France fleurs de lis sans nombre, auec le chafau du Genie de Loys huictiesme pere de sainct Loys, contre vne maison, qui faict le quatre, se restroississant quasi en pointe de diamant. Le distique estoit tel.

LVDOVICVS OCTAVVS SECTÆ
ALBIGENSIS OPPRESSOR.

LONGA MIHI TECVM OBSIDIO DIVORTIA FECIT
AVENIO. PEREAS: DVMMODO NE PEREAS.

Les Auignonnois bien que Catholiques, s'estoient laissés embaboyner par ie ne sçay quelles sotes esperances de liberté pretendue, à suiure le party du Comte de Tholose Albigeois. Loys huictiesme grand persecuteur de cette canaille, faisant marcher son camp à Tholose pour l'assieger, & en exterminer la race, luy ayant esté promis passage en Auignon, eust depuis le refus, estant venu au faire: dequoy irrité l'assiegea sur le champ par eau, & par terre: & combien qu'il n'eust pas du meilleur de huict ou neuf mois qu'il tint le siege deuant, toutefois renforçant, & rabillant son camp à demy perdu, iura qu'il mourroit à la poursuitte: ou il se feroit entrée par la breche. Les Auignonnois espouuantés du courroux d'vn si grand Roy, se rendirent à composition. Guaguin, & certains autres ont manqué à la verité de cette histoire en trois ou quatre points d'importance. Ils disent que Loys huictiesme fit abatre de cholere les murailles d'Auignon: ce qui est controuué, & dit à plaisir: car nous auons en l'archiue de la ville la sentence authentique donnee à Paris par S. Loys, & le Cardinal S. Ange Legat de nostre sainct Pere, le 4. de Lanuier de l'an 1226. contre Auignon, où sont contenues de griefues peines, & nommement que les doubles murailles seront abbatues, auec trois cens des plus grosses maisons, que S. Antonin appelle trois cens Palais: & le rosier de France, trois cens chasteaux: les Annalistes, trois cens maisons fortes, telles que nous en voyons encore plusieurs chacune auec vne grosse tour à creneaux. Que si cela est, comme il est, Auignon estoit plus puissante, & plus belle qu'elle n'est: dequoy ie ne fais aucun doubte, veu mesmement que Noguier en l'histoire de Tholose asseure, que les Auignonnois fournirent au Comte Raymond Albigeois cent mille gens de pied, & mille cheuaux: car alors les citoyens tenoient forme de Republique, gouuernoient à Baguette, tiroient tous les deniers seigneuriaux, auoient vn terroir plus grand de beaucoup qu'il n'est. Quand à la ville, elle estoit aussi grande que maintenant: & voit on à l'œil, que tout le plus gros, & le plus habité est dans les vieilles murailles, qui prennēt depuis la banasterie iusques aux augustins, & de la au portal peint, puis à sainct Martial, au cimetiere des freres prescheurs tout du long de ce que l'on appelle encore les lices: esquelles estoit comprinse la grande fusterie: tout le reste en dehors, estoit alors les faulbourgs, & ny a autre difference sinon qu'ils ont estés mis dedās la ville. D'ailleurs il est vray que Loys huictiesme mourut à Montpelier le mois d'Octobre apres le siege leué de deuant Auignon. Puis donques, que les murailles estoient encore en estre en Lanuier suyuant, il faut que Loys huictiesme se fut leué du camp pour les faire abatre, ou que Guaguin se trompe, comme aussi en ce qu'il dict

N

auec

auec plusieurs autres, que le siege fut l'an 1226. il appert (par la date authentique de la
sentence contre Auignon ja rendüe, qui est du 4. de Ianuier en l'an 1226.) qu'il se mes-
conte d'vn an tout entier. Il adiouste que les Auignonnois estoient empestés de l'heresie Albigeoise: mais il ne trouuera iamais que despuis qu'Auignon receut la Foy par
S. Marthe elle aye esté attainte d'heresie & changé de religiõ: qui est vne grãde gloire
pour les auignonnois, & commune auec peu de villes, ou point, de toutes celles que
sont deça les monts. La susdicte sentence, laquelle sans doubte a mis la vraye cause
des peines illec contennes, & S. Antonin, ne disent autre, sinonque les auignonnois
prestoient main forte au Comte Albigeois, & se voit vn acte authentique, où est contenu, que nostre S. pere le Pape, ayant entendu qu'Auignon fauorisoit ce party, enuoya
vn Legat nommé Milon, qui y tint vn Concile National, & fit iurer les Consuls, &
principaux de la ville qu'ils ne presteroient desormais aucun secours au Comte de
Tholose. De l'heresie il ne s'en faict aucune mention entre plusieurs autres articles, qui
se iurent là dedans. Donques par sentence donnee à Paris, & suyuant le concordat
mesme faict entre le Roy, & le Pape, comme il conste, quarante villes furent cõdem-
nees à estre demantelees pour oster l'occasion à ceste gangraine Albigeoise de prendre
pied, & de troubler la Chrestienté affligee d'ailleurs en plusieurs endroicts. De ces villes furent Tholose, Narbonne, Puiault icy pres, & Auignon : où l'heresie se fut nichee
peut estre, si ses murailles, & la plus part de la ville ne fussent allees à bas: & ainsi *perie-
rat nisi periisset.* Le genie de Loys recita ces quatre vers.

CHARLES COMTE DE PROVENCE, ET ALFONSE
COMTE DE THOLOSE FRERES DE S. LOYS.

Ils estoient au coin du puis de la Cadene designez par ce distique.

CAROLVS, ET ALFONSVS AVTHORES
CONVENTIONVM AVENIONENSIVM.

*LIBERA NOBISCVM SI STET CONVENTIO PACTA;
VNDE TVIS CAVEAS TVTA, TIBI QVE SAT EST.*

ABBREGE DES SEIGNEVRS D'AVIGNON.

Plusieurs souhaittent d'entendre quelles sont ces conuentions, & comment Auignon qui estoit autresfois du Roy de France, a esté annexee au patrimoine de S. Pierre. C'est vne chose qui a plusieurs ressorts: & qui desireroit bien plus grand loisir pour
estre pesee comme elle le merite. I'en toucheray vn mot de ce qu'en auons entendu
ces ans passez par les contrats authentiques qu'on a recherché à cet effect fort soigneusement, pour estre la chose importante.

Auignon soubs l'Empire Romain, comme ie disois n'agueres, viuoit en liberté, &
en forme de Republique associee, & confederée auec le peuple de Rome, quand les
Bourguignons descendans d'Alemaigne se saisirent de tout ce que s'appelle auiour-
d'huy Bourgeigne, Daulphiné, le Comté Venicin, & Prouence, qu'ils nommerent le
Royau

Royaume de Bourgoigne, auquel estoit comprinse Auignon. Là dessus Clouis Roy
de France premier Chrestien prent en mariage Clotilde fille du Roy. La race Bourguignonne defaut peu apres: le Roy de France à cause de sa femme demeure le maistre de tout ce nouueau Royaume, qu'il consigne à son fils Thyerry, le faisant nommer
Roy des Bourguignons, lequel en fut bien tost depossedé par Theodoric Roy des
Gots irrité par Clouis, & induit de se ruer sur la Prouence qu'il gaigna presque toute,
& fut le troisieme Seigneur d'Auignon, iusques apres sa mort, que Amalazunte sa femme la rendit à Theodebert fils de Thyerry Bourguignon ia decedé. Thibaut succeda
à Theodebert son pere audict Royaulme qu'il perdit par son mauuais mesnage, ayant
irrité Iustinian l'Empereur, qui le luy enleua quasi tout. luy en restant que bien peu de
la haute Bourgoigne, laquelle retourna encore aux Roys de France, iusques à tant que
Clotaire partageant à ses enfans son Royaume, fit heriter Guntrand de ce peu qui restoit du Royaume de Bourgoigne, lequel recouura incontinent de Iustin l'Empereur,
le reste que Iustinian auoit enuahy: & qui est bien plus, se trouua tost apres maistre de
l'vn, & de l'autre: de France, comme tuteur, qu'il remit à Clotaire second fils de Chil-
peric: & de Bourgoigne, qu'il donna a son nepueu Childebert, auquel depuis succeda
son fils Thyerry, qui eust de rechef les deux: & apres luy bien long temps, les autres
Roys de France, qui ne firent qu'vn Royaume de la France, & de la Bourgoigne iusques au petit fils de Charlemagne.

Ce fut Charles le Chaulue, lequel pour monstrer qu'il auoit puissance de faire les
Roys, l'an 877. bailla en pur don à Boso frere d'Hemengarde sa femme, tout ce que
s'appelloit anciennement le Royaume de Bourgoigne, nommé du depuis Royaume
d'Arles, & par ainsi Auignon fut soubs les Roys d'Arles, ce que neantmoins ne fut
pas de longue duree. Car Rhodolphe cinquiesme, & dernier Roy d'Arles, estant lassé,
& indigné des renoltes de ses subiects, qui le gourmandoient à outrance: se resolut de
leur donner vn Pedagogue en teste, qui les domteroit bien, nommant heritier de son
Royaume Conrad l'empereur, lequel n'en iouyt pas preuenu de la mort: mais si firēt
bien les deux Henrys ses successeurs à l'Empire, iusques à la proscription de Henry second, lequel ayant esté excommunié & proscript pour ses excés, & son Empire baillé
en proye, chacun commença à se cantonner: & entre autres se leua vn Gilbert de la race de Boso premier Roy d'Arles, qui reatra es biens de ses ayeuls, & fut le premier
Comte de Prouence l'an 1070. toutefois quasi plus de nom, que de faict: car les principales villes comme Marseille, Arles & Auignon secouerent le ioug, ne voulāt point
recognoistre leur superieur, & souuerain Prince. Cependant Gilbert, qui ne pretēdoit
pas moins pour cela sur lesdictes villes, venant à mourir, ne laisse que deux filles heri-
tieres du Comté de Prouence à l'egal: l'vne mariee à Alphonse Comte de Tholose:
l'autre à Berengarius Comte de Barcelone, qui firent partage dudict heritage: demeurant tout ce qui estoit depuis Nice, & Marseille iusques à la Durence à Berengarius
Comte de Prouence, mary de l'aynee: & depuis la Durēce iusques à l'Isere à Alphōse:
excepté Auignon, & son terroir, qu'ils exceptent nommement dans le côtrat daté de
l'an 1125. le 15. de Septembre. Car voyans qu'elle ne vouloit ioindre à leur obeyssance,
pour la tenir mieux en deuoir, ou pour quelque autre raison, que ie ne sçay pas, s'é re-
seruerent la Iurisdiction à moitié: qu'a esté la cause, que depuis Auignon auec ses appartenances, est demeuree separee du Comté. Des lors lesdits Comtes y pretendirent
leurs droits, à moitié iusques à tant que s'estāt opiniastree en cette liberté imaginaire,
languissante sans chef, & galopant à sa ruine, mesme desia presque accablee de mille,
& mille seditions ciuiles, & du siege de Loys huictiesme, print expedient, & fit sage-
N 2

ment

ment, pour remedier à tout , de recourir à vn gouuernement plus asseuré : & se ietter
entre les bras de ses deux Princes Comtes de Prouence,& de Tholose,pour lors deux
freres de sainct Loys. La resolution fut de les aller trouuer à Beaucaire,& de leur demander pardon de leurs excés,comme ils firent,l'an 1251.& il appert par le preambule
desdictes conuentions:& furent illec contractees , & iurees les franchises,& libertés
anciennes d'Auignon,& autres paches le 7.de May de ladicte annee 1251.Regnât pour
lors en France S.Loys. C'est ce qu'en Auignon l'on appelle les conuentions, le fondement de leur police,la cresme de leurs loys,les marques,& arres de leur ancienne grãdeur,qu'ils presentêt aux Legats à leur entree pour les iurer,& les maintenir, ainsi que
les saincts Peres les ont confirmees. Apres tout cecy Charles Comte de Prouence est
faict Roy de Sicile,& laisse apres soy Charles second son fils heritier de ses Comtés &
Royaumes. Alfonse de Tholose mourant sans hoirs Philippe Roy de France , & de
Nauarre fils de S.Loys,suyuant le concordat de Paris,luy succede au Comté de Tholose. Depuis Philippe le beau petit fils de sainct Loys , mariant son frere Charles de
Valoys,auecque Marguerite fille dudict Charles second,luy donne en côtract de mariage la moitié,qu'il auoit d'Auignon,entant que Comte de Tholose.La donation est
datee du mois de Septembre de l'an 1290.à Paris.

    D'où appert que Charles second Comte de Prouence Roy de Sicile demeure *in
solidum* maistre vnique,& absolu de la ville d'Auignon:ce qu'estant bien remarqué, le
principal s'entendra sans difficulté. Robert Roy de Sicile,& de Prouence, ayant succedé à son Pere Charles second , faict son heritiere vniuerselle en son testament daté
de l'an 1343.le 17.de Decembre à Naples,Ieanne fille de Charles de Calabre fils dudict
Robert,& non pas fille de Robert comme l'a pensé,& escrit de Clapiers,pour n'auoir
veu le testament,ou s'il l'auoit veu,l'ayant voulu feindre de sa teste comme beaucoup
d'autres choses qui luy ont coulé de la plume. C'est cette Ieâne Royne de Naples , &
de Sicile, Duchesse de Calabre, Comtesse de Prouence, Dame maistresse , & totale
d'Auignon,heritiere vniuerselle de toutes les terres de son ayeul,laquelle vendit Auignon pour la somme de huictante mille florins d'or de Florence,qu'elle côfesse auoir
touché,à nostre sainct Pere le Pape Clement VI.seant pour lors en ladicte ville:le côtrat de vente est daté du 9.de Iuin en l'an 1348 septiesme du Pontificat dudict Clemêt,
receu à son nom par Estienne Euesque de sainct Pons Chambellan de sa saincteté: &
par Nicolas de Atheolis,& Iean de Laucan Conseillers Royaux au nom de la Royne.
Voyla en peu de mots *ab ouo* l'abregé de cet achept puisé fidellement des sources , &
fontaines mesme, pour estancher la soif de ceux , qui desiroient en sçauoir quelque
chose au vray,& fermer la bouche à vn ras de deuins,qui en parlent,& deuinêt,com-
me bon leur semble,& sur tout à du Haillan,lequel pour brouiller les cartes, à escrit
sans fondement,que la vente auoit esté faicte à Clement VII.le Schismatique.Petrar-
que, dict aussi qu'il n'y eust point d'argent touché,ains que ce fut vn eschange de la
ville,auecque certains arrierages du fief du Royaume de Sicile. Il eust dict autremêt,
s'il eust veu le contrat de l'achept,& autres papiers par lesquels il conste irrefragable-
ment,& du temps,& du lieu,& du nom du commissaire,qui deliura l'argent au nom
de sa saincteté.Voicy maintenant ce que recita le Genie,sur ce suiect, par Apostrophe
au Roy.

S. PIER-

SAINCT PIERRE DE LVXEMBOVRG
CARDINAL.

Le Roy est yssu de la maison de Luxembourg, par le mariage de François Comte de Vendosme bisayeul de sa Majesté, auec madame Marie de Luxembourg, qui aporta de grands biens en cette maison. Les armoyries de ce sainct estoient dessus ces deux vers.

S. PETRVS A LVXEMBVRGO AVENIONENSIVM
DIVVS TVTELARIS.

CREBRA MEO GENERI PASSIM MIRACVLA FIVNT:
HENRICO MIRVM QVID MAGIS ESSE POTEST?

Ie ne me souuiens pas d'auoir encore leu qu'aucun sainct aye faict de miracles en plus grand nombre que S. Pierre de Luxébourg. L'on en compte en sa vie mille neuf cens soixante quatre, & quarante deux morts resuscités dans les deux ans seulement, qui suyuirent son trespas: ils ont tous estés ramassez par le commandement de Charles sixiesme Roy de France, & redigez en trois gros tomes, que l'on voit deüement seelez, & authentiquez auec les lettres du mesme Roy, & de l'Vniuersité de Paris de l'an 1389. deux ans apres sa mort, qui contiennent requeste à Clement 7. de le canonizer: & ensemble vne bulle dudict Clement donnant la charge à trois Cardinaux d'instruire le procés ordinaire, & rechercher authétiquemét les miracles, qu'ils recueillirét, & seellerét en ces trois tomes, que ie viés de dire. Ie ne veux entrer pour maintenár en cette mer, & beaucoup moins m'eslargir sur le grand nombre d'autres miracles, qui ont esté faicts en Auignon, comme celuy de saincte Marthe, de sainct Benezet qui bastit le pont miraculeusement, de la dedicace de nostre Dame, & d'autres sans nombre, qui ne sont rien à mon propos, & ont estés traictés autre part. Ie reuiens à sainct Pierre de Luxembourg. Ses reliques sont honorablement gardees au tresdeuot, & tresdigne monastere des peres Celestins, & fõt de iour à autre plusieurs miracles. Le Genie ioüa ce quatrain sur vn rencontre de monsieur d'Eureux, & du Pere Richeome les deux bouches d'or de France.

Sainct Pierre Luxembourg grand fauory de Dieu
Tous les iours faict miracle, & œuures nompareilles
Ce grand Roy vostre espoux, madame, est son nepueu:
La merueille des Roys, & le Roy des merueilles.

Il mourut à Ville-neuue delà le pont, aagé seulement de dixhuict ans, l'an 1387. le premier de Iuillet, enseuely en Auignon au cęmetiere des pouures, où depuis se bastit le monastere, & Eglise des peres Celestins, lors que l'on batoit le Palais contre les Schismatiques.

LES DEVX CARDINAVX DE BOVRBON
LEGATS D'AVIGNON.

Il y auoit vn distique pour chacun soubs leurs armoyries, & vn Genie, qui recita pour tous deux le sixain.

CAROLVS BORBONIVS
CARDINALIS LEGATVS.

PVRPVRA ME CLARVM, CLARVM LEGATIO FECIT,
NIL SINE CONSILIIS, MI BELIEVRE, TVIS.

　　　　　　　CARO-

CAROLVS BORBONIVS
ALTER.
CARDINALIS LEGATVS.

QVIS DVBITET CIVES CORDI IAM REGIBVS ESSE,
QVOS TOTIES REXIT REGIA PROGENIES?

Auignon, d'où te vient la faueur syderee,
D'ainsi rauir le cœur de nos Princes françois
Nourriciere de tant de Papes autrefois,
Qui t'ont de murs, de loys, de Palais honoree ?
Ie le sçay, ie le voys : tu es sur tout cela
Le Latran de ceux cy, le Louure de ceux la.

SOMMAIRE DE LA LEGATION D'AVIGNON.

Sur la fin des troubles, & embrasemens suscitez, en ces quartiers par Pierre de Luna, le Concile de Constance, & sa saincteté constituerent par deça Vicaire general du sainct Siege, François Archeuesque de Narbonne homme de grand conseil: lequel se gouuerna si dextrement, & auec tel contentement de tous, & succés de son gouuernement, que Martin cinquiesme trouua bon de le faire Legat perpetuel, & mesme de dresser vne legation formelle en cette ville auec tres-ample authorité: les bulles en furent despechees apres la fuite dudict de Luna, l'an 1418. le 27. de Iuillet. Ce fut le principe, & fondement de la legation, qui a depuis continué en Auignon par les successeurs de François, qui ont esté douze iusques à maintenant, au grand emolument du sainct Siege, & auancement de la Chrestienté.

François premier Legat decedé, le Concile de Basle luy subrogea Alfonse Cardinal de S. Eustache l'an 1433. & à Alfonse le Cardinal de Foix, duquel nous parlions peu auparauant, l'an 1464. Puis apres, Charles de Bourbon Archeuesque de Lyon succeda au Cardinal de Foix l'an 1465. l'on pense qu'il fut fils de François Comte de Vendosme bisayeul du Roy, & de Marie de Luxembourg. Barthelemy de Belieure citoyen de Lyon, qui estoit tout son conseil, & auoit faict pour ses affaires, le voyage de Rome 14. fois : luy apporta ensemble le chapeau de Cardinal, & les bulles de la legation. Apres Charles de Bourbon fut faict Legat Iulien de Ruuerre, l'an 1476. qui a faict bastir tout le deuant du petit Palais estant Archeuesque, & Legat d'Auignon : depuis il fut Pape Iule second. George d'Amboise le suiuit, l'an 1503. vn des grands prelats de son siecle, auquel succeda Robert Breton Cardinal l'an 1511. Plusieurs pensent qu'il ne fust pas Cardinal : Onuphre tient le contraire, & moy aussi. Apres le trespas de Robert, le grãd Cardinal de Clermont, qui fit bastir la Mirande au grand Palais, tint la legation depuis l'an 1514. iusques à l'an 1541. que le Cardinal Farnese fut Legat, grand bienfacteur des Iesuites, & fõdateur de cette somptueuse Eglise de leur maison professe de Rome, qu'il a faicte bastir à la Royalle. Il estoit ensemble Archeuesque d'Auignon, & eust pour successeur en la legation Charles de Bourbon Archeuesque de Rouan fils de Charles Comte de Vêdosme grand pere du Roy l'an 1565. lequel pour se soulager parmy tant d'autres grands affaires, qu'il auoit entre les bras, s'associa en cette dignité George d'Armagnac oncle du Roy, la mesme annee 1565. la memoire duql est si auãt

grauee

granee dans les cœurs des Auignonnois, qu'ils pleurent encore la playe qu'ils receurēt
à son trespas : aussi estoit ce le prelat le plus affable, le plus Royal, le plus magnifique,
& ausmounier : le plus affectioné a tous les ordres religieux, le plus zelé à la religion
Catholique, le plus respecté de tous les grands, voire des ennemis de la foy, le plus admiré du peuple, le plus aymé de tous vniuerselement, le plus accomply de toutes les
qualités requises en vn Prince de son estoc, & de sa charge, que son siecle aye veu, &
que peut estre l'on puisse voir de longues annees. Il mourut l'an 85. de ce siecle, & de
son aage : & fut enseuely à nostre Dame de Doms, laissant toute la ville bagnee en larmes. Octauius de Aquauiua maison tresnoble, ancienne, & si acquise de tout temps à
la France, luy succeda l'an 1593 fils, & frere du Duc d'Atria, frere d'vn martyr Rodolphe Aquauiua : nepueu du general des Iesuites : l'vn des plus grands, & capables cer-
ueaux du sacré college des Cardinaux.

Voila tous les Legats d'Auignō à l'occasion des deux de Bourbon, de Foix, & d'Armignac, tous du sang Royal, qui font vn tiers de tous les autres Legats.

GEORGE D'ARMAGNAC
CARDINAL
COLLEGAT.

Voicy le distique, qui accompagnoit ses armoyries, & le chafau dressé au puys de
l'arrape, non guere loing de l'entree du change.

*CARA TENE LACHRYMAS, AVENIO, MORTVVS ILLE
IN NOSTRATE MEVS REGE REVIXIT AMOR.*

L'alliance des Princes d'Armagnac, auec les Roys de Nauarre, & la maison de Foix
est notoire. Gaston de Foix Roy de Nauarre entre autres filles, eust Ieanne seur du
Cardinal de Foix, laquelle se maria au Comte d'Armagnac : voyez ceux, qui en trai-
ctent plus amplement. Cecy est le huictain que recita le Genie.

> *Mon prelat d'Armagnac oncle de cette Dame,*
> *Sang Royal de noz Roys, sortez de cette lame.*
> *Quittés vostre tombeau : venés voir voz nepueux*
> *Au desiré seiour d'Auignon vostre amie :*
> *Vous fustes en viuant la vie de sa vie,*
> *Et fussiés en mourant son tombeau tenebreux,*
> *Ne fussent de noz Roys les graces fauorables,*
> *Qui viennent visiter voz cendres honorables.*

L'ARC

NEQV... GRATIAS
IAM SP... ONTE
CAD... ENT
ΕΙΣ ΚΟΙΡΑ.
ΒΙΣΣΩΝ
DETVR
FORTIORI
8
13
SVME PARENS NOSTROS OCVLIS EMENSE LABORES etc
SEQVIMVR QVOCVNQVE VOCARIS.
HAC TIBI CVSTODITA CAPE.
ASPICIT VRBES IMMVNES TANTI
BELLI ATQVE IMPVNE QVIETAS
4
RAPIT OMNIA SECVM
le Theatre long de
iq. pieds: large de 7.
7
12

L'ARC TROISIESME DV
LABYRINTHE ROYAL·
SVR LA REDVCTION DES
villes à sa Maiesté.

CHAP. XI.

A PRES les rencontres de Charles Martel, de Charlemagne, des Cô-
tes, de S. Pierre de Luxembourg, suiuoit l'arc troisiesme esleué à
l'entree de la place de la Saunerie.

I. Son THEATRE estoit tapissé de taffetas incarnat, blanc, & bleu
enrichy d'vn ordre de colomnes de Iaspe bleu, qui portoiët vn bal-
lustre faict de verdure auecque ses liurces. A l'arriuee de sa Majesté
le grand couple des vnze violons, qui s'estoit rendu là à poste, joüa
la guerre auec vne tresgratieuse, & Royale harmonie : tout aussi tost sortirent quatre
pygmees armés de pied en cap, d'armes toutes dorees faictes expresses, sur des hoc-
querons de guerre à l'antique de diuerses estoffes : qui commencerent à battre contre
vne grue toute viue, au son de cette guerre à coups de flesche, & de dragees musquees,
qu'ils iectoient auecque leurs Arcs & Arcagelets. La Royne print vn singulier côten-
tement tant de ce bel accord si bien concerté, que de voir de ces petits enfans le plus
d'esprit, que de corps. A l'arc deuxiesme elle auoit eu matiere de l'armes, icy elle l'eust
de rire : sousriant à tout coup à la demarche, & aux attaques de ces champions.

Ces quatre pygmees estoient quatre Cupidons representans l'amour, & l'affection,
auecque laquelle les villes se rendirent à sa Majesté. L'on print suject de cette inuention premierement, de ce que les Romains, au rapport d'Athenee, mettoient tousjours
la statue de Cupidon, auec celle d'Hercules : pour moustrer que c'estoit vn Dieu puissant, & Herculin que Platon mesme dit estre le plus fort de tous les Dieux. Mais principalement on s'estoit fondé sur vn beau tableau de Philostrate, où il descrit ainsi les
Amours. Il y a, dit il, vn tresbeau Iardin remply de playsans arbrisseaux, plantés, d'vne
façon tresagreable à voir : moustrât de toutes pars de belles allees esmaillees de fleurs,
& tapissees d'vne herbellette tresfreche, si molle & delicate, que l'ô ne sçauroit se coucher sur aucune autre plus douce, & agreable. Des branches de ces beaux arbres pendent des fruicts iaunes, & luisans ressemblans à l'or, ausquels les amours se tournent,
& voltigent à l'entour, auec vne demarche disposte, & gaillarde : ayans attaché aux
arbres leur carquoys dorez pleins de flesches. Et d'entre eux quatre des plus beaux
sont escartés des autres, desquels deux se iouent, & s'entreiettent des pommes tour à
tour ; les deux autres descochent des sagettes l'vn côntre l'autre, & ne se monstrent
neantmoins au visage aucunement courroucés : ains chascun d'eux presente sa poictrine nuë : afin que les traicts ne tombent en vain, mais qu'ils blessent la où ils sont
dressez. Voila vne partie de cette peincture de Philostrate.

Cet arc troisiesme, comme nous verrons apres, est basty sur la parallele du Iardin

O

des

des Hesperides , d'où Hercules eust les pommes d'or, image de la France , Iardin de l'Europe rendue au Roy. Ioignant doncques ce dessein auecque l'inuention de Philostrate, l'on fit iouër ces quatre Cupidons, s'entrechoquants premierement l'vn l'autre, & puis auecque la grue : mais auec bales douces de sucre musqué : comme les Cupidons de Philostrate se iettoient des pommes odoriferantes l'vn à l'autre : qui est vne marque d'amour, que Virgile a exprimé en la personne de Galatee que signifie françoise. *Malo me Galatea petit.*

Il ny a oyseau, qui soit d'vn Hieroglyphique plus haut, & Royal, que la grue : voyez Valerian au liu. 17. *quo exercitus ducem ab hostium insidijs se custodientem significarēt , proponebant gruem vigilem, hoc est lapillum pede sustinentem.* Les anciens pour descrire vn vaillant capitaine, & maistre de champ, depeignoient vne grue vigilante soustenant d'vn pied vne petite pierre. Alexandre le grand, comme l'a escrit Ammian Marcellin , quand il estoit question de veiller pour quelque haute entreprinse, imitoit cet artifice, tenant en main vne boule d'argent, laquelle tombant dans vn bassin, qui estoit dessouz, l'esueilloit, auant qu'il fut surpris du sommeil. Il est notoire , que les hommes ont apprins de la grue la prudence de dresser les armees, mettre les cors de garde, poser sentinelles, marcher auec ordre en bataille , supporter patiemment toute sorte de trauaux : aussi est elle le symbole de patience, d'industrie, de courage , & perseuerance. Mais ie vous prie quel Roy sceut iamais mieux dresser & gouuerner vne armee que sa Majesté ? qui fut onques si patient au trauail, si accord & aduisé aux entreprinses ? si vigilant aux poursuittes ? si constant, à ce qu'il a vne fois bien commencé ? cette bataille doncques des pygmees natiō. au rapport de Pline, laquelle ordinairement à guerre ouuerte auecque les grues, ne fut pas impertinente , pour monstrer que toutes les guerres des villes de France se sont fondues en sucre, & nectar d'vn amour non pas aueugle, & volage (tel que celuy de Venus) mais armé, fort, constant, solide, & plein de prudence , equité , & consideration : c'est pourquoy, on auoit coupé les aisles , & desbandé les yeux à ces quatre Cupidons armés de pied en cap, & se batans sans se batre : se blaissans sans nauirer : demarchans à l'accord, & harmonie d'vne generalle reuniō, & amitié de ce Royaume rallié auec son Prince naturel , que Dieu luy a donné auec tant de merueilles : melodie plus douce, & suaue à l'oreille d'vn Roy, qu'vn Diapason à cinquante parties. Et certes l'on peut dire auec verité, que ç'a esté vne reciproque bataille d'amour, que cette reduction des villes : car si elles y ont apporté de l'affection, tant que chacun sçait, le Roy les a vaincues de douceur, de clemence, & d'amour : ne sachant estre veincu non plus en honnesteté, & amitié , qu'en bataille. Les quatre Cupidons entrans en lice dirent ces petits vers.

PYRRHIQVE FRANCOISE
DES AMOVRS.

I.		I.
Nous domptons glorieux		*Sur cette herbette*
Les hommes , & les Dieux :		*Fraische, & tendrette*
Nostre main enfantine		*Du Iardinet*
Tout le monde butine :		*Mignardelet*
Et contre nostre effort		*Des lis de France,*
Mesme Hercul n'est prou fort.		*Et de Florence*

Quelle   *Faisons*

II.

Quelle est la force,
Que ie ne force?
Mes petits traicts,
Et mes attraicts,
Ont leur Empire
Sur tout Empire

III.

Et qui n'ard
De ce dard?
D'où i'enflame
Dans vne ame,
Vn glacier
En buchier

IV.

C'est ma flesche
Qui faict bresche,
Dans les cœurs
Des veincueurs:
Par ma prise
Ie maistrise
Soubs mes Loys
Les grands Roys.

Faisons plouuoir
De ce drageoir
Force greslette
Belle & doucette

II.

Cette greslette
Belle, & doucette
Ensucrera,
Et confira
A la naissance
D'vn fils de France
Toutes aigreurs
De noz malheurs.

III.

Auecque noz ailerons
Ailleurs plus ne volerons:
Noz flesches desempenees
Dans les Isles fortunees
loüeront sans offenser
Ceux que nous voudrons blesser.

1.   *Ie veux outrer de mon dard*
     Le grand Prince Sauoyard.
2.   *Et moy le grand Roy de France.*
3.   *Moy la perle de Florence.*
4.   *Et moy aussi les vassaulx*
     De ces deux Princes tres-hauts.
1.   *Ainsi la France, & Sauoye*
     Viuront en paix, & en ioye,
     Pas les apeaux tendrelets
     Des freres encarquellez.

LES SEPT HOMMES DOCTES
DE FLORENCE.

LES PYGMEES furēt suiuis en mesme Theatre, de la plus part des plus doctes personnages, qui ayent esté en Florence : ou ils ont merité quasi tous, des statues publiques.
Ils s'estoient rangez tous debout contre la tapisserie, vestus à l'ancienne Romaine, co-
ronnez de laurier. PETRARCHE tenoit le premier rang, pour auoir esté esleué dés l'aage de sept à huict ans en Auignon, qu'il appelle son pays, en l'epistre qu'il a escrit à la
posterité, ou il confesse d'auoir escrit quasi toutes ses œuures icy pres, à la fontaine de
Vaucluse, qu'il à si hautement chantee, source de nostre Sorgue : ou se voyent encore

auiourd'huy les masures de la maison de ce rare esprit Prince de la poësie Toscàne, & restaurateur de l'Eloquêce latine, qui sans luy s'en alloit perdue. DANTHES le suiuoit, bien que plus aciê, & maistre de Petrarche: il ne luy a que mãqué la pieté, & le suiect digne de sa plume pour estre le Phœnix des Poëtes Italiés. Apres ceux cy estoient par ordre ceux qui s'ensuiuent. ACCIAIOLVS de noble maison, grand Grec, & Latin: & qui s'est meslé fort auant & pertinemment au gouuernement de sa republique. ANGELVS POLITIANVS qui fit teste à Chalcondyle homme Grec faisant profession des lettres en Florence, & escriuit la mort plus que funeste de Laurens de Medicis, comme ayant esté tout de cette maison, mere nourriciere des sciences, qu'il a grandement ornee en ses doctes escrits. MARSILIVS FICINVS petit de corps, mais Geant en esprit, excellent Philosophe, qui braua Theodore, Argyrophile, & Trapezunce en leur propre langue Grecque: vniquement heureux à translater les autheurs Grecs en Latin : il eust pour Mecenas, & esperon de ses estudes Cosme de Medicis surnommé le grand: & apres luy Pierre fils dudict Cosme : & Laurens fils de Pierre : & toute la maison de Medicis, de laquelle il estoit nourry, & stipendié. IAQVES L'ANGE geographe excellent. BAPTISTE ALBERT homme docte, & treseloquent & quasi versé en toutes choses, l'vn des rares Architectes peintres, & Mathematiciens, qui ayent esté. Ie laisse à part beaucoup d'autres qui y ont fleury depuis. Tous ceux cy reciterent ce peu de vers que s'ensuit.

PETRARCHA.
SCAZON.

Quamuis quaternos arnus alluens pontes,
Florentiámque templa floridæ matris,
Valuǽque Martis fusiles honestabant :
Auenionis pergama tamen, & soles
Placuére sudi : scilicet mei Lauram
Cecinere rythmi. Cur videre Reginam
Mihi negatum, quæ decore Dianam,
Centúmque Lauras vincit, & Iouis matrem?
Mihi Laura nulla diceretur : ast vna
Maria per me in orbe viueret toto.

DANTHES.
EPIGRAMMA.

Ingenio si par pietas, probitásque fuisset,
Vatibus antiquis annumerandus eram.
Maior ab exilio parta est mihi gloria, nec te
Pæniteat patrios deseruisse lares.
Vna prius de te certabat Ethruria, posthac,
Reginam repetunt te duo regna sibi.

A C-

ACCIAIOLVS.

HENDECASYLLABVM.

Quid vultu, digitóque subnotas me,
Et dicis procul: hiccine Acciaiolus
Græcæ tam lepidus cliens Mineruæ?
Me quem dixeris esse non recuso.
At cur in Cauarum locis Ethruscus?
Quid Græcum vetat esse in vrbe Græca?
Sed grates ago, Cauaresque magni,
Quòd sub te duce, præque eunte veni,
Vt incommoda nauigationis
Gratarer, Zephiro fauente, victa,
Aduentumque meæ canam Mariæ,
Vt propter Rhodanum videns Ethruscos,
Non Tuscos putet esse tantùm ad Arnum.

ANGELVS POLITIANVS
ODARION
TRICOLON TETRASTROPHON.

Cùm parricidæ dextera pactij,
Præcépsque ferrum duceret impium
Laurentis extincti triumphum
Tartareum quatiens flagellum.
Me vidit atro pollice lugubres
Pulsare chordas, & prece supplici
Mulcere diuos, Orpheique
Musa memor ferijt Poetam.
Sed nulla manes cura tenet meos,
Quàm Iulianæ quòd mea Laureæ
Non iunxit optatum Mariæ
Musa citis Hymenæon astris.
Exi sepulchro, Calliope, & nouos
Effunde cantus: dic age, Tibia
Thalassion felix Mariæ.
Da Thalamos Hymenæe lætos.

MARSILIVS FICINVS
HYMNVS
DICOLOS DISTROPHOS.

Heros optime , maxime,
    Clari Cosme parens, fautor & ingeni,
Quoque afflante decus
    Ficinus latio reddidit Atticum:
Annon progenies tua hæc
    Cultrix nobilium nobilis artium
Maria æmula Pallados?
    Haud Regina tui sanguinis immemor
Musas & retine, & voca :
    Atque antiqua suæ visere Galliæ
Nostros fac iuga Cinthios.
    Sic te de Medicis iure vocabimus.

LEO BAPTISTA ALBERTVS
PROGNOSTICVM HENDECASYLLABICVM.

Per me digerit orbis inuidendas
Ad certam referens domos libellam:
Per me saxa ligant, opusque texunt
Coßo puluere, sordidóque Topho,
Et fundamina collocant Etrusci,
Atque aulas gemino polo minantes,
Quales de Medicis vides penātes.
Tu maioris opus locare molis,
O Regina, paras, statúmque regno
Fundamen dabis vna Gallicano.
Non Tuscis adeo excitare turres,
Sed fundare datum est, & alta regna.

IACOBVS ANGELVS
TETRASTICHON.

In Ptolemæanos non pænitet iße labores,
    Et mundum in pluteo continuiße meo.
Fas mihi promeritum lauros hoc nomine dici,
    Omnia quæ pinxi, si mea Tusca regit.

Le fonds du Theatre estoit embelly de cette inscription, que l'on pouuoit lire à loysir cependant que les enfans ioüoient, & par ce moyen voir en vn clein d'œil le proiect de l'arc.

LE TROISIESME ARC TRIOMPHAL DV LABYRINTHE ROYAL DE LA REDVCTION DES PRINCES, ET VILLES DE FRANCE IARDIN DE L'EVROPE, REPRESENTE PAR LE VERGIER DES HESPERIDES, OV HERCVLES ENTRA, ESTANT LE DRAGON ENDORMY, COMME LE ROY EN SON ROYAVME, APRES QVE LYON PREMIERE CLEF, ET VILLE FRONTIERE DE FRANCE SE FVT RANGEE AV DOVX REPOS, ET SOMMEIL DE SON OBEISSANCE. LE CHESNE.

QVANT A LA fabrique de l'arc il estoit de l'ordre Corinthe (qui est tout amoureux, & verdoyant) à deux faces, solide, & de relief : & a mon aduis le plus beau, & le mieux proportionné de tous, & qui approchoit le plus des arcs triomphaux anciens, que l'on dressoit au triomphe des Empereurs. Il auoit de diametre quatorze pieds: de iour soubs la clefs, seze pieds : de large dixsept : de haut en tout trente cinq. La voute où plôye en sa surface estoit de quinze pieds de long: & de trente de large, enrichie de fleursdelis & chifres de la Royne, & du Roy, de couleur iaune en champ d'azur. Les colomnes de la premiere face estoient de Iaspe verd, auec deux thermes de bronze de testes de belier, pour les raisons, que ie diray apres, la corniche iaspee de rouge, & au contraire les colomnes de la seconde face de iaspe rouge auec autres deux thermes bronsez : & la corniche iaspee de verd, tous les deux frontispices du mesme ordre Corinthien finissoient auec rouleaux : tous les piedestals, & stylobates diuersifiez de plusieurs sortes de Iaspe. II.

IL ESTOIT DEDIÉ à Iupiter, que Romulus appella *Stator*, pour auoir arresté ces ennemis, qui le talonnoient de pres. Iupiter enseigna les mortels agrestes, & viuãs comme bestes à se rallier, & mener vne vie ciuile : à viure selon les loys : à s'entr'aymer les vns les autres : à cultiuer la terre : à limiter les possessions & se tenir chacun chez soy. III.

> *Ante Iouem nulli subigebant arua coloni*
> *Nec signare quidem aut partiri limite campum*
> *Fas erat: in medium quærebant.*

Chacun en prenoit, où il en trouuoit, *per fas, & nefas*, iusques à tant, qu'ils se laisserent instruire à Iupiter & se gouuerner par ses loys : *Nam rudes adhuc populos legibus à se constitutis parere persuasit*, disent les mythologistes parlant de Iupiter, lequel la fabuleuse antiquité, pour cela appelloit le Dieu d'amitié, & de reconciliation.

> *Iupiter hospitibus nam te dare iura loquuntur.*

Ce boufon de Lucian le saluë ainsi, au commencement de son Misanthrope, ὦ ζεῦ φίλιε, ξένιε, ἑταιρέιε, ἢ νεφεληγερέτα.

> *O bon Iupin, qui ramassez*
> *Les amis, que vous cherissez,*
> *Et les nations esgarees,*
> *Et les nuees dißipees.*

Ce Iupiter n'eſtoit autre, qu'vn Roy ſage, & puiſſant, qui ſceut bien renger ſon peuple, & policer ſon eſtat : δίας οἱ παλαιοὶ ἐκάλουν τοὺς βασιλεῖς. *Les anciens*, dict Iſacius, *appelloient Iupiter tous les Roys*. Et de vray le Roy a eſté le Iupiter de la pouure France: elle eſtoit quaſi toute en friche, il l'a cultiuee : chacun y eſtoit maiſtre, & Roytelet, il a eſclairey les bornes & limites de ce qu'appartenoit à vn chacun : tout eſtoit diuiſé, diſſipé, en deſordre: il a remis toutes ſes villes, rallié tous ſes Princes, reconcilié toutes les prouinces, & factions de ſon Royaume : cela a faict preſter c'eſt arc à Iupiter.

IV.   Povr la parallele, eſtoit depeinct au frontiſpice, le beau Iardin des Heſperides portant les pommes d'or, auec le dragon dormant à la porte, & au dedans du Iardin Hercules, auec ſa maſſue leuant le bras pour en abatre : l'ame eſtoit cette cy.

NE QVATIAS, IAM SPONTE CADENT.

La fable d'Hercules eſt notoire, qui entra dans le Iardin des Heſperides ayant premierement aſſoupy le Dragon ſuruueillant, qui gardoit l'entree. Vn de noz Roys interrogé d vn autre grand monarque, des finances, que pouuoit bien porter la France tous les ans à ſon Prince : luy reſpondit, que c'eſtoit vn Iardin plantureux, qui luy rendoit tout autant qu'il vouloit. Et au vray dire, la France eſt le Iardin de l'Europe, où germent les fleurs de lis, où fleuriſſent les belles roſes, & fleurs de Florence : que s'il a eſté loyſible à Denis d'Halycarnaſſe de dire que la Lombardie eſtoit le Iardin de l'Italie : bien plus le ſera il de le dire de ce Royaume le plus fleuriſſant, & abondant en toutes choſes, que ſoit en l'Europe, & duquel la Lombardie autresfois a eſté vne petite planche. Si la France eſt vn beau Iardin aux pommes d'or, qui ſont les villes des plus belles du monde : elle à auſſi vn dragon, & vn lyon à la porte : Ie dis la ville de Lyon premiere clef frontiere de ce Royaume. Or comme Hercules ayant ou endormy, ou domté le Dragon portier, fut maiſtre du Iardin deſiré : ne plus ne moins le Roy, apres que ſa bonne ville de Lyon ſe fut rangee à ſa Majeſté, & comme endormie au doux repos, & ſommeil gratieux de ſon obeyſſance, recouura quaſi en vn inſtant tout le reſte du Royaume prenant le branſle, & exemple de cette fidele gardienne, & portiere de la France.

Ie ſçay bien qu'apres le ſacre, & conuerſion du Roy, Meaux fut reduit incontinent par M. de Vitry ſon Gouuerneur : & que bien toſt apres ſuiuirent Orleans, & Bourges rendues par monſieur de la Chartre, l'vn des plus iudicieux, & genereux ſeigneurs de France : apres la declaration qu'il en fit à Orleans le Ieudy 17. de Feburier de l'an 1594. nombre encore icy fauorable à ſa Majeſté, qui fit vn bel edict ſur la reduction dudict Orleans donné à Mante en Feburier, & publié le dernier iour, qui eſt le 28. & quatre fois ſeptiſme du meſme mois : toutesfois ou cela n'euſt pour encore autre effect, iuſques à tant que la grande cité de Lyon ſe fuſt remiſe, ou fuſt apres la reduction du dict Lyon, que fut le ſeptieſme dudict Feburier en lameſme annee 1594. afin que touſiours le ſeptenaire ſe trouua heureux, & fideté aux affaires du Roy. L'exemple de cette ville ſeruit comme d'vn clair phanal, pour ramener au port de la clemêce du Roy toutes les autres villes: ou pluſtoſt d'vne clef, & ouuerture à noſtre Hercule Gaulois pour entrer dans ce beau parterre de France, où tout incontinent apres, ſa Majeſté cueillé les beaux fruicts de ſept autres villes quaſi tout en vn coup, Maſcon, Rouen, le Haure, Harfleur, Montuuillier, Pontcaudemer, & Verneil, leſquelles ſuiuirent à l'inſtant, comme vn torrent ſans eſtre forcees: ce qu'eſtoit ſignifié par le mot.

NE QVATIAS, IAM SPONTE CADENT.

Sur

Sur la reductiõ de ces sept, y eut lettres patentes en forme d'edict du Roy, publiees à Rouen en parlement le 26. iour d'Auril audict an. Car de parler de la ville de Paris remise en l'obeyssance du Roy, semble vn songe pour la nouueauté du faict. Ce fut encore à la fin d'vn septenaire le 21. ou trois fois septiesme du mois de Mars de l'an suiuant à la premiere heure du iour commencement du 22. & la fin du 21. au premier degré du planete à qui nostre premier Arc estoit dedié, asçauoir Mars : lors que le Soleil accompagné de la Lune voltigeoit par les premiers degrez du Belier, qu'on auoit insinué par les thermes de Belier, qui portoient l'Arc : rencontre d'astres merueilleusement à propos pour le suiect : car en premier lieu cet Arc est dedié à Iupiter & nous sçauons que Iupiter Ammon auoit la teste d'vn Belier, de ce que Hercules venant visiter ce Roy appellé depuis, comme i'ay dict, Iupiter, il se monstra à luy, ayant la teste d'vn Belier sur la sienne, peut estre en son casque, que les anciens faisoient en forme de diuers animaux, pour donner l'espouuante à l'ennemy. Voicy ce qu'en pense Valerian au liure 10. de ses Hieroglyphiques. *Alij dicunt arietinum caput ideo Ammonis esse signum, quòd is Ægypti Rex præclaris admodum rebus à se gestis in Galea vsus sit arietini capitis insigni. Aiunt & cùm Herculi illi vetustissimo ad eum visendi studio profecto se olim ostentaret, arietino capite, quem mactauerat vertici suo imposito, & pelle ea villosa circũdatum, heroem alia pelle amictum admisisse.* Car Hercules estoit afeublé d'vne peau de lyon. En outre, le Soleil au premier degré du Belier, où il estoit lors de la reduction de Paris, commence le printemps, faict reuiure, reuerdir, & raieunir les campaignes, & les Iardins : & le Roy, que nous auons monstré tantost estre vn Soleil, entré dans la ville, qui est la capitale, & la premiere entre les villes, comme le Belier le premier des signes celestes, veit vn nouueau printemps, qui fit refleurir le Iardin Hesperien de son Royaume, comme nous voyons reuiure, & se redorer toute la terre, au leuer du Belier. D'auantage la plus part tiennent, les pommes d'or, que l'on dit auoir esté recueillies par Hercules au Iardin, n'auoir esté autre qu'vn grand troupeau de brebis, & de Beliers, qui auoient la laine rousse, qu'il mena quant & soy victorieux d'Afrique. Valerian, & les autres le disent comme cela : & pensent que le nom Grec μῆλα a donné pied à cette fable signifiant, & vne pomme, & vne brebis : que si cela est : la reduction de Paris soubs la constellation du Belier correspond tout à point à la parallele de nostre Arc, tirec de ce parterre Hesperien : aussi dit on communement Paris vn paradis : & paradis en Grec veut dire vn Iardin. Finablement *Ammonem veteres salutis Deum vti Latini Iouem à iuuando dictum interpretabantur, exque arietino capite eundem Deum, qui omnium saluti prospiceret hac ratione intelligebant.* Les anciens, dit Valerian au lieu prealegué, tenoient que le Dieu Ammon estoit le Dieu de salut, comme Iupiter appellé ainsi des Latins, pource que il ayde à tout : voyre aux rencontres familiers, ils se saluoient par le nom d'Ammon, comme auiourd huy les Chrestiens par le nom de Dieu, ou de la vierge Marie, & si prenoient la teste du Belier pour symbole, & Hieroglyphique de ce Dieu, qui pouruoyoit au salut de tout l'vniuers, le vray Agneau qui efface les pechez du monde.

Qui parle de la reduction de Paris remise en l'obeyssance du Roy, il parle plustost de la reduction de tout l'estat, que d'vne ville, & du plus grand miracle, & essay de clemence, que l'on sçauroit lire dans toutes les anciennes Annales, & histoires. Car la porte de S. Denys, & la porte Neufue, ayãt esté ouuertes par messieurs de Brissac Gouuerneur de Paris M. Luillier preuost des marchans, l'Anglois, & Neret Escheuins, tout fut paisible dedans la ville à l'entree du Roy, qui auoit au prealable pris le serment de tous les Capitaines de ses bandes, à ce qu'il ne fut faict tort, ne dommage à aucun ci-

royen:

toyen:leur protestant,qu'il s'en prendroit aux chefs,& **Capitaines**,desquels les soldats
feroient autrement. Le iour d'apres se faisant fort de son integrité,& sincerité, qui est
le rempart inexpugnable d'vn Roy,& qui n'a besoing d'autre fosse , ny Casemate, il
enuoya autrepart la gendarmerie pour n'estre espouuantable à ses citoyens,à la sauuegarde desquels il se mit,leur gaignant par ce moyen le cœur : eux ne faisans fin d'admirer vne si haute clemence,& generosité du Roy,qui d'esclaues les rendoit citoyens,
& gardes de corps de sa Majesté. Entree quelle fut à la pointe du iour,enuiron les cinq
heures du matin : peu apres,entre sept, & huict, s'achemina droict à la grande Eglise
de nostre Dame, où auec grande liesse fut receüe des Chanoines , & baisa la saincte
Croix,qu'on luy presenta (de laquelle le Belier,aussi au dire d'Hesichius,est le Hieroglyphique. *Aries vexilli nostri hoc est crucis Hieroglyphicum est,crux verò redemptionis & sa-*
lutis) puis ietté à deux genoux en terre deuãt le grand autel,& leuans ses mains au ciel
adora la diuinité , & rendit graces à Dieu tout puissant pour le merueilleux benefice,
qu'il recognoissoit auoir receu ce iour là de sa main paternelle. Cette clemence est si
admirable qu'il ny a parolle bastante pour l'exprimer : mais on luy a esleué vn Arc à
part,qui sera le suiuant,où nous en parlerons tout à loisir,comme de la vertu qui rend
les Roys plus puissants , que toute autre. Remarqués tandis en passant que le nombre
septenaire reuient fort bien au Iardin si nous croyons Philon. *Adioustes*, dict-il, *à tous*
ces septenaires le chœur des Pleiades cõposé de sept estoilles,le leuer,& coucher desquelles apporte
de grands emoluments aux hommes. Car à leur coucher l'on fossoye les terres, & Iardinages pour
semer : & à leur leuer, elles excitent les laboureurs à serrer les fruicts, desquels puis apres,ils se
seruent, pour l'entretien de leur vie. Philon a apprins cecy de Virgile,& des Astrologues,
qui en disent tout autant.

V.   Les cinq emblemes,deux de chasque face,à la prinse des Arcades,& vn au frontispice de la seconde face , visoient tous à exprimer ce que dessus Ænigmatiquement.

     Le premier,au frontispice de la seconde face,estoit vn globe celeste,auec vn So-
leil de fin or logé au zodiaque,au lyon,ce mot aupres.

RAPIT OMNIA SECVM.

Ie presuppose trois choses certaines:premierement la maxime des Astrologues,que
les cieux superieurs font impression sur les inferieurs : & les font rouler à leur mouuement,& cadance,qu'ils appellent *motum raptus*. En second lieu, que le Roy est vn Soleil comme auons desia dit : & que l'Hercule ancien n'estoit autre, que le Soleil, selon
le dire de Macrobe. Troisiesmement que le lyon Hieroglyphique de generosité se
trouua en l'onziesme maison de la natiuité du Roy calculee sur son horoscope du 13.
iour de Decembre,dans la deux fois septiesme heure du iour : heure que la **Royne** fit
son entree en Auignon : & que le Roy fit la sienne en cet hemisphere : ie dis à vne
heure six minutes apres midy de l'annee 1553. Autant Hercules en cecy qu'es autres
choses,s'il est vray ce que tous tiennent,que Hercules estoit vestu d'vne peau de lyon,
tel que l'on le voyoit quasi en tous les Arcs auec le meufle de lyon sur la teste,comme
entre autres le descrit Euripide en son Hercule transporté.

Στολὴν τε ὑπερς ἀμφέβαλλες σῷ κάρα
Λέοντος ὑπερ αὐτὸν ἐξαπλίζετο.

Tu te couures le chef d'vne peau de lyon
Qu'Hercul souloit porter au lieu de morion.

Plusieurs

Plusieurs royoient Hercules par tout les Arcs, affeublé de la peau du lyon, qui peut estre ne pensoient pas, que cela representat l'horoscope du Roy en parallele de l'habit dudit Hercules.

Tout cela supposé, on l'appliquoit à ce que le Roy estât dans la belle ville de Lyon, qui a vn lyon d'armes, & de nom, tira quant & soy tout ce qui estoit soubs sa coronne, & domeine hereditaire suiuant les autres villes, & prouinces le branssse que leur donna cette cy.

Le SECOND EMBLEME faisoit vn lyon de bronze presentant à Hercules vne Grenade ouuerte, d'vne pate, & plusieurs sortes de pommes en vn plat d'or auec ce mot.

HAEC TIBI CVSTODITA CAPE.

Les pommes estoient symbole des villes, la Grenade ouuerte des Princes, qui declarerent presque en mesme temps leur cœur, & cordiale affection, & fidelité à sa Maiesté. Surquoy le Roy expedia ses edicts remplis d'amour, & clemence : le premier fut pour monseigneur le Duc de Guise donné à S. Germain en Laye en Nouembre l'an 1594. Et puis de monseigneur le Duc de Mayëne donné à Folambray l'an 1596 en Ianuier: de monseigneur le Duc de Nemours à la mesme annee, mesme mois, & mesme lieu. De monseigneur le Duc de Ioyeuse, en mesme lieu, annee & mois : le tout l'an septiesme de son regne heureux pour la reduction de tous les Princes: de monseigneur le Duc de Mercure à Angers au mois de Mars, l'an 1598. Chacun sçait assez que fit Zopyrus pour reduire Babilonne reuoltee soubs l'obeissance de Darius son Prince, s'estant faict tronçonner le nais, & les aureilles, & meurtrir tout le corps à coups de fouets, comme le raconte Iustin, & faisant acroire, que cela luy estoit aduenu par la cruauté de Darius, pour, par ce stratageme, estre receu des Babiloniens, & depuis y trafiquer pour son maistre. De sorte que ledict Darius tenant vn iour vne Grenade ouuerte en main, interrogé de quelle chose il aymeroit le plus auoir, autât qu'il voyoit de grains bien vnis, & serrez ensemble dás la Grenade, il respondit *Zopyros* de *Zopyres* c'est à dire, d'amys non tels quels, mais fideles, & vnis comme cela. C'a esté le symbole qu'on a voulu dôner à la fidelité, & amour grâde de tous les Princes enuers sa Maiesté, lesquels du depuis se sont exposés non seulement aux playes, & naureures, mais à la mort, pour son seruice, & s'y exposent tous les iours.

Le TROISIESME en la seconde face auoit pour figure l'ancien Hercule Gaulois auec des petites chaines d'or, desquelles il attiroit vn innôbrable peuple. Et ce mot aupres.

SYDEREO QVOCVNQVE VOCAS RAPIVNTVR AB AESTV.

Nous en auons parlé blasonnans les armes de Nauarre, au chap. premier, où cette peinture est fondee, & expliquee suffisamment.

Le QVATRIESME estoit vn cercle, que les Astrologues appellent Excentrique, auec vn grand Soleil au point le plus haut, & supreme qu'ils nomment AVGE : & en bas au point opposite appellé OPPOSITVM AVGIS, plusieurs autres petits Soleils. Le mot estoit d'Homere.

ΕΙΣ ΚΟΙΡΑΝΟΣ ΕΣΤΩ.

C'est assez qu'il y aye vn Prince
Souuerain en vne Prouince.

Cette deuise estoit proiectee sur vn plaisant rencontre du Roy, lequel à propos des
diuisions de son Royaume, que l'on a veu depuis trente, & tant d'ans en ça, & du desordre qu'ont apporté les reformateurs de la Lune en cette monarchie, y ayant autant
de Dieux que de testes, & de Roys que de buyssons : chacun monopolât à sa phâtasie,
batant monoye, commandant à baguette dans les villes du Roy, comme ils font encore en quelques endroicts : à ce propos, dis ie, & sur le subiect des autres plus recen-
tes esmeutes, le Roy souloit dire plaisamment, qu'il estoit le plus grand monarque, qui
eust iamais esté au monde : car il commandoit à plus de dix mille Roys, qu'il y auoit
en son Royaume. Or a present sa valeur & prudence les ayant esclaircy, & les esclair-
cissant d'auantage tous les iours, il est comme vn autre Soleil au plus haut de son cercle tenant les autres Soleils au bas lieu.

Le cinqviesme estoit Paris presentant vne pomme d'or, où estoit escrit Detvr
fortiori : allusion notoire au iugement de Paris vuidant la discorde des Deesses. Ap-
pullee le descript fort exactement : l'aille voir qui voudra.

VI.
Povr le regard des inscriptions : elles estoient de mesme ordonnance, que toutes
les autres. Dans les ouales, & petites frizes à la cime des deux frontispices, se lisoit la
dedicace.

I.

STATORI IOVI.

FORTVNAE, REGIAE, ET RECONCILIATIONI VRBIVM, AC PRINCIPVM.

II.

Dans la grand frize de la premiere face, l'on lisoit ces vers moulés sur le prototype
d'vn Poëte ancien.

III.

SACRVM VOTVM.

SVMME PARENS NOSTROS OCVLIS EMENSE LABORES,
DA POPVLOS, VRBESQVE MIHI, TVQVE ANGELE TVTOR,
ERIPE ME : VESTRIS EGOMET TVNC VELLERA TEMPLIS
SACRA DABO, DABIT AVRATIS, ET CORNIBVS IGNI
COLLA PATER, NIVEIQVE GREGES ALTARIA CINGENT.

L'allusion est sur l'opinion fort commune de ceux, qui ont laissé par escrit, que les
pommes d'or qu'apporta Hercules, par lesquelles icy nous signifions les villes, n'estoiét
autre qu'vn troupeau de brebis à la laine rousse. Au rond de l'Arc seruoit cet eloge.

IV.

ASPICIT VRBES IMMVNES TANTI BELLI, ATQVE IMPVNE QVIETAS.

Aux trois costés du piedestal à main droicte, ces trois diuers dictons : le vers de la parallele est vn peu diuersifié de *Quintus Smyrnæus.*

V.

QVINQVAGINTA TORO CAPIT VNA NOCTE PVELLAS
THESPIADAS.

Ils escriuent que Thespius Roy voulant auoir de la race d'Hercules, il luy dôna en
mariage ses cinquante filles, lesquelles conceurent de luy toutes en vne nuict.

Aux saincts escripts à tout coup le nom de fille se prend, pour vne ville : comme
en Esaye 32. נקום נשים שאננות *Filia tranquilla surgite*, Pagnin l'explique auec plusieurs
Rabins, *ciuitates tranquilla surgite*, *cités paisibles leués vous*, & la suitte de ce chapitre
monstre bien qu'il le faut ainsi entendre. Ie ne me veux arrester à plusieurs passages
semblables, tant du nouueau que vieil testament, comme est celuy la, *dicite filia Sion*

ecce

ecce Rex tuus. La chose est claire,& la preuue en seroit superflue. En ce vers de Smyr-
nee l'on auoit voulu signifier que les villes filles de France s'estoient soubmises au
Roy en vn moment. L'autre inscription Grecque prinse d'Homere parlant de Troye,
vise à la ville de Lyon,de laquelle la Troye Phrygienne ne seroit pas le faux-bourg.

VI.

ΥΦΙΔΟΜΩΝ ΠΟΛΕΩΝ ΚΛΗΙΔΑΣ ΑΝΕΙΣΑ.
I'ay ouuert toutes les portes,
De toutes les villes fortes.

La latine estoit cette cy,de Virgile.

VII.

OMNES
ABSTVLIT HAEC ANIMAS DEXTRA,ET TOTIDEM EXVIT ARMIS.

Les trois suiuantes pour le piedestal gauche: desquelles la seconde demeure expliquee de ce qu'auons dict là hault: la premiere', qui est parallele applique la victoire d'Hercules obtenue sur les Amazonnes, à celle du Roy sur les villes. La chose est
manifeste de soy,sans que ie m'y arreste d'auantage.

X.

FVNDITVS HERCVLEIS SVPERANTVR AMAZONES ARMIS.

XI.

ΠΑΣΑΝ ΤΑΝ ΑΓΕΛΑΝ ΠΑΝΤ' ΑΛΣΕΑ ΚΑΙ ΝΟΜΟΝ ΕΞΕΙΣ.
Tu auras tous les troupeaux
Les forés, & les coupeaux.

XII.

HVNC CIRCVM INNVMERAE GENTES, POPVLIQVE VOLABANT.

Dans la grand frize de la seconde face estoit escrite cette inscription à l'antique
imperiale.

III.

HENRICO IIII. REGNI GALLIARVM PRINCIPI TVTELARI, RESTITVTORIQVE:
IN QVO CVM DIV FORTVNA CVM VIRTVTE CERTASSENT VTRA VINCERET,
VTRAQVE VICIT. ARCVM HVNC SVA DVLCISSIMA GALLIA POSTLIMINIO
REDVCTA DICAVIT.

Plutarque a faict vn opuscule fort beau de la vertu, & fortune des Romains tant
prechee par les doctes anciens. Qui voudra auoir le passetemps de le lire , & l'appliquer à par soy à sa Majesté , il verra que cette inscription eust de là son suiect : &
donnant vne œillade sur les euenements des guerres,& autres faicts de sa Majesté,sera
bien perplex,à qui il doit donner le dessus: ou à sa valeur,ou au bon heur, qui le suit
en toutes ses entreprises:& m'asseure,que si quelque bel esprit prenoit en main ce seul
argument,que ie luy ouure,en cette antithese de fortune, & de vaillance , il y trouueroit dequoy,& vne moisson plantureuse pour y exercer ses belles inuentions. Pour ma
part, ie crains d'ennuier par prolixité.

Au rond de l'Arcade se lisoit ce vers de Virgile.

IV.

IVVAT IMBRIBVS ACTIS
PROGENIEM PARVAM, DVLCESQVE REVISERE NIDOS.

Appliquez le aux bannis, & exilés en ces derniers troubles, qui retournerent chacun chez soy, apres cette reduction des villes de France : ou à sa Maiesté caressant ses villes, & ses subiects, enfans de son sceptre. Les Inscriptiõs des deux Stylobates estoiẽt telles. Les trois premieres pour la Royne, les autres pour le Roy', toutes sur la reddition des villes.

V.

VNA IAM TELLVS ERIT:
NVLLVS PER VRBES ERRAT ARCADICAS LEO.

Le plus grand merite d'Hercules, le triomphe le plus preché, & recogneu des anciens, & qui luy a apporté plus de gloire, fut d'auoir deliuré quasi toutes les villes du monde, des guerres, & des monstres, qui les infestoient, reunissant tout l'vniuers en vne bonne paix par ses victoires. Ce vers est de Seneque, & cettuy cy de Theocrite.

VI.

ΜΑΛΑ ΤΕΑ ΠΡΩΤΙΣΤΑ ΤΑΔΕ ΧΝΟΑΟΝΤΑ.
Voz doux-flairantes pommelles
Vous fleurißent des plus belles.

AETERNAQVE PERGAMA SERVAS.

X.

HESPERIIS ARMENTA, GREGESQVE ABDVCIT AB ORIS
AMPHYTRIONIADES.

Hercules emmena auecque soy les troupeaux, & bestail du Roy des Espaignes : le Roy a recouuertes ses villes occupees par l'estranger. Tantost nous disiõs que les pommes Hesperides n'estoient autre que brebis.

XI.

ΔΟΔΕΚΑΤΟΝ Δ' ΕΚΟΜΙΣΣΕΝ ΕΣ ΕΛΛΑΔΑ ΧΡΥΣΕΑ ΜΗΛΑ.
Le douziesme labeur d'Alcide
Est la pomme d'or Hesperide.

Et vn peu plus bas cette sentence de Pythagore.

ΣΤΕΦΑΝΟΝ ΜΗ ΔΡΕΠΕΣΘΑΙ.
Sus sus desormais, que personne
Ne desmembre plus la coronne.

XII.

OPPIDA DVCIT
AVREA NVNC, OLIM SYLVESTRIBVS HORRIDA DVMIS.

Les huict Anagrammes des autres costés des Stylobates, & côpartiments des frontispices, portoient au mesme blanc, que lon s'estoit proposé en cet Arc.

VIII.	**XIII.**
HENRY DE BOVRBON.	ΜΑΡΙΑ ΜΕΔΙΚΙΑ.
DE BON ROY BON HEVR.	ΜΑΚΑΡ ΔΙΑ ΕΙΜΙ.
O. Repeté.	
IX.	**XIV.**
HENRY DE BOVRBON.	*MARIA DE MEDICI.*
NE ROY DE BON HEVR.	*MADRE DE I AMICI.*
B. En E.	
VIII.	**XIII.**
HENRICVS BORBONIVS.	*MARIA DE MEDICIS REGINA.*
EN EN COR ORBIS HVIVS.	*DA REGNIS AMICIS REMEDIA.*
B. En E.	*S. Repeté.*
IX.	**XIV.**
HENRICVS BORBONIVS.	*MARIA MEDICEA.*
VRBES HONORE VINCIS.	*AMER AMICA DEI.*
B. En E.	

Le premier, second, & troisiesme correspondent à la dedicace, & à l'inscription de la seconde face : car le Grec *Μάκαρ διά εἰμί,* signifie, *Ie suis vne heureuse Deesse,* & s'accorde fort bien auec celuy du Roy. Le septiesme *en, en cor orbis huius: tenez, voicy le cœur de ce pays,* s'addresse, & parle au Roy, luy presentât le cœur des villes de son Royaume, & symbolize auec le iardin des Hesperides.

La coronne pendâte de la clef, estoit de peuplier que l'on peut appeller ciuique preferee, au iogemêt de Pline, à la corône d'or, & quasi à toute autre, & donne e auec beaucoup de circonspection de merites, & de loix, que le mesme Pline rapporte : *qui ciuem maluit seruare, quam hostem occidere.* Les villes auoient estees ennemies du Roy: il a mieux aymé les sauuer par sa clemence, pource que elles estoient ses villes, que de les perdre, pource que elles estoient ses ennemies. Discourés par toutes les autres circonstances de la coronne ciuique, & vous verrez qu'elle estoit icy en sa place. Dedans l'arc, à costé d'vne colomne à l'autre, luy seruoit ce quatrain escrit en grosse lettre rouge Romaine. VII.

LE PEVPLIER

POVR LE IARDIN DES HESPERIDES.

QVAND HERCVL EVST GAIGNE L'AILE SERPENT PORTIER,

DV IARDIN HESPERIDE AVSSI TOST IL FVST MAISTRE:

AINSI LYON GAIGNE, LE ROY DE SON VERGIER,

D'OV CE PEVPLIER IE PRINS POVR DESSVS SON CHEF METTRE.

Vis à vis à l'autre flanc, au dedans de l'Arc cet Epigramme accompagnoit le quatrain. Il est en Latin commun, mais escrit auec chifres anciennes, desquelles on tient

que

que Cæsar se seruoit, pour dissimuler ses missiues. Tout le secret consiste à mettre ces cinq consonantes B. F. K. R. X. au lieu des cinq voyelles A. E. I. O. V.

BLCKDFS DFMKTP, LFGKT BXRFB MBLB, DRBCPNF
   HFSPFRKDXM QXPTQXPT FLPRKDXS HPRTXS HBBFT.
BXRBTPS MXNDK FLKSKXM FFRT GBLLKH FRXCTXS:
   BXRFB XFRNBNTK LKLKB FFRTQXF SKNX.
PFRXKGKL HBFC PBTXLKS LFP SFRXBT PLFNTKB XBLXFS
   NFMP NKSK BLCKDFS GBLLKCXS KLLB LFGKT.

     Ils se lisent ainsi.

ALCIDES DOMITO, LEGIT AVREA MALA, DRACONE,
   HESPERIDVM QVOTQVOT FLORIDVS HORTVS HABET:
AVRATOS MVNDI ELYSIVM FERT GALLIA FRVCTVS,
   AVREA VERNANTI LILIA FERTQVE SINV.
PERVIGIL HÆC PATVLIS LEO SERVAT OLENTIA VALVIS
   NEMO NISI ALCIDES GALLICVS ILLA LEGIT.

                                    L'ARC

GRATIOSÆ MINERVÆ
CLEMENTIÆ REGIS
HOC SOLA EST VBI PAR
8
15
VOTO SVSCEPTO PRO SAL... HEN IIII CLEMET PIEO M.tis
NON HABET AVT NON VTITVR ILLO
CLEMENTIA PLVS QVAM MEDICEA
QVO QVISQVE EST MAIOR
MAGIS EST PLACABILIS IRÆ
4
Le Theatre de 28 pieds de long
14 de large
7   9   6
11   14   12
Tous les autres Arcs estoient enrichis de quatre
Anagrammes entre ceulx cy, que l'on a obmises pour abbreger.

L'ARC QVATRIESME DV
LABYRINTHE ROYAL.
DE LA CLEMENCE DV ROY.

CHAP. XII.

L'emboucheure de la rue que l'on appelle l'Espicerie, en la place des encheres, sa Majesté passa le quatriesme destour du labyrinthe, façonné sur le quatriesme Arc triomphal.

Le DESASTRE y fut, en ce que ce seul Arc se trouua sans son theatre, que deuoit estre selon le proiect, qu'en auoit esté faict, le plus beau. L'on l'auoit designé en demy rond en façon d'Amphitheatre auec vn ordre de colomnes, & corniches disposées à pans en figure hexangulaire. La faute y fut de toutes parts. La Pyrrhique s'y deuoit iouër, qui est vne danse d'armes, & de boucliers au son des instruments, Royale, tresancienne, & plus maiestueuse, que l'indocte populaire ne penseroit pas : ny ayant quasi festin ou des Dieux, ou des grands Heros chez les Poëtes, où elle n'aye esté vsurpee : & nommement (qui faisoit fort à nostre propos) es nopces d'Hercules, auecque Hebe : ainsi que nous l'enseignoit tantost Epicharme : que Mars y auoit ioüé la Pyrrhique. Six soldats Italiens fort experts à l'escrime, & à la Moresque l'auoiët entreprinse par le cõmandement de mõseigneur le General, le seigneur Blaise Capisucco Marquis de Poggio Catino, qui a monstré en toutes occurrences, vn zele, & vne affection extraordinaire, à ce que toutes choses fussent deuëment, & magnifiquement ageancees en cette entree : iusques à dire entre autres vne fois, requis de quelque chose concernant ce faict : que non seulement cela, mais qu'il falloit faire, dire, renuerser tout pour receuoir auecque solennité le Roy, & la Royne : & que l'on se garda bien de mettre en arriere rien de ce que se pouuoit faire, ou pretendre de sa part. Neantmoins l'vn des principaux de la partie de cette Pyrrhique manqua au besoin, par indisposition de maladie, laquelle le surprint, peu de iours auant l'entree : dequoy ayant eu aduis, on brocha à la haste, vne scene Iambique sur l'Hercule Gaulois deliurant la France captiue, & demy morte, garrotee contre vn rocher, auec force chaines d'or, animee & remise en sa premiere santé par vn breuuage de la celeste Ambrosie, qu'il porteroit d'vne main dans vn vase d'or, iettant, & semant à l'entree du Theatre la dragee à pleines mains. Toutes lesquelles choses deuoient representer, que le Roy par sa clemence a donné la vie, & la douce liberté à la pouure France engagee dans les chaines, & liens de tant de malheurs. Mais icy encore y eust du defaut : car on ne peut iamais si bien faire, que de ioindre ceux qui en auoiët la charge : ou de si bië pouruoir aux affaires, & anticiper la commodité, qu'ordre fut mis à temps de dresser le Theatre : & par ce moyen fut rompue en luisuette la suitte de nostre proiect. Cependant l'argument de l'Arc, qui deuoit estre au Theatre comme les autres, fut au defaut de cela, affigé sur la tapisserie à costé en ces termes.

Q

LE

LE QVATRIESME ARC TRIOMPHAL DV LABYRINTHE ROYAL : OV S'AGIT
DE LA CLEMENCE INCOMPARABLE DV ROY, ET AMNISTIE GENERALE,
QVE SA MAIESTE' A FAICTE A SON ROTAVME, TRIOMPHANT DE SOY
MESME, APRES AVOIR TRIOMPHE DE TOVS LES AVTRES, ET PLVS EMBRA-
SE DE L'AMOVR DE SES SVBIETS, QVE L'ANCIEN HERCVLES DES FLAM-
MES D'OETA, QVI LVY APPORTERENT L'IMMORTALITE. LA CIVIQVE DE
CHESNE.

II.   L'ORDRE D'ARCHITECTVRE estoit Corinthe , les colomnes de Iaspe verd auec ses
deux thermes à la teste de lyon,& pieds d'agneau : pour les raisons , qui se deduiront
apres : le coronnement,& tout le reste n'estoit guiere different des autres. La hauteur
de 25.pieds. Le iour soubs la clef de dixsept.Le large de quatorze.

III.   L'ARC ESTOIT DEDIE' à Minerue Deesse de toute humanité, qui estoit femme, &
ensemble armee : mariant le sexe feminin humain de soy,& affable, auec la terreur de
son Egide,& Gorgonne : elle estoit Deesse des sciences humaines,ainsi appellees,pour
ce que elles appriuoisent les esprits. Homere, & les Atheniens la nommoient ciuile,
& courtoise,autrefois Λαωσόα c'est a dire, qui sauue,& garde le peuple : luy donnant
des yeux gratieux,& benins.& la depeignant aux portaux des villes , aux Galeries, &
bibliotheques des vniuersités,aux temples les plus Augustes de leur ville,bref en toutes leurs monoyes,& medailles.Pour ces causes on l'auoit faicte seruir à representer la
douceur, & clemence nompareille de ce Roy guerrier , & Martial, qui a marié deux
choses si distantes l'vne de l'autre : comme sont la terreur , & horreur de la guerre,
auecque la douceur : le faste,& gloire des victoires,auec la mansuetude, & debonnai-
reté,vertu tutelaire du pouure Royaume de France.

IV.   HERCVLES EMBRASE dans les flammes sur la croupe du mont Oeta,& de là rauy à
l'immortalité,auoit fourny la parallele auec ce mot. HOC SOLO SE IESVM SVPERAT.

Car ce Dieu se voyant au dessus de tous ses ennemis,tout le monde mis en paix par
son moyen,tous les monstres vaincus,Iunon au roüet,Eurysthee au bout de son rolle,
n'ayant plus rien à luy commander : ce cœur genereux trouua en soy mesme,suiect
d'vne victoire bié plus difficile,& ardue que toutes les autres,s'eslançât dans les flammes,& par ce moyen surmontant celuy,qui auoit subiugué tout l'vniuers , qui estoit
luy mesme : ny ayant autre ennemy plus vaillant à surmonter : puis qu'il auoit faict teste à toutes choses : iusques à brauer la commere des Dieux.Ce grand diseur Romain
Ciceron parloit comme cela de la clemence de Iule Cæsar . luy remonstrant que par
ses batailles il auoit veincu autruy : mais que par sa clemence il demeuroit victorieux
de soy mesme. *Cæteros quidem omnes victores bellorum ciuilium iam ante æquitate,& miseri-
cordia viceras : hodierno vero die te ipsum vicisti. Ipsam victoriam vicisse videris : cùm ea ipsa
quæ illa erat adepta victis remisisti. Nam cum ipsius victoria condicione iure omnes victi occidis-
semus, Clementiæ tuæ iudicio conseruati sumus. Recte igitur vnus inuictus es , à quo etiam ipsius
victoriæ condicio , visq́; deuicta est.* Vous auiés auparauant, disoit ce grand homme , veincu
tout autre,que vous : mais auiourd'huy vous vous estes surmonté vous mesme : & aués triomphé
de la victoire mesme,ayant pardonné aux veincus ce qu'elle auoit gagné de bonne guerre : d'autant que nous estions tous perdus par droict de victoire : mais vostre clemence nous à conseruès.
A bon droict doncques vous estes seul inuincible,& sans pair : puis que vous aués surmonté toute mesure , & droict de victoire. Voila comme cet Orateur arraisonnoit le domteur du
monde Cæsar.

                                                                                        SIRE,

SIRE, si par mesauanture, ou par cas fortuit, ces miens cayers iettés sur quelque table, tomboient entre les mains de vostre Majesté: ne desdaignés pas de ietter les yeux sur cet Arc en passant: & permettés moy, qui suis le moindre de tous voz humbles subiects, de vous dire auec beaucoup plus de raison, sans comparaison, ce que Ciceron disoit à Cæsar, qui n'estoit qu'vne ombre de vostre vertu, & clemence, puis que là ne s'agissoit, que d'auoir pardonné à vn Marcel citoyen de Rome: ou il me faut parler, ou begayer plustost de vostre misericorde, qui a donné la vie à plus de cent milliōs de François voz subiects, que vous teniés entre vos mains, & à vn Royaume tout entier si peuplé, & si vaste qui vous auoit faict la guerre si roide. Vous l'aués plustost embrassé que d'en estre prié, & requis: & lors que moins l'on eust osé l'esperer. A l'entre de Paris vostre Majesté outre la benignité, & misericorde dont elle vsa enuers les citoyens, elle enuoia sains, & sauues les Espagnols, Italiens, Vualons, Lansquenets, plus aymant, & louant vostre douceur qu'ils n'auoient redouté vostre valeur en bataille rangee. Vous fistes vn edict d'amnistie eternelle, & pardon general de tous les excés, & crimes attentés, non seulement en cette ville là, mais en tout vostre Royaume, qui auoient esté en grand nombre. Et bien que la gloire de cette clemence soit telle, que tous les beaux esprits, & tant de bouches d'or de ce Royaume en voulans parler, y ont perdu l'escrime: elle est toutesfois fort dissemblable à voz autres trophees, & martiales louanges, qui se peuuent amoindrir de parolles, extenuer par les mesdisans, communiquer auec les soldats, attribuer aux euenemēts, pallier des cas fortuits. Et certes en guerre la vertu des soldats, la commodité du champ, le secours des confederés, les troupes, les prouisions, les ruses, le temps, le lieu y ont bonne part. En ces memorables sieges de Paris, de Chartres, de Rouan, de Dreux, de Laon, de la Fere, & d'Amiés, à la reconqueste de la Bourgogne, & tant d'autres prouinces de ce Royaume, au restablissement de cet estat acablé, à la cure de cette police alteree, & cacochime, si messieurs les Princes du sang, si les premiers officiers de la coronne, si vne bonne multitude de Cardinaux, Euesques, Abbés, Magistrats, hommes de robbe lōgue en tous estats, si tant de secours confederés, Suisses, Alemans, & Italiens, si tant de valeureux capitaines, & soldats, qui se trouuerent aux costés de vostre Majesté, n'eussent faict cette saincte resolution de sauuer la coronne à celuy, à qui la nature l'auoit donnee, de n'abandonner iamais son Prince: souffrir toutes sortes de trauaux: trauerser & franchir tant de difficultés: luicter à corps auec tant de dangers, tant de pertes, & risques de vie, de biens, d'honneur, & reputation, quel Hercules, & fut il encore tout autre, que les Poëtes ne chantēt, eusse peu resister au torrent, mais bien au rauage d'vne mer si enflée, & si tempestueuse d'vn si grand Royaume, flotant de tant d'endroits, agité de tant de vents, remply de tant de syrtes, & d'escueils, où Alexandre le grand eusse faict naufrage vn million de fois: Mais quant à la gloire qui vous reuient, SIRE, de vostre clemence, il n'y a compagnon aucun: le tout vous en demeure: ny la valeur de ces Princes, ny le courage de la noblesse, ny la fidelité des confederés, ny le conseil des robbes longues: pas vn de ces Colonnels, pas vne de ces belles troupes, n'y ont que voir. Et qui est bien d'auantage, la fortune tant vantee des Poëtes, n'oseroit se donner auecque vous aucune parcelle de cet honneur, elle vous le quitte: elle confesse que c'est du creu de vostre seule vertu, & qu'à vous seul, apres Dieu, en appartient la gloire. Les historiens ont loué, d'vn accent merueilleusement graue, auec grand appareil, & piafe Alexandre le grand, de ce que ayant prins en guerre la femme, & les filles de Darius son ennemy capital, les plus belles creatures de leur temps, non seulement ne les toucha, & ne les laissa en rien de leur honneur, mais les honnora, & caressa comme seurs: les laissa viure en leur estat, & pri-

Q 2

stine

stine grandeur, appellant la Royne sa mere, & ses filles ses sœurs. *Nec quicquam ex pristinæ fortunæ magnificentia captiuis præter fiduciam defuit.* Mais qu'est cela, d'auoir sauué l'honneur à vne poignee de femelles, au regard de ce grand monde françois, qui tient la vie de vous, & releue son salut, & repos de vostre clemence: Aussi certes, cette vertu est hereditaire à la race de Bourbō: domestique, & intrinseque à ce sang Royal, & celeste de S. Loys: naturelle du tout, & infuse à vostre Majesté. Et me souuiens à ce propos que me trouuāt au discours que fut faict de ce labyrinthe, & dessein auecque monseigneur l'illustrissime Vicelegat d'Auignon, qu'il voulut entendre de poinct en poinct, pour le grand soin qu'il auoit, que tout allast bien, il print vn singulier contentement en cet Arc erigé à vostre clemence, disant que c'estoit la vertu naturelle (il vsoit de ce terme) de vostre Majesté: & que tout l'appareil luy agreoit merueilleusement (ne se pouuant disoit il, inuenter suiect plus propre, & conuenable au Roy) mais cette partie plus que toutes les autres. Voz autres vertus, SIRE, tant acquises, qu'infuses que la main liberale de Dieu a elargies à vostre Majesté, la rendent redoutable aux siens, & effroyable aux estrangers: mais la clemence la rend aymable aux vns, & aux autres: & faict des effects admirables es cœurs de voz subiects, que vous ne voyés & ne sçauez pas. Honorez, SIRE, en vous, cette vertu non moins honorable à vostre front, que le diademe, qui l'enuironne: & s'il est loisible de se chatouiller de la beauté de quelque gloire, aymez, prisez, & haussez cette cy par dessus toutes: qui vous a acquis, vous accroist, & vous garde, vous accroistra, & gardera toutes les autres.

Mais si nostre nombre septenaire s'est rencontré tout à point aux Arcs precedens: encore mieux en cestuy cy consacré à Minerue, & à la clemence inuitable du Roy. Voyons ce qu'en escrit Philon Iuif, & apres luy Bungus: celuy la en sa Cosmopœie, cestuy cy en son septenaire s'accordant de mot à mot auecque Philon, duquel voicy les paroles, μόνος δὲ ὡς ἔφην ὁ ἑπτὰ οὔτε γεννῶν πέφυκεν, οὔτε γεννώμενος δι' ὃ καὶ οἱ μὲν ἄλλοι φιλόσοφοι τὸν ἀριθμὸν τοῦτον ἐξομοιοῦσι τῇ ἀμήτορι Νίκῃ, καὶ παρθένῳ, ἣν ἐκ τῆς τοῦ Διὸς κεφαλῆς ἀναφανῆναι λόγος ἔχει· οἱ δὲ Πυθαγόρειοι τῷ ἡγεμόνι τῶν συμπάντων, τὸ γὰρ μήτε γεννῶν, μήτε γεννώμενον ἀκίνητον μένει, c'est à dire. *Le seul septenaire a cela de propre, de n'engendrer aucun autre nombre, & de n'estre engendré: qui a esté la cause que les autres sages comparent ce nombre à Minerue, qui n'auoit point de mere, & estoit vierge enfentee, côme disent les fables, du cerueau de Iupiter: mais les Philosophes le comparent à Dieu principe de toutes choses: car ce qui n'est engendré, & n'engendre ne se meut point.* C'est le dogme de Philon, touchāt cette proprieté du septenaire, d'estre immobile, & inalterable, comme l'auons monstré au premier Arc au quarré de Mars, & en cestuy cy, en la clemence immuable de sa Majesté.

V.   PLINE parlant du Roy des Abeilles, dict au li. 11. cha. 17. *personne n'a peu encores sçauoir iusques à maintenant si le Roy de Abeilles portoit aiguillon, ou non: ou s'il estoit seulement armé de sa Majesté: ou si la nature le luy ayant donné, il ne s'en serue pas: Istud constat Imperatorem aculeo non vti.* Cela est notoire à tous que ce Roy ne se sert iamais de l'aiguillon. D'icy on auoit tiré le premier embleme depeint au vuide de l'Arc, qui estoit vn Iardin auec vne cruche d'Abeilles voltigeantes tout autour, à la suitte de leur Roy, auecque ce mot.

NON HABET, AVT NON VTITVR ILLO.

Le bon Tiberius Empereur remettant son Empire entre les mains de son gendre Maurice, s'en seruit en la belle harangue, qu'il luy fit, que Nicephore rapporte au liur. 18. chap. 6. Voicy la similitude, & les documents qu'il luy donne, qui deuroient estre peints en taille, en la poictrine de tous les Roys, qui desirent heureusemeut, & longuement regner. Le sceptre imperial, dict ce grand Prince, *nous admoneste de n'exercer*

vne

vne puissance immoderee, & tyrannique en nostre gouuernement, ains plustost vne seruitude splendide. Que la clemence, & misericorde commandent à la cholere, & la crainte à l'arrogance. Car la nature a donné aussi des Roys aux Abeilles, quelle a armés d'aiguillon, comme d'vne puissante naturelle, & spontanee pour pouuoir piquer, s'ils veulent, les desobeyssans, & refractaires: *Sed apis minime Tyrannicū, verum communi vtilitati commodum, & iustum aculeū habet:* mais cette bestiolle n'a pas vn aiguillon tyrannique, & violent, ains equitable, & duisant au bien, & profit de la chose publique. Ce bon Empereur, croy-ie, se souuenoit de l'enseignement que Antigonus dōnoit à son fils violant, & aspre par trop à ses subiects, ὦκ οἶσθα, ὦ παῖ, ἥτι βασιλεία ἡμῶν ἔνδοξος ἦ δουλεία; ne sçais tu pas, mō fils, que nostre Royale puissance, & grandeur, n'est qu'vne splendide, & belle seruitude, & esclauage, ou bien, comme Pindare l'appelle, vne illustre misere, & apparente?

Cette deuise donques exprimoit icy l'effect contraire de la clemence du Roy, laquelle luy a gaigné plus de cœurs, que ses canons de citadelles: luy a apporté plus de victoires, que son espee de triomphes: luy acquerra à la posterité plus de lauriers, qu'il n'a acquis par sa valeur de palmes, & de trophees: & en fin a esté le seul piuot, qui luy a asseuré, & asseurera son estat. Qui voudroit ramasser tous les traicts de sa clemence, mesme de la plus fine, qu'il a exercee enuers ses plus grands, & capitaux ennemis, il en feroit vn gros tome, & ne sçay s'il en trouueroit le bout, & la derniere periode.

Le second embleme de l'autre costé, estoit vn Elephant, se faisant faire place doucement, auec sa Trombe, à vn troupeau de brebis qui se trouuoit à son pas. L'ame estoit telle.

CLEMENTIA PLVS QVAM MEDICAEA.

L'on dit, & Plutarque en est d'aduis au 12. Sympos. que l'Elephant comme il est le plus grand, & le plus effroyable de tous les animaux, il est aussi le plus humain, & clement: si que marchant parmy quelque troupeau de menu bestail, principalement si ce sont brebis, il les denoye deçà, & delà auecque sa trombe, pour ne faire mal. Que s'il rencontre au desert quelque homme perdu, & esgaré, il luy sert de guide, & le remet en chemin. Le mesme Plutarque raconte encore vne chose plus merueilleuse que toutes celles cy: c'est que à Rome, passant vn Elephant parmy vne troupe de ieunes enfans, qui se iouoient, il fut piqué en sa probocide par l'vn d'iceux: d'ou iustement irrité il en euleua vn pour l'eslancer en haut: mais oyant le cry lamentable de ses compagnons effrayés du desastre de ce poure iuuenceau, & entendant leurs plaintes, se contenta de les auoir intimidés, remettant doucement le patient en terre, sans l'offenser tant soit peu, que de la peur. Valerian rauy de cette clemence de l'Elephant en tire cette conclusion, au li. 2. *Puis que donques l'Elephant semble estre l'idee, & modelle d'vn iuste, & modere gouuernement: Merito Regis nomen tum ob alias virtutes, tum ob hanc ipsam mansuetudinem, atque clemētiam adeptus est:* C'est à bon droict qu'on luy donne le nō de Roy entre les animaux, tant pour ses autres vertus, que pour sa mansuetude, & clemence plus que pour autre. Marc Antoine Empereur surnommé le Philosophe disoit qu'il ny auoit chose, qui rendit plus recommandable aux nations vn Empereur Romain, que la clemence: & pour ce il ne voulut iamais permettre, que l'on rudoyat nō pas mesme ceux, qui s'estoient reuoltez contre luy. C'est cette vertu, laquelle mist Cæsar au nōbre des Dieux, consacra Auguste, surnomma Antonin le debonnaire, erigea les statues auec des Elephans à Maxime Balbin, & Aurelian Empereurs tresclemēs, & humains. Bref qui seule immortalisera Henry IIII. nostre Prince souuerain, & luy acquera à la posterrité l'heritage d'vn surnom de trescourtois, & tresmisericordieux monarque. Le dicton.

CLEMENTIA PLVSQVAM MEDICÆA.

Est

Est fondé sur ce que les historiens dient de la clemence admirable de Clement 7. de Medicis, laquelle de son viuãt, estoit desia tourné en prouerbe, côme il se prẽd aussi en prouerbe en cet endroit, pour signifier vne clemence incomparable. Pierius au liu. 43. l'admire en ces termes. *Primam Clementiæ laudem, ætate nostra tulit Iulius Mediceus princeps noster, qui simulac Pontifex Max. electus, atque salutatus est, omnium statim, & earum quidem atrocißimarum iniuriarum oblitus, ijs omnibus è vestigio pepercit, quos aduersarios habuerat iniquißimos, quíque nõ bonis tantùm, & fortunis eius, sed & vitæ, modis omnibus, insidiati sæpius fuerant. Quare Clementis nomen & tanta mansuetudinis primus perpetuúmque monimentũ assumpsit. Et plus bas, sed enim hoc negotium alijs relinquemus eam fuisse nostri Principis Clementiam professi, vt vel hostes ad eam æternis literarum monimentis celebrandam impulsura sit.*

VI.   L'INSCRIPTION dedicatoire estoit ainsi dans l'ouale, & petite frize.

I.

MINERVAE GRATIOSAE LAOSSOAE.

II.

INCOMPARABILI CLEMENTIAE REGIS.

Voicy l'inscription triomphale de la grande frize.

III.

VOTO SVSCEPTO PRO SALVTE HENRICI IIII. CLEMENTIS, PII, OPT. MAX. CVIVS INVICTA VIRTVS A NEMINE NISI A PIETATE SVPERATVR. OB CIVEIS SERVATOS, INIVRIASQVE DIVINA AMNISTIA REGNO CONDONATAS, HOC TRIVMPHALE AETERNAE MANSVETVDINIS MONIMENTVM EREXIT, QVERNAMQVE DONAVIT AVENIO SECVNDA SEDES APOSTOLICA, DVCTV, INSTINCTVQVE PONTIFICIAE CLEMENTIAE TVTELARIS.

Au rond de l'Arc ce distique donnoit sur les thermes faicts en forme de lyon, & sur ce qu'auons dict de l'Elephant: lesquels deux animaux, comme ils sont les Roys des autres, & les plus genereux, il les deuancent aussi en clemence.

IV.

*QVO QVISQVE EST MAIOR MAGIS EST PLACABILIS IRAE:
ET FACILES MOTVS MENS GENEROSA CAPIT.*

V.

FERRO ET FACE CONTVDIT HYDRAM.

Les fables disent qu'Hercules surmonta l'Hydre auecqu' vn flambeau, plus qu'auec sa massue. Le Roy a abatu plus d'ennemis par le feu, ou plustost par le brasier de son amour, & clemence, que par son espee. Voyés son edict en l'Arc sixiesme.

VI.

ΣΩΤΗΡΙΑΣ ΣΗΜΕΙΟΝ ΗΜΕΡΟΣ ΤΡΟΠΟΣ.

*La douce humeur de l'homme sage
Du vray salut est vn presage.*

VII.

LIBERA SVM CAPTIVA LICET, QVID MITIVS HAC VI?

HESIO-

X.

HESIONEM ALCIDES EX FAVCIBVS ERIPIT ORCI.

Hercule deliura la pouure Hesione fille du Roy Laomedon du monstre Marin, que le chenu Neptune Roy de l'Ocean luy auoit enuoyé contre. Le Roy a deliuré la pouure France presque perdue : & en cela consiste cette parallele.

XI.

ΑΙΧΜΗΤΗΣ ΓΑΡ ΑΝΗΡ ΓΗΝ ΤΕ ΚΑΙ ΑΣΤΥ ΣΑΟΙ

Le vaillant homme de guerre
Sauue la ville, & la terre.

XII.

PARCERE SVBIECTIS, ET DEBELLARE SVPERBOS.

Les Anagrammes estoient escrits en leur place, en mesme ordre, que les autres : & se rapportoient à l'hypothese de cet arc erigé à la clemence du Roy.

VIII.
HENRICVS BORBONIVS
HIC BONVS VERE NOBIS.
R. En E.

XIII.
MARIA DE MEDICIS REGINA GALLIARVM
VIDE VIDE RARAM GALLI REGIS AMICAM.
N. En V.

IX.
ENRICVS BORBONIVS
ERO VIR BONVS BONIS.
C. En O.

XIV.
MARIE DE MEDICIS ROYNE.
DIEV! IE DESIRE MON MARY.
C. En V.

La coronne pendante soubs l'arc, estoit de chesne la vraye ciuique, coronne que VII. les Romains donnoient à ceux, qui auoient sauué les citoyens, telle qu'a esté la victoire de sa Maiesté sur soy mesme, & de son amour sur l'amour de ses subiects : à quoy seruoit cet escriteau posé contre la tapisserie à costé gauche de l'arc.

POVR LE MONT D'OETA

LE CHESNE.

HERCVL LORS FVT VEINCV QVAND N'EVST POINT DE SEMBLABLE,
HENRY AYANT DOMTE TOVS LES PLVS BELLIQVEVX;
SOY MESME SE VEINQVIT, QVI SEVL L'ESTOIT PLVS QV'EVX,
N'EST-CE PAS VN VEINQVEVR DV TOVT INCOMPARABLE?

L'ARC

CLEMENTIA PAX RELIGIO IMMORTALITAS
VBERTAS
DVCVM BORBONIORVM AD LVDOVICO SVCCESSO
DESPERATISSIMO SECVLO PRIMVS
TEMPLVM IA: NI CLVSIT
HENR. BORB. REX GALL. & NAVR.
TEMPLVM IANI
CLAV DEN TVR
BELLI POR TAE
FV ROR
IMPIVS INTVS
ARMA LEGEN TVM VINCLVM
AHENIM POST LGLGVM
NO MINE ERIT MEI INTER RIDAE
PRE CRI EN TO
Le Temple 20 pieds de quarré, 21 de large, 28 de hault sous la voute

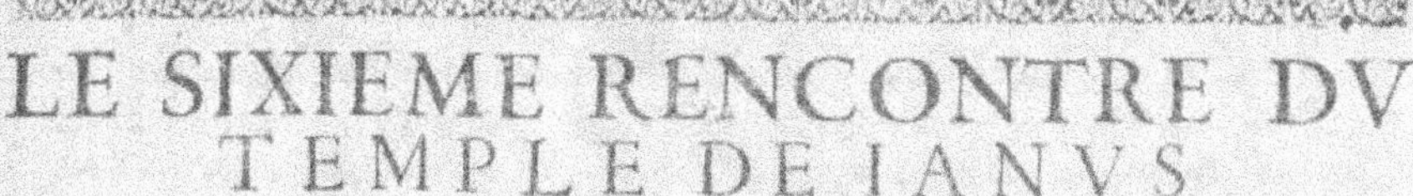

LE SIXIEME RENCONTRE DV
TEMPLE DE IANVS
AV CHANGE.

CHAP. XIII.

SA Maiesté sortie qu'elle fut du quatriesme detroit du labyrinthe, & passé le chafau du Cardinal d'Armignac, qu'elle trouua incontinent au fonds de l'espicerie deuant le puys de l'Atrape, dela à quatre ou cinq pas, elle entre dans le change, & commence de plus en plus à d'escourir la magnificence de son triomphe nuptial. De premier abbord se presente à l'entree dudict change le temple de Ianus, que l'on auoit esleué en ce lieu la, & pour estre le plus frequenté, & celebre de toute la ville, & pource que le cinquiesme arc de la paix generale y estoit dressé: & le lieu y inuitoit aussi appelié iadis à Rome *Ianus* d'autant que les statues de ce Dieu pretendu, & son temple estoient en semblables places, que nous appellons changes.

Ce temple estoit la plus belle piece de toute l'architecture, encore qu'il y eust plusieurs manquements, n'ayant permis la briesueté du temps & l'arriuee inopinee de sa Majesté, de l'accomplir de toutes ses perfections. Ie deschifreray en peu de mots, ce qu'y estoit, & ce qu'y manquoit. Le plan estoit presque quarré de 25. pieds de long, 21. de large, 28 de haut tout faict à iour & de menuserie en relief. Les trois costés estoiét trois rancs de cinq grádes colomnes chacun à la Corinthe, de Porphyre rouge, & serpentin verd meslez tantost d'vn, tantost d'autre. Le quarriesme, qui estoit le deuant, & la faciare de l'edifice, au lieu des colomnes, auoit quatre grands thermes de relief fort artistement trauaillez, aupres du naturel, & bronzés non pas en peinture, mais en brôze brizé, & posé à la façon, que le couche l'azur: artifice, qui faisoit paroistre à qui n'y regardoit de fort pres, que ce fussent statues de fin bronze iettees au moule. Le tout de l'inuention, & bel esprit de M. Pierre du Plan peintre Auignonnois, qui auoit charge de toute la peinture de ce labyrinthe. Ils estoient tous quatre differents l'vn de l'autre. Le premier auoit le visage d'homme auec ses pantes de draperie, & lenges entrelassés de disques, & festons, representant le quatriesme Arc dressé à l'humanité, & clemence du Roy. Le second estoit d'vne teste de Belier aboutissant sur ses ongles, enrichy de festons de toute sorte de fraicts, & de feuillages mignonnement inserez & refendus: il signifioit le second Arc du sacre, & Regne de sa Majesté, estant le Belier le Roy du troupeau. Le tiers faisoit vne fille feconde & fertile chargee de fruictage, & de festons pendantes soubs ses poupes pendantes, & fecondes pour l'Arc troisiesme du Iardin Hesperien, & villes de France. Le quatriesme auoit le meusle de Lyon fort bien elaboré, & accompagné de ses feuillages, & giffes, seruant au premier arc dedié à la force, & valeur du Roy. Tous les quatre auoient sur leurs restes vn petit panier remply de Laurier, Myrte, Oliuier, & autre verdure, & fleurs cueillies au Iardin, ayant chacun d'abondant sa Stylobate taipee de diuerses couleurs. En outre tant sur les thermes, que colomnes des autres costés regnoit vne belle corniche auec sa frize. Architraue

K.

& au-

& autres appartenances de couleur de Iaspe blanc, & bleu: sur cette corniche portoie
vn autre bel ordre Corinthien, de vingt, & deux petites colomnes, tout autour
du quarré auec les Arcades d'vne colomne a l'autre, les corniches en haut, & les bases
en bas, le tout quasi en façon de balluftre, de fine menuserie, & les colomnes faictes
au tour iaspees de toutes couleurs, comme les corniches dentelees d'azur, & d'argent à
rechange. Les petites Arcades tout par tout estoient remplies des medailles, portraicts,
& effigies des Ducs de Bourbon, depuis S. Loys, d'vn costé: & de l'autre des hommes
illustres, de l'alliance du Roy, qui firent autresfois, quelques choses signalees en
Auignon, selon qu'ils ont estés colloqués tantost ez petits rencontres, & chafaux des
carrefours. La peinture estoit de couleur de bronze sur la toile, auecque chaffis, & inscriptions, ou eloges de chacun, que nous rapporterons maintenant. Sur tout cecy,
derriere cet ordre des effigies, & petites Arcades, l'on auoit faict vn petit chafau en
planche, regnant tout à l'entour pour receuoir sept enfans richement vestus, paroif-
sants par dessus le balluftre des la ceinture en haut, & rangés à file, en façon de statues.
Le premier representoit victoire. Le second la Majesté. Le troisiesme vne Nymphe
Hesperide auec vne corne d'abondance chargee de fruicts. Le quatriesme la Clemence. Le cinquiesme la paix. Le sixiesme la Religion. Le septiesme l'immortalité, se
rapportans tous aux sept Arcs du labyrinthe, & tenans en main vn rameau des coronnes pendantes auxdicts Arcs, comme la victoire, le laurier, la Majesté, les fleursdelis, &
ainsi des autres consecutiuement. Outre plus l'autheur auoit faict sept odes qui ref-
pondoient audicts sept personnages pour estre escrites en or sur l'azur, & affigees sur
la tapisserie au dedans du temple, ayāt charge chacun des sept acteurs d'en reciter les
premiers couplez à l'arriuee de la Royne. Ie mettray lesdictes sept odes à la fin du
liure, pour n'interrompre le fil de ce discours. En l'endroit le plus propre, & appa-
rent, se lisoit cette inscription, qui animoit tout l'edifice.

HENRICVS BORBONIVS ANTONII FIL. ORBE GALLICO MARI, ET TERRA
PACATO, REP. OPTIMIS SANCTISS. Q. LEGIBVS STABILITA, VIA SVPERIO-
RVM REGVM TEMPORE INCHOATA TOTIES, EADEMQ. SÆPIVS INTERMISSA
TANDEM PRO DIGNITATE, ET PACE REGNI, ORBISQVE TERRARVM VL-
TERIVS PROMOTA, PATEFACTAQ. DESPERATISSIMO SECVLO PRIMVS TEM-
pLVM IANI CLVSIT.

Plutarque en son Numa dict, que l'on feignoit Ianus à deux faces, qu'il appelle
ἀξιοπιστότατος, ὡς ἥμερον ἐξ ἀγρίου τοῦ βίου μεταστήσαντα τὸν ἄνθρωπον, ἢ διαίτην, d'autant que
ce, dict il, il auoit reduict les hommes d'vne vie brutalle, & sanglante à vne paisible, & meilleure. Que fut cause que les Romains en temps de guerre souloient laisser son temple
ouuert comme donnant libre accés a tous de s'addresser à ce Dieu, pour luy demander
la paix, & vne vie plus asseuree: & au contraire le fermer en temps de quelque grande
paix, comme ayant faict de luy: ainsi que nous lisons, qu'Augufte, & d'autres le prati-
querent. De ces deux testes de Ianus, print cours vne autre ceremonie de luy confa-
crer le mois de Ianuier, qu'ils nommerent *Ianuarius*, comme celuy qui d'vn visage regardoit l'an passé, & de l'autre le suiuant.

Toutes les deux superstitions quadrent de point en point à sa Majesté: non seulement pour auoir faict vne paix si signalee auecque l'Espagnol, que les plus temeraires
n'eussent osé esperer de plusieurs siecles: mais encore, pource que il est le Roy, qui ferme le siecle passé tout de fer, & ouure le present tout doré de ses trophees: fermant la
porte au naistre au monde de guerres, & de malheurs, qui depuis trente ou quarante ans
passez, auoient defiguré la France, & la plus grande partie de la Chrestienté.

Povr continver donques noftre propos, la Royne entree au change, fe treuue deuant ce temple, où elle fut faluee, & retenue par le grand chœur de mufique rangé la dedãs, qui châta fort melodieufemẽt ce fonnet bafty fur les chaifnons, qui font es armoyries de Nauarre, & faifant allufion d'icelles à l'Hercule Gaulois, & à la reuniõ heureufe, que le Roy a faict de fon Royaume : les deux derniers vers font correlatifs : tout le corps plus fortable à la mufique, pour donner quelque branfle à l'harmonie, que fignalé en delicateffes, & friandifes de cour, que quelque vns appellent fleurettes françoifes, d'autres delices courtizannes, d'aucuns *nugas canoras*, le voicy tel qu'il eft.

SONNET
AV ROY
Sur le Blafon des Armoyries de Nauarre.

L'ayné mafle des Dieux, le Cæfar de la France,
    Le Mars des efcadrons, la merueille des Roys,
    L'Alexandre iumeau, l'Hercule des Gaulois,
    Le Mercure de paix, l'Alcion d'affeurance :
Henry le triomphant, qui au bout de la lance
    As debatu le fort de ce monde François,
    Ioignant victorieux foubs le ioug de tes loix
    D'vn peuple courroucé la martiale engeance.
Seul tu as rallié le Royaume, & l'eftat :
    Rangeant des fleurs de lis les fleurons à l'efclat
    De ce triple chainon, qui brillant entrelace
De mille, & mille plis l'efcuffon de ta race :
    Henry, le lis, le los, l'efleu, le lien, la loy,
    Des Roys, des grands, de Dieu, de l'eftat, d'vn bon Roy.

Sa Majefté monftra d'y prendre plaifir, l'entendant d'vn bout à l'autre : auffi la melodie en eftoit belle, & de fort bonne grace, de l'ouurage de M. Intermer, Chanoine, & maiftre de chœur de S. Agricol, qui auoit charge du grand chœur de mufique. Sa Majefté cependant n'eftoit pas fi rauie de ce fon, qu'elle ne ietta touftours quelque œillalade fur cette belle Architecture, & fur les effigies fufdictes difpofees par ordre comme fenfuit : auecques les eloges propres efcrits foubs chacune.

Dans la frize de la faciate, qui portoit fur les termes, cecy eftoit efcrit en lettre iaune fur l'azur.

MAGNI HEROES HENRICI IIII. GALLORVM, ET NAVARRÆ REGIS CONSANGVINEI, QVI ALIQVANDO AVENIONE ILLVSTRES REBVS GESTIS, EGREGIISQVE FACINORIBVS FLORVERVNT.

Les portraicts, & effigies qui correfpondoient à ce deuant, & à cette frize, eftoient ceux cy auec ces eloges.

R 2   CARO-

I.

CAROLVS MARTELLVS.

Carolus Martellus Auus Caroli magni Auenionem obsidione mirabili, fuso, fugatoque Athino Rege Arabum, recuperatam Henrico IV. Francorum Regi inuictiffimo nepoti suo amoris in Auenionenses sui specimen hæreditarium transmisit.

II.

CAROLVS MAGNVS.

Diuus Carolus Magnus cognomento christianiſſimus, orbis vniuersi formidolosiſſimus debellator, Auenionensem Ecclesiam primùm à D. Martha fundatam, postea à Saracenis Hugonothorum nostrorum Archimandritis penitus euersam, secundus fundator dotauit, atque restituit, cuius immortali memoria dignam munificentiam Henricus IV. eius optimus nepos ;conseruandis, augendisque veteribus eiusdem sanctæ Ecclesiæ priuilegijs, atque opibus æmulatur.

III.

LVDOVICVS OCTAVVS.

Ludouicus Octauus D. Ludouici parens Henrici IV. Tritaui Tritauus Auenionem diuturna obsidione ab Albigensium fœdere, ac Tyrannide liberauit : vrbisque muros postea per suos perdidit, ne ciuitas periret.

IV.

CAROLVS I. SICILIÆ REX, COMESQVE
PROVINCIÆ, ET ALFONSVS
COMES THOLOZÆ.

Carolus I. siciliæ Rex, prouinciæ Comes, & Alfonsus Comes Tholozæ : ambo Diui Ludouici Germani fratres, atque domini Auenionis conuentiones pacti cum Auenionensibus, antiqua illis priuilegia, auitàmque libertatem indulserunt, auxerunt.

V.

BEATVS PETRVS A LVXEMBVRGO.

Beatus Petrus à Luxemburgo miraculorum patrator, Auenionensium Diuus tutelaris, Henrici IV. ex Margareta à Luxemburgo eiusdem Henrici proauia consanguineus, cuius reliquiæ sacrosanctæ apud patres Cælestinos quotidianis prodigijs illustrantur in dies, dum interim Nepotes sui patrant in Gallia, noua victoriarum, successuumque miracula.

VI.

VI.

PETRVS DE FVXO CARDINALIS.

Petrus de Fuxo Cardinalis amplissimus, Henrici IV. ex Joanna Albretia matre consanguineus, in Concilio Constantiensi primùm Hispaniarum, tum in Basileensi Auenionensium legatus ordine tertius inauguratus magnum schisma deleuit : Bellam crucem in via curuli, Atrium cum gradibus in templo Domnorum, sacellum peramplum ad Cælestinos, Anteriorem Franciscanæ Basilicæ partem, vbi sepultus iacet, egregia liberalitate substruxit.

VII.

CAROLVS BORBONIVS SENIOR CARDINALIS

Carolus Borbonius Cardinalis Caroli Comitis vindocini Henrici IV. Aui filius, Archiepiscopus Lugdunensis, Caroli Octaui susceptor ex fontibus, Legatus Auenionensium quartus, Consilio, industriàque Bartholomæi de Belieure ciuis Lugdunensis viri clarissimi, qui eius causa pro varijs rebus tredecies Romam profectus, inde tandem Carolo patrono suo Legationis amplissima literas, pileumque detulit : eo tum apud Legatum Principem loco, quo hodie clarissimus D. de Belieure apud Regem, maximus Regni Cancellarius, status Gallici, Regijque Consilij lumen ac columen.

VIII.

CAROLVS BORBONIVS IVNIOR CARDINALIS.

Carolus Borbonius alter Henrici IV. patruelis, difficillimis Reip. fideique Catholicæ temporibus, nuper Auenionensium Legatus decimus, Auenionensibus supra quàm credibile est carus, & gratiosus.

IX.

GEORGIVS ARMAGNIACVS CARDINALIS.

Georgius Armagniacus Henrici IV. Auunculus, Caroli Borbonij in Legatione Auenionensi Collega Rotam Auenionensem instituit : patres Minimos fundauit : Cælestinos Gentilienses auxit : pœnitentes S. Georgij, quas vocant, dotauit, locauit que : pater populi, Religiosorum patronus, pauperum tutor, omnium ordinum defensor, & custos : cuius nimis immaturam Reip. mortem Auenionenses adhuc ex infimo pectore saucij lachrimantur.

DE L'AVTRE COSTE' du temple, qui se pouuoit voir du chemin, où denoit passer la Royne, estoit representee la Genealogie de la maison Royale de Bourbon, depuis S. Loys en ça, auecque leurs effigies, eloges, colomnes, & arcs comme dessus. Et premierement dedans la grand' frize se lisoit cecy dessoubs les effigies.

STIR-

STIRPIS REGIAE BORBONIORVM , INDE VSQVE A DIVO LVDOVICO GEN-
TILITIA AD VIVVM EXPRESSA, ET CONTINVATA SVCCESSIO.

Au deſſus immediatement ſe voyoint leſdictes effigies de Bronze.

I.
DIVVS LVDOVICVS.

*Diuus Ludouicus, principum, Regumḙue miraculum, ſanctus Galliarum tutelaris,
qui Aſiam, atque Africam domuit, Regnum Gallicum Albigenſibus latrocinijs perpur-
gauit, Nauarreum ſtabiliuit. Henrici IV. Tritaui Atauus.*

II.
ROBERTVS.

*Robertus, Diui Ludouici ex Margareta filia Raymundi domini Auenionis filius,
Borboniæ ſtirpis caput , Henrici IV. Francorum, & Nauarræ Regis Tritaui proauus.*

III.
LVDOVICVS MAGNVS.

*Ludouicus I. Dux Borbonius , pacis & belli laude illuſtriſſimus, innobiſſimus ad
Caſſellium montem Francici Imperator exercitus. Tritaui Auus.*

IV.
IACOBVS.

*Jacobus Marchiæ comes, clade pictauienſi clariſſimus , Reḙue Gallica vſque ad
extremum ſpiritum accurata Jnclytus. Tritaui pater.*

V.
IOANNES. I.

*Joannes Borbonius Marchiæ Comes Turcarum agitator, atque profligator acerri-
mus, fideiḙue Catholicæ ſtrenuus propugnator. Tritauus.*

VI.
LVDOVICVS.

*Ludouicus Borbonius Comes vindocinus Aziucurtiano prælio notus , vita ſuſpi-
ciendus, morte formidabilis, Henrici IV. Atauus.*

VII.
IOANNES. II.

*Joannes II. Comes vindocinus, pater patriæ, hoſtium Regni terror, horrorḙue, pu-
blicæ libertatis Aſſertor, in ſecũdis rebus conſtans, in aduerſis erectus. Henrici Abauus.*

VIII.

VIII.
FRANCISCVS.

Franciscus Borbonius princeps magni animi, maioris fortunæ, maxima gloriæ spei incomparabilis. Neapolitana expeditione celebris, Margaretæ à Luxemburgo maritus, Henrici proauus.

IX.
CAROLVS.

Carolus Borbonius Dux vindocinus primus, Galliarum post Ticinensem cladem Prorex, exterorū scriptis celeberrimus, suis factis clarior, legum patronus immortalis. Henrici Auus.

X.
ANTONIVS REGIS PATER.

Antonius Borbonius dux vindocinus Rex Nauarræ, felici, atque æterna prole de vniuerso orbe Gallico optimè meritus, tanti filij tantus parens, Gnatum suæ virtutis pro communi omnium bono Regnis amplissimis reliquit hæredem. Henrici IV. optimi principis pater felicissimus.

XI.

Henricus IV. Rex Galliarum, & Nauarræ Christianissimus, Bonus bene bono patre satus filius, qui Caroli magni, cæterorumque maiorum suorum virtutem, atque ingenium longo interuallo reuocauit : vnasque complexus simul omnia, quæ præteritæ ætates in singulis sunt miratæ, Gallorum Regum maiestatem in summo splendoris, gloriæque fastigio collocauit: fudit inertes, fortes debellauit, placauit Regnum, terruit orbem, vicit fortunam, spes multas maximas, tandemque obluctantem, inuitamque inuidiam superauit.

Voila tout ce que se trouua en estre de ce Temple de Ianus. L'on laissa en arriere le dome, où deuoit estre l'effigie du Roy peinte à l'huile, au naturel, auec l'embleme de la teste de Ianus, aux deux faces, a la cime, animé de la deuise du Roy. DVO PROTEGIT VNVS. fort à propos pour les deux faces de ce Dieu. L'on oublia aussi la tapisserie derrier les deux ordres de colomnes, qui estoient contre les murailles pour embellir ce qui estoit de iour, & de muraille entre lesdictes colomnes : & sur tout la voute fut laissee tout à descouuert, auec les seuls bois, qui causoit vne deformité remarquable à l'edifice, a faute de bien peu de cas. Au centre de ladicte voute, se deuoit poser vn labyrinthe artificiel escrit sur le velin en grand volume moitié azur, moitié fin or en l'ozange, que ie n'ay voulu icy inserer pour n'auoir esté mis, & pour ne faire parade de chimeres, & magnificences imaginaires, qui ne furent iamais.

L'ARC

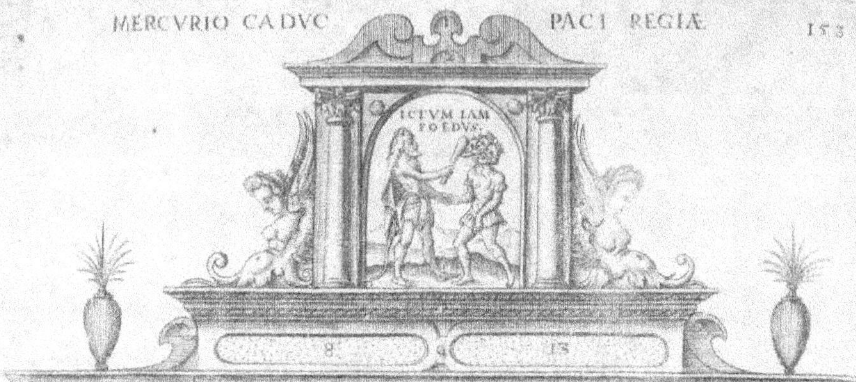

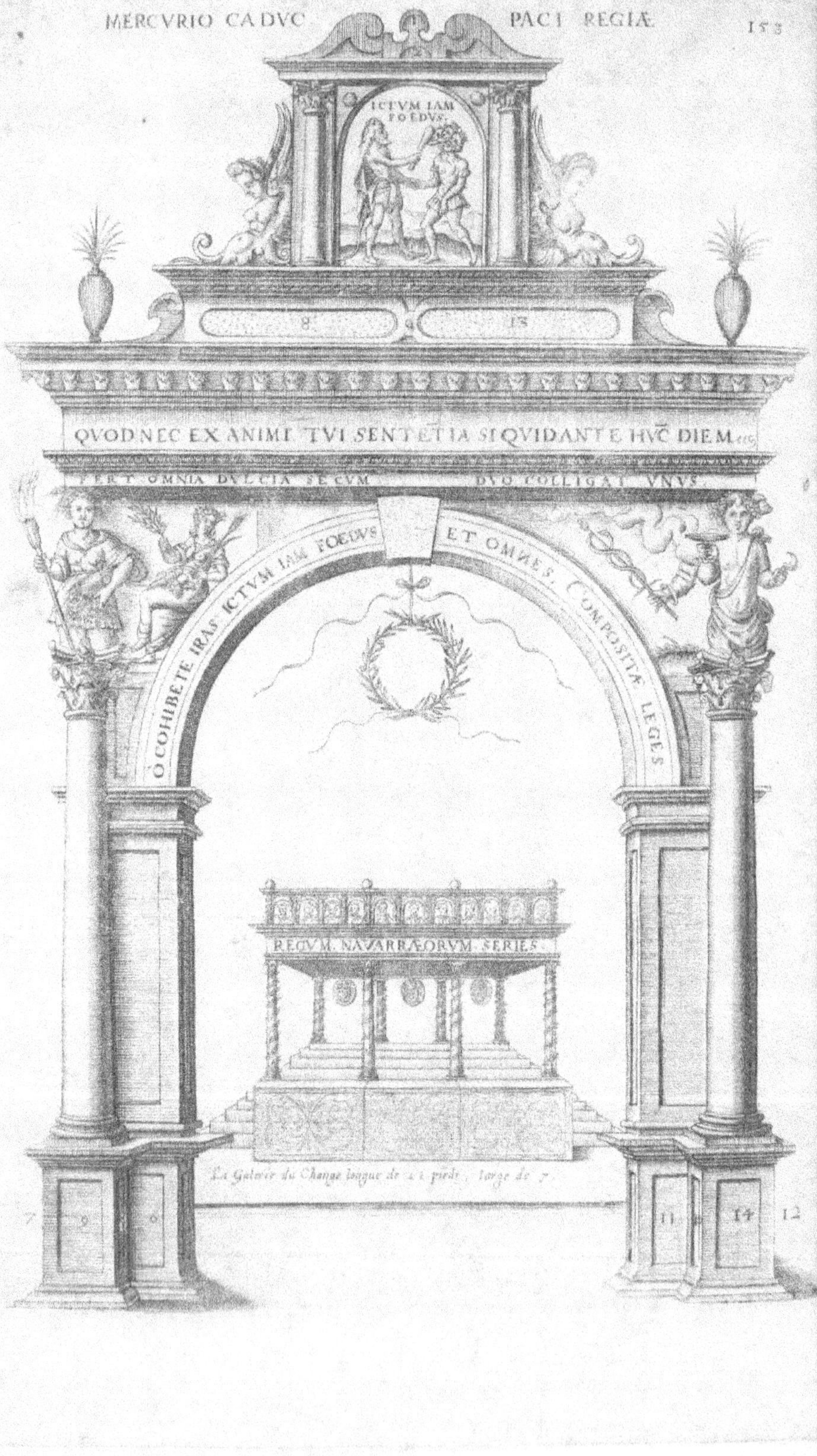
MERCVRIO CADVC
PACI REGIÆ
ICTVM IAM FOEDVS
8
13
QVOD NEC EX ANIMI TVI SENTETIA SI QVIDANTE HVC DIEM etc
FERT OMNIA DVLCIA SECVM
DVO COLLIGAT VNVS
O COHIBETE IRAS ICTVM IAM FOEDVS ET OMNES COMPOSITÆ LEGES
REGVM NAVARRÆORVM SERIES
La Galerie du Change longue de 21 pieds, large de 7.
7
9
6
11
14
12

L'ARC CINQVIESME DV LABYRINTHE ROYAL.

SVR LA PAIX GENERALE FAICTE
dedans, & dehors le Royaume.

CHAP. XIV.

A Royne, dés le Temple de Ianus, defcouuroit le cinquiefme Arc, qui eftoit à l'autre bout du Change à l'embboucheure de la ruë, qui mene à la place, accompagné de fon theatre faiſt en Galerie tirée du cofté gauche de l'Arc en bas, tout du long de la maiſon, qui quarre ce cofté la, de forte que toute cette place eftoit parée en toutes fes aduenuës, autant que le lieu le pouuoit permettre de ces trois pieces que ie viens de dire.

Sa maieste contente du ſonnet, qu'on luy auoit chanté dans le temple, paſſe ou- I. tre, & ſe vient rendre droiſt à ladiſte Galerie, ſe faiſant faire place iuſques à la pouuoir ioindre de pres. Les enfans qui y eſtoient rangés, & aſſis tout du long en deux ordres de degrez, de haut en bas, en fituation d'Amphitheatre tenant chacun d'vne main vn rameau qui d'oliue, qui de laurier, qui de cheſne, qui de myrthe, qui de lis, & autres : s'approchant ſa Majeſté, ſe leuerent ſur leurs pieds, & la ſaluerent de premier abord d'vn Vive le Roy, vive la Roysne.

Pour varieté au lieu de theatre, qui deuoit accompaigner cet arc cinquiefme, on auoit dreſſé vne Galerie large ſeulement de 7. pieds, longue de 28. le deuant eſtoit en-richy d'vn balluſtre faiſt de feſtons paſſementé des liurées de la Royne, porté ſur de grands pillaſtres, d'vn bout de la Galerie à l'autre, pour receuoir les effigies des Roys de Nauarre de meſme eſtoffe, que celles, qui eſtoient au temple de Ianus, en bronze ſur la toile, ayants leurs eloges eſcrits au deſſoubs, dans le meſme tableau : tous rangez dans les vuides du balluſtre, comme deſſus. Le dedans eſtoit preparé de quatre rags de degrez l'vn ſur l'autre, pour receuoir vne trenteine d'enfans d'eſlite des meilleures maiſons d'Auignon agés de neufs à dix ans la pluſpart, les ſept veſtus en Ange, les autres ſept en Genies domeſtiques, & ſept autres auſſi en Anges : le reſte en Gentils-hommes, ormis deux petits, qui eſtoient habillez à la Moreſque. Ces deux Mores a-pres le viue le Roy, ſe defierét au combat, pour reciter à qui mieux mieux, & à qui en ſcauroit le plus, en façon de diſpute ſcholaſtique les Anagrammes, qui eſtoient eſcrirz ou à eſcrire deça, & dela par les arcs du labyrinthe, que ſa Majeſté n'auoit peu lire ou remarquer en paſſant, ni le peintre eſcrite à cauſe de la brieſueté du temps. L'vn recita ceux du Roy, l'autre ceux de la Royne à l'enuy. Ie ne les repeteray pas en ce lieu, pour les auoir deſia mis au commencement du liure ſelon l'ordre qu'ils furent icy recités. Voicy le cartel de defy.

> 1. *Hic ſua neſcio quo nobis anagrammata paſſim*
> *Venditat, & ſortes tollit ad aſtra ſuas.*

S   2.Hac

2.   *Hæc ego Reginæ fortunatissima centum*
      Nomina, Sphynge etiam iudice, mira fero.

1.   *O si verba quadrant rebus, magne Oedipe, quæ te*
      Doctior in folijs docta Sibylla suis?

2.   *Vis ergo certare quid ausit vterque viciffim,*
      Reginæque notas, arbitriumque sequi?

1.   *Nunquam hodie effugies: quid vis deponere mecum?*
      2. Auriculas. 1. pretium furis ? 2. Amice, tuas.

1.   *Incipe. 2. non facio. 1. ire æquum est nostra omina primùm,*
      2. Postera Reginę, primaque Regis eant.

Les sept Anges tenants d'vne main, les vns vne Tyare pontificale, les autres des clefs dorées, assis au plus haut degré, reciterent les eloges de sept Papes yssus de la Toscane. Les liures sont pleins de leur vie, & n'est de besoin, que ie m'arreste long temps en chose si cogneuë, & frayee: ie me contenteray de raporter les distiques qui leur furent donnez, où vous remarquerez seulement au premier, qui est Leonin faict à la bonne antiquité, que de cinq Papes qui ont eu le nom de Pie, il y en a eu quatre Toscans.

ALIQVOT SVMMI PONTIFICES EX ETHRVRIA.
I. PIVS QVARTVS.

Papa Pius quartus Medices de sanguine cretus,
      Quattuor Ethruscos iam facit esse Pios.

II. MARCELLVS SECVNDVS.

Marcellum nisi mors nimis immatura tulisset,
      Impia cum Mauris Africa Tusca foret.

III. CLEMENS SEPTIMVS.

Clementes superat Clemens Mediceius omnes,
      Nil adeo toto mitius orbe fuit.

IV. NICOLAVS SECVNDVS.

Tuscia Nicoleon mundo dedit vna secundum,
      In duo Reginam quę modò Regna dedit.

V. LEO DECIMVS.

De Medicis Decimus Leo dat Medicamina mundo,
      Si vel non faceret toxica, vel caperet.

VI. GREGORIVS SEPTIMVS.

Gregorius vigilans, in agendo dicitur, omnes
      Ne dubita Tuscos dicere Gregorios.

VII.

VII. GLEMENS OCTAVVS AD REGEM.

Clementem Octauum Florentia, Gallia Regem,
  Iam chaos antiquum, ni peperisset, erat.
Labentem mundum tenuit Clementia duplex;
  Vel tua ne caderet, vel mea ne rueret.

Les sept Genies portoient des coronnes de Ducs, Roys, & Empereurs pour representer chacun d'eux, les 14. principales alliances de la Royne, & maison de Medicis
alliee à toutes les premieres maisons du monde, recitant les eloges qui s'ensuiuent.

LES ALLIANCES DE LA TRESAVGVSTE,
ET TRESANCIENNE MAISON
DE MEDICIS.

I. AVSTRIA.

Austriaci quoniam me progenuere parentes,
  Imperij mecum iura paterna tuli.

II. FRANCIA.

Tres Reges Catarina toro fœcunda dedisti,
  Da Maria Henricum, quattuor instar erit.

III. HISPANIA.

Pax æterna meis thalamis firmabitur inde:
  Quòd Gallo affinis magnus Iberus erit.

IV. HVNGARIA.

Sauromatas, Medices clarum genus ire per Hunnos
  Si nondum satis est, Gallia summa redi.

V. BAVARIA.

Affines Bauaros sanguis, pietasque iugarunt,
  Incertum an sanguis, clarior, an pietas.

VI. LOTHARINGIA.

Magna etiam patruos petijt Lotharingia nostros
  Augustum Medices, Austrasiæque genus.

VII. POLONIA.

Franco, quæ fuerat sociata Polonia Regno,
  Iuncta recens Franco venit vtrinque toro.

S 2

VIII.

VIII. *SABAVDIA.*

Fas mihi perpetuæ componere fœdera pacis,
O toties proauis iuncte Sabaude meis.

IX.   *MANTVA.*

Mantua quid dulcem reuocas, retinésque sororem,
Qua sine semper erit vita dolenda mihi?

X.   *FERRARIA.*

O mea Clementi Ferraria reddita magno!
Mecum etiam Medices fœdera gentis habes.

XI.   *BONONIA.*

Tuáque alias inter cognata Bononia felix,
Laurigerum nostro sanguine nacta genus.

XII.   *TOLETVM.*

Te dominam magni mundi bene dixero, Cosmus
Magnum habuit magno quidquid in orbe fuit.

XIII.   *VRSINI.*

Laurenti, poteras thalamis adiungere Regna,
Non magis antiquam, regificamque domum.

XIV.   *PARMA.*

Austriadum claro sociatos sanguine, nexus
Qui melius posset iungere, nullus erat.

TABLE

TABLE GENERALE
DES ALLIANCES DE MEDICIS.

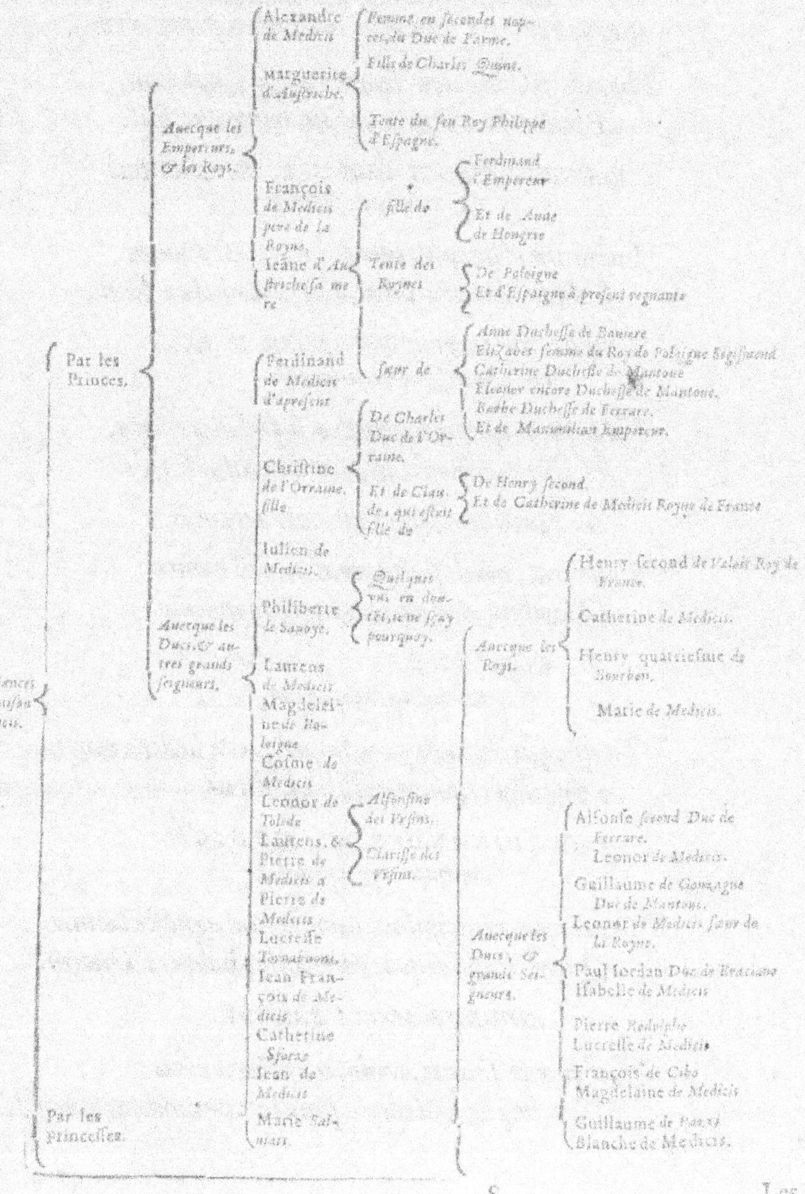

Les autres sept Anges faisoient pour les sept Cardinaux de la maison de Medicis,
entre lesquels Hippolyte fut Archeuesque d'Auignon l'an 1527. Prince tant celebré
es histoires pour sa valeur : ie m'en deporte pour le present.

LES CARDINAVX DE MEDICIS.

I. HIPPOLYTVS DE MEDICIS CLEMENTIS VII. NEPOS.

Hippolyto Cauarum sedem rexisse secundam
Proximus à Papa passus, honórque fuit.

2. IOANNES SALVIATI LEONIS X. DE MEDICIS EX SORORE NEPOS.

Iactatam toties patruus, te interprete, nauim
Saluat, vt inde salus, hinc Medicina foret.

3. NICOLAVS RODVLPHVS LEONIS X. EX Lucretia de Medicis sorore nepos.

Vndique nutantem patruus si sustulit orbem,
Nil mirandum: humeris se tulit ipse tuis.

4. IOANNES ANGELVS DE MEDICIS.

Talis erat, quali portauerat omine nomen :
Moribus Angelicis, Angelico ingenio.

5. ALEXANDER DE MEDICIS Cardinalis Florentinus.

Tu quoque dum Regum nuper sacra fœdera iungis,
Angelus es, pacis, militiǽq́, decus.

6. FERDINANDVS DE MEDICIS magnus Dux Ethruriæ.

Te quoque principibus permixtum agnosce latinis,
Quem Papam poterant, nunc habuere Ducem.

ANTONIVS MARIA SALVIATI.

Nec sine te saluus, credo, consisteret orbis :
Nec sine de Medicis sanus : vtrumque tuum est.

Sa Majesté escouta iusques icy fort paisiblement, & gousta sur tout les Anagrammes, & le bien dire des deux petits Mores. Le reste des enfans habillez à la françoise
deuoient reciter les eloges des Roys de Nauarre, qui estoient escrits soubs leurs effigies : mais le tard fit changer d'aduis. Ie les ay icy couchez de mot à mot pour la satisfaction de ceux, qui n'y peurent pas atteindre auec les yeux, ou qui ne les entendirent pas.

I.
HERCVLES.

*Hercules ille Osyridis filius, qui Tricorporem Gerionem debellauit,
Nauarræ familiæ Regiæ caput: labyrintho Regio, & pompæ nuptiali ar-
gumentum dedit.*

II.
GARCIAS XIMENES.

*Garcias Ximenes, post recuperatum à Barbaris virtute Caroli Ma-
gni Nauarræ Regnum, Rex primus, deinceps ter septem è stirpe sua
Nauarræos Reges habuit successores in regno, per totos annos 518. obiit
anno Christi 758. Regni 42.*

III.
SANCTIVS FORTIS.

*Sactius VIII. Nauarrorum Rex ter septimus, cognomento fortis, ex
Prosapia Ximenia vltimus, Miramolini Arabum Imperatoris vallum
è catenis intextum, quo Christiano equitatui viam, & victoriam aperi-
ret, Princeps inclytus Penetrauit: indéque ex euentu Nauarræorum Regum insignia catenis intertexta conflauit. obiit: an 1234.*

IV.
THEOBALDVS I.

*Theobaldus primus Campaniæ Comes, vir strenuus, & vexato ingen-
tibus præliis Ottomannico Jmperio nominatißimus. obiit an. 1253.*

V.
PHILIPPVS PVLCHER.

*Philippus Pulcher Rex Francorum, & Nauarræ, qui Auenionem
vnà cum summo Pontifice Clemente quinto summam fortunam inuexit:
fortior in Regnando, quàm felicior. obiit an. 1313.*

VI.
PHILIPPVS III.

*Philippus 3. Eburonum Comes, ob rem Catholicam aduersus Granatæ
Principem feliciter susceptam, gestámque clarißimus : post Ludouicum
Hutinum, Carolum Pulchrum, & Philippum primum quartus à Philip-
po pulchro successit vtrique regno. obiit an. 1347.*

VII.

VII.
GASTO FOCCIVS.

Gasto Foccia vaccia Comes Rei Castrensis scientißimus, rebus gestis inclytus, scriptorum ore celeberrimus, egregia prole gloriosus, à Philippo 3. quartus propter Eleonoram suffectus Nauarræ Regno, obiit an.

VIII.
FRANCISCVS PHOEBVS.

Franciscus Phœbus Gastonis Foccij filius, oris eximia Apollineáque, ac digna Imperio venustate spectabilis, cuius Regnum Matris Blanchæ fœmina cordatißima consilys sublime, atque erectum stetit, dum precipua Christiani orbis capita colliderentur. obiit an. 1483.

IX.
IOANNES ALBRETIVS.

Joannes Albretius varijs fortunæ successibus sus deque versatus, & suorum ingenio magis, quàm suo agitatus supra fortunam tantum erectus, atque inuictus enatauit. obiit an. 1517.

X.
HENRICVS ALBRETIVS.

Henricus Albretius Joannæ Reginæ parens, quæ Antonio Borbonio Duci Vindocino Henrici IV. parenti se in matrimonium, Regnumque Nauarræ in dotem, hereditaremque permisit. obiit an. 1555.

II.   POVR NE RIEN demordre de la methode qu'auons gardee es autres arcs, il reste maintenant de deduire par le menu ce que reste de celuy cy posé a la paix. Son ordre estoit Corinthien, les colonnes d'vn fort beau iaspe gris, ses thermes *Ceres & bacchus.* Sa corniche de marbre obscur, ses stylobates diuersifiees d'autres iaspes de plusieurs façons. Il auoit 28. pieds de tour, 35 de haut, de large 17.

III.   IL ESTOIT DEDIE' à Mercure Dieu de paix, que les Romains peignoient tousiours es porches, & Academies auec Hercules, & vn petit Cupidon entredeux: pour donner à entendre que la force mariee auecque la raison est mere de paix , & que l'vne sans l'autre ne peut subsister en sa perfectiõ. Mercure estãt en la maison, ou au disain de Iupiter, ou de Venus, rend les hommes eloquens, sentés, accords, doctes, conseillers des grands, moyeneurs, & arbitres de paix, naits aux legations, & ambassades pour accorder les Princes. Ainsi l'enseignent tous ces Mathematiciens, qui font estat de conter les estoilles, de conteroller le destin, de compasser les siecles, de gourmander le ciel, de ranger les Planetes, de baquetter les Eleméts, de messager le sort, & fortune des mortels. Et de là les Poëtes ont faict Mercure le Dieu de paix, l'interprete des Dieux, le maistre d'eloquence, le Genie de conseil, & de prudence.

IV.   LA PARALLELE estoit vn Gerion à trois testes, qui fut Roy des Espaignes, ennemy d'Hercules, il baisoit vne massue, qu'il tenoit d'vne main, & auoit auprès cette deuise. ICTVM IAM FOEDVS. Le sens en est clair de la paix d'Espaigne, auecque l'Hercule de

noſtre France. Et ne faut paſſer cecy ſans s'arreſter vn peu à peſer, que le ſeptenaire eſt
propre à la paix, auſſi bien qu'aux paralleles precedentes, s'il eſt vray, ce qu'en dict Philon en la vie d'Abraham en ces termes traduicts de ſon Grec en noſtre françois: paſſage, à mon aduis, remarquable. *Les amateurs d'honneſteté, & de vertu, dict ce Iuif, prefe-*
rent à toutes choſes la paix, & vne vie paiſible : & c'eſt pourquoy noſtre Legiſlateur Moyſe, touſ-
iours ſemblable à ſoy a appellé le ſeptieſme iour, & ſabbat des Hebreux, du nom de repos, & de
paix : non pas, comme quelques vns ont voulu dire, pource que au ſeptieſme iour le peuple ceſſoit
de trauailler : mais pource que le nombre ſeptenaire tant en l'vniuers, qu'en nous meſmes, comme
tous le côſeſſent, eſt ἀπαρθένος, ἢ ἀμήτωρ, ϗ̀ ἀγονωτατη, ϗ̀ ἐρρωμενέστατος ἀπάντων ἀριθμῶν·
c'eſt à dire, le plus paiſible, eſloigné de guerre, ennemy de diſcorde, & amateur de paix entre
tous les nombres. Il le preuue fort doctement au reſte de ſon diſcours : mais ie ne m'y veux
arreſter d'auantage : ſeulement ie remarqueray en paſſant, que la paix euſt auſſi ſon
ſeptenaire, ayât eſté conclue, faicte, iuree, & celebree ſolennellemenc le 21 qui eſt trois
fois ſeptieſme de Iuin. Ce fut le iour du repos, iour de dimanche, de l'an 1598. que le
Roy accompagné de pluſieurs Princes, & officiers de ſa coronne, & des deputés de ſa
Majeſté Catholique, le Duc d'Aſcot, l'Admiral d'Arragon, le Comte d'Aramberg, le
Preſident Richardot, & Dom Loys Veres ſecretaire d'eſtat, auecque grande ſuite d'autres ſeigneurs Eſpagnols, & Flamans, alla en grande pompe, & magnificence en l'Egliſe
noſtre Dame à Paris : où ayant chanté Meſſe monſieur le Legat de Medicis Cardinal
de Florence, ſa Majeſté monta ſur vn Theatre, ſigna, & preſta le ſerment de paix ſur les
Euangiles entre les mains dudict Legat. Et apres que leſdicts deputés eurent baiſé le
genouil au Roy, il les inuita d'aller diſner à l'Eueſché, leur fit mille careſſes, & en fin
leur dict ce bel Apophtegme. *I'ay aimé, & deſire la paix, & ne feray iamais la guerre, que*
contre ceux, qui refuſeront la paix. Eſcriuant cecy, me vint en teſte vne penſee curieuſe,
que ie veux mettre hors. Que vouloit dire, que l'on ne voit pas meſſieurs les Miniſtres
& ſurueillans trotter par les Royaumes pour mettre la paix entre les Princes Chreſ-
tiens, comme font, & ont faict de tous temps noz Prelats, & Cardinaux ? à cecy ie ne
peux reſpondre autre, ſinon que peut eſtre ils ſont trop empeſchés à corner la guerre, à
trompeter les reuoltes, à fanfarer, & apoſtropher les rebellions : veu qu'ils ſe fondent
en la paix comme la cire aupres du feu : ô ſçait leurs practiques, & menees ordinaires.
Quand le Roy eſtoit deuant Amiens, & tout le Royaume en grand danger, Codur
Miniſtre d'Vzes, de la part des Egliſes reformees preſenta à monſeigneur le Duc d'V-
zes, quatre vingt mille eſcus, s'il vouloit monter à cheual, non pas pour aller faire leur
deuoir à ſecourir le Roy, mais pour brouiller les cartes, & ſe declarer chef d'vne patri-
cidiale rebellion contre la Majeſté tres-chreſtienne : ce que ce grand ſeigneur ſage,
noble, vaillant, fidelle à la coronne, & Catholique tout ce que ſe peut, rennoya ſi loing,
que le beau naturel, duquel Dieu la fauoriſé, eſt eſloigné de tout ce que ne reſſent ſa
generoſité, & nobleſſe, laquelle reluit en tous ſes faicts, & propos, autât qu'en Seigneur
que l'on puiſſe cognoiſtre de ſon aage, & de ſa qualité. Ie vous laiſſe à penſer, qu'ils
deuoient faire allors par les autres cachots, & recoins du Royaume, où ils ſe ſont bar-
ricadez en oſtage. Que ſi les occupations de la guerre, n'epechét ces meſſieurs de peſer à la paix, ne ſeroit ce pas pource que ils ſont trop occupez à cultiuer les vignes, &
iardinages, & à entretenir leurs boutiques, ſe defians encore, peut eſtre, d'auoir accès
aupres des grands, pour eſtre de ſi baſſe eſtoffe, que les plus ſçauâs grouilliers, & rape-
taſſeurs ſont les plus hupez Miniſtres chez eux, & tiennent plus du ſainct Eſprit de
ce pays la, qui leur grouille dans le ventre iour, & nuict. Mais ie les pinſe touſiours, &
ils ſe fachent.

T

L'EM-

L'EMBLEME du costé droict estoit la figure mysterieuse de la paix depeinte, & tiree du prototype de Tibulle.

At nobis pax alma veni, spicamque teneto,

Profluat & pomis candidus ante sinus.

Pax aluit vites, & succos condidit vuæ,

Funderet ut nato tecta paterna merum.

Pace bidens, vomerque vigent, ac tristia duri

Militis in tenebris occupat arma situs.

Il n'y auoit point de difference de l'vne à l'autre : sinon que cette cy est vne peinture parlante : l'autre vn tableau muet. Le mot estoit facile.

FERT OMNIA DVLCIA SECVM.

LE SECOND EMBLEME estoit composé d'vne main tenant vn Caducee de Mercure, Hieroglyphique de paix, & vray symbole de la deuise du Roy, qui porte vne massue croisee auec vn sceptre, & vne espee, auec ce mot, DVO PROTEGIT VNVS, comme le Caducee est vn sceptre croisé de deux serpents entortillés, que tous expliquent, & entre autres Pline, des partis contraires vnis par le sceptre, & par la force des Roys, ausquels il touche de faire la guerre pour auoir la paix : qui est la fin & le but de la iuste, & legitime guerre. La deuise auoit de l'allusion à celle du Roy.

DVO COLLIGAT VNVS.

C'est sa Majesté, qui a serré le nœud d'vne saincte paix entre ces deux grandes, & puissantes monarchies de France, & d'Espagne : l'vn des grands, & miraculeux effects de son bras inuincible, rendant presque en vn moment deux Royaumes si opposez à pointes contraires, paisibles, & comme freres : & la France si trãquille, & si calme, qu'il ne reste pas vn souffle de toutes les tourmentes, & tempestes passees, qui l'auoient presque mise à fonds d'vn naufrage irremediable. Loüé soit ce grand Dieu des armees, qui a inspiré à ce grand Roy vn esprit de paix, pour l'allegeance de son pouure peuple, qui n'en pouuoit plus accablé de miseres, & quasi plongé en desespoir de se rauoir iamais.

Au bout de la Galerie se continuoit la suitte du labyrinthe par cet escriteau de grand' lettre rouge Romaine.

L'ARC CINQVIESME DV LABYRINTHE ROYAL POVR LA PAIX GENERALE, QVE SA MAIESTE TRESCHRESTIENNE A APPORTE EN SON ROYAVME, FAICTE AVEC SA MAIESTE CATHOLIQVE ROY DES ESPAGNES, QV'HERCVLES PACIFIA CHARGE DES TROPHEES DE GERION ROY IADIS DE TROIS ROYAVMES EN CE PAYS LA. L'OLIVE.

VI.   L'INSCRIPTION de la dedicace double seruoit, comme dessus, à l'argument.

I.

MERCVRIO CADVCEATORI.

II.

PACI REGIAE.

III.

L'inscription triomphale façonnee à l'antique en forme de *fœdus* ancien.

FOEDVS HISPANVM.

QVOD

QVOD NEC EX ANIMI TVI SENTENTIA, HENRICE CLEMENS, SI QVID ANTE HVNC DIEM FACTVM EST, VINDICASSIS, AVT VLLO ALIO GENERE VINDICANDVM CVRASSIS : IN HÆC VERBA FOEDERIBVS COMPOSITIS PETITORES TVI ARMA DEPONVNT : ET NE RESIDVA IN ANIMIS, ETIAM POST PACTVM, IRA REMANEAT, PRÆTERITA ABOLERI OSCVLIS PLACVIT, TIBIQ. EA CAVSA CLEMENS PONT. OPT. MAX. CVIVS INTERCESSIONE, ET LACHRYMIS TANTVM HVMANO GENERI BONVM FECISTI, ARCVM HVNC PONI IN IANO PER NOS VOLVIT, SCIVITQVE: ET PRO TVIS MAGNIS MAXIMIS MERITIS OLIVAM DARI.

C'est le vers du rond de l'Arcade.

IV.

HAE TIBI ERVNT ARTES, PACISQVE IMPONERE MOREM.

Les six des piedestals, sont ceux cy.

V.

PACI OLEAGINEAM DONAT POST PRAELIA CLAVAM.

Hercules apres auoir veincu les Geans, dedia sa masse (faicte de bois d'Oliuier Hieroglyphique de paix) à Mercure : & le Roy apres tant de victoires, à consacré son espee à la paix. *Fama est victis Gigantibus Herculem suam clauam Mercurio Polygio consecrasse, quã dicunt fuisse ex Oleastro, & repullulasse, actisq̃, radicibus insignem arborem factam fuisse,* ce dict Comes au liure 7. cha 1. l'Oliue signifie la prosperité, & abondance de la paix, que l'on auoit icy depeinte, & que Ronsard imitant Tibulle d'escrit ainsi.

> *Elle enfla tout le sein de la belle Pomonne,*
>
> *D'abondance de fruicts, que nous produict l'Autonne.*

VI.

ΑΥΤΟΥ ΕΝ ΕΙΡΗΝΗ ΖΩΑΡΚΕΙ ΛΑΟΝ ΑΕΞΟΙ.

> *Il rangera ses subiects desormais*
>
> *Soubs le printemps d'vne eternelle paix.*

VII.

O COHIBETE IRAS: ICTVM IAM FOEDVS, ET OMNES COMPOSITAE LEGES.   X.

Pindare dict en la 3. ode Olympique, qu'Hercules apporta de fort loing l'Oliue en Grece, y instituant les ieux olympiques, où les veincueurs fussent coronnés d'Oliue. La parallele de ce piedestal estoit extraicte de ce lieu de Pindare, & composee de ces vers, que chacun peut facilemét appliquer au Roy, qui a arboré l'Oliue de paix au milieu de la France.

ΑΜΦΙ ΚΟΜΑΙΣΙ ΒΑΛΗ ΓΛΑΥ-

ΚΟΧΡΟΑ ΚΟΣΜΟΝ ΕΛΑΙΑΣ, ΤΑΝ ΠΟΤΕ

ΙΣΤΡΟΥ ΑΠΟ ΣΚΙΕΡΑΝ ΠΑΓΑΝ ΕΝΕΙΚΕΝ

ΑΜΦΙΤΡΥΟΝΙΑΔΑΣ

ΜΝΑΜΑ ΤΩΝ ΟΛΥΜΠΩ ΚΑΛΛΙΣΤΩΝ ΑΕΘΛΩΝ.

> *Que d'Oliuier on luy donne*
>
> *La bien-celeste coronne,*
>
> *Qu'Hercule victorieux*
>
> *Gaigna sur l'Istre bourbeux,*
>
> *Pour en coronner les testes*
>
> *Des Olympiques Athletes.*

T 2   Pausanias

Pausanias escrit, en ses Attiques, que la paix auoit esté la nourrice de Pluton le Dieu des richesses, qui se tenoit en Espaigne plantureuse iadis en mines d'or. Ce que vouloient signifier les Atheniens par leur statue de Pluton, qui estoit ieune enfant entre les bras de la Paix sa nourrice. La pouure France commence de taster le bien qu'elle apporte, & l'experimentera tousiours de plus en plus, tant qu'il plaira à Dieu luy conseruer, & prosperer ce mariage, qui doit estouffer au berceau toute guerre, & diuision: & faire refleurir les lis de France en l'Apuril d'vne Royale posterité: ce qu'estoit prognostiqué par l'Oliue symbole d'abondance, & de richesses: puis qu'en la saincte Escriture c'est vne phrase ordinaire de dire qu'il y aura de l'huile, pour signifier vne moissó plantureuse en tous biens. Les deux autres vers, qui sensuiuent promettoient le mesme en termes diuers. L'vn de Musee vn peu alteré, l'autre de Virgile, visans tous deux à l'Oliue verdoyante, que cette Princesse plantera au iardin de la France.

XI.

ΠΟΛΛΑ ΚΑΜΩΝ ΕΡΡΙΚΟΣ ΕΒΗ ΠΟΤΙ ΝΑΥΛΟΧΟΝ ΑΚΤΗΝ.

En fin de compte, Henry le fort

Apres tant de vagues, prend port.

XII.

PHYLLIDIS ADVENTV NOSTRÆ NEMVS OMNE VIREBIT.

Les quatre Anagrammes tendent à mesme fin, & font mention de la paix fort expressement. Le dernier est vn vers scazon.

VIII.   XIII.

HENRICVS BORBONIVS   *MARIA DE MEDICIS REGINA*
ORBIS SVB HOC VIRENS.   *DEI MEDICA IN ARMA REGIS.*

S. En N.   IX.

HENRICVS BORBONIVS, MARIA DE MEDICIS REGINA

HEM! BONI DII, REGES ORBIS, MERCVRIVS, AC DIANA.

N. de trop.

XIV.

MARIA DE MEDICIS GALLORVM REGINA.

MEA MIRA REGINA MIRE GALLICIS ADDO.

V. En A.

VII. La coronne estoit d'Oliue soubs la clef, en signe de paix, qui a tousiours esté represêtee par l'Oliue. Les Ambassadeurs, que Enee ennoye au Roy Latin, sôt tous corônés de verd Oliuier: luy mesme allant à Euâdre monstre a Pallât, qu'il est venu côme amy, & homme de paix, estendant la main auec vn rameau d'Oliue. Semblablement Stace faict que Tydee demandant le Royaume de Thebes à Etheocle au nom de Polynice, luy met entre les mains vn rameau d'Oliuier, pour luy monstrer qu'il alloit comme Ambassadeur de paix. Les Poëtes sont rêplis de ce Hieroglyphique de paix: & encore la colombe portant à Noë la nouuelle de paix, tenoit vne branche d'Oliue en son bec, qui a depuis donné matiere aux Poëtes, & à l'antiquité de faire le mesme. L'epigrâme faicte a ce propos, escrit comme les autres, estoit affigé au costé droict de l'Arc, vis a vis de l'autre inscription en suitte du labyrinthe.

POVR GERION PACIFIE. L'OLIVE.

A CES LAVRIERS I'APPENDS ENCOR CET OLIVIER
O GRAND HERCVL FRANÇOIS! L'ESPAIGNOL GERION
QVI SANS VEINCRE VEINCV DV GAVLOIS FRANCION,
IOINT LA GVERRE A LA PAIX, ET L'OLIVE AV LAVRIER.

L'ARC

VICTA OMNIA
RVPI
8   18.
ÆTERN. PIET. RELIGIONIQ. HEN. IV. XPSMI REGIS.
TVA ME CLEMENTIA TRAXIT   OBSTANTIA SOLVIT
4
SVSTVLIT EXVTAS VINC—   LIS AD SYDERA PALMAS
QVANTA FVEI MOSTR QVA. SVT LVS MIHI
Le Theatre 28 pieds de long
14. de large.
7   9   6   11   14.   12.

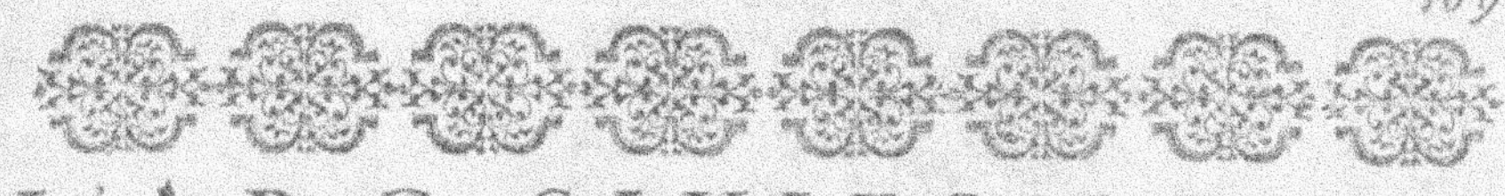

L'ARC SIXIESME DV
LABYRINTHE ROYAL.
SVR LA RELIGION, ET
absolution du Roy.

CHAP. XV.

LA Royne passée soubs l'arc de la paix, delà à quatre ou cinq pas, à l'issue du Change, cõmença à descouurir celuy de la conuersion miraculeuse,& absolution du Roy, erigé à l'issue de la grand' place de la maison de ville, à l'endroit où se rencontrent les deux rues, qui vont à nostre Dame,& au Palais.

SON THEATRE estoit le plus grand, le plus beau, le plus superbe, **I.** & remarquable de tous les autres,qui estoient sur pied,situé à main gauche de l'arc,& continué des la grande boutique, qui faict le coin, iusques au puys. Il estoit enrichy de quatre grandes colomnes grizes,striees,& cannelees,de rolief,vernies,auec les chapiteaux dorez,d'ordre cõposite, posees es quatre coins sur le theatre,accõpagnees de leurs corniches de iaspe gris,faisãt le quarre du lõg,& du large, & de leurs stylobates de diuerse sorte de marbres. La haste causa vn defaut de peu de faict, mais qui eust de beaucoup orné,& faict voir l'architecture,demeurant le costé de la maison de ville sans tapisserie,tout ouuert. qui fut neantmoins commodité pour la grande affluence de peuple accoutue au spectacle de la bataille d'Hercules auec le dragon, que s'y deuoit exhiber.Dans la frize de la corniche du deuant,se lisoint ces vers de Seneque.

O QVANTA FVDI MONSTRA, QVÆ NVLLVS MIHI
REX IMPERAVIT: INSTITIT VIRTVS MIHI
IVNONE PEIOR.

Dans celle,qui faisoit le rebras d'vn costé,ceux cy se lisoient.

PENE VECTOREM ABSTVLIT,
PRONVMQVE RETROVEXIT, ET MOVIT GRADV.

De l'autre costé, ces autres deux.

VIRIBVS TRACTVM CANEM
IRA FVRENTEM, ET BELLA TENTANTEM IRRITA
INTVLIMVS OREI, TVM SVB HERCVLEA CAPVT
ABSCONDIT VMBRA.

Tout cecy seruoit comme d'argument à ce duel de l'Hercules combatant auecque l'Hydre, & d'Ænigme pour faire voir l'effect des guerres,& batailles de sa Majesté au triomphe,& victoire totale de ses ennemis.

T 3

Cette

Cette Hydre, ou dragon eſtoit d'vn tresbel artifice, & d'vn aſpect eſfroiable, de la grandeur d'vn grand dogue d'Angleterre, tout eſcaillé de verd, & de iaune, auecque ſes ombrages de noir, & de rouge:il auoit les grifes de Leopart, le groin camard, le frôt enfonſé, l'oreille de lyon, la barbe de bouc, la cueue de coleuure, le corps, les aiſles, & la teſte de dragõ, auec la place de ſix teſtes ia coupees, qui faiſoit, qu'il tenoit plˢ du dragon, que de l'Hydre: il eſtinceloit des yeux : iettoit le feu à furie par la gorge, par les oreilles, & par l'eſtomach : retiroit, & eſlançoit la teſte, & le col d'vne grande coudee : ouuroit la gueule d'vn grand pied : iouoit des machoires, & de la langue ſi parfaiſtement, comme s'il fut tout vif, par des reſſors, & engins inuiſibles : il reculoit, & auançoit de cinq pas, pourſuiuant ſon homme, & ſe retirant dans ſa cauerne, qui eſtoit la grande boutique du coin ouuerte d'vne grande ʌrcade, & rencontree tout à propos que l'on auoit ombragee de mouſſe, ramee, herbage, verdure, & gazon. Hercules, qui ſe deuoit combatre, eſtoit equippé à proportion, auec ſon arroy à l'antique, la teſte coifee d'vn meuſle de lyon auec ſon poil, & ſes dens, non pas en peinture, mais au vray, d'vne vrayé teſte de lyon, que l'on auoit trouuee tout à propos : comme il ny a rien de ſi rare, que n'aborde en Auignon. Le reſte du corps eſtoit d'autres peaux retirantes au lyon ſur le nud. En cet equippage, la maſſe au poing, au preallable, que de donner la charge à ce monſtre, la Royne eſtant arriuee, & ioincte au Theatre, Hercules recita ce que ſenſuit.

L'HERCVLE COMBATANT.

Des le berceau, de mes mains tendrelettes
J'ay eſtranglé cent mille, & mille beſtes,
Des mon enfance à la mort ayant mis
La plus grand part de mes fiers ennemis.
Touſiours depuis de l'Hydre ſourcilleuſe
J'ay combatu l'engeance belliqueuſe.
Plus i'en retranche, au plus elle en reprend,
Plus elle enrage, au plus ie me deffend :
Mais ſi faut il, qu'en fin ie m'en deface
Branlant en main le hampe de ma maſſe.
Des ſept goziers ne m'en reſte plus qu'vn
Le plus cruel, & le plus importun.
Roidis ton bras, Alcide, & ta maſſue
Qu'elle aille à bas, qu'elle tombe abatue.
Jouez, frapez, trompetes, & tambours.
Hydre, voicy le dernier de tes iours.

J'ay faict profeſſion au commencement de ne rien deſguiſer des defauts, qui ſuruindrent à l'execution du deſſein. Icy en paſſerent trois fort faſcheux, & qui refroidirent

dirent de beaucoup cet acte, que l'on auoit reserué pour cette place si celebre, comme le plus signalé. A la semonce, que faisoit Hercules, le chœur du char triomphant composé de voix, & d'instruments, auoit esté aposté pour chanter la guerre de Ianequin à l'assaut de l'Hydre : mais ils se perdit au besoin, se laissant rompre, & desplacer par les foules. L'autre defaut notable fut en ce que à l'arriuee des Princes l'on fit iouër trop tost le gros du feu, qui deuoit sortir de la gueule, & oreilles de l'animal : si que à la venue de la Royne il n'en restoit que bien peu, ne demeurant entier que celuy de l'estomach, occasionant ceux, qui en auoient la charge, de recharger les ressorts sur le faict, & d'escouurir comme l'on dict, le pot aux roses, qui fut vne vraye nieserie. D'abōdant apres la premiere charge, Hercules se defiant de ses forces, & se iettant à genoux, comme il auoit faict vne fois en la plaine de Sellon, bataillant contre les Geneuoys, toutes les trompetes, qui auoient eu à ces fins leur rendés vous en ladicte place, auoient commandemēt de fanfarer la recharge, & d'esueiller Hercules à vn nouuel assaut. Elles disparurent aussi bien, que les chantres, prenant ailleurs leur auantage, & delaissant ce spectacle froid comme glace, & sans aine. Hercule ny pour cela, recité qu'il eust, print cœur de la Royalle attention, & patiēce de sa Majesté, plus efficace à enflamer le courage des Acteurs à bien iouër, que le chant d'vn Tyrtee à animer a la guerre : il entre en lice, va assaillir son ennemy en sa cauerne : & comme effraié de l'aspect de ce monstre, se prosterne en terre, faisant cette priere a Dieu.

> *Pere, qui animez cette grande machine,*
> *Encouragez mon bras, renforcez ma poictrine.*

Il exprimoit allegoriquement les destroicts, esquels s'est trouué le Roy souuentesfois, & vne saincte, & religieuse coustume qu'il a en ses plus grands dangers, de dresser ses vœux, & ses prieres aux cieux, recognoissant que tout son bien vient de la, & qu'il n'est rien sans la grace, & speciale faueur de ce grand Dieu, qui en vn momēt peut renuerser tous les Roys, & abatre toutes les colomnes de la terre. Il la tousiours pieusemēt pratiqué, mais signamment à la iournee d'Yury, en la belle priere, que Salluste du Bertas a mis en rhyme. Ainsi Hercule plein d'esprit, & de nouueau courage ayant prié, redouble son effort, iusques à tant que l'Hydre desmembree se rendit, pliant le col iusqu'en terre se confessant abatue, & surmontee. Alors le victorieux, & triomphant Heros, luy mettant le pied sur la gorge, expliqua en ces deux vers tout l'Ænigme de ce rencontre, parlant en la personne du Roy se tournant aux auditeurs, au dernier vers, & iettant vn profond souspir de sa poictrine.

> *Monstre effroyable, afreux, ie te tien' ie te tien',*
> *J'ay achepté bien cher le sceptre qu'estoit mien.*

Les trompetes deuoient encore icy trompeter la victoire, mais elles y firent defaut aussi bien, que le char triomphal, auquel touchoit de chanter en demarchant de ce theatre, l'hymne de triomphe, & le viue le Roy.

Il y eust force Oedipes, qui conterollerent cette Hydre en ving & cinq façons : qui pensoit vne chose, qui en disoit vne autre, qui philosophoit que l'on entendoit l'heresie, qui est vrayement à plusieurs testes, sans teste s'estant demembree du vray chef de l'Eglise, qui est le fils de Dieu, & son vicaire en terre.

L'arc

L'arc prochain leur en donnoit le soupçon dressé à la couersion,& religion du Roy. I'aduoüe bien que le plus grand triomphe de sa Majesté fut de cette victoire de soy mesme,qui luy asseura deux grandes coronnes tout ensemble : celle de France,& celle du Ciel,sans laquelle celle là n'est rien,ou si elle est quelque chose, n'est que plus grande matiere de peines eternelles,puis que *potentes potenter tormenta patientur* : tout cela est vray,& sa Majesté en a faict tousiours cet estat ; & ne se peut reuoquer en doute,sinon que de ces ames eschappees , & enyurees du hanap de leur misere,& mortalité,qui ne pensent quasi que par ieu,& par songe à la gloire,& coronne future : miserables,& dignes de compassion,ne s'apperceuäs de la mort,qui les talonne de pres, & de ce que les attend apres l'ombre de cette vie , que Pindare n'a pas osé mesme nommer ombre d'vn corps,mais ombre d'vn songe.Tout cela di-ie estant, ce n'estoit toutesfois du dessein,ains de faire voir vn abbregé,& viue peinture de toutes les batailles, & trophees en bloc de sa Majesté. Et sçauent les deputés , que l'intention premiere de l'autheur,fut de l'exhiber au premier Arc,où estoit la parallele de l'Hydre,ne fut qu'ils voulurent le garder pour ornement de la maison de ville.

Cette bataille fut suiuie de quatre petits Satyres vestus de mousse de pied en cap, qui ioüerent vne Satyre,ou Morologue,sur le suiect de ce dragon,en langage prouéçal, plaisant,& sententieux de soy. Ils poursuiuoient l'allegorie du combat appliquants le tout,auec que faceties,& sentences de pays à la verité des lauriers , & triomphes de sa Majesté en general,qu'ils representerent conformement au personnage, qu'ils tenoïet auec grande attention , & bienueuillance de sa Majesté,& de la grande multitude de peuple , qui y assistoit. Le Prouençal se contentera d'auoir esté ouy vne fois en si belle compagnie,& nous passerons outre.

L'inscription, qui continuoit la liaison du labyrinthe,estoit telle.

L'ARC SIXIESME DV LABYRINTHE ROYAL SVR LA BENEDICTION, ET ABSOLVTION DONNEE AV ROY PAR NOSTRE S. PERE LE PAPE CLEMENT VIII. SOVRCE DV BON HEVR DE LA FRANCE, ET DV REPOS DE TOVTE LA CHRESTIENTE: ELLE EST REPRESENTEE PAR LE GRAND , ET SAGE PROMETHEE DESLIE DV MONT DE CAVCASE PAR HERCVLES.

II.   L'ARC ESTOIT CONSACRE à Diane,qui est la naïfue image de l'Eglise , & de la vraye religion illustree par le Soleil de iustice. Sainct Augustin le traicte fort au long sur le Pseaul. 10. où les reformez de nostre temps trouueront vne bonne Mercurialle , pour leur reformation, s'ils la veulent prendre , & y verront les naïfues marques de nostre Eglise, qui est d'autant plus lumineuse de la reale presence du fils de Dieu (recogneu par Platon en son Timee,& par le grand Trismegiste au Pimandre,pour Soleil intelligible) que l'Eglise refroignee,& la Synagogue de Geneue en est brune , & eclypsee par l'absence du Saueur,qui la abandonnee,& reprouuee en ses tenebres , & en son Euangile imaginaire,& inuisible : laquelle s'estant glissee depuis les Apostres par certains Aqueducts soubsterrains,& par ie ne sçay quels bourneaux incóprehensibles, en fin, de bonne fortune, reiallit, & s'alambica l'autre iour tout à coup, au milieu de ce grand lac mysterieux,qui en est tout reformé, & miraculeux. La Lune est septenaire comme l'Eglise : remarque de Clement Alexandrin en ses Stromes,de Seleucus Mathematicien,& de Philon aussi en la Cosmopeie , qui sont d'accord , que la Lune est toute septenaire, changeant sept fois de face, chacune de sept en sept iour : & 28. fois (qui sont quatre fois sept) de maison celeste. 1. elle commence par le croissant. 2. s'auance tiance à la moitié. 3. s'accroit en bosse. 4. est pleine. 5. retourne en sa bosse. 6. en sa moitié. 7. en son croissant, & en son premier point, par où elle auoit commencé. De cecy fait son profit sur le pseaul. allegué S. Augustin : & au liu. 17. de la Cité chap. 4. il dit que le nombre septenaire signifie l'Eglise Catholique laquelle a receu de Iesus Christ sept Sacremens : a eu sept diacres dés le temps des Apostres : a distribué ses prieres solennelles en sept heures canonicales, comme le fils de Dieu auoit composé la sienne de sept petitions : & le Roy des Prophetes de sept autres heures *Septies in die laudem dixi tibi.* Et son fils Salomon sa requeste de sept articles. Ses docteurs sont signifiez en l'Apocalypse par les sept estoilles, que veit S. Iean à la dextre du mediateur : ses mysteres par les sept seaux : son vniuersalité, & estendue Catholique par la constellation de l'Ourse en Iob 9. selon S. Gregoire. *Quid Arcturi nomine, qui in cæli arce constitutus septem stellarum radiis fulget, nisi vniuersalis Ecclesia exprimitur?* Voila la premiere conuenance de la Lune auec la Religion du Roy premierné de l'Eglise, & receu en l'Eglise, entré au Royaume de ses prosperités, par la porte de l'Eglise. Il y en a vne autre en ce que Diane estoit nommée des Grecs Lysizone c'est à dire, qui deslie la ceinture, *quòd Zonã soluit diu ligatam.* Ce qu'on luy attribuoit à l'occasion de ce que la Nymphe Britomartis se trouuant enfilassee dans les rets sans espoir de remede, voüa vn temple à Diane, qui l'en deperra, & deslia tout aussi tost. Chacun sçait combien de nœuds, de cordages, & d'embarras sa Majesté denoüa tout en vn coup, par la tant desiree profession, qu'il fit à S. Denis, de la Foy, & Religion de ses ancestres : que d'esprits il esclaircit : que de difficultez, & obstacles il rompit : que de barrieres, que de nuees, que de brouillars, que d'ombrages il osta, apres cette saincte resolutiõ, si importãte à toute la Chrestienté : principalement apres la benediction receüe de nostre S. Pere, ou plustost de la main de Dieu qui l'a beny, & prosperé du depuis en toutes choses. L'on peut dire auecque verité, que ce fut le coup d'vn Alexandre coupant tout à faict le nœud Gordien inextricable de ce Royaume. Cela estoit deu au septenaire du Roy : car l'on estoit absous, selon la loy de Moyse (ce que Philon au liure du decalogue sur la fin, n'a pas laissé en arriere) tousiours par septenaire. comme au septiesme mois de l'an : & de sept en sept ans : & principalement tous les quarante neuf ans, qui est le septenaire quarré, & l'aage du Roy, l'an du grand Iubilé, & de remission pleniere, duquel il estoit commandé au Leuitique, *facies tibi septem hebdomadas annorum, hic erit annus Iubilei.* Et certes si nous espluchons de pres l'escriture, nous verrons que les remissions, & absolutions de quelque coulpe que ce fut, auoient pour terme quelque septenaire. Au Deuteronome 16. *Septem diebus comedes afflictionis panem.* en l'Ecclef. 40. *super peccatores septuplum :* au Leuitique 26. plusieurs fois, *addam plagas vestras vsque in septuplum, percutiam vos septies propter peccata vestra, corripiam vos septem plagis propter peccata vestra :* Et en Gen. 4. *septies animaduertetur in Cain :* Et menassant ceux, qui tueroient Cain, *omnis qui occiderit Cain septem vindictas exoluet.* Les Iuifs demeurerent septãte ans en la captiuité de Babilonne : Il fut proposé a Dauid par l'Ange s'il aymoit mieux, pour son peché, que la famine regna sept ans, qu'autre chose : & en fin en morurent de peste septante mille. Nabuchodonozor fit penitence sept ans : la seur de Moyse, pour son peché, demeura ladre sept iours. Dauid apres l'adultere fit penitence sept iours. La penitence ancienne de l'Eglise Catholique pour les gros pechés estoit de sept ans. *En li 31. qu. 2. si quod. Et dis. 82. præsbiter 27. qu. 1.* Et les pseaulmes que nous appellons penitentiaux, pour cette consideration sont du nõbre de sept. *gl. in aut. de celeb. Misse. 1.* Ie serois trop exacte, & ennuyeux, si ie voulois ramasser tout ce que se peut dire sur ce propos. Seulemẽt pource qu'il s'agit icy de l'Eglise, qui est saincte, & de la pieté, & religion du Roy, & de la

V

bene-

benediction,qu'il receut de noftre fainct Pere. Ie ne puis paffer vne autre fignalee proprieté du feptenaire,qui fuit de ce que venons de dire,trefauerce par les SS. efcrits , & hautlouee par Philon en fes Allegories,au liure 1 fur ces mots de la Genefe : *Benedixit Deus diei feptimo,& fanctificauit enm. Dieu a beny le feptiefme iour, & la fanctifié* : ce que deuroit fuffire aux plus curieux,pour leur faire voir,qu'il y a de la faincteté au feptenaire du Roy,& de la benediction diuine. Lifez ledict Philon, fur le decalogue pres de la fin, vous y trouuerez que toutes les grandes feftes des Iuifs furent fanctifiees en iours feptenaires. Les paroles font remarquables,que i'ay tranflatees en noftre langue mot à mot.*Les plus grandes feftes,dit- il,ont efté attribuees au feptenaire,à l'endroit,que l'année eft mypartie par deux Aequinoxes du printemps, & de l'automne,& fe celebrent fept iours entiers de fefte, à caufe des fept mois de chafque Aequinoxe.* Outre plus tous ceux qui eftoiët immondes, & polluts auoient fept iours de terme,& le feptiefme ils eftoient purifiez. En Exode 8.& 29. au Leuitique 4. 15. & 21. aux nombres 19. Nahaman Syrus fe plongea fept fois dans l'eau,& guerit purifié , & fanctifié de fa mezelerie. C'eft affez de la dedicace de cet Arc.

III.   L'ARCHITECTVRE eftoit d'ordre compofite le plus parfaict de tous,& correfpondât au Theatre, meflé du Ionique propre de Diane,& du Corinthien, qui eft gay, & allegre, les colomnes de Iafpe bleu,la corniche de Iafpe verd : le frontifpice finy par trois boules en fes recoins:les deux Hermes,qui foulageoiët la corniche,eftoient des Centaures enfans des nuces , defquelz nous parlerons es emblemes.*femibovefq, viri, femiuirique boves,* tout l'Arc eftoit de mefme grandeur,que celuy du change.

IV.   LA PARALLELE s'entendoit d'elle mefme,c'eftoit Hercules,qui deflioit le fage Promethee attaché au rocher de Caucafe : & cette deufe aupres. VINCLA OMNIA RVPI. La fable en eft vulgaire , & cogneuë. Elle eftoit vn peu variee en la perfonne de Promethee,ayât le cœur entier,la poictrine fans ouuerture,& vne Aigle morte à fes pieds, (car auffi les fables difent qu'Hercules la tua) & non pas le cœur defchiré , & breché de l'Aigle,comme l'ancien Promethee, qu'Hercules depetra des chefnes de Caucafe. Le tout eftoit faict a pofte,pour deux circonftances notables de la conuerfion, & abfolution de fa Majefté. Hercule deflie Promethee , & le Roy que nous prenons pour Hercule eu tout ce labyrinthe,romp luy mefme les liens de fon ame,& de fon Royaume , contre les mauuais confeils de plufieurs,qui cerchoient autant la ruine de fa Majefté,que de toute l'Eglife : il a toufiours tenu bon en ce point de procurer fa benediction enuers fa Saincteté,la prier,l'importuner,l'obtefter,& comme forcer,fans force, de ce faire: eftant en cela foy mefme fon côfeil,& fon folliciteur,& pource l'ô ne trouuera eftrange fi en la pourfuite de la parallele de fa Majefté auec Hercules on la prins defliant Promethee,prenant tous les deux à vn effect. Le Promethee eftoit peint auec le cœur fain,& entier,gifant l'Aigle morte à fes pieds , pour reprefenter la belle proteftatiô,que fit le Roy à fon inftruction,d'auoir toufiours gardee la foy faine en fon cœur des principaux poincts de noftre creance : comme il le declara lors qu'eftans appellez par fon commandement,meffieurs de Bourges,du Mans,de Nantes,& d'Eureux,pour l'inftruire,il dict n'en auoir point de befoin fur la reelle prefence du corps du Sauueur au S. & reformidable Sacrement de l'Euchariftie,d'autant qu'il l'auoit toufiours creüe : ny de l'Eglife Romaine,qu'il auoit auffi toufiours eftimé eftre la vraye Eglife. Et à la bonne heure : la confeffion de cette foy fecrette,profeffee publiquement en la Meffe, luy ouurit,à l'inftât,tous les refforts des cœurs de fes bons fubiects,& les portes de fon Royaume.Ce fut l'ã 1593.le 25.de Iuillet feptiefme mois de l'ânee,au iour deS.Iaques,& S.Chriftofle,en la grande Eglife de S. Denis,de laquelle le chœur eftant tendu de tapifferie

pifferie releuee de foye, & d'or, l'autel paré d'ornements Royaux de velour cramoifi
brun, auec la chapelle de mefme parure, le daïs, & l'oratoire preparé pour fa Majefté
auecque magnificence Royale: monfeigneur le Cardinal de Bourbon accompagné de
neuf Euefques, & de tous les religieux de fainct Denis, qui portoient la croix, & le liure des Euangiles, s'acheminerent iufques à l'entree de l'Eglife vis à vis du Beneftier,
où y auoit vne chaire paree de damas blanc, dedans laquelle monfieur de Bourges, qui
faifoit l'office s'affit, attendant le Roy, qui fortit du logis Abbatial accompagné de
quarante Archers de fes gardes, & apres douze trompettes, fuiues de toute la nobleffe,
au milieu de laquelle fa Majefté eftoit enuironnee des Archers de fa garde Efcoffoife,
& marcha de cette façon à pied, les ruës tendues, & couuertes de Ionccees, iufques à
l'Eglife, auec le contentement, & alegreffe du ciel, & de la terre, & de tout le peuple
hauffant iufques aux nuees fon VIVE LE ROY. A l'entree de la porte trouuant monfieur
de Bourges, cette ame vrayement genereufe fe ietta à fes pieds: en quoy il fe monftra
plus Hercules qu'en toute autre chofe, puis que comme nous difions au chap.1.Higy-
nus, & d'autres difent que ce fut le vray gefte d'Hercules, qui le mit en cette pofture
entre les conftellations celeftes appellé pour cette occafion engonafis en Grec, que
veut dire agenouïllé, comme cette action humblement triomphante, logera le Roy au
Royaume du ciel, qui ne manque iamais apres cette vie paffagere. Donques eftant à
genoux, protefta de viure, & mourir en la religion Catholique, Apoftolique, & Romaine: & iura de la maintenir enuers tous, & contre tous: & apres bailla vn papier
audict Archeuefque, dedans lequel eftoit fa profeffion de foy: puis ayant receu la benediction, il fut releué par les Euefques, & s'achemina droict au chœur de l'Eglife, ayāt
tous les Ecclefiaftiques deuant luy, au milieu de tous les Suiffes, qui faifoient deux
ranes dedans la nef, batant le tambour. Il arriua à l'autel, s'agenouilla de rechef deuant
luy, fe releuāt alla faire le figne de la faincte croix fur l'Autel, le baifa. Se retira derriere
l'Autel, où il fut ouy en confeffion, & ramené s'agenouiller fur l'oratoire preparé fouz
le daïs: ou il ouyt en grande deuotion la Meffe celebree par monfieur de Nantes.
Apres l'Euangile monfieur le Cardinal de Bourbon luy donna le liure à baifer, & puis
la paix en fon temps. La Meffe dicte, il fe retira auec la mefme magnificence, qu'il e-
ftoit venu, & depuis recognoiffant bien qu'il ny auoit rien d'authentique, & de vala-
ble de tout cela, que fon affection, fon zele, & la fincerité de fa foy, & confcience, fi noftre S. Pere le Pape n'y mettoit la main, comme celuy à qui Dieu a mis les clefs de fainct
Pierre en main. pour ouurir le ciel, & l'efpee de fainct Paul pour couper les nœuds, &
liens des ames de tous les Chreftiens de quelque qualité qu'il foient, il pourfuiuit fi
chaudement enuers fa Saincteté d'auoir fa paternelle benediction (comme il auoit ia
faict quelques fois auant cette folennelle declaration de fa creance) que fes plus grāds
ennemis confiderants fa ferueur en cet endroit, ne pouuoient qu'ils ne confeffaffent,
qu'il auoit efté viuement touché d'enhaut: que le fang plus que trefchreftien de fainct
Loys bouillonnoit dans fes venes: que la bonté, & religion naturelle de la maifon de
Bourbon ne pouuoit mentir. Ie laiffe à dire comme fa Majefté à ces fins, enuoya à noftre S. Pere Sixte V. monfieur de Luxembourg: à Gregoire 14. le Marquis de Pifani: à
Clement 8. feant à prefent, monfieur le Cardinal de Gondy, & puis monfieur de Neuers, & en fin monfieur d'Eureux, qui l'emporta, & receut au nom de fa Majefté l'abfolution, & benediction Apoftolique auec toutes les formalités, & diuines ceremonies,
pompes, & magnificences Royales, qu'il appartenoit à vn acte le plus merueilleux, que
fe foit veu de mille ans en ce beau Theatre du Royaume de France. Ce fut l'an 1595.
le 17. de Septembre, mois, & iour feptenaire. I'ay voulu icy mettre vne partie de l'e-

V 2   dict.

dict, que sa Majesté fit pour monseigneur le Duc de Mayenne l'an 1596. en Ianuier.
Pour faire voir par la voix, & tesmoignage de sa bouche Royale en quel estime il a eu
ce sien triophe, sans lequel les autres ne luy eussent seruy de guiere, ny pour vne gloire
solide, ny pour le salut de son ame, qu'il prise sans comparaison d'auantage, comme
Roy treschrestien, que tous les Royaumes, & mondes imaginaires d'vn Alexandre le
grand, qui passent, & abandonnent leur homme, plus viste que le vent. Ce sont icy les
propres termes de l'edict.

Comme l'office d'vn bon Roy soit d'aimer ses subiects comme ses enfans, les traicter comme
tels, & croire que leur felicité est la sienne: Dieu, & les hommes sont tesmoings aussi, si depuis
qu'il luy a pleu nous appeller à cette coronne, nous auons eu autre plus grand soin, & desir, que
de nous acquiter de ce deuoir. Car ayant trouué ce Royaume remply de partialités, nous n'auons
non plus espargné nostre propre sang, pour defendre nostre authorité, que nostre clemence, pour
remettre, & oublier les offenses, qui nous estoieyt faictes. En quoy nous recognoissons n'auoir esté
moins assistez de la grace, & benediction de Dieu en l'vne, qu'en l'autre voye. Car s'il nous a sou-
uent donné de victoires sur ceux, qui combatoient côtre nous, il nous a encore plus souuent accreu
la volonté, & donné les moyens de vaincre par douceur ceux qui s'en sont rendus dignes. De sorte
que nous pouuons dire, N'AVOIR GVIERE MOINS AVANCÉ LA REVNION DE NOZ
SVBIECTS SOVBS NOSTRE OBEYSSANCE PAR CLEMENCE, QVE PAR NOZ
ARMES. Et vn peu plus bas. Si tost que nous auons eu quelque relasche de noz plus grands
trauaux, par les aduantages, que Dieu nous a donnez sur noz aduersaires, nous auons voulu
approcher de nous des prelats, & docteurs de bonne vie, & des mieux versez aux sainctes lettres,
pour nous instruire en la verité de la religion Catholique, de laquelle Dieu nous ayant faict la
grace de nous rendre capable, auec ferme propos, & resolution d'y perseuerer iusques au dernier
souspir de nostre vie; Nous n'auons eu depuis plus grand desir, que de participer en toutes choses
à l'vnion, & societé de l'Eglise Catholique, Apostolique, Romaine, & à nostre reconciliation auec
nostre sainct Pere le Pape, & le sainct Siege, comme chacun a peu cognoistre par noz actions, &
les continuelles poursuittes, & recherches que nous en auons faict. Lesquelles auroient esté telle-
ment trauersees par les ruzes ordinaires de noz ennemis, que si nostre costance, & la raison n'eus-
sent esmeu, & fortifié la vertu, & bonté singuliere de nostre Sainct Pere (lequel comme pere com-
mun, & vray successeur, & imitateur de sainct Pierre, n'a eu esgard, qu'au seul bien de la reli-
gion Chrestienne) nous n'eussions iamais acquis le bon heur de sa saincte benediction, ny de nostre
dicte reconciliation par nous tant desiree, pour l'entier repos de nostre ame, & la satisfaction
plus grande des consciences de nosdicts subiects esmeus de seul zele de la religion. En quoy comme
nous auons tresgrande occasion de louer Dieu, & magnifier aussi l'equanimité de sa saincteté,
pour auoir par sa prudence, & bonté confondu l'audace, & mensonge de nosdicts ennemis, nous
ne l'auons pas moindre d'a mirer la prouidence diuine, en ce qu'il luy a pleu faire, que le chemin
de nostre salut aye aussi esté celuy, qui a esté le plus propre pour gaigner, & affermir les cœurs de
nosdicts subiects, & les attirer à nous recognoistre, & obeyr, comme il s'est veu bien tost apres no-
stre reunion à l'Eglise, & tousiours depuis continué.

Voyla la plus part du preãbule de ce Royal edict que i'ay voulu icy inserer pour faire voir la sincerité, & candeur de la foy, & religion de sa Majesté : le deuoir qu'elle y a
apporté, les effects qui s'en sont ensuiuis, & sa deuotion treschrestienne au sainct Siege, & à nostre sainct Pere le Pape & enseigner à son exemple à certaines ames, qui n'ôt
rien de vray Chrestien qu'en songe, & apparence, que les Roys ne desdaignent pas de
se mettre à genoux deuant les Papes, & de rechercher par tous moyens la reconciliation auec iceux. Lisant cet edict, les Huguenots, peut estre, & ces semihuguenots suêrôt,
& changeront de chemise, laissés les passer : ils y ont paié le peage.

POVR

POVR FAIRE entendre cette soif, & ce feu, d'où brusloit sa Majesté de boire dans la V.
viue fontaine de la saincte foy Orthodoxe, par le canal, & ministere de nostre sainct
Pere Clement 8. Au premier embleme l'ō auoit depeint vn beau cerf, aux cornes d'or,
allant à nage à vne fontaine, qui reiallisoit d'vn rocher par la teste d'vn Agneau, auec
cette ame.   *TVA ME CLEMENTIA TRAXIT.*

Les cornes dorees signifient la coronne, ainsi qu'a esté deduict amplement en l'arc
secōd: la roche est l'Eglise, *& super hanc Petram ædificabo Ecclesiam meam,* l'Agneau Clement 8. la clemence mesme, qui a autant fauorisé ce Royaume, qu'il l'aye esté, peut e-
stre, depuis Clouis, des successeurs de S. Pierre. Le reste s'entend, sans que ie l'explique.

L'AVTRE EMBLEME parloit à l'heresie, que le Roy assomma le iour de sa protestatiō
faicte à la veüe de son Royaume, en detestation de ce nouuel Euāgile cause de ses trauaux, source de noz malheurs. La deuise estoit double, vn Soleil, qui à grands rayons
penetroit au trauers des nuees espesses les escartant çà, & là, animé de ce mot.
    OBSTANTIA SOLVIT.

Et vn Heliotropion, que l'on appelle autrement herbe du Soleil, planté en vne isle
au milieu d'vne mer ondoyante, suyuant, maugré les vagues, & se tournant au mouuement du Soleil. Auecque son mot.
    HVC RAPIOR, QVOCVNQVE NITES.

L'ON EN AVOIT donné autres deux au peintre, qui furent oubliez, & laissez en arriere. L'vn estoit vn Pegase sur vne montaigne s'élançant des pieds de deuant vers le ciel,
& donnant vne rude ruade des pieds derriere contre la montagne, auec ce dicton.
    ALTA PETIT, DEPRESSA PREMIT.

C'est le grand coup, que receut l'heresie sur la teste, le Roy vray Heliotropion se
guindant au ciel vers le *Soleil* de iustice, par vne foy entiere, & sincere, & despeçāt les
brouillards & broüees des erreurs, comme vn clair Soleil, qu'il est, suiuāt ce qu'en auōs
dict en l'Arc deusiesme. L'autre deuise estoit vn Soleil esclatant de toutes parts sortāt
d'vne espesse nuee, auec cet hemistique.   *EO IAM CLARIOR EXIT.*

Icy les deuoyez de nostre temps, auec vne irreuerence insupportable, & crime côtre
la Maiesté, qui faict hôte à plusieurs mesme de leur party, osent bien denigrer à ce triō-
phe du Roy le plus merueilleux de tous les autres, accusans d'hypocrisie la plus belle
la plus saincte, la plus salutaire action, qu'il aye iamais faict, & pour luy, & pour son
Royaume, & de laquelle les Anges se sōt esiouys au ciel, cepēdant que les Huguenots
en pleuroient en terre: Lisés ce qu'ils en ont escrit en ce libelle de leurs doleāces, qu'ils
luy presenterent deuāt Amyens pour luy faire peur: iniurieux à toute la France, diffa-
matoire contre tous les Princes, intolerable contre le Roy, blasphematoire côtre Dieu.
Ils disent là dedans, qu'en sa Majesté n'y a rien d'alteré, que le dehors: que nous posse-
dons son corps, ils possedent son ame: qu'on l'a forcé d'aller à la Messe: qu'on l'y a
poussé par force: nous faisant d'vn Roy sans pair treschrestien, tresprudent, tresadui-
sé, & tressage, vn detestable, & scelerat Machiauel, ou vn Rabelais sās foy, & sans religion. Toute la France à veu ces Rodomontades, qui contiennent pis que cela, & a rou-
gy de honte de leur honte. Hé Dieu! si la creance des Catholiques eust esté si deloyalle?
si le Roy n'eust esté plus misericordieux à leur pardonner leur imposture, qu'eux impudents à le calomnier à la veüe de tous ses subiects: que fussent ils deuenus? que fus-
sions nous deuenus? ou seroit auiourd'huy la poure France? forcé d'aller à la Messe?
messieurs que dictes vous? à quoy pēsez vous? ou estes vous? quel est vostre sens? quelle
vostre audace? quel le respect que vous deuez à vn Roy? L'estimez vous si peu genereux,
luy qui faict trembler la terre sous ses pieds, que de rien faire par crainte? lors que

toute la France armoit contre luy quasi desarmé : lors que les lois, & les edicts de son
predecesseur,& du Royaume luy enleuoient l'esperance d'estre iamais Roy, & qu'il e-
stoit sur le point d'estre perdu, par le grand effort de toute la Chrestienté ennemie ir-
recōciliable non de sa personne , mais de vostre heresie, que luy a causé tous ses maux:
l'a on veu iamais changer la religion, qu'il auoit succé auec le laict,& que l'a pensé ac-
cabler, s'il ne l'eust accablee ? Et depuis que par tant de prodiges , & miracles, ses propres ennemis l'ont assis dans le throne Royal, n'a il pas monstré , que toutes les armes
du monde n'eussent eu la force de le faire aller à la Messe , s'il n'eusse voulu ? pouures
gens,& malauisés que vous estes, n'a ce pas esté apres tant de victoires , qui luy sont
tombees du ciel dans le sein,& qu'il a veu ses ennemis presque aterrés , qu'il a gaigné
cette grande,& signalee victoire sur luy mesme? où esties vous? que faisiés vous? a quoy
pensiés vous ? couriés vous le lieure en Angleterre ? faisiés vous les chasteaux en Ze-
lande? rouliés vous les caroux en Alemaigne? monopoliés vous à la Rochelle? peschiés
vous aux grenouilles au lac de Geneue ? quand tout cecy se faisoit en vn Theatre si
releué,& si ample que la France ? il receut lors , qu'il en estoit le moins pressé , & em-
brassa de cœur,& d'affection l'instruction que vous deussiés prendre à son exemple, si
selon vostre arrogance accoustumee, vous ne vous estimiés plus accords, plus sages,&
plus sensez, que luy, qui vous a fraié le chemin : plus auisez , que tant d'autres grands
seigneurs de France, qui vous ont abandonnez : plus entendus, que tant de grands, &
doctes personnages, qui vous ont Anathematisez: plus religieux, que toute l'antiquité,
qui vous a condamné : plus saincts, que toute la Chrestienté, qui vous desaduoüe. vous
abiure, vous abhorre, voˢ deteste. A prenés, messieurs, de n'estre pas si sages en voz dog-
mes, si aheurtez,& accariasttes à voz folles opinions, si irreuerents enuers les Princes, si
iniurieux à la France, si impudents cōtre vostre Roy, qui feroit de vous, s'il vouloit, ce
que ses ayeux firent de voz ancestres: Clouis des Gots , Charles Martel des Sarrasins,
Charlemagne des Saxons,& des Lombards, sainct Loys des Albigeois, Charles sixiesme des Schismatiques, les autres des autres. Mais la plume m'eschappe de poursuiure
ce discours si veritable,& cette pleinte si ciuile : ie me commanderay pour maintenār,
de peur de n'estre prolixe,& vous, s'il vous plait, en riterés profit , & serez plus sages à
l'aduenir, quand vous parlerez de voz Roys. Or que les huguenots soient des nuees,&
brouillats alambiquez du lac de Geneue, eleuez,& couuez par l'ardeur, & chaleur des
libertez charnelles dans les hypocaustes de Saxe le vray caucase , & roche d'erreur, ie
m'en deporte iusques à vne autre fois. C'est vn *coram populo*, l'an passé couroit vne ode
intitulee Nebvlæ lemanicæ, où cela est deduict suffisamment , sur laquelle les deux
emblemes susdicts auoient esté moulez. Ie ne sçay quel corbeau d'Alemaigne nommé Rulman, Niddan, Cat, y a voulu respondre à Nismes : mais quels vers ? Confits en
broët, reboulis en Craot, cramousis en soupvvein, conroyez en Birēbrot: si gras, si gros,
& si refects, qu'en troisiesme claisse, qui en auroit autant faict , il croupiroit trois mois
au banc, & au nid d'anes. Pardonnez luy pour cette fois: si l'autheur de l'ode n'eusse
estimé à deshonneur,& comme anatheme de se prendre à vn si miserable escolier , il
luy eust chaussé les esperons de si pres, que l'Aleman y eust perdu la sangle , & le bast:
s'il y retourne, il en portera la folle enchere. Il a à faire auec vne forte partie, & auec vn
homme, qui fera plus de vers en vn iour, que Rulman n'en poutra digerer en vn siecle.
S'il entreprend de luy lauer la teste , il ne faudra point d'autre Barbier apres luy. Cependant ie me contenteray d'inserer icy l'ode, pourautant qu'elle explique les deuises
de point en point,& porte quant & soy response à Niddan Rulman aleman : Toutesfois soubs le bon congé,& plaisir de l'autheur, lequel à mō aduis n'en sera marry: il est
de mes amis, le plus intime,& intrinseque qui puisse estre.

IN NEBVLONES LEMANICOS.
NEBVLAE LEMANICAE
ODE
ORTHODOXOPINDARICA.

DICOLOS TETRASTROPHOS.
STROPHE.

Nubes cœ-
lum, infuf-
cat.

Efflatus auras dum peragrat leues,
EVagasque brumas adglomerat vapor,
  Furatur astrorum colores
  Nocte diem tenebrans opaca.

Concreta
frigore ni-
uem facit,
& grandi-
nem.

Sugente cœlo per medium volat,
  Cretusque denso frigore pensiles
  Ningit procellas, & niuosos
  Grandinat in pelago furores.

Ex locis
palustribus
effertur in
altum.

Heu! de lacunis ille palustribus
  Heri excreatus iam tenet aera,
  Typhoque sufflatus superbo
  Soliuagas temerat quadrigas.

Ex folis
obiectu Iri-
dem refert.

Despectat orbem cominus Hespero
  Obiectus astro, dum radios sinu
  Sorbet repercussos aprico,
  Ridiculos simulat colores.

Cùm rori-
da est, &
ad pluuiam
disposita.

Thaumantianas proijcit Irides,
  Sensumque fallit, dum grauidas diu
  Irrorat ampullas caduco
  Mox refluos bibiturus imbres.

Rara & dé-
sa facit vo-
raginem.

Hinc sæpe formas immemorabiles
  Mentitur humor: sæpe voraginem
  Attemperata densa raris,
  Et refugos faciunt hiatus.

Et virgas,
quæ sunt
vapores in
longum il-
luminati.

Vides ad ortum lumine libero
  Appollinem perpendicularibus
  Pallere virgis, cùm refracta
  Luce cauos penetrat vapores?

                                        Fallor?

Ex parelia, hoc est solis imagines, quæ in nube instar speculi terminata referuntur.

Fallor? vel vdum syderis ad latus
 Rorantem ad Austrum nube sub ardua,
  Centuplicata comparantur
   Sydera, tergeminique soles?

Falsus reflexa sensus imagine
 Adulterinas tum species trahit,
  Cùm terminata Deliam
   In nebula capiuntur ignes.

Nebulæ sit, quæ ob crassitiem non se potest attollere.

En illa, quæ se tollere non potest
 Intaminatis vrbibus incubat,
  Languetque per planum pruina
   In steriles resoluta nimbos.

Cùm accéderit, signū pluuiæ.

Conflantur imbres: imbribus obuias
 Aptate pelles: cùm reuolauerit,
  Cælúmque velarit profundum,
   Mox pluuias dabit insolentes.

In nube fiunt fulmina.

Sed vnde rupto murmurat Aethere
 Conceptus ardor? cur vaga perstrepunt
  Fulgetra, desultoriósque
   Ingeminant per inane bombos?

Exhalatione accéso intus inclusa.

Circumreclusus dum incaluit tepor,
 Fractisque quærit nubibus exitum,
  Ardente complexu, bilibres
   Cum fremitu iaculatur ignes.

Cum nube congressus Ixion, centauros parit.

Ixion ausus nubilia adultero
 Inscendere æstro, semiboues viros
  Produxit incestus, bouésque
   Semiuiros sine fine sudit.

ANTISTROPHE.

Caluiniana hæresis turbat Gallia.

Caluiniano turbine Gallicum
 Vulgus cieri vidimus: artifex
  Furoris, errorísque sudum
   Hæresis obtenebrauit orbem.

Concepta in Germania est causa belloru̅.

Grassatur atrox proximè ab Arctico
   Compaginata frigore, flebiles
   Tonat ruinas : turbulentos
   Concitat in populo tumultus.

Orta in lacu Geneuensi tutumescit.

Heu ! de lacunis illa Lemanicis
   Imóque Auerni vortice nupera
   Elata per sublime, ducto
   Sacra supercilio profanat.

Se opponit orbi catholico, & sola sapit.

Orbem vniuersum despicit : & ferè
   Iam sola habet cor : ac specie Dei
   Laruata, ventilansque flatum
   Pneumatis, omnia mira pandit.

Sensum titillat fucata religione, & lugubres ciet ruinas.

Vanas querelis versicoloribus
   Titillat aures : atque sub Hesperum
   Mundi, protuberante fastu,
   In pluuios sobolescit arcus.

Præcipites agit animos & circumuenit.

Heu ! quot lacunas, quotque voragines,
   Quot Dædalæas implicat orbitas,
   Dum tetra præclaris colorat
   In speciem, simulata veris.

Nascitur inter gladios.

Virgata nubes haud alia est magis,
   Quàm lanceatos cùm crepuit Deos,
   Cùm catapultatosque Christos,

Xiphomachæra est Polluci gladius biceps.

   Xiphomachæricrepósque fratres.

Qualis paternas dum Phaeton rotas
   Extremus ambit, respice Apollines,
   Qui templa, sacratasque Quercus

Ecclesiæ clauum sibi impudenter assumit.

   Fatidico moderentur æstu.

O vana tantùm, vana parelia,
   Phantasticasque solis imagines!
   Quas ponè teter, antè tersus
   In populo simulauit error.

Procraſtinatrix repit humi impotens
Volare nubes, mœnibus imminet,
Dum ſpiret aura, prouehátque
Flabra, latebricolámque fumum.

Formidoloſi fulminis impetum
Europa latè ſenſit, & horrido
Immane frendentem rotatu
Extimuit tremefacta tellus.

Clauſa impetigo dira libidinis
Circumglobata nube Lemanica
Dum erumpit, ardentes in orbem
Fulminat exitioſa flammas.

Non ſi mihi ſint quotquot inhoſpito
Lernæ Chelidro poſthuma guttura
Repullulabant, monſtra poſſim
Dicere, nubigenáſque laruas.

Sol illa vidit, ſol procul arbitros
Intorſit ignes, ille liquabilem
Aggreſſus vmbram, diſſipata
Nube, diem retegit ſerenum

EPODOS.

O Galle Titan, ſi mea tantulùm
Te vota tangunt: magne, tibi modò
Henrice debetur, quòd atras
Nulla timent tua regna nubes.

Quà ſol recedens, qua rediens volat,
Miraculum orbis Catholici micas,
Regùmque terror, corculúmque
Pontificis, columenque magni.

Non Gallica armis nubila diſſipas,
Sed pace, & arte, & conſilio facis
Quod cæteri Reges nec annis,
Nec trepido potuere bello.

O ſi!

O si (sed illud quando voles erit)
O si poetam, vel sua carmina,
Aut fronte, qua Regnum serenas,
Aut oculo videas libenti!

Inflabo pulmonem, atque tonitrua
Alcmaniorum proijciam loco:
Tonabo : sustollámque Diuos
Borbonidas super astra tecum.

Fremam Ambianos lauriger ordines,
Canam triumphos innumerabiles,
Enthousiasticóque bombo
Turiacas resonabo palmas.

Expelle noctem, desuper arduum
Praetende lumen : proijce queis soles
Mollire telis corda duro
Impenetrabiliora ferro.

Disiecta nubes in tenues breui
Vanescat auras, iamque tuo prope
Liquata ab ortu, rariores
In Galatam resupinet vmbras.

Ite incubarum semina nubium,
Coquente Phaebo : cedite, cedite
Sub Tartarum, Henrico tonante,
In fragiles liquefacta ventos.

LES INSCRIPTIONS, quant à l'ordre, & disposition n'auoiét rien de differét des autres VI.
La dedicace du coronement estoit ainsi.

I.

DIANAE LYSIZONAE LAOSSOAE.

II.

PIETATI, ET RELIGIONI REGIAE.

L'inscription triomphale, la voicy, en son entier, car le peintre, pour n'estre assez
capable la frize, l'auoit tronquee en quelques endroicts.

X 2

III.

III.

ÆTERNÆ PIETATI, AC RELIGIONI HENRICI IV. CHRISTIANISSIMI REGIS,
NEPOTIS CAROLI MAGNI, FILII DIVI LVDOVICI: QVOD FIDEM AVITAM
MAIORVM SVORVM STVDIIS, AC ROBORE IN ASIA STABILITAM, IN AFRICA
PROPAGATAM, IN TVRCIA ASSERTAM, TOTO ORBE CATHOLICO A MILLE
TRECENTIS ANNIS CONTINVO PROPVGNATAM, AVCTAMQVE SVSCEPERIT,
NOVAM, ET ADSCITITIAM EXEMPLO REGIO ABIVDICARIT, DVLCISSIMAM
PARENTEM ROMANAM ECCLESIAM DEOSCVLATVS, COMPLEXVSQVE FVERIT:
CLEMENS OCTAVVS BEATISSIMVS CHRISTI VICARIVS, PETRI ÆTERNVS, IN-
TEMERATVSQVE SVCCESSOR, GALLIÆ VNIVERSÆ PATER, AC PATRONVS
INFATIGABILIS, TOTIVS ECCLESIÆ CATHOLICÆ VNICVS PARENS, HÆRE
SEON TERROR, TVRCARVM PROFLIGATOR, PRÆTER PATERNAE INDVL-
GENTIAE OSCVLVM BENEVOLEMTISSIMVM, ETIAM ARCVM POSVIT, THEA-
TRVM FECIT, PALMAM DECREVIT, REGNVM FIRMAVIT, GALLIAM SERVA-
VIT, PACEM INVEXIT, BELLVM CONFECIT, CAELVM APERVIT.

Dans le rond de l'arc ce vers exprimoit le geste de Promethee deïfié.

IV.

SVSTVLIT EXVTAS VINCLIS AD SYDERA PALMAS.

La parallele est des Centaures enfans des nuees, hommes en apparence par le deuant
& en beaux semblans, mais bestiaux par derriere, en tout le reste du sens, & du corps.
Hercules les aterra, comme il le dict en Euripide, & il s'entend assez par l'ode susdicte,
que nostre Hercules en a faict le mesme.

V.

ΚΕΝΤΑΥΡΟΠΛΗΘΗ ΠΟΛΕΜΟΝ ΟΥΚ ΕΞΗΝΙΣΑ.
J'ay accablé les troupeaux
Des Centaures demy-veaux.

Ces quatre petis vers Lyriques viennent de la premiere ode de Pindare.

VI.

ΜΗΚΕΘ' ΑΛΙΟΥ ΣΚΟΠΕΙ
ΑΛΛΟ ΘΑΛΠΝΟΤΕΡΟΝ
ΕΝ ΑΜΕΡΑ ΦΑΕΙΝΟΝ ΑΣΤΡΟΝ
ΕΡΗΜΑΣ ΔΙ' ΑΙΘΕΡΟΣ.
Ne cherche vn astre plus vermeil,
Ne plus brillant que le Soleil,
Qui nous esclaire toufiour
Redorant l'air tout le iour.

VII.

ILLE SIMVL MANIBVS TENDIT DIVELLERE NODOS.

Les autres trois ne sont pas si propres du Roy, qu'ils ne quadrent encore à la Royne à moitié, comme les trois du costé gauche de tous les autres arcs: la parallele est du
Cerbere portier des enfers subiugué par Hercules, symbole de l'heresie que les peres
recognoissent estre signifiee par ces mors. *Et portæ inferi non prævalebunt aduersus eam.*

X.

CVSTOS OPACI PERVIGIL REGNI CANIS
COMPONIT AVRES TIMIDVS, ET PATIENS TRAHI,
ANTROQVE TOTO CESSIT.

XI.

ΗΡΙΓΕΝΕΙΑ ΦΑΝΗ ΡΟΔΟΔΑΚΤΥΛΟΣ ΗΩΣ.
Voicy reluire l'Aurore,
Qui tout cet air recolore.

XII.

ET FLVVIVM VINCLIS INNARET CLOELIA RVPTIS.

Les quatre anagrammes se rapportent essentielement au suiect. Le premier se fonde sur Numa le Roy le plus Religieux de la Gentilité : les auttes sur les emblemes, & sur tout le dernier tiré de l'arc en ciel presage de temps serein, & symbole, du pache, ou serment faict par sa Majesté, & donné de Dieu apres le deluge pour signe de paix, & de calme, telle que la declaration du Roy a aporté à la France.

VIII.

HENRICVS BORBONIVS GALLIARVM REX
HIC RARVS ORBE NVMA RELIGIONIS LVX.
B. En I.

XIII.

MARIA DE MEDICIS GALLORVM REGINA.
MIRA MVNDI GLORIA CLARES MAGE DIE.

IX.	XIV.
ENRICVS BORBONIVS	*MARIA DE MEDICIS*
ROBORE NVBES VINCIS	*ME DICAS DEAM IRIM.*
E. Repeté.	*M. Repeté.*

La coronne attachee soubs l'arc estoit faicte de palme, qui a cette proprieté de VII. se hausser le plus, que plus on l'abbaisse : comme le Roy s'estant humilié au S. Siege, à l'Eglise, & à son Dieu, s'est rehaussé d'auantage, non seulement deuant les hommes, & aux yeux de la posterité, qui prisera plus ce seul acte de sa generosité, que tous les autres : mais beaucoup d'auantage deuant les yeux de Dieu, qui le coronnera d'vne palme, & d'vne coronne immortelle. Ce quatrain, qui se lisoit dans vn grand quarré, en vn coin de l'arc. presentoit la palme à sa Majesté.

POVR PROMETHEE DESLIE.
LA PALME.

O LE TRIOMPHE HEVREVX : NON PAS POVR PROMETHEE
DV SCYTHIQVE ROCHER PAR HERCVL RELASCHE,
C'EST AV ROY DES REPLIS SACROSAINCTS DETACHE
A QVI PAR IESVS CHRIST CETTE PALME EST DONNEE.

X 3

L'ARC

L'ARC SEPTIESME ET

DERNIER SVR LES NOPCES,
ET MARIAGE DV ROY.

CHAP. XVI.

A Majesté l'apperceut incontinent qu'elle eust passé soubs le sixiesmě, prenant à main gauche la rue, qui mene au puys du bœuf nommee anciennement la lancerie, au bout de laquelle, à l'entree de la petite place de ce puys, l'arc estoit posé tout du large de la rue, composé de ses sept parties, comme les autres.

I.   Av lieu d'vn Theatre, pour varieté, l'on auoit dressé vne belle tour, que se voyoit du bout de cette rue par le iour de l'arc, au milieu de la place, dessus, & au tour du puys. Elle estoit faicte d'vn fort gentil artifice : solide d'ais polits, & bien ageancez, ronde auec ses creneaux, bouquets, & meurtrieres, feinte de pierre de taille, en pointe de diamant à la rustique, variee de plusieurs couleurs, haute de quatorze grands pieds, espesse en sa rondeur de 21, en son diametre de quatorze. Au deuant en vne grande table d'attente de marbre noir se lisoit cette inscription, estoffee à l'antique imperiale.

I.

SVPPLICATIO GRATVLATORIA.

IMMORTALIS GLORIAE, AETERNI NOMINIS, PERENNIS FORTVNAE HENRICO IV. REGI, GALLICO MAX. NAVARRICO MAX. ALLOBROGICO MAX. BVRGVNDICO MAX. AQVITANICO MAX. PROVINCIALI MAX. PIO, FELICI, VICTORI, RESTITVTORI GALLIARVM, ASSERTORI LEGVM, CONCILIATORI ORBIS, VICTORIOSISSIMO, GLORIOSISSIMOQVE PRINCIPI PARTAM VIRTVTE, STABILITAMQVE NOVO MATRIMONIO SIBI, GENERIQVE SVO IMMORTALITATEM AVENIONENSES MVNICIPES SVI, EIVS PERENNITATI, MAIESTATIQVE DEVOTISSIMI VOTIS, PERENNIIS, SVPPLICATIONIBVS, AD SACROSANCTA DEIPARAE PVLVINARIA GRATVLANTVR.

Ceux qui sont, tant soit peu, versez en l'histoire de France, recognoistront qu'en cette inscription la grandeur, & estendue de cette monarchie françoise est remarquee, en ce que elle comprend auiourd'huy toutes ces prouinces, qui estoiết à diuers seigneurs, il n'y a pas encore quatre cents ans. Les Allobroges, qui sont proprement les Daulphinois, & nõ autres, (côbien que ie n'ignore pas, que l'antiquité a prins quelque fois le nõ d'Allobroge pour le nom general de Gaulois) au Dauphin Humbert, qui s'en defit, & les donna à Philippe le bel, enuiron l'an 1393. la donation fut faicte en Auignon, y seant Clement sixiesme. Quelques vns disent qu'il les vendit quarante mille escus, qui est quasi autant comme s'il les auoit donné. Quant à moy, ie m'en rapporte. Philippe Roy de France fils de S. Loys succeda au Comté de Tholose à Alfonse son oncle, mary de

Icanne

MARIÆ MEDICÆÆ GALLIARVM NAVARRORVMQ, REGINÆ cc
O FOELIX HÆREDO TVI.   ET NOS CEDAMVS AMORI
VICTE MIHI, ALCIDE,   4   POTVISTI CEDERE TANTVM
L. EPITHALAME RO.
SVPLI-
CATIO
GRATV-
LA-
TORIA
La Tour de l'Arc septieme 17 pieds de hault
14 de diametre 25 de rondeur.

Ieanne fille du ieune Comte Raymond, selon le pache faict au contrat de mariage. Et
fut annexé à la coronne ce Comté par ce moyen, l'an 1270. Le bon Roy René par donation faicte à Lyon, donna le Comté de Prouence a Loys vnziesme, qui luy succeda
par sa mort, l'an 1481. le mesme Loys l'an 1477. & 78. apres la mort de Charles dernier
Duc de Bourgoigne, se rend maistre de toute la Bourgoigne : qui auoit esté iadis le
Royaume des Bourguignons comprenant le Daulphiné, & la Prouëce iusques à Nice :
comme l'Aquitaine, & les contrees de Tholose, le Royaume des Gots : & par ainsi auiourd huy la coronne de France contient en son enclos trois puissants, & tresanciens
Royaumes, & celuy de Nauarre, qui faict le quatriesme.

I'appelle les Auignonnois *municipes Regni maiestati deuotissimos*, pource que ils ont
estez naturalisez, & faicts participans de tous les droicts d'Aubayne, & priuileges du
Royaume comme les Regnicoles mesme, par les Roys de France, suiuant les lettres patentes de Loys XI. Henry II. Et sur tout de Charles neufiesme, datees de l'an 1567. en
Nouembre : où il parle ainsi. *Ordonnons, & declarons par ces presentes, que lesdicts manans,
habitans, & natifs de ladicte ville d'Auignon tant nais, que à naistre, & les presens, & auenir
ont peu, peuuent, & pourront auoir, tenir, posseder, acquerre en nostre Royaume terres, & pays de
nostre obeyssance toutes sortes de biens, & sans que noz officiers ou autres puissent en ce pretendre
pour nous aucun droict d'Aubayne, & pareillement tenir, exercer, & posseder en nosdicts Royaumes, & pays de nostre obeyssance, tous offices, estats, charges, & commissions dont ils sont, & seront
pourueus, & generalement iouyr, & vser de tous les priuileges, franchises & libertez, dot iouys-
sent noz propres subiects, natifs, & Regnicoles &c.* Depuis elles ont esté confirmees souuentesfois par les autres Roys, & de fresche memoire, par Henry quatriesme, l'an 1596.
qui en a donné les lettres les plus amples, & les plus fauorables, qui ayent encore esté
donnees de tous les autres.

Que si ie voulois icy faire denombrement des Auignonois, qui ont eu les premieres charges, & dignitez du Royaume, & ont faict des essays de fidelité plus que naturelle à noz Roys, ie m'en irois à vn infiny, & ne sortirois iamais de mon labyrinthe.
Chacun peut iuger du passé, par ce qu'il en voit tous les iours. Toute la France a esté
le theatre de la valeur, & fidelité, des grands exploits de guerre, des offices signalez
faicts à la coronne & aux Roys par ce braue, & infatigable guerrier Loys de Grillon
maistre de camp du Regiment des gardes du Roy, & Cheualier de ses ordres, le bras,
& le courage le plus roide, braue, & martial, qui aye porté les armes, de sa qualité, es
guerres passees. Il receut desia, en la bataille memorable de Lepante, vn coup de flesche
au trauers du corps, il se trouua à la recouuerte de Calais sur les Anglois, auec le grãd
Duc de Guise l'ayeul : il a triomphé ez iournees de Iarnac, Dreux, Moncontour, pour
la defense de cette coronne : il a faict sentir son bras de fer aux rebelles au siege de
Nismes, à la prinse de S. Iean d'Angeli, à la poursuitte de la Rochelle : on luy donna la
gloire d'auoir sauué le Roy au siege de Tours, où il fut abandonné, & perdu vn long
temps entre les morts : à celuy d'Amiens, comme ie l'ay apprins de sa bouche mesme,
il en fit autant. Il n'y a coin en toute la France, où il n'aye donné quelque grand coup,
ou aux ennemis de la Foy, ou à ceux du Royaume. Il porte sur soy vingt, & deux playes
mortelles, si autres il n'en a receu de fres, en la guerre de Sauoye. Aussi Henry, luy escriuant, n'vsoit d'autre inscription que de cette cy : *Au braue Grillon*, & le Roy regnant de cette autre, *Au braue des braues*. Homme au reste ennemy iuré & irreconcilia-
ble des Huguenots, qu'il ne peut ny patir, ny sentir : qui faict autãt d'estat d'vne gresle
de boulets, que d'vne prise de pillules : qui se rit des medecins allant en ville, & à la
guerre le iour mesme, qu'il a prins medecine : qui se gausse des Chirurgiés, qui luy arra-

chent

chent les os,& luy fourrent la lancete : qui ne fe chaut ny de pelé, ny de tondu : ny de froit, ny de chauld : ny de faim,ny de foif:au refte la complexion la plus courtoife, & Royale,que i'aye cogneu en homme de guerre : amy affeuré, franc,& inuiolable à ceux qu'il ayme : tenant de fes promeffes, & de fa parolle comme vn Roy : affable, voire iufques aux plus petits : aumofnier fi onques foldat le fut : l'on voit par les rues courir apres luy les efquadrons de pouures,& de gueux : on ne s'eft pas encore apper-ceu, qu'il aye faict refus à vn feul de la troupe, finon quand il auroit tout donné: & co-gnoit on d'ordinaire, où il eft, par les files des difetteux,qui l'attēdēt à la porte affeurés de leur lipee. Ce grand Dieu,qui l'a deliuré de tant de dangers, luy en tiendra bon compte, & l'en recognoiftra à ce grand iour,auquel les Roys feront bien aifes d'auoir les miferables pour aduocats : & les aumofniers bien-heureux, d'auoir les pouures pour interceffeurs enuers fa diuine Majefté,qui a faict tāt de belles promeffes à ceux, qui fe monftrent liberaux enuers les petits. Et à tant foit dict de cette infcription.

Sur icelle au frōt des meurtrieres,en vn autre marbre noir,eftoient efcrits ces deux mots.

L'EPITHALAME ROYAL.

Deffus immediatement , au creneau de deuant , l'on auoit depeint l Hercules tel qu'il eft phantafié par les Aftrologues,entre les conftellations,tout nud, à genoux, te-nant d'vne main la Toyfon de Lyon,& de l'autre fa maffe,parfemé de fes eftoilles : ce qu'il merita pas fes hauts faicts.Sur fa tefte eftoit ce mot,qui fignifie eftre colloqué en-tre les Dieux.

APOTHEOSIS.

Et plus bas cet autre, que i'ay defia expliqué.

II.
ENGONASIS.

Tout cecy faifoit à mettre en auant le deffein de la tour, & de l'arc, qui eft vn Epi-thalame du mariage du Roy auec prefage de pofterité,qui le rendra immortel, & luy feruira d'Apotheofe. L'efcriuain oublia mal à propos,ces deux vers , qu'on luy auoit donné pour enceindre la tour,foubs les creneaux,defcouurans l'allegorie d'icelle,que l'on auoit dreffee pour deuife de la maifon de Bourbon.

III.
AT GENVS IMMORTALE MANET, MVLTOSQVE PER ANNOS STAT FORTVNA DOMVS, ET AVI NVMERANTVR AVORVM.

Au creneau,qui eftoit à la droicte de *l'Engonafis*, deuoit eftre cet Anagramme , que l'on a faict grauer foubs le portraict de la Royne.

IV.
MARIE DE MEDICIS ROYNE.
IE ME DIS IA MERE D'VN ROY.
C. En V.

Cela feruoit au prognoftique de la pofterité,attendue de ce mariage,qui eft vne des parties effentieles de l'Epithalame : & par ainfi l'Anagrāme eft propre de ce qui eftoit icy traicté. Dieu par fa bonté veuille exaucer les fouhaits, & les vœux de tant de gens de bien,qui le defirent, & l'en prient.

L'infcrip-

L'escriuain ne fut non plus soigneux, d'escrire les autres dictons nuptiaux, qu'on luy auoit donné, pour mettre en chasque creneau, soit que la briefueté du temps le preuint, soit autrement : les voicy tous tels, qu'il les auoit, extraicts des Epithalames des Poëtes anciens.

    5.   *QVAE SVRGERE REGNA*
            CONIVGIO TALI ?
    6.   *CINGE TEMPORA FLORIBVS.*
    7.   *BONA CVM BONA*
            NVBIT ALITE VIRGO.
    8.   *VT TENAX HEDERA HAC, ET HAC.*
    9.   *PARVVS HONORIADES GENIBVS CONSIDAT AVITIS.*
    10.   *TORQVATVS VOLO PARVVLVS*
            SIT SVO SIMILIS PATRI.
    11.   *ET PVDICITIAM SVAE*
            MATRIS INDICET ORE.
    12.   *LVSIMVS SATIS, AT BONI*
            CONIVGES BENE VIVITE.

Ce dernier mettoit la fin aux theatres, la Tour seruant du septiesme, par vne plateforme, qui estoit à la cime, où l'on auoit placé trois Nymphes Mariane, la France, & l'Immortalité, qui amena vn petit Henry cinquiesme, le faisant sortir de derriere le creneau, où estoit depeincte la constellation d'Hercules. Mariane faisoit la personne de la Royne logee sur cette Tour, comme vne belle Hero Heroïne, à laquelle ce grand Leandre François est en fin paruenu à la nage, & apres auoir franchy ce labyrinthe de maux & de fortunes que nous auôs discouru iusques à maintenât. L'immortalité portoit vne Sphere de matiere trâsparente en main, & vne coronne en teste de grâd pris, composee de diamans, rubis, esmeraudes, & autres rares pieces : sa robe estoit de damas incarnat : le petit Henry estoit de fort bonne grace, vestu de satin bleu, rayé d'or & d'argent, ayant vne coronne de pierrerie en teste, belle, & riche à l'equipollent, auec vne croix de mesme sur le front, de grande valeur. Les deux Nymphes ornees à proportion, auec leurs Guirlandes, chanterent l'Epithalame, qui s'ensuit en forme de dialogue recitans en chantant, & chantans en recitant. L'immortalité pour varier, & ne lasser du chant, recita seulement : comme aussi le petit Henry. La musique manqua encore icy, ayant charge de reprendre l'intercalaire de l'Epithalame : & ne se faut esmerueiller, si en vne si grande foule, & concours de peuple innumbrable, toutes choses ne viennent à leur perfection, & s'il y a tousiours quelque peu de defaut : qui ne fut pas toutefois remarquable en toute cette entree, comme se peut voir par tout ce discours. Voicy l'Epithalame, qui fut chanté sur vn Air, que le Roy aysme, que l'on auoit recherché à poste, & recouuert de bonne part.

EPITHALAME
DV ROY, ET DE LA ROYNE
LA FRANCE, MARIANE, L'IMMORTALITE,
LE PETIT HENRY.

LA FRANCE.

France, puis que Dieu fit estre
    Vn Roy tel,
Pourquoy ne le fit il naistre
    Immortel?

Helas vne race telle
    Desormais
Deuroit bien estre immortelle
    A iamais!

VENES L'ESPOIR DE LA RACE
    DE NOZ ROYS:
VENES, QVE IE VOVS EMBRASSE
    MILLE FOIS.

MARIA. D'où te viennent ma Princesse
    Ces sanglots?
FRANCE. Las! i'ay l'amere detresse
    Dans mes os.

MARIA. Tout l'vniuers est en ioye
    Et en ris,
FRANCE. Cecy faict que ie l'armoye,
    Et gemis.

MARIA. Lamentes tu l'allegresse
    De ton Roy?
FRANCE. Non pas s'il viuoit sans cesse
    Comme moy.

MARIA. Vertu n'entre en la sentine
    De Charon.
FRANCE. Las! Hercul singla l'eschine.
    D'Acheron.

MARIA. Non: Hercule vist encore
    Immortel.

FRANCE.   Mais mon Henry, que j'adore
                 Est mortel.

MARIA.   Voicy du ciel la nouuelle
                 Qu'il viura,
           Tant que l'estoille iumelle
                 Roulera.

           Ce glorieux Hymenee
                 Luy promet
           Vne immortelle lignee.
FRANCE.   Qui le sçait?

L'IMMO.   Ce lict, & ce mariage
                 Triomphant
           Portent asseuré presage
                 D'vn enfant.

           Enfant, qui semblable au pere
                 En valeur,
           Apportera à sa mere
                 Tout bon heur.

           Auec les troupes françoises
                 Tu batras
           Toutes les Isles Gregeoyses
                 De ton bras.

           Thumant tes bandes isuelles
                 Apres toy
           Des Pyrenes maternelles
                 Seras Roy.

           Tu regagneras d'Afrique
                 Les cantons,
           Et la Sphere Sarmatique
                 Des Polons.

           Tu banniras de l'Europe
                 Le Turban,
           Et camperas sur la croupe
                 Du Liban.

                                   T 2   Jus-

Iusques au riuage more
Ie te vois
Planter au sein de l'Aurore
Une croix.

Ie te vois dans l'horoscope
Du flambeau
D'Hercules, qui t'enuelope
De sa peau.

FRANCE. VENES L'ESPOIR DE LA RACH, &c.

IMMOR. Voyez cette contenance,
Et ces yeux:
Il retire aux Roys de France
Ses ayeuls.

FRANCE. Ce nais ressent la prouesse
De Clouys:
Et ce beau front la noblesse
De Loys.

IMMOR. Ce sourcil si debonnaire
Si courtois.
Donne de l'air à sa mere
Que tu voys.

FRANCE. Voy cette œillade agreable.
IMMOR. Voy ce dos,
FRANGE. Que beau, que doux, qu'amiable
IMMOR. Que dispos.

FRANCE. L'vn des yeux est de Bellonne
IMMOR. L'vn de Mars:
FRANCE. Le chef apte à la coronne
IMMOR. L'œil aux dards.

FRANCE. VENES L'ESPOIR DE LA RACE, &c.

MARIA. Vostre sacree coronne
De quel nom
Veut elle qu'on enuironne
Son fleuron?

VENEZ L'ESPOIR DE LA RACE, &c.

HENRY. *Puis que ie suis la semence*
D'vn grand Roy:
Du sang le plus pur de Frāce,
Ie voudroy,

Auoir vn grand cimeterre
Maintenant,
Pour aller faire la guerre
En leuant.

Puis estant d'Henry quatriesme
Le mignon
Ie veux, que Henry cinquiesme
Soit mon nom.

MARIA. *Soyez tout plein de courage*
Comme luy.
HENRY. *Et encore d'auantage,*
Si ie puy.

Sa Majesté monstra en cet Hymenee plus d'attention qu'elle n'auoit faict encore: bien que les gardes desia lasses, ou alterees, ne donnassent pas grād silence:aussi la cho-se la touchoit de plus pres.& les belles voix donnoient beaucoup de grace, au vers. Neantmoins se faisant desia tard, vn des Capitaines des gardes fit marcher au beau dernier couplet,que se deuoit chanter,pensant qu'il y en auoit encore d'auantage : & craignant,que le iour ne manquast au reste du triomphe.Si faut il cependant conside-rer,auant que passer outre, la façon, & le mystere de l'arc.

L'ORDRE estoit parfaict composite : les colomnes, & corniches d'vn fort beau ias- II. pe gris couleur du Roy, ses hermes deux ieunes damoyselles auecque des lis en main marques de pudicité, & de l'heur de la France refleurissante au printemps de ce ma-riage:la hauteur de l'œure,& la largeur estoit cōme du precedēt,occupant toute la rue, ainsi que tous les autres arcs, qui remplissoient tout le vuide des rues : si que il estoit necessaire de passer par dessoubs.

IL ESTOIT DRESSE à Venus, que les fables disoient estre la Deesse du mariage. la- III. quelle auoit charge de l'espouse aux nopces de Hebe, & d'Hercules. Ils se fondoient sur la Physiologie du planete, qui nous ameine tousiours le Soleil dont il a esté sur-nōmé des Grecs φωςϕόρς des latins venus.Cet astre a grād domeine sur le mariage:est ioyeux,& cordial de soy,plein d'agreable,& benigne qualité. *Venus si in domo vel Deca-no suo fuerit inuenta, dict Firmicus, tam in diurna quàm nocturna genitura gaudij mul-titudinem, felicitatis augmentum, & bone fortune præmia decernit. Si verò in domo, vel De-cano Iouis fuerit,honores, & diuitias ex mulierum causa portendit. Hi vxores suas magno pro-sequentur amoris affectu, indéque latitiam, & gaudium parabunt.*

Nous attendons de ce lict fortuné vne ioye, & prosperité de tout le Royaume : ce sera le Phosphoros, qui amenera à la Frãce ce nouueau Soleil desiré auec vn eternel printemps de paix, & d'asseurance pour cet estat si heureusement estably, & rallié par la vertu, & clemence du Roy: mais nous ne parlõs pas de la Venus, que quelqu'vn pourroit bien penser. Les Romains comme se voit es medailles de l'Empereur Numerian, & de Faustine Auguste, effigioient Venus tenant vne victoire en main, accoudee sur vn bouclier, & cette inscription tout auptes. VENVS VICTRIX : cheux les Sicioniens les prestresses, qui luy seruoient deuoient estre l'vne vierge, & l'autre chaste. En Cypre elle portoit barbe, & estoit toute virile, & guerriere: aussi le mot du guet, & le drapeau des armees de Cæsar estoit Venus, de laquelle il se disoit tirer son extraction : c'est elle, qui paroit les coups aux plus grands guerriers en Homere, & Virgile, comme à Diomede, à Ænee, & aux autres : elle estoit quasi tousiours auecque Mars entre les armes, & parmy les batailles. C'est cette Venus, à laquelle fut voüé cet Arc, non pas à cette sote, & infame, qui n'a rien de masle, rien de grand, rien de genereux : caignarde, poultronne, casaniere, dissoluë, desloyale, monstrueuse. Hors d'icy, que l'on ne m'en parle point, en ces nopces des deux ames les plus masles, & genereuses de l'Europe traictees, & cõclues parmy les tonnerres des canonades : stipulees parmy les assauts, & sieges des villes : celebrees entre les plus furieux essays des armes Royales: consommees quasi aux tranchees, & au pied des casemates des ennemis.

Car pendant que sa Majesté fouldroyoit les Alpes, prenoit les villes, assiegeoit les ciradelles les plus munies, & imprenables, elle enuoya mõsieur de Belle Garde sõ grãd Escuyer, à Florence pour ratifier ce mariage promis, & traicté à Rome par monsieur le Cardinal d'Ossat, & monsieur de Sillery Ambassadeur pour sa Majesté vers sa saincteté. Il passa par cette ville d'Auignõ le 31 d'Aoust de cette annee 1600. Et s'acquita si dignement, & promptement de son Ambassade, qu'il arriua auecque la Royne à Marseille le 3 de Nouembre: & affin que le nombre septenaire ne manquast en ce dernier Arc de cette derniere Tragœdie, sa Majesté accompagnee de madame la grande Duchesse, de madame la Duchesse de Mantoüe sa sœur, de dõ Antonio sõ frere, & du Duc de Braciano son parent, surgit audict port de Marseille auec dixsept Galeres. La sienne estoit toute composee de sept : longue de septante pas, & de vingt sept rames de chasque costé, qui est le nombre fauorable au Roy, & mesme des annees de l'aage de la Royne. C'estoit bien, à ce que l'on dit, vne des pieces les plus rares, & admirables, qui ayent esté veuës sur la Mediterranee de plusieurs siecles. Elle estoit toute doree en dehors : la poupe marquettee de Cannes d'Inde, de Grenatines, d'Ebene, de Nacre, d'iuoire, & de pierre bleue : le couuert de 21. ou trois fois sept cercles de fer doré, chargez de perles, & pierres pretieuses, auec vingt & vne grosses Topases, & Esmeraudes. Au dedans, vis à vis du siege de la Royne, estoient les armes de France en fleurs de lis de Diamant : & à costé celles du grand Duc composees de sept pierres pretieuses remarquables, de cinq grands rubis, vn saphir de grandissime pris, & vne belle esmeraude au dessous, sans conter les perles que ie ne mets pas au rang des pierreries. Ces armes estoient encore septenaires au pris, estimees septãte mille escus. Entre les deux armoyries estoient deux croix de rubis, & de diamans : les vitres à l'entour, toutes de cristal: les rideaux de drap d'or à franges. Les chambres de la Galere tapissees de mesme. En cette pompe sa Majesté entre à Marseille sur le tard : y seiourne iusques au 16. dudict mois, & apres le triste depart de madame la grãde Duchesse, & de madame la Duchesse de Mantoüe sa sœur, qui reprindrẽt la route de Florence, elle se part pour faire son entree à Aix : de là vient en Auignon, où elle est receüe le 19. & y ayãt seiourné, comme nous

me nous dirons maintenant , l'espace de trois iours s'en va à grande haste à Lyon attendre le Roy, qui estoit allors à la guerre: y faict son entree le 5. Decembre : le Roy la
vient treuuer le 9. le mariage se faict en la grande Eglise de ladicte ville, le dixseptiesme
du mesme mois, l'an du grand Iubilé septenaire, au mois de la naissance du Roy , qui
naquit le 13. de Decembre, à vn iour septenaire. d'vn Roy, & vne Royne septenaire, nombre qui est encore fauorable, & comme fatal au mariage.

Car premierement le septenaire est le Hieroglyphique de fecondité, & ie le tire du
dire des saincts Peres, & signamment de Theodoret : lequel exposant le mystere de la
mere de Samuel, qui fit sept enfans *(Quia sterilis peperit septem) prædicit Ecclesiæ fæcundita-*
tem : septenarius siquidem numerus signum est multitudinis , elle predit la fecondité de l'E-
glise dit il, estant le nombre septenaire le symbole de multitude, comme il est prins en
l'escriture à tout coup : *septies in die cadit iustus*, c'est à dire, plusieurs fois. Outre ce, cõme remarquent les naturalistes, & les Medecins, le septenaire domine en tout, & par
tout à l'enfantement. Les femmes ont sept heures, pour marque asseuree d'auoir conceu : les sept premiers iours l'enfant reçoit sa premiere figure, au ventre de la mere : le
trois fois septiesme, qui est le 21. le masle commence à prendre la forme par la teste,
& par l'espine du dos. La septiesme sepmaine, au dire d'Empedocles , le corps est tout
organisé, & en prochaine disposition de recepuoir l'ame raisonnable. Au douxiesme
septenaire de iours, ou dixiesme sepmaine, il commence se mouuoir, pour deloger de
ceste Geolle & prison maternelle: & est vray, que les enfans de sept mois viuent, ceux
de huict, à grand peine. L'on a faict vne experience admirable , que la septiesme fille
qui naist , sans qu'il y aye eu aucun masle parmy , est enfantee auec peu ou point de
douleur. Apres que l'enfant est nay, tout son faict s'en va par septenaire iusques à la
mort. Plutarque triõphe sur cette matiere, aux questions Romaines. nôbre 202. Et Philon en la Cosmopeie. Si l'enfant apres la naissance vist sept heures , il est sauue, estant
l'heure septiesme la premiere crise de sa vie, comme elle l'auoit esté de sa conception:
despuis toutes les autres crises au iugement de tous les Medecins , sont septenaires.
L'on iuge des Fiebures continues, & des maladies violentes en 7. iours, ainsi que l'enseigne Auicenna. Et celles qui sont de duree selon le mesme Philosophe, prennent fin
ou le 7. Mois, ou le 7. an, ou le 14. ou le 21. qui sont tous septenaires. Galien a escrit
trois beaux liures des iours Critiques, où prisant la merueille, la force, & l'influence du
septenaire, dit que les grandes fiebures ont de terme ou sept iours , ou quatorze (qui
est la vraye crise d'Hippocrate au 2. aphorisme) ou vingt & vn. Les Physiognomes de
leur costé, prennent argument de la santé des hommes, & mesme des mœurs, voire encore des diuers lineamens du visage , sur toutes les annees septenaires. Et principalement pour la vie, ou pour la mort, sur le 42. 56. 63. qui est le plus dangereux , & 70. qui
n'arriue à guiere de gens. D'auantage tous les aages, & les plus signalez changemens
de face, & de façons de faire courent par septenaires. Le 7. iour de l'enfantement le reliquat du nombril s'en va par terre : le 14. l'enfant commence à s'apperceuoir de la lumiere. Le septiesme mois les dens de laict commencent à poindre, & en sortent sept de
chasque costé. le 21. il commence de begayer : le 28. à marcher : le 35. qui est le cinq fois
septiesme, a estre seuré. L'an septiesme, les premieres dens tombent, & en renaissent des
plus solides, pour les viandes plus solides : de mesme de septenaire en septenaire, se di-
stinguent les autres aages de l'homme, selon la supputation de Solon, que vous pouués
lire en la Cosmopeie de Philon, comprinses en neuf distiques. Vous apprendrez de là
mesme, que le corps humain est composé d'vne Iliade de septenaires : l'interieur de
sept sortes d'intestins, l'exterieur de sept membres, les organes, & vases de parfaicte de-

cochon

coction d'autres sept : les excremens encore sont sept : la teste à sept trous : les obiects de chasque sens sont sept : par exemple, de la veüe : le corps , la distance , la figure, la grandeur , le mouuement , son contraire , & les couleurs , qui sont semblablement de sept especes. L'on n'auroit iamais faict de dire tout : i'ay monstré les fontaines, allez y boire à grands traicts , & ie m'en vay cependant discourir ce que me reste.

IV.   LA PARALLELE la voicy, vne Biche blanche auecque les cornes, & ongles d'or, & vn collier de Diamans, & Topases auec cet escrit, NEMO TANGAT. posee soubs vn laurier verdoyant. Ce mot en vn rouleau.

CASTITAS IMPENETRABILIS.

Hercules, qui meine cette biche à la lesse d'vne chaine d'or , cet hemistique sur sa teste.   *VT VIDI, VT PERII.*

Cet autre soubs ses pieds.

ILLE TRAHIT, TRAHITVRQVE VICISSIM.

Hercules c'est le Roy, la Biche la Royne, la blancheur la pudicité, le laurier, qui iamais n'est frapé du foudre, l'inuiolable fidelité : la corne d'or, la coronne: les Diamans & Topases, la constance: le collier, & les ongles d'or, la parfaicte beauté. Hercules apres auoir beaucoup couru par monts , & par vaux, par bois, & par prais , trouua la biche Menalee, l'emmena, la dedia. Le Roy apres vn labyrinthe de labyrinthes, vne forest de trauaux, vne mer de maux , vn monde de dangers, vne espace imaginaire de difficultés, à la bonne heure, a rencontré cette pudique Cerue soubs le laurier d'vne vertu , & fidelité inuiolable: il a esté surprins de ses attraicts , & elle des siens : le veinqueur est veincu, & le veincu veinqueur. Nostre Petrarque en auoit donné le theme , lequel escriuāt vne parfaicte beauté, ioincte à vne pudicité impenetrable, fit ce rare sonnet sur la Laure Auignonnoise.

> *Vna candida cerua sopra l'herba*
>   *Verde m'apparue con duo corna d'oro*
>   *Fra due riuere a l'ombra d'vn alloro*
>   *Leuando' l sole a la stagion acerba.*
> *Era sua vista si dolce, & superba*
>   *Ch'i lasciai per seguirla ogni lauora*
>   *Come l'auro, chen cercar thesoro*
>   *Con diletto l'afanno disacerba.*
> *NESSVN MI TOCCHI al bel collo d'intorno*
>   *Scritto hauea di Diamanti, & di topazi,*
>   *Libera farmi al mio Cesare parue.*
> *Et era' l sol gia volto al mezo giorno*
>   *Gliocchi miei stanchi di mira non sati*
>   *Quand' io caddi ne l'acqua , & ella sparue.*

Remarquez que ce beau traict NESSVN MI TOCCHI *qu'aucun ne me touche*, est tiré de ce que l'on escrit de Cesar, qui souloit attacher au col de quelques Biches vn billet, ou estoient escrits ces mots.

NOLI

NOLI ME TANGERE, QVIA CAESARIS SVM.

Et puis leur donnoit la clef des champs. Pline en dit de mesme d'Alexandre le
grand, duquel Cesar estoit grand imitateur, & escholier: de sorte qu'il escrit, que
quelques vnes de ces Biches furent trouuees parmy les boys, cent ans apres Alexandre, auec l'escriteau, qu'il leur auoit mis: d'où l'on tira consequence, que cet a-
nimal est d'vne fort longue vie. Donques comme qui trouuoit ces Cerfs, ne les osoit
toucher, pour respect de l'Empereur, ainsi l'ingenieux Petrarque dict de cette belle
creature, qu'il admire tant, qu'elle demeure entiere, & fidele à son Empereur, cet à dire
à Dieu, comme l'explique Ruscelli. *Ne qu'ai versi il Petrarcha per quel Cesare, que Laura
chiama il suo Cesare, ha voluto intender Iddio Re de Re, & Imperatore de gl' Imperatori.* Qui
aura leu ses meilleurs escrits aura recogneu, que la Laure, qu'il chante, estoit d'vne singuliere pudicité, & beauté tout ensēble, qu'il choisit pour Idee, & theme de ses rhyth-
mes, n'ayant autre but, & scope, que le laurier: ainsi le pense ce bon Poëte, que Iouius
raporte en ses eloges, en ce bel Epigramme.

> *Qui tanta Etrusci carminis dulcedine,*
>
> *Tamque æstuosis vexeris præconijs*
>
> *Tuam puellam, vt nemo te non crederet*
>
> *Flagrare quantis nec vel Aetna incendijs,*
>
> *Atqui idem amoris frigidus neglexeris,*
>
> *Amasse Lauram, an lauream, te dixerim?*

Il faut croire à Petrarque, puis qu'il luy donne ce tesmoignage en tant de pars: &
signamment au sonnet preallegué, & à celuy de son Epitaphe, qui fut trouué dans son
tombeau, l'an 1530. par le Roy Françoislequel passant par Auignon, & entendant que
cette Laure tant celebree gisoit aux Cordeliers, en la chapelle de la tresancienne, &
tresnoble maison de Sade, y alla, la fit desenterrer, y trouua vne boyte de plomb auec
vn sonnet de Petrarque dedans, où il dict, que le pris, & la fin de ses vers n'estoit autre,
que le laurier, le voicy extraict de la copie mesme qui se trouua dans ladicte boyte, la
quelle se garde encore en ce conuent.

> *Qui reposan quei caste e felici ossa*
>
>   *Di quella alma gentile é sola in terra*
>
>   *Aspro é dur basso her ben teco hai soterra*
>
>   *El vero honor la fama é belta scossa.*
>
> *Morte ha del verde lauro suelta esmossa*
>
>   *Frescha radice,, é il premio di mia guerra*
>
>   *Di quattro lustri: é piu si anchor non erra*
>
>   *Mio pensier tristo é il chiude in pocha fossa.*
>
> *Felici pianta in Borgo de Auignone*
>
>   *Nacque é mori: é qui con ella iace*
>
>   *La penna, el stil, l'inchiostro, la regione.*
>
> *O delicati membri! ô viua face*
>
>   *Che anchor me euoci é struggi: inginochione*
>
>   *CHiascun priegi il signor te accetti in pace.*

Z

Quand

Qvand les Empereurs, triomphoient à Rome, l'on attachoit au bout du char Triomphal vn foit, & vne clochette que l'on fouloit pendre à la ceinture de ceux, qu'on menoit mourir. Et y auoit vn homme derriere le char qui leur difoit Hominem memento te *fonuenés vous que vous eftes homme*. L'on vouloit par cette ceremonie auifer ces grands Princes au milieu de leurs triomphes, qu'ils eftoient mortels, & fubiects à tous les malheurs, que nous voyons arriuer aux hommes : & fur tout à la mort, qui n'a efgard à perfonne. En Conftantinople au facre de l'Empereur l'on en faifoit tout autant : & auoient de couftume de porter au nouueau, & glorieux Empereur, de quatre, ou cinq fortes de pierre, luy difant qu'il choifit celle de laquelle il voudroit baftir fon tombeau, pour luy ramenteuoir ainfi la penfee de la mort.

Madame, puis que cet Arc eft le dernier de ce triomphe, dedié à voftre Majefté, & à la victoire, qu'elle a emportee par deffus le plus vaillant Prince du monde, qu'autre n'a iamais fceu dompter, que vous : permettez au plus indigne, & au moindre de tous voz humbles fubiects, de ne laiffer en arriere cette perfection, & faincte ceremonie du triomphe Romain. Le grand Roy François nous en fuppedite l'eftoffe : il nous defcouure les piperies du monde, la vanité de la gloire humaine, la tromperie de la beauté du corps, la mifere de cette vie, le peu de cas que les grands doiuent faire de cette fplendeur paffagere. Ce grand Prince s'en va au tombeau de la Laure la plus prifee pour fa beauté, que fut iamais : le faict ouurir : ne treuue que des os, & vne Anatomie horrible, afreufe, puante : que pretendoit il ? que cherchoit il la ? qu'elle eftoit l'intention de ce Monarque fi fage ? penfoit il la treuuer auec fa naifue couleur entre les morts, pour admirer ce chef d'œuure de beauté ? nõ, mais il vouloit defcouurir vn miroir pour les Princes, & Princeffes, pour les Roynes, & les Roys. Il vouloit faire ce qu'il auoit entendu de ce grand Stoicien, lequel pour induire les hommes à la penfee falutaire de la mort, fouloit dire ainfi. O combien de fois m'eft il auenu, d'entrer es tombeaux d'aucuns morts, & efmerueillé, & tout hors de moy de ce que ie voyois, ie iettois mes yeux fur cet hydeux fpectacle : ie remiioys ces os : r'affembloys ces pieds : reioignois ces mains : roulois ce teft : maniois ces coftes : & entrouurant mes leures, ie foufpirois en moy mefme. A ce propos ie me fouuiens d'vn acte memorable auenu en la perfonne d'vn grand Prince de noftre temps, de grand credit en la Cour de Ferdinãd, & Charles Quint. L'Imperatrice Yfabeau eftant decedee, il euft charge de la faire conduire au lieu de fa fepulture à Grenade efloignee de plufieurs iournees : eftant arriué, & le corps pofé en l'Eglife, comme il fut queftion de le liurer, le cercueil de plomb, où il eftoit, fut ouuert, & defcouurit on fon vifage, lequel eftoit fi diformé, & defiguré, qu'il ne fe trouua perfonne de ceux qui l'auoiét auparauant feruie, qui ofaft affeurement dire que ce fut la face de l'Emperiere. Les autres feigneurs & dames qui affifterent à tel fpectacle fe retirerent bien toft, ne pouuans fupporter la puãteur de ce corps : mais ce Prince, pour la finguliere affection qu'il luy portoit, ne pouuoit fortir de là, & s'apperceuant que defia il eftoit tout en pourriture, & cette beauté tant prifee par tout l'vniuers, reduicte en fi piteux fpectacle, s'arrefta tout court, & fichant les yeux de fon corps, & de fon ame fur cet obiect, difoit en foy mefme. Et quoy ? eft ce où fe terminent les grandeurs de ce fiecle ? eft ce là ta dame, & maiftreffe ? eft ce cette Imperatrice la plus belle du monde ? Regarde ces pieds, les diuers chemins, les faults, les cabrioles, & gambades qu'ils ont faicts : ces mains, combien elles ont ioüé, & fouflaftré, mignardé, & flaté : çe teft, combien de chimeres, & phantofmes il a refuaffé : ces machoires, combien de friants morceaux elles ont maché : les trous de ces yeux, à cõbien de vanités ont ils feruy de porte, & de feneftre : & pour le plaifir de cette curiofité,

quel

quel grand nombre de pechés ont esté cõmis pour lesquels l'ame de ce corps se treuue, peut estre, à present en peine? He Dieu! où sont ces traicts, & attraicts de visage,
qu'est deuenu ce beau teint vermeil? à quoy se terminent ces parfuns? qui a terny cette ceruse, & ce vermillon? où est passee la mignotise, & beauté de ce corps si bien faict?
de ces yeux gratieux? de ses ioües rebondies? de cette perruque blonde? de ces membres, & lineamés si proportionnés? de cette stature si maiestueuse? où se treuuët maintenant ses atours, & ces pretieux habits dechiquetés, balafrés, mouchetés, bigarrés, ver-
tugalés, haussepliés, deguisés, & contrefaicts en mille façons? ces aureilles percees, &
annelees d'or, & d'argent, auec contrepoids de pierres pendues? Ces cheueux grisez, &
grillez à la payenne, entortillez en serpent? estendus en chauuesouris? frisez à la Moresque? troussés à l'Alezan? noüés à creins, & à cueüe? Ainsi disoit il en soy mesme,
& plein d'estonnement contemploit, & consideroit profondément, qu'il faudroit que
bien tost luy se trouuast en mesme estat: & s'escrioit de rechef: Miserable que ie suis!
dequoy me seruent les richesses, puis qu'il faut, que là ie sois ainsi tout nud? dequoy
toutes ces mignardises, & delicatesses, puis que ie seray là si sale, & si puant? dequoy
les plaisirs, & viandes exquises, puis que ie dois seruir aux vers de curee? dequoy ces
grands Palais, puis que ie n'auray pour tout cela, que sept pieds de terre? dequoy cette
beauté de corps, puis que ie seray si effroyable? dequoy les plaisantes compagnies,
puis que ie me treuueray tout seul? dequoy les esbats, & passetemps, puis que l'on me
doit garroter, & coudre dans vn linceul? dequoy toutes les piafes, tous ces honneurs,
tant de gloire, tant de triõphes, & parades, puis que ie dois deuenir vne carcasse d'osse-
mens, vne voyrie de puanteur, vne fourmilliere de vers, vne guespiere de serpents, vne
fondriere de pourriture, vne Anatomie de risee, vn phantosme de frayeur, vn iouët de
la mort? Entre ses discours, & arraisonnemens de son ame, il se iette par terre, pleure
amerement, baignant le paué de ses larmes, & faisant retentir l'Eglise de ses souspirs, &
sanglos, faict vn deliberé propos de tromper le monde, auant que d'estre trompé de
luy: ce qu'il fit peu apres, donnant du pied à toutes les grandeurs de la Cour, & se retirant en vne Religion, où il a vescu fort sainctement. Ce fut la saincte Philosophie de
ce Prince: & pense moy, que le Roy François, se trouuant à ce spectacle hydeux des
cendres de la Laure, en pensa encore d'auantage, que ie n'en sçaurois dire: & pour le
moins, en eust belle occasion, & s'il ne la print pour soy, il la laissa aux autres: propo-
sant ce beau miroir aux Princesses de sa Cour, où toutes les plus grandes dames aurõt
tousiours où se mirer; si elles veulent prendre vne petite heure de leur matin, pour y
penser, afin qu'elles ne tombent en ce desarroy, auant qu'y auoir pensé. Le Roy com-
posa ces vers qu'il fit escrire, & mettre dans la boyte où estoit le sonnet de Petrarche,
d'où ie les ay tirés, pour les inserer en ce lieu.

VERS DV ROY FRANCOIS
PREMIER DV NOM.

SVR LE TOMBEAV DE LAVRE.

En petit lieu comprins vous pouuez voir
Ce qui comprend beaucoup par renommee,
Plume, labeur, la langue, & le sçauoir
Furent veincus par l'amant de l'aymee.

O gentil' ame estant tant estimee
Qui te pourra loüer, qu'en se taisant ?
Car la parolle est tousiours reprimee,
Quand le suiect surmonte le disant.

S'ensuiuent les deux deuises es deux coins de l'Arcade.

LA PREMIERE estoit vn Phœnix, qui se brusloit sur vn amas de canelle, poyure, & autres drogues Aromatiques, auecque cette ame.

O FOELIX HAERES QVE TVI !

V.   Pour monstrer, que de ce mariage de ces deux ames, qui s'entrayment d'vne amour si loyale, & si Royale, le Roy en renaistra comme vn Phœnix en sa lignee, que toute la France souhaitte, & attend, auecque si grande impatience.

LA SECONDE estoit le vaillant, & inuincible Milon Crotoniates faisant geste des bras, & du corps d'auoir laissé eschapper vn cœur, qu'vne ieune Nymphe luy auoit arraché par force de mains, le leuant, & monstrant victorieuse par brauade. Aux pieds de Milon cet hemistique correspondoit à son geste.

ET NOS CEDAMVS AMORI.

Puisque l'amour surmôte toutes choses *omnia vincit amor*. Et nous autres aussi laissons nous surmonter à cestuy-cy de cette Nymphe chaste, & pudique, que i'ay choysie pour ma chere espouse. Diodore le Sicilien en sa Bibliotheque, au liure 12. a laissé par escrit, que ce Milon le plus braue, & le plus fort de tous les Pancratiastes, qui triompherent iamais en Grece, auoit coustume de se vestir, comme Hercules, affeublé d'vne peau de lyon, & tenant en main la massüe. Pausanias aux Eliaques, & Gallien au 2. liu. τῶν ὑγιεινῶν adioustent, qu'il estoit si puissant, & si nerueux, que tenant, & serrant vne pomme en sa main il ne se trouuoit homme en toute la Grece, qui la lui peut arracher: voyre qui peut le faire mouuoir d'vne place. Aelian toutefois en donne cette exceptiô. Μίλωνος τήτη τὴν ὀπώρ, ἣν ἐν τῇ χειρὶ κατεῖχεν, ὡδὲ τῶν ἀντιτεθλικότων ἐλεῖν ἠδυνήθη, ἢ δὲ ἐρωμένη αὐτῇ ῥᾷστα αὐτὴν ἐξῄρει σπλαγχνίζεσθαι πρὸς αὐτὸν πολλάκις. I'ay metamorphosé Milô en vn Roy, & sa pomme en vn cœur, que personne n'a peu gaigner, que la Royne sa treshonoree, treschaste, & treschere espouse, qui m'a poussé à luy dedier ce dernier Arc comme victorieuse, & veinqueue du Roy, maistresse, & esclaue de son cœur à rechange.

VI·   L'INSCRIPTION de la dedicace estoit ainsi.

I.
VENERI NYMPHEVTRIAE.
II.
PERENNITATI REGIAE.

Celle de la grande frize estoit meslee de vœu, & de prognostique.

III.

MARIAE MEDICEAE GALLORVM, ET NAVARRORVM REGINAE CAROLOMAGNORVM. ET LODOICORVM DIVINVM GENVS IN SVO HENRICO, DIAEQVE BLANCAE NOMEN, ATQVE MEMORIAM IMMORTALITER PERENNATVRAE, HAEC PRIMVM BENE AVSPICATA PERENNIA SVI DVLCISSIMI AVENIONENSES, FERIALEMQVE ARCVM HVNC PRO SVO HERCVLE TRIVMPHATO POSVERVNT. TVM MVLTOS EX FOECVNDO VTERO, SANCTOQVE CVBILI PRECANTVR HENRICOS EX ANIMO. CONIVGEI VERO OPT. MAX. MYRTEAM QVOQVE DECREVERVNT. VOTO PVBLICO. OMNES. OMNES. OMNES.

Dans

Dans l'Æneide seruoit ce vers vn peu biaysé de Virgile.

IV.

VICTE MIHI, ALCIDE, POTVISTI CEDERE TANTVM.

Le dicton de la parallele estoit à demy emprunté d'Ouide.

V.

NON PIGET ALCIDEM VICTRICES MILLE LABORVM
VIRGINIS IMPERIIS SVPPOSVISSE MANVS.

L'on dict qu'Hercules victorieux des Tyrans, domteur des monstres, triomphateur des enfers, seigneur, & maistre de tout l'vniuers, se laissa neantmoins surmonter de la princesse Omphale fille du Roy Lydien, de telle façon qu'il s'assuietit à faire tous ses commandemens iusques à luy liurer sa toyson de Lyon, & sa masse, comme la maistresse veinqueresse de son cœur.

> *Crassaque robusto deducit pollice fila,*
>
> *Aequaque formosæ pensa rependit heræ:*
>
> *Dicitur infelix scuticæ tremefactus habenis*
>
> *Ante pedes dominæ pertimuisse minas.*

Tout cecy faisoit à donner à entendre, que le Roy n'a esté veincu d'autre que de l'amour de la Royne son espouse. Ces quatre petis vers sont de Pindare en la premiere Olympique.

VI.

Τ᾽ ΟΥΝΕΚΑ ΠΡΟΗΚΑΝ ΥΙΟΝ

ΑΘΑΝΑΤΟΙ ΟΙ ΠΑΛΙΝ

ΜΕΤΑ ΤΟ᾽ ΤΑΧΥΠΟΤΜΟΝ

ΑΥΘΙΣ ΑΝΕΡΩΝ ΕΘΝΟΣ.

> *Pource les Dieux luy ont donné*
>
> *Vn fils si beau, & si bien né,*
>
> *Qu'ils ont enuoyé immortels*
>
> *Ca bas vers les hommes mortels.*

VII.

O TERQVE QVATERQVE BEATI.

Ce sont sept fois heureux, nombre de bon heur à tous les deux. Le vers de l'autre parallele est notoire.

X.

CORNVA, FLENS, LEGIT RAPIDIS ACHELOVS IN VNDIS.

Hercules ayant batu Achelous, demeura maistre de Deianira, qu'il luy enuioit, & receut ensemble la corne d'abondance dudict Achelous surmonté: comme de cet heureux mariage s'ensuyura tout le bon heur de la France. Nous auons declaré ailleurs cette bataille, & escornement d'Achelous.

XI.

ΕΝΘΑ ΡΟΔΩ ΠΟΤΕ ΜΙΧΘΕΙΣ

ΤΕΚΕΝ ΕΠΤΑ ΣΟΦΩ-

ΤΑΤΑ ΝΟΗΜΑΤΑ ΕΠΙ ΠΡΟΤΕΡΩΝ

ΑΝΔΡΩΝ ΠΑΡΑΔΕΞΑΜΕΝΟΥΣ

ΠΑΙΔΑΣ.

Le grand Dieu Iupiter auec sa belle Rose
Au pays du Soleil dedans vne Isle enclose,
Engendrerent tous deux autresfois sept enfans
Les plus sages de tous les humains de leur temps.

XII.

ET PVLCHRA FACIAT TE PROLE PARENTEM.

VIII.	**XIII.**
HENRICVS BORBONIVS	MARIA DE MEDICIS REGINA
SORS HVIC NON BREVIS.	I DEA SACRA IN DEI GREMIVM.
B. En S.	*V. De trop.*
IX.	**XIV.**
MARIA DE MEDICIS REGINA.	MARIE DE MEDICIS ROYNE DE FRANCE.
MIRA DEA YMEN DABIS REGI.	FIANCEE DE CE ENRY MON MARI DESIRE.
C. En B.	*D. En N.*

VII.　LA CORONNE estoit de myrte auec vne belle pomme pendante au dessous : la coronne pour le Roy, la pomme pour la Royne, comme la plus belle. Les Poëtes dedioient le myrte à Venus, pour estre la fueille entre tous les arbres la plus agreable : ou pource que Venus se trouua en auoir vne coronne, lors de la dispute des trois Deesses, sur leur beauté, deuant le presidial de Paris. Ces beaux vers de Nicandre en ses Alexipharmaques le disent ainsi, & ensemble font mention de ce iugement de Paris, qui adiugea à Venus la pomme d'or, où estoit escrit DETVR PVLCHRIORI.

Πρὸς δέ τι ὅτι Δίκτυννα τεὰς ἰχθήρατο κλῶνας
Ἥρης τ' Ἰμβρασίης μήνης ὑφος ἐχ ὑπέδυλο
Κάλλεος ὄυνεκα Κύπριν ὅτ' εἰς ἔριν ἠερέπισαν
Ἀθάναται, κόσμησεν ἐν Ἰδαίοισιν ὄρεσσι.

O ma belle Cypris, quand les autres Deesses
Ialouses te liuroient le cartel de defy,
Elles n'ornerent pas de ton Myrte leur tresses,
Mais es bois Ideans, de quelque orme sletry.

De costé, & d'autre de l'arc, l'on auoit escrit le quatrain, qui faisoit pour le myrte, & l'inscription titulaire du labyrinthe, ny ayant eu place à la tour pour la mettre, comme es autres theatres.

POVR LA BICHE MENALEE.

LE MYRTE.

QV'ERCVL NE VANTE PLVS SA BICHE DE MENALE :
ET LA PRISE, ET LA PROYE EN EST TROP INEGALE :
L'ESPIEV, L'AMOVR, LES CHIENS SONT VOZ BEAVTEZ, LES RETS
CE MYRTHE NVPTIAL, DONT I'ENLASSE VOZ CHEFS.

C'estoit icy la derniere clausule de l'argument.

LE SEPTIESME, ET DERNIER ARC DV LABYRINTHE ROYAL, DV TRESHEVREVX MARIAGE DV ROY, AVEC MADAME MARIE DE MEDICIS HEROINE, ET PRINCESSE D'INCOMPARABLE VERTV, ET BEAVTE SVR LA PARALLELE DE LA BICHE MENALEE PRINSE, ET EMMENEE IADIS PAR HERCVLES. LE MYRTE.

LE

NIHIL VLTRA
DVO PROTE
GIT VNVS
DABIT HIS
VLTRA.
DEDIT HAS.
Les Colomnes auoient en tel' marque le frontispice
42. piedz de hauteur et 17 à chacune d'eux.

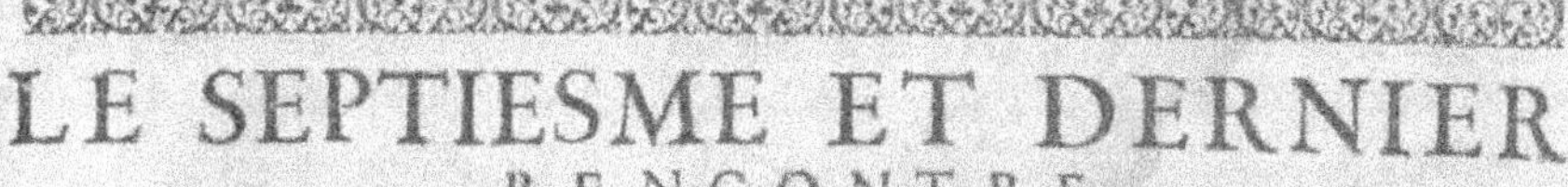

LE SEPTIESME ET DERNIER
RENCONTRE.

DES COLOMNES D'HERCVLES
sur la deuise du Roy.

CHAP. XVII.

 ES escrivains sont fort perplex, & douteux entre eux, des colomnes d'Hercules tant celebrees par les Poëtes, & historiens: ie prendray l'opinion la plus vray semblable, & que faict le plus à nostre propos. La plus part tiennent, qu'Hercules ayant couru toute la terre habitable par ses triomphes, & victoires, estant paruenu au bout de terre ferme, vers les Isles fortunees à l'endroit, où estoient les champs Elysiens (selon ce qu'en tiennent Isacius, & Clearchus Solensis) il y planta deux colônes d'Airain d'excessiue, & enorme grandeur, y ayant escrit οὐτι πορρωτερω, *nihil ultra*, rien outre: pour monstrer, que l'on ne pouuoit passer plus auant. Denis l'Africain Geographe le tient comme cela.

Εἰσὶ τε κ̓ σῦλαι περὶ τέρμασιν Ηερκλέος
Εσᾶσιν μέγα θαῦμα! παρ' ἐσχατόωντα Γάδειρα
Ηὐτε κ̓ χάλκεος ἐς ὀυρανὸν ἰδραμε κίων.

Là se guindent au ciel, les colomnes d'Alcide:
Grand cas: l'vne est d'Airain à la riue Atlantide.

Or Charles Quint Empereur frere de Ferdinand ayeul de la Royne, ayant estendu son Empire iusques aux Indes Orientales, & Occidentales, beaucoup au dela des colônes d'Hercules (soit qu'on les mette au destroit de Gilbratar, soit qu'elles fussent vis à vis des Isles fortunees, autrement Canaries) il print vne deuise la plus propre, que puisse estre, opposee à contrepoil à celle des colomnes d'Hercules, mettant deux colomnes auec vne coronne sur chacune: l'vne de l'Empire, & l'autre de Regne, & vne troisiesme en haut auec ce mot PLVS OVLTRE: qui est contradictoire à l'escrit des colomnes d'Hercules, & propre de ce grand Empereur, tout ce que se peut.

Suiuant toutes ces considerations, & poursuiuant la parallele d'Hercules auecque le Roy, pour conclusion de tout le suiect, l'on fit dresser deux grandissimes colomnes de 35 pieds de haut, que sa Majesté descouuroit des la tour: car elles estoient posees deuant le Palais Apostolique, à l'entree de cette grande place, qui est au deuant, où aboutit la petite rue, qui sort de la place du puys du bœuf, où estoit la Tour. L'vne de ces colomnes estoit de iaspe rouge couleur de Nauarre, l'autre de bleu couleur de France: toutes deux d'ordre Corinthien: le chapiteau doré, liees d'vn tresbeau frontispice brisé par le dessus, de quatorze pieds de long, solide, de relief, & à deux faces. Les Architraues de iaspe rouge, les corniches de iaspe bleu, les frizes de marbre bleu. Cette

piece

piece d'architecture porta quasi tout le malheur de la precipitation, & surprinse, si
que à grand peine fut elle posee au midy, deux heures auant la venue de la Royne, qui
fut cause, que les inscriptions, & armoyries furent vn peu peruerties, & mises hors de
leur place: toutefois sans difformité autrement remarquable: les voicy toutes telles
qu'on les auoit designé, & donné au peinctre, & que pour la plus part, elles furent col-
loquees.

Au fonds du frontispice estoit escrit en couleur d'or sur azur, en grosse lettre.

COLVMNÆ HERCVLIS.

Sur la colöne bleuue estoient les armoyries, & la corōne de Fráce: sur la rouge celles
de Nauarre: au feste sur le brisé du coronnement vn escusson peint à deux faces, ayant
d'vn costé vne coronne d'estoilles signifiant le Royaume celeste, & de l'autre les armes
de Charlemaigne auec l'aigle, il fut oublié des ouuriers, & ne fut pas posé en son tēps,
que fut la seule faute la plus notable, & que l'on regrettoit le plus. Au mesme endroit
entre les cheurons rompus, au plus haut de l'œuure, on auoit planté vne grande masse
d'Hercules faicte au tour, en relief, croisée d'vn sceptre doré, & d'vne espee argentee
posés sur la masse, en croyx de sainct André. C'est vne des deuises du Roy, à mon aduis
la plus belle. L'on auoit adiousté sur l'espee vne petite coronne, ou mitre de Pape, & sur
le sceptre vne autre coronne Royale: le mot de la deuise du Roy DVO PROTEGIT VNVS,
estoit appliqué à l'Eglise (de laquelle sa Majesté est protecteur, & fils premierné, côme il
est aussi conseruateur d'Auignon) & à ses deux Royaumes. Dans les grandes frises, qui
prenoient d'vne colomne à l'autre, estoit escrite la moitié de l'autre deuise du Roy,
DEDIT HAS, que signifioit les deux coronnes de France, & de Nauarre, entre les cheurons rompus visans à l'escusson des deux armoyries, celeste, & Imperiale, estoit l'autre moitié. DABIT HIS VLTRA. Au dessus se deuoient escrire dans vne banderolle de ta-
fetas blanc, ces deux dictons en lettre d'or. NIHIL VLTRA. RIEN DE PLVS. Et, DVO PRO-
TEGIT VNVS. Le temps ne permist pas que cela fut: ny les inscriptions des Stylobates
non plus, que i'insere icy neantmoings en la forme, & teneur qu'elles auoient esté bail-
lees aux ouuriers.

Ces quatre estoient pour le costé droict correspondans à la deuise, & les quatre
dernieres pour le costé gauche.

I.

ΗΧΙΤΕ ΚΑΙ ΧΑΛΚΕΙΟΣ ΕΣ ΟΎΡΑΝΟΝ ΕΔΡΑΜΕ ΚΙΩΝ.

C'est le vers de Denis l'Africain, que i'ay rapporté, & expliqué vn peu plus haut: &
veut icy dire, que les trauaux du Roy abboutiront au ciel, selon son DABIT HIS VLTRA,
& la deuise que luy auoit esté donnee aux susdictes colomnes.

II.

ΝΥΝ ΓΕ ΠΡΟΣ ΕΣΧΑΤΙΑΙΣ ΘΗ
ΡΩΝ ΑΡΕΤΑΙΣΙΝ ΙΚΑΝΩΝ, ΑΠΤΕΤΑΙ
ΟΙΚΟΘΕΝ ΗΡΑΚΛΕΟΣ ΣΤΗΛΑΝ, ΤΟ ΠΟΡΣΩ
Δ' ΕΣΤΙ ΣΟΦΟΙΣ
Κ' ΑΣΟΦΟΙΣ.

Le grand Theron paruenu
Au feste de la vertu
Les colomnes à atteintes
D'Hercule, que l'on a feintes,
Desquelles onq' au dela
Ny fou, ny sage n'alla.

III.

HIS EGO NEC METAS RERVM, NEC TEMPORA PONO.

Qui est autant comme le Dabit his vltra de la deuise Royale.

IV.

HENRICVS BORBONIVS
BIS CVI VIRENS HONOR.

B.   En   I.

D'autant que suyuant l'opinion de Clearchus Solensis, les colomnes d'Hercules e-
stoient aupres des Isles fortunees, on les auoit icy prinses pour symbole du ciel , & du
Paradis, où visent, & doiuent viser tous les desseins, & trauaux de sa Maiesté , comme
au scope, & à la fin, pour laquelle tous les humains, tant Princes que vassaus ont estés
creés, & en laquelle consiste la vraye felicité, & la gloire solide, & seule proportionnee
à la capacité de nostre ame, de rien moins capable, que de l'eternité. La description des
Isles susdictes estoit empruntee de Pindare.

V.

ΕΝΘΑ ΜΑΚΑΡΩΝ
ΝΑΣΟΝ ΩΚΕΑΝΙΔΕΣ
ΑΥΡΑΙ ΠΕΡΙΠΝΕΟΥΣΙΝ' ΑΝ-
ΘΕΜΑ ΔΕ ΧΡΥΣΟΥ ΦΛΕΓΕΙ
ΟΡΜΟΙΣΙ ΤΩΝ ΧΕΡΑΣ ΑΝΑ-
ΠΛΕΚΟΝΤΙ ΚΑΙ ΣΤΕΦΑΝΟΙΣ.

Là les zephirs gratieux
Battent les Isles des dieux,
Là les fleurs toutes dorees,
Iaunissent parmy les prees,
Qui leur tissent des chapeaux,
Et des brasselets fort beaux.

VI.

ΕΠ' ΑΛΛΟΙ-
ΣΙ Δ' ΑΛΛΟΙ ΜΕΓΑΛΟΙ' ΤΟ' Δ' ΕΣΧΑΤΟΝ ΚΟ-
ΡΥΦΟΥΤΑΙ ΒΑΣΙΛΕΥΣΙ. ΜΗΚΕΤΙ
ΠΑΠΤΑΙΝΕ ΠΟΡΣΙΟΝ.

Les autres sont grands d'ailleurs
Vn chascun en ses grandeurs:
Mais les Roys ont le dessus,
Ne regarde rien de plus.

Ces autres versets du mesme Pindare empruntez de la premiere ode des Olympiaques,expliquent toute l'allegorie des colomnes d'Hercules,& de cette deuise, le mot Grec κορυφᾶται à beaucoup plus d'emphase,que tout ce que nous sçaurions dire en nostre langue pour signifier cela.

VII.

QVORVMQVE A STIRPE NEPOTES
OMNIA SVB PEDIBVS, VERTIQVE REGIQVE VIDEBVNT.

VIII.

HENRICVS BORBONIVS GALLIARVM REX
BIS REX IN COLVMNA ROBVREA HERCVLIS.

La Royne contente du chant de son Epithalame, partant de la Tour, se vient rendre aux susdictes colomnes,passant entre deux,où elle rencontre vne autre fois,la cauallerie des dieux,qui portoient les coronnes en l'equippage, que nous auons descrit au commencement, au troisiesme rencontre. Ils s'estoient icy rangez en haye , & de file depuis les colomnes d'Hercules , iusques à la premiere porte du grand Palais au chemin de sa Majesté: afin que elle passant au trauers,les chefs recitassent les sept quatrains,qui estoient escrits par les arcs pour les coronnes,selon l'ordre, que nous les auons couchés cy dessus,n'ayāt eu sa Majesté le temps de lire chacū en son lieu.Le tard rompit encore ce coup , ne restant plus guere de bon iour,que ce qu'estoit necessaire pour monter à nostre Dame de Doms. L'vn de la troupe le mesme qui auoit cōmencé au premier Arc deuoit conclurre par ce huictain qu'il auoit aprins par cœur.

Grand Dieu, qui tiens entre tes mains
Le cœur des Roys en sauuegarde,
Reçois noz vœux, & contregarde
Ce couple d'Aymans aux humains :
Las! regarde ce lict Royal,
Faisant refiler de leur aage
Septante bons ans d'auantage,
Au peson du destin fatal.

APPENDIX

DE CE QVE SE PASSA A NOSTRE
Dame de Doms, & aux iours suyuans.

TOVTE LA cauallerie presque auecque vne multitude innombrable de peuple se treuua rassemblee en ce beau champ de deuant les deux Palais , capable quasi d'vne petite armee. L'on auoit paré la premiere porte du Palais Apostolique fort proprement de festons,& armoyries de nostre sainct Pere,du Roy,de la Royne, & de monseigneur le Vicelegat,il ny manquoit rien, que peut estre cet Anagramme qui n'eusse pas eu mauuaise grace, s'il y fut esté inseré en quelque lieu conuenable.

CARO-

CAROLVS DE COMITIBVS PROLEGATVS.
TV MODO PETRI LOCO CLAVES SERVABIS.
G. En E.

Il est du boys, dequoy on les faict : de la maison de Comitibus sont sortis plus de quarante Cardinaux , & plusieurs Papes des plus celebres : tels que furent Innocent troisiesme, Gregoire neufiesme, & Alexandre quatriesme , tous de la tresillustre , & tresancienne maison des Comtes de Signie.

Icy tous les tambours se ramasserent d'vn costé, & les trompettes de l'autre : l'on commēce le tonnerre de la Scoppeterie, qui dura enuiron trois quarts d'heure animé du tintamarre des Trompettes, fifres, & tambours , iusques à tant que sa Maiesté se fut retiree.

Messievrs les Preuost, & Chanoines de nostre Dame n'auoient rien mis en arriere pour triōpher de leur costé, & eussent faict encore d'auantage, s'ils n'eussent estés surprins du temps, & frustrés des ouuriers entrepris, & hypothequez de toutes parts. Nō obstant ils bastirent vn des beaux Arcs, qui se peut entreprendre selon le temps , de mesme forge, & inuention auec le labyrinthe Royal, & tracé d'vne mesme main , tant les inscriptions, que le reste de l'architecture. Il approchoit le plus à la perfecxiō, & à la forme d'vn arc Triomphal à l'antique, s'estans seruis fort à propos du porche de l'Eglise , qui est à l'entree incontinent à la cime des degrez, en cette plate forme que le Cardinal de Foix fit refaire. Le deuant estoit composé de deux grosses colomnes de iaspe canelees, & striees de haut en bas, leurs chapiteaux à la Corinthe, hautes de trête six pieds, grosses à l'equipollent : le tout en relief : comme l'arcade aussi , qui portoit sur deux pillastres à l'ätique de mesme ordonnance ayant de iour de l'imposte en bas 37. pieds. Sur l'arc regnoit vne grāde corniche de iaspes, & marbres diuers, auecque son frontispice, qui faisoit de hauteur en tout 9. pieds. L'Empereur Charlemaigne à cheual y estoit peint en volume plus grand, que du naturel. Sur sa teste dans vne ouale cet escrit se lisoit.

DIVO CAROLO MAGNO PARENTI OPTIMO ,
ATQVE HENRICO NEPOTI CONSERVATORI.

Et dessouz dans la frize.

SANCTA AVENIONENSIS ECCLESIA SECVNDA SEDES APOSTOLICA , SVM-
MORVM PONTIFICVM PRAEROGATIVIS, ATQVE CINERIBVS, CONCILIORVM
PRIVILEGIIS , IMPERATORVM DONIS , AC VOTIS , REGVM GALLORVM PA-
TROCINIO, HENRICI POTISSIMVM IIII. CLIENTELA, GRATIAQVE FLORENS,
ATQVE INCLYTA OB PIETATEM AVGVSTISSIMIS FVNDATORIBVS VETERI, AC
NOVO CAROLOMAGNO DEDICAVIT. EX ANIMO.

Sur les bouts de la grande corniche, au defaut du frontispice se voioient deux statues faicte de bronze en plate peinture, rapportees à trois pointes de pyramides , qui embellissoiēt le feste : l'vne estoit de la gloire mōdaine, l'autre de la celeste, que Charlemagne s'est acquis par sa sainiteté suyant l'vne, & haletāt apres l'autre, & les rēcontrāt toutes deux en vne. Aux deux descentes de l'arc estoient depeintes les deux principales vertus qui luy acquirent cette double gloire, & qu'ont tousiours esté comme les deux piuots, & pierres fondamentales de la Monarchie Françoise : la Pieté auec cet

hemi-

hemiſtique, ET PLACIDI SERVATE PIOS: & la Iuſtice, auec cet autre. IVSTITIAQVE DEDIT
MENTES FRENARE SVPERBAS. Chaſcune auoit ſes marques, & Hieroglyphiques ordinaires auec vne plante des fleurs de lis en main. Deſſous ces deux figures au vuide
d'entre les pilaſtres, & colomnes on auoit contrefaict en bronze deux batailles telles,
que l'on voit es coſtés des Arcs anciens, ſe trouuant le Roy auecque l'arroy, & equippage de Charlemagne dans les meſlees parmy les cheuaux, & cheualiers culbutez, les
lances rompues, les corps morts, & ſemblables ſpectacles de guerre. Dans le rond de
l'Arc eſtoit la bienuenuë à la Royne en ces vers, qu'on y a laiſſé encore pour eſtre propres de la bienuenuë que les Anges peurent faire à la treſſaincte mere de Dieu le iour
de ſon Aſſumption feſte principale de ladicte Egliſe.

VENISTI TANDEM TVAQVE EXPECTATA TRIVMPHIS
VICIT ITER DVRVM PIETAS, DATVR ORA TVERI
O REGINA TVA:

Au dedans, la ploye eſleuce de terre de 38. pieds, longue de 21. large de 17. eſtoit toute ſemee de fleurs de lis iaunes en chāp d'azur. Mais les deux flancs furent ſignalés par
deux rencontres notables: celuy de main droicte de l'anciéne peinture, & portraict
de la Laure, qui ſe trouua là toute portee. Nous en dirons apres quelque choſe. Le
gauche de cette inſcription eſcritte en groſſe lettre Romaine dans vne table d'attente.

QVOD SANCTAM AVENIONENSEM ECCLESIAM A DIVA MARTHA HOSPI-
TA CHRISTI APVD NOS HOSPITANTE PRIMO FVNDATAM TVM A D. RVFO
FILIO SIMONIS CYRENAEI CHRISTI DISCIPVLO EPISCOPO PRIMO GVBERNATAM,
POSTEA ARABVM IMPIETATE ATHINO REGE, AC DVCE VIOLATAM, FVNDI-
TVSQVE EVERSAM, DIVVS CAROLVS MAGNVS IMPERATOR OPT. MAX. CVM
NAVARRAEORVM REGNVM PRIMVS A BARBARIS VINDICASSET, GALLICVM
DILATASSET, ROMANVM RESTITVISSET, EVERTISSET ARABICVM, FLOREN-
TIAE FLORENTISSIMAM CIVITATEM PENITVS PROSTRATAM, AEQVATAM-
QVE SOLO INSTAVRASSET, SECVNDVS FVNDATOR, AC PARENS DE NOVO
QVALEM HABEMVS EXTRVXERIT, DOTARITQVE, SVI CLIENTES PRAEPOSI-
TVS, ATQVE CANONICI, MAIESTATI EIVS ADDICTI DEVOTIQVE, GRATAE
PIETATIS ERGO HVNC INGENTEM ARCVM EI AC NEPOTI HENRICO IIII.
REGI GALLORVM, ET NAVARRAE, REGINAEQVE NEPTI DVLCISSIMAE MA-
RIAE DE MEDICIS PP. ANNO MAGNO PIACVLARI CIƆ. DC. EXEVNTE AD
XIV. KAL. DECEM. VOTO AETERNO.

SOMMAIRE DISCOVRS DES
EGLISES D'AVIGNON.

II.　　ELLE EST remarquable pour les trois rencontres du Roy, de la Royne, & de cette
Egliſe. Car Charlemaigne chaſſa les infidelles de Nauarre, & conqueſta à la pointe de
l'eſpee les Royaumes de Nauarre, Caſtille, & Arragon, qu'il remit, comme dit Calcondyle profeſſeur Florentin, aux Princes Eſpagnols. Le meſme releua les ruines de Florence, qui auoit eſté rauagee, & ruinee de fonds en comble par ce monſtre d'Atila.
Voyés ce qu'en diſent les hiſtoriens de Florence, & ce qu'en auons touché au commencement. En fin ay āt eſcorné les Arabes, & Saraſins, il fonda vn grand nombre
d'Egliſes pour reparer les incendes, & ruines qu'auoient faict ces Barbares, leſquels de
guet à pan, & de propos arreſté abbatoiēt les Egliſes: voire, à ce que quelques hiſtoriés
en eſcriuent, auoient ſerment, & vœu entre eux de ne laiſſer aucun temple des Chre-
ſtiens ſur pied, ayeuls, & peres grands, où ſi vous voulés, fourriers de noz huguenots

grands

grands reformateurs des Eglises de France. Mais Dieu suscita ce grand Empereur, & luy donna l'instinct de bastir vne infinité de belles Eglises, pour monstrer, que la rage Barbaresque ne peut rien contre la prouidence, & soin qu'il a des siens, & particulierement de son Eglise, qui est la prunelle de son œil: vne d'icelles fut cette cy, qui ne fut iamais ruinee, que cette fois là.

Icelle fut fondee premierement par saincte Marthe, comme il appert par les bulles des Papes, & signamment de Xiste le quart: par la traditiue irrefragable de cette Eglise, où l'on voit encore le lieu de sa penitence: & par les actes mesme, & vie de saincte Marthe, où est faicte mention du miracle qu'elle fit en Auignon à la porte du Rhone resuscitant vn ieune garçon, qui s'estoit noyé. Vincent de Beauuais le narre tout au long, es Actes de cette saincte, qui a escrit il y a quatre cens ans. Sainct Vincent le prescheur, mais bien le miracle des prescheurs, qui honora autrefois Auignon de sa demeure, & de ses merueilles, dit au sermon de saincte Marthe, que ce miracle fut faict à l'endroict, où est leur conuent des Dominicains, nous en auons ouy discourir amplement les annees passees, auecque des autres preuues plus miraculeuses, que le miracle mesme. Mais i'ay haste, & ne fais estat, que de toucher pour maintenant en passant, choses si importantes, & qui meritent vn discours, & recherche plus exacte. De sainct Ruf premier Euesque fils de Simõ, qui porta la croix de nostre Seigneur, la chose en est trop batue, en l'histoire de sa vie, & en son vieil office, que l'ordre de S. Ruf, qu'il a fondé, retient encore: & aux Actes authentiques de sainct Paul de Narbonne fort expressement. C'est ce Rufus, duquel parle S. Marc l'Euangeliste au chapitre 15. *Angariauerunt pretereuntem quempiam Simonem Cyreneum venientem de villa patrem Alexandri, & Rufi, vt tolleret crucem eius.* Depuis cette premiere fondation, l'Eglise demeura paisible iusques au Gots, qui la pillerent bien auec la ville, ce peu de temps qu'ils y demeurerent, toutefois ils n'abatoient pas les lieux sacrés, comme il conste par les histoires, & nommement de la prinse de Rome, & de la defense expresse, qu'en fit leur Roy Theodoric, que vous trouuerés couchee de mot à mot en l'histoire des Gots. En quoy ces Barbares, & furies d'enfer estoient moins furieux que les saincts Euangelistes de nostre temps, qui ont mis à bas en la seule France en moins de trente ou quarante ans, plus de dixhuict mille Eglises, qu'ils voyent maintenant quasi toutes radressees, ou a radresser soubs le regne paisible, & religieux de Henry IIII. nostre Charlemaigne.

Apres cette bourasque des Gots, nostre Seigneur enuoya aux Auignonnois S. Agricol leur Euesque tutelaire, l'ã 650. qui restaura ce peu qu'il y auoit d'alteré en ces Eglises: en bastit plusieurs de nouueau cottees en sa vie, & sur toutes celle qui est auiourd'huy la premiere paroisse soubs le nom de sainct Agricol, où il mit les moynes de Lerins de l'ordre de sainct Benoit, comme aussi à nostre Dame sa cathedrale: d'où peut estre du depuis elle a retenu le nom de nostre Dame de Doms, & de la roche de Doms à cause des moynes de sainct Benoit, qui s'appellent Doms, en latin *Domni*, comme si font les Chartreux, & plusieurs autres religieux. Neantmoins i'ay pourpensé autrefois, que l'etymologie pouuoit estre autre. Car ie treuue deux choses, qui sont asseurees, & que l'on ne peut reuoquer en doubte. L'vne que de la roche de Doms, où est nostre Dame, iusqu'a sainct André, qui est icy proche, l'on souloit aller à pied sec, passant le Rhone dessus la Barthelasse, & se rendant du costé des Augustins à moitié, & l'autre moitié dedãs ville Neufue, laissant le passage libre de S. André iusques à la dicte roche. Cecy nous a esté esclaircy, & aueré, & estançonné de bonnes preuues, les ans passés, & le verrons plus à loysir s'il ne tient à ceux, qui en doiuent auoir le soin. Cela estant, il se treuue d'ailleurs, que toute cette traicte des collines de S. André, esquelles le roch

A 3

estoit

estoit continu, s'appelloient le mont d'Andon, & en latin *mons Andaonensis*: lisez la donation que fit le Comte Raymond aux moynes de S. André de leur montagne, & terroir d'alentour, vous y en trouuerés des nouuelles. D'où ie tire cette consequence, que peut estre, l'on disoit anciennement la roche d'Andon, & que petit à petit, par corruption populaire si frequente, que nous voyons tous les iours, l'on commença de dire la roche de Don. Aussi d'ordinaire l'on ne dict pas des Doms, sinon que les plus doctes, mais la roche de Don. Chacun en pense ce qu'il voudra, ce n'est pas vn article de foy.

Depuis S. Agricol coulerent quelques annees iusques à l'an 735. que les Sarasins, cōme ie viens de dire, se saisirent d'Auignon. Alors toutes les Eglises furent abatues, la discipline Religieuse peruertie, les Moynes defroqués, les Ecclesiastiques massacrés, & reformés à la Geneuoyse, toutes choses sacrees, & prophanes peslemelees. Entre tāt, la Cathedrale fut releuee par Charlemagne, qui luy donna de grands biens, y mit des Ecclesiastiques seculiers, & entre autres vnit à l'Euesché l'Abbaye de S. Ruf pres de la Durence. Tout cecy conste authentiquement par la confirmation de ces donations faicte par Loys le debonnaire fils de Charlemagne à Remy Euesque predecesseur de Fulcherius, voyez l'autographe auec le grād seau d'or en l'archiue de l'Archeuesché signé de la propre main dudict Empereur, & les lettres de Loys onziesme de l'ā 1504. où il donne de beaus priuileges à l'Eglise d'Auignon, *en consideration de ce que, dict il, elle est moult ancienne, & de fondation Royalle fondee par le Roy Charlemagne*, ce sont ses propres mots. Ainsi demeura cette Eglise seculiere iusques à l'an 1096 que le Pape Vrbain second les erigea en Chanoines reguliers de S. Augustin, laquelle regle ils ont obseruee iusques à tant que Iule second les secularisa vne autre fois, & les mit en l'estat, où ils se treuuent pour le present, l'an 1475. leur donnant priuilege de porter les capes rouges dessus le surplis comme les Cardinaux. Voila de l'Eglise de nostre Dame. Pour le regard des autres Eglises, Dieu suscita le grand Fulcherius Euesque l'an 835. lequel plein du zele de la maison de Dieu, & grand amy, & familier de Boso Prince premierement, & puis Roy d'Arles, print à cœur de remettre sus les autres lieux sacrés, ce qu'il fit auecque tresbon succés, dequoy il appert par son testament. Polde, & Paradin ont escrit que ledict Boso Prince d'Arles luy en bastit vne à l'hōneur de nostre Dame dedās la ville d'Auignon: ils ne nōment pas qu'elle c'est, mais il est facile à le colliger: car en Auignon ny en a que deux de nostre Dame: la cathedrale, & celle que l'on nomme nostre Dame la principale. Or est il que la cathedrale est de la fondation de Charlemaigne, qui en doute? il s'ensuit donques en bonne forme, que c'est celle de la Principale: outre que son nom nous en donne vne preuue peremptoire. Car pourquoy se nomme elle Principale? est-ce pource que elle est la cathedrale, ou la plus ancienne? elle ne le peut, & ne le fut iamais, suiuant ce que venons de dire de saincte Marthe, & ce que l'on en voit à veuē d'œil: car l'Euesque n'y demeura iamais. Il s'ensuit donc puis que les historiens prealleguez disent en termes exprés, que le Prince d'Arles en fonda vne, quelle aye esté appellee (comme elle l'est en tous les anciens contrats, & manuscripts) *Principalis* en latin à *Principe Arelatensi*, Qui estoit aussi pour lors seigneur d'Auignon. Fulcherius de son costé remit les autres de son patrimoine, à ce qu'il en dit en son testament. Celle de S. Agricol auoit perdu ses regles, & ses religieux, il la dressa en prioré, toutefois parochial, comme aussi celle de sainct Pierre, de S. Didier, & les autres, la plus part fondees par S. Agricol, auquel estat elles demeurerent iusqu'à ce que, long temps apres, elles furent restaurees en la splendeur que nous voyons à present, & erigees en colleges de Chanoines. S. Agricol par Iean 22. Pape (seant en Auignon) l'an 1321. Sainct Pierre par Pierre Cardinal Prenestin, l'an 1356. S. Didier par Bertrand de Deucio Cardinal

dinal Euefque de Sabine la mefme annee l'an 1356.& 57.ie me deporte des autres pour
ce que le temps me preffe.

VIS A VIS de l'Infcription que ie viens de commenter, au flanc dextre de l'Arc, for- III.
tuitement fe treuua vn des beaux rencontres,& le plus à propos que l'on euft fceu de-
firer. C'eft vne ancienne peinture d'vn peintre Florentin le plus braue en cet art, qui
fut iamais,à ce que l'on en treuue par efcrit. Il y a vn S. George à cheual auec vne damoyfelle à genoux deuant luy,qu'il deliure du dragon:l'on tient que la damoyfelle eft
le portraict au vif de la Laure:tout le monde le dict, perfonne ne recherche, ny n'en
donne raifon : ie diray ce que i'en cuide pour ma part,& pour l'entendre facilement ie
mettray quelques propofitiös authétiques,& affeurees.George Vafari peintre Italië en
cette belle œuure,qu'il a faict des peintres &dedié au grádCofme de Medicis 2.du nö
en la premiere partie dict,que Simon Memmy peintre merueilleux fut fort familier,&
acquis à Petrarche, & fut appellé en Auignon par le Pape Iean 22. qui y refidoit pour
lors. Voicy ces propres mots. *Ora ftando la corte en Auignone, per li cõmodi, & per le vol-*
glie di Papa Giouanni XXII. Simone fu fatto venire in quel luogo con grandiſſima inſtanza :
doue lauorando molte pitture in frefco e in tauola ne riportò lode infinita infieme con grandiſſi-
ma vtilita. Il adioufte qu'eftant audict Auignon Petrarque le pria inftamment de tirer
au vif la Laure,ce qu'il fit auec tant de perfection , que Petrarque en rechange luy fit
deux fonnets fur ce fuiect , qui combatoient d'excellence auec fa peinture.Il dict ainfi
fu adunche quella di Simone grandiſſima ventura oltra la fua virtu, venire al tempo di M.
Francefco Petrarcha,& abbaterfi in Auignone alla corte doue trouo queſto excellentiſſimo poeta
defiderofo de di auere la imagine di madonna Laura ritratta con bella grazia dalle dotte mani
di maeſtro Simone : perche auendola poi come defiderana ne fece memoria ne' due fonetti.
L'vn de ces fonets fe commence.

   Per mirar Polycleto à proua fifo
   Con gli attri, che ebber fama diquell' arte.

Et l'autre ainfi.

   Quando giunfe à Simon l'alto concetto
   Cha mio nome gli pofe in man lo ftile.

Qui les lira,verra quel compte il faict de ce maiftre peintre,& qu'il ne luy attribue
guiere moins eftant encore en vie, qu'on luy a donné apres fa mort en cet Epitaphe,
qui fe voit à Sienne,où il mourut,enterré à fainct François.

 SIMONI MEMMIO PICTORVM OMNIVM OMNIS AETATIS
 CELEBERRIMO. VIX. AN. LX. MENS. II. D. III.

Il mourut l'an 1345. troifiefme du Pontificat de Clement fixiefme , qui tint le fiege
en Auignon le troifiefme apres ledict Iean 22. Et Petrarque (lequel aagé de neuf à dix
ans,fut mené d'Italie en Auignon l'an 1313. foubs Clement 5.predeceffeur de Iean 22.)
furuefquit à Simon,ne mourât que l'annee 1374.foubs Gregoire XI.Or il eft vray d'ailleurs q̃ la peinture,dõt eft queftiõ, laquelle fe trouua à l'étree de noftre Dame de Dõs,
a efté faicte fans doubte du temps du Põtificat de Iean 22.car les armoyries de la maifon d'Annibal de Cecano y font qui fut faict Cardinal par Iean 22. en Auignon l'an
1327.& mourut l'an 1350. ayant acheué de baftir la grande tour de la Motte ou eft auiourd'huy le College de la Compagnie de Iefus.Doncques luy a faict faire cette peinture, que tous les grands maiftres tiennent pout vn chef d'œuure,& eftoient ces trois
                 en mef-

en mesme temps en Auignon Simõ le peintre, Petrarque qui fit faire la peinture, & Annibal qui paya l'estoffe. Cela marche, iusques à maintenant, à quatre roües. Vasari pre-
alleguè en la vie de Simon rapporte vne autre chose, qui me semble vne demonstra-
tion pour ce faict. C'est que Simon depeignit à Florence en l'Eglise de *Sancta Maria
nouella*, la vie, & l'ordre de sainct Dominique, où se voit presque tout l'estat du monde,
au ciel Iesus Christ, & les saincts : au monde les vanités, & folies figurees en femmes d'vn costé (entre lesquelles se voit la Laure tiree au naturel, habillee de verd, auec
vne petite flamme de feu, qui sort de sa poictrine) de l'autre en hommes de tous estats,
au nombre desquels est Petrarque peint au vif à cheual en equippage de Cheualier de
Rhode, bien que il fut Chanoyne de sa profession. Ce sont icy les mesmes termes de
Vasari. *Nel mondo qua giu Rimangono i piaceri, & diletti vani in figure che seggono, & maßi-
me donne. Tra lequali e madonna Laura del Petrarcha vestita di verde con vna piccola fiam-
metadi fuoco tra il petto, & la gola, & e ritratta di naturale. Eaui ancora la chiesa di Christo,
& la guardia di quella il Papa, lo Imperadore I Re I Cardinali &c. Et tra eßi à canto ad vn'
caualiere di Rodi M. Francesco Petrarcha ritratto pure di naturale. Il che fece Simone per rin-
frescare nelle opere sue la fama di chi lo aueua fatto immortale.* Or est il qu'en cette peinture d'ou nous parlons, est S. George à cheual si bien faict, que le Roy François le voyant, tressaillit d'admiration, ne se pouuant souler de le regarder : & la damoyselle, qui
est à genoux est habillee de verd, & parle à sainct George en ces quatre beaux vers escrits au dessous, qui ne peuuent auoir esté faicts d'homme du monde en ce siecle la,
que de Petrarque, qui seul releua de son temps la Barbarie de la langue latine introduicte de long temps par les Sarasins, & les Gots, & encore font mention des flammes.

MILES IN ARMA FEROX BELLO CAPTARE TRIVMPHVM,

ET SOLITVS VASTAS PILO TRANSFIGERE FAVCES

SERPENTIS TETRVM SPIRANTIS PECTORE FVMVM

OCCVLTAS EXTINGVE FACES IN BELLA GEORGI.

De toutes lesquelles choses ie conclus, que le bruit de cette peinture est bien fondé, & sur tout qu'elle est d'vn des plus grands peintres, qui furent iamais, & Toscan de
nation, ce que ie m'estois proposé principalement de monstrer, seruant le tout à nostre
suiect : Petrarque, & le peintre, pour estre Toscans : la Laure pour s'estre rencontree
en la parallele du septiesme Arc.

Ie passe maintenant au reste, & reprens mon propos, ayant admonesté le lecteur de
deux choses : l'vne est que Platina escrit que Yoctius peintre florentin, fut appellé en
Auignõ par les Papes, hõme admirable en son art nommé par Vasari le miracle de son
aage, familier, & domestique à Laurens de Medici, & qui le premier de tous remit l'art
de la peinture, qui s'estoit perdu lõg temps y auoit, & sur tout de tirer au naturel, ainsi
que le dict Politian en son epitaphe.

ILLE EGO SVM, PER QVEM PICTVRA EXTINCTA REVIXIT.

Ie m'en rapporte à ce qu'en est, Platina dict que ce fut Benoit 12. faict Pape l'ã 1334
en Decembre : mais ie treuue que Yoctius mourut vn an apres, l'an 1336. le 8. de Ianuier,
& qu'il fit de grandes peintures en Florence, l'an 1334. & 1335. comment donques pouuoit il estre ensemble à Florence, & en Auignon? chascun iuge maintenant ce que bon
luy semblera de ses coniectures, ie ne les donne que pour ce qu'elles coustent, laissant
à vn chascun d'en opiner selon son bon plaisir.

DANS CET ARC, que nous venons de dechiffrer, messieurs de nostre Dame, auoiét
dressé vn autel à main gauche soubs l'inscription, paré pompeusement de tout ce qu'e-
stoit necessaire, estás tous les deux costés d'alentour dessoubs le sainct George, & l'inscription, tendus de tapisserie de drap d'or. Là monseigneur le Reuerendissime Archeuesque d'Auignon François Bordin Romain, prelat tresdigne, & tresuenerable
d'vne vie, & saincteté exemplaire, & d'vn esprit, comme dit Bessus parlant de luy, rare,
& versé en toutes sciences. *Ingenio ad omnes bonas artes sumo, & erudito,* reuestu de ses
habits Pontificaux assisté d'vn grand nombre d'Euesques, entre autres, que ie me sou-
uienne, de monseigneur de Veruins Archeuesque, & primat de Narbonne, n'aguieres
Inquisiteur de la foy en Auignon mon treshonoré seigneur, qui m'a tousiours beaucoup honoré, bié que tresindigne, de son amitié plus ĝ paternelle: de messeigneurs les
Reuerédissimes de Besiers, de Môtpellier, de Nismes, d'Orange, de Vaison, de Cauaillon, de Lodeue, d'Vzés, & plusieurs autres, & de messieurs les chanoines, auecque leurs
robes rouges sur le surpelis. Cependant sa Majesté parmy la scopperie, & la grande
multitude, qui remplissoit tout ce deuant du Palais, paruenue au bout des degrés, sort
de sa litiere, & conduicte par Dom Antonio son frere, qui la tenoit soubs le bras, par
messeigneurs le Duc de Guise, & de Montmorency Connestable, qui marchoient deuant, & messieurs les Illustrissimes Cardinaux de Gondy, & de Ioyeuse, qui estoient
auptes de sa Majesté se vient rendre dessous l'arc. Est receuë de mondict seigneur d'A-
uignon: se iette à genoux deuant l'Autel. Baise la saincte croix, que mondict seigneur
luy presente, signal, & trophee de nostre salut, espouuantable aux heretiques, & aux
demôs, doux, & amiable aux enfans, & disciples du crucifié. Apres cette premiere ceremonie, monsieur le Preuost Iean François Suares l'vn des mieux disans de son estat,
& qui a faict de si beaux essays de son bien dire, haranguant souuent deuant les SS.
Peres, & Cardinaux à Rome, & dressant les panegyriques de Sixte cinquiesme, que ne
mourront iamais, estampees non seulement soubs la presse de Rome, mais bien plus
auant dans la memoire de ceux qui entendirent son eloquence animee de sa belle, &
graue contenance, & action: luy, dy-ie, la Royne ayant mis fin à sa priere, luy parla eu
cette sorte, comme chef de ce venerable, & tresancien chapitre.

B b   *MADAME*

MADAME

S'il estoit vray, que nature eut autrefois permis aux rochers de se smou-
uoir, cette Eglise heureusemēt fondee sur la fermeté de ce roch par saincte
Marthe descouurant les bien-heureux rayons de vostre Royale presence,
tressaillant d'aise, & de ioye se fut venue prosterner aux pieds de vostre
Maiesté treschrestienne, pour vous supplier treshumblement la daigner
recognoistre pour vostre,& nous pour les treshumbles,& tresaffectionnez
nourrissons de vostre tresauguste coronne, qui parmy les benedictions infinies,dont tout le peuple françois marque de bonheur,& de gloire ce iour-
d'huy, qui vous à rendue dans le sein de vostre France, pour estre la chere moitié, & la sacree espouse du grand Henry l'honneur, & le Phenix
des Roys de la terre : prions le souuerain Createur,duquel l'eternelle main,
cōme nous croyons, à bien voulu miraculeusement consacrer cette Eglise,
pour y exaucer les vœux des mortels, qu'il luy plaise pour l'establissement
du repos, & de la gloire de la Monarchie françoise si rarement triomphante soubs l'vnique Soleil de son Henry,donner à vostre Maiesté tres-
heureuse auant l'an reuolu, vn ieune Prince Daulphin,aussi sage,& valeureux, que le grand Roy son Pere,& aussi doux,& gracieux,que vostre
Maiesté, laquelle nous supplions tresdeuotemēt nous permettre, de l'admirer, & reuerer par vn modeste,& religieux silence : puis que la langue
d'vn mortel ne pourroit iamais former de parolles dignes d'vne si grande Royne.

Sa Majesté monstrant en son visage d'auoir receu singuliere satisfaction de cette harangue, respondit elle mesme, en ce peu de mots, *Preggate iddio accio me faccia questa gratia.* A tant elle entra dans l'Eglise, où elle fut receüe d'vn motet chanté melodieusemét sur l'orgue auecque les voix, pédant qu'elle faisoit sa priere à genoux deuant le maistre Autel, en vn oratoire, qui luy auoit esté preparé. Finie la priere, elle fut conduicte en vn Throne esleué à costé, souz vn dais de drap d'or, tout ce costé la estát tendu iusques au treillis du chœur, d'autre tapisserie de drap d'or, ou sa Majesté entendit le *Te deum laudamus.* Apres, elle se retira dans le grand Palais, par la faulse porte ferree, sans sortir de l'Eglise, le peuple demeurant frustré au dehors, qui l'attendoit auec grãde deuotion. Gloire soit à ce grand Dieu Roy des Roys, qui a mené à port ce thresor si pretieux, placé pour quelques iours en la demeure, & sainct seiour des souuerains Pontifes, & beaucoup plus auant dans les cœurs des bons, & feaux Auignonnois, qui ne cederent iamais aux naturels, & legitimes françois d'affection, & de zele enuers la coronne, & Majesté françoise.

Le lendemain 20. du mois, elle entendit la Messe à nostre Dame de Dõs dicte tout bas par l'vn de ses Aumosniers, où assisterét toutes les Princesses, & dames de la Cour, & dix, ou douze Euesques de ceux, qui l'auoient receüe le iour deuãt à l'entree de l'Eglise. Monseigneur d'Auignon luy donna le Missel apres l'Euangile, & la paix à l'Agnus Dei. Elle ne bougea iamais d'à genoux de toute la Messe: ne parla à ame viuante, iusques à la fin, recita presque tousiours ses heures. Cependant la chapelle du Roy, chantoit diuers cantiques, & entre autres, l'hymne Royal. *Veni sancte spiritus, & emitte cælitus lucis tuæ radium*, composé par le bon Roy Robert Roy de France l'an 996. bien plus ancien, que les momeries de Marot. Ce Roy fit beaucoup d'autres Antiennes desquelles l'Eglise se sert. Monsieur du Courroy commandoit en la chapelle Royale, personnage tresdigne, graue & deuot, & qui à bien sceu marier dextrement deux choses, que les hommes estiment si esloignees: vne grande maturité, & vertu, auecque les crochets, & fredons de musique: & l'art de bien organiser les meurs, auec l'Acroamatie harmonieuse de cette science si honorable, & si diuine, quand elle est bien menagee, à la gloire de Dieu, non pas mechanizee par les faux accords des meurs disproportionnez & discordans à la raison vraye chanterelle de l'ame, composee, comme disoit Platon, d'harmonie, & de nombres tombans à la cadance de la predominante partie de l'homme. La Messe dicte, les gardes conduisoient sa Majesté encore par la porte de derriere, mais elle commanda, que l'on print le grand chemin, pour donner ce contentement à ses Auignonnois. Dom Antonio son frere, & le Duc de Braciano la menerent par la grand porte du Palais Apostolique.

Peu d'heures apres, au disner, sur le dessert, le S.r d'Albene apporta nouuelle asseuree à sa Majesté de la reddition de Mont-maillan, qu'elle receut comme le comble de son triomphe. A la veüe des lettres du Roy, & au rapport de ce succés, elle tressaillit, & se leuant de table en sursaut, se retira pour rendre graces à Dieu: le mesme iour fit faire feu de ioye, cõmanda de chanter le *Te deum laudamus*, sur les cinq heures du soir, qu'elle se trouua auecque toute la cour à nostre Dame de Doms, à cet effect: en suite dequoy tout tard, entre huict, & neuf heures du soir, furent tirés quarante coups de canon sans bale, sur la roche, en signe de feste, & d'allegresse, par son commandement.

Le mesme iour le corps de ville fut saluer sa Majesté au Palais. Monsieur l'assesseur Suares Cheualier de l'ordre de sa saincteté, personnage autant qualifié, que l'on scauroit desirer pour homme de sa charge, grand amateur de sa patrie, soigneux, & ialous du bien public, eloquent, & promt à discourir à toute heure, graue, & meur en son ge-

ste,

ste, courtoys, & entrant en son port, asseuré, & heureux en sa memoire, disert, & limé en son langage, print la parolle au nom de la ville, selon la charge, & loüable coustume d'Auignon, où il n'est permis à gens de tous estats de parler denant les grands, ainsi a esté establi long temps y a, l'office d'Asseseur, qui est comme vn appendix du Consulat, vn garant de la courtoisie publique, vn support de police bien rangee, pour soulager les Consuls, & magistrats en ce qui appartient aux harágues, & rencontres semblables. Voicy ce qu'il dit à sa Majesté.

Madame

Tous ceux que l'Antiquité a recogneu, & que nostre aage honore du nom de bien disans, & doctes, comme ils ne sçauroient assez dignement celebrer, & hautlouer les merites, les rares vertus acquises, & infuses, la grandeur, le bonheur, & la gloire de vostre Majesté: aussi ne pourroiet ils retreuuer parolles suffisantes à representer la treshumble deuotió, & inenarrable allegresse de cette cité plus glorieuse, & fortunee de vostre bien-heureuse presence, que belle en son entour, & assiete, fleurissente des graces des Roys voz deuanciers, honoree des faueurs des Empereurs voz ayeuls, quelle a receu autrefois auecque moins de liesse, & de feste. Mais si i'osois entreprendre vn si haut vol, que d'y vouloir atteindre de veüe seulement, ie ne serois que cóme vn presomptueux Icare noyé dás les eaux de son precipice, & dans les abysmes de sa temerité. Madame, nous supplions donques treshumblement vostre Majesté de nous octruyer cette grace, de croire qu'autant que dans l'enceinte des murs pontificaux de cette ville il y a d'ames, ce sont autant de citadelles de vostre Royaume, & de viles consacrees, & dediees pour le seruice de vostre coronne treschrestienne, qui n'ont iamais sceu, & n'apprendront iamais de ceder a aucuns de voz tres-huembles, & tresfideles subiects, à respendre le meilleur de leur sang pour la gloire de vostre seruice.

　　La Royne fit respondre à Mõseigneur le Duc de Guise, qui repartit en peu de mots de si bonne grace, & de telle energie, que l'on eust iugé qu'il n'eust iamais faict autre profession, que d'eloquence, aussi a ce esté toushours la premiere vertu d'en grand Capitaine, tel qu'il est, de bien haranguer, & de n'estre moins habile à bien dire, qu'à bien battre, & à bien iouer de la langue, qu'à bien manier la lance.

Le iovr svyvant 21. fut signalé tant à cause du septenaire, que par le Royal ac-   VI.
cueil faict à sa Majesté, premierement par la ville, & puis par monseigneur l'illustrissime Vicelegat, qui coronna la feste de ses magnificences, lesquelles ont esté prisées, &
admirees de toute la Cour : aussi estoit il bien seant, que celuy qui tient la place de sa
saincteté en ces quartiers, tant affectionnee, & deuote à la France, correspondit en effect à la volöté, & biéueuillance du S. Pere à receuoir, & festoyer sa Majesté, sinon selon
ses merites, que l'on ne sçauroit atteindre, au moins proche de la. & auec appareil de
grande affection suiuie d'vn effect qui ne se voit souuent en ce pays, & qui ne pouuoit
estre de guiere plus somptueux, eu esgard à l'excellence des choses rares, & exquises,
qui s'y retrouuerent, & à la contrée esloignee de ces commoditez.

   Quant à messieurs d'auignon, ils firent le present à sa Majesté ce iour la, en corps de
ville, auecque leur accoustumee splendeur & magnificence. Ce furent cent cinquante
medailles d'or, où estoit releuée d'vn costé l'image de la Royne au naturel, & de l'autre
le portrect de la ville d'auignon en perspectiue : & en d'autres l'image du Roy : qu'ils
luy presenterent dedans vne belle & rare coupe faicte d'vne noix d'Inde enchassée en
argent. Monsieur l'Assesseur fit le deuoir, luy offrant le tout au nom de la ville, auec ce
peu de mots.

M_ADAME

Les petits effects ne peuuent estre produicts des nobles, & grandes causes,
sinon enuers Dieu, & les grands, & puissans monarques. Dieu se contente
d'vne petite offrande de cœur, & nous supplions treshumblement vostre
Majesté de daigner accepter ce petit don, pour arre, & tesmoignage eter-
nel de l'infinie deuotion, auec laquelle tout le peuple de ceste ville a voüé
ses ans, & sa vie pour le seruice de vostre corône, & desire viure soubs l'hô-
neur, & influence de la protection de vostre Majesté treschrestienne.

   Sa Majesté fit responce, qu'il n'estoit ia besoin d'autre preuue, & marque plus authentique de la sincere, & loyale affection, & bieueuillance des Auignonnois, que de
ce qu'elle en auoit desia veu, & recognu en ce peu de iours, qu'elle auoit esté attec-
tieux : que la souuenance ne luy en escouleroit iamais de la memoire : qu'elle fauori-
roit, & cheriroit tousiours la belle Auignon, la tiendroit en sa protection, & sauuegarde, ne cederoit iamais à ces deuanciers à l'aymer & caresser de ses faueurs.

   Apres le disner, comme nous auions commencé de dire, mondict seigneur le Vice-   VII.
legat assembla toute la noblesse, & dames d'auignô en la grand' sale du Palais de Poictiers, que l'on appelle le college du Roure, qu'il auoit faict preparer au preallable tout
expres, & tendre de tresbelle tapisserie de Flandres : où il inuita à la collation sa Majesté, & toute la Cour. L'assemblee, & le bal acheué, sur les cinq heures du soir tumba
à poste, au bout de la salle vne grand' piece de tapisserie, descouurant la collation
preparee par mondict seigneur en trois tables dressées dans vn parquet enclos de bal-
lustres, & gardé par les Suisses pour n'y admettre tous indifferemmét. L'appareil de table seulement fut estimé plus de quinze cens escus.

I'en ay receu l'ordonnance, & toutes les singularitez par le Sieur Iean l'Ange Scortia
Geneuois citoyen d'Auignon, qui auoit faict venir de Venise, Genes, Naples, & autres
lieux d'Italie, les pieces les plus rares, & principaux ingrediens de ce festin, par le commandement de mondict seigneur.

En la table du costé droict, se voyoient toutes sortes de poissons faicts en sucre,
comme Lamproyes, Anguilles, Carpes, Barbeaux, Truites, & autres en grand nombre,
si bien faicts qu'à les voir on eust iugé qu'ils fussent en vie, & ne manquer autre, que ce
que disoit le plus grand fripon de tous les Poëtes, *Adde aquam, natabunt*. Outre ce il
y auoit des leuraults, lapins, pigeons, canars, chapons, testes de veau, petits porceaux, &
autres animaux à manger, tous faicts de sucre d'ouurage de Venise. De plus: diuerses
sortes de confitures seches de Naples, rares, & exquises tout ce que se peut, à foison,
contrefaictes de mesme en sucre. Finalement vne grande quantité de paste dorée de
Genes, & prunes de damas en sucre, auec grande largesse, & abondance de dragée de
toutes sortes. La table de main gauche estoit couuerte de trois cens petis paniers tous
dorés, & argentés, & peints de diuerses couleurs, auecque les armoyries de la Royne
par dessus, & celles dudict Vicelegat au fonds. Ils estoient pleins de toutes sortes de
fruicts faicts en sucre pres du naturel : comme seroient pommes, poyres, figues, ray-
sins, poys, amandes, chenilles de mer, prunes, peches, abricots, cocombres, melons, &
autres diuers elaborez à Venise, & à Genes. Outreplus (que fut bien la chose la plus remarquable) l'on auoit posé sur la mesme table cinquante statues en sucre, grandes de
deux palmes ou enuiron, qui representoient les anciens Empereurs Romains, Cesar,
Auguste, Tybere, & les autres: & les dieux, Hercules, Iupiter, Mars, Mercure, Saturne,
Apollon, & semblables : comme aussi les Deesses Venus, Diane, Pallas, Cybele, Iunon,
& leur suitte : toutes si mignonnement faictes, & representees au naturel, qu'il ne se
peut rien de mieux. *Materiam superabat opus*. Les dieux, pour cette fois la, n'en eurent
pas du meilleur. En la table du milieu, qui estoit celle de la Royne (couuerte d'vn
dais, & paree d'vn beau siege pour receuoir sa Majesté) se voyoient de toutes les sortes
de viandes des autres tables, & douze des plus belles statues choisies des cinquante: &
au surplus la fermete de sucre si bien trauaillee, que les plus clair-voyans l'estimoient
estre de fin. *Heus etia mensas consumimus inquit Iulus*. Toutes choses ainsi ordonnees, &
bien apprestees, sa Majesté entre dans le parquet, visite, & admire toutes les tables, puis
s'estât assise en la sienne, y appelle les Princesses de sa Cour: madame de Guise, & mada-
moyselle sa fille: madame la Côtesse d'Auuergne, & madame de Ventadour auec les
principaux seigneurs, qui y assisterent pour lors: Dom Antoine de Medicis frere de sa
Majesté, moseigneur le Connestable, M. le grãd Chancelier, & autres grãds seigneurs:
car monseig. le Duc de Guise estoit desia party des le lundy, pour aller trouuer le Roy
en diligence. Les autres seigneurs, & dames de marque s'en prindrent aux autres deux
tables de costé, & d'autre. La collation parachenée, les petis paniers, où estoient les
fruicts de sucre, furent distribuez à tous les seigneurs, aux Dames, & damoyselles, qui
s'y trouuerent: & de là sa Majesté reprenant son coche, monte, & se retire au Palais, où
elle fut receuë de trente coups de canon, qui furent tirez de la roche de Doms, pour
redoubler le triõphe, & la feste, & la ioye de ce peuple, qui ne se pouuoit assouuir de la
veuë de sa Majesté. Elle se partit d'Auignon le l'endemain iour de Mercredy à vne heure apres midy accompagnee de toute la noblesse de cette ville, & de sa Cour, & merueilleusement satisfaicte tant du bon accueil de mondict seigneur le Vicelegat en particulier, que de toute la ville en general.

LES

LES SEPT ODES DV TEMPLE
DE IANVS DRESSE AV
CHANGE,
Composees par l'Autheur du labyrinthe.

ODE. I.
Tricolos Tetrastrophos.

VICTORIA.
Ad primum arcum triumphalem.

LAVRVS.
PÆAN.

FVLMEN *gradiuum martius Hercules,*
   Qui sceptra nutu Gallica temperas,
Et colla iactantes chelydros
Centuplici superas triumpho.

Discede ab armis, fige super tholo:
   Satis laborum pertulit inclyta
Proles Tonantis, monstra diuo
Percita succubuere ferro.

Iactata portum Gallia respicit,
   Spiratque pacem: Iupiter arduus
Despectat Alcidem superbo
Cuncta supercilio mouentem.

Astraea mundo reddita caerulam
   Crispans Oliuam pancratiasticas
Nectit corollas, & comantes
Ventilat in stadio corymbos.

Iam Roma currus comparat aureos,
   Torosque Clemens in Capitolio
Festos locauit: tota pompas
Turba tuas celebrat Deorum.

Hanc ille victoris sator Herculis
   Rubra coronam texuerat manu;
Festúmque Pæanem secundo
Imperat accelerare caelo.

Non est laborum dignior Herculis,
   Quàm quæ Deorum cælicolas manus
   Ostentat : illa Dædalæas ,
   Illa alias superauit artes.

O magne! seu te perfida prouocat
   In bella Iuno : seu rigidus minas
   Intentat Eurystheus, quadrigas
   Ante tuas religantur vnà.

ODE. II.
Tricolos Tetrastrophos.

MAIESTAS.

Ad secundum arcum triumphalem.

LILIA.

STEMMATOGRAPHIA,

Ad Regum Gallorum
stemmata.

Regnum
Galliæ cæ-
lo compa-
ratur.

CALCATA Diuis cedite *sydera:*
   Terræ incubâtê vidimus Aethera,
   Cælosque Telluri propinquos,
   Et celeres per inane flammas.

Prædestinato mundus ab ordine
   Totus recessit: pendula Regibus
   Sistuntur astra , quæ per orbem
   Aurifero spatientur igne.

Quidquid quadrato magna volumine
   Circumrotabat machina, proximum
   Terræ tenetur: Galla Tellus
   Tergemino sobolescit astro.

Iam Celta cælos arguit, & suo
   Diuinitatem baiulat in sinu:
   Hic ille, qui quadrum vocabat
   Empyræum modò sidit ardor.

Siue Agnus illic irradiat locum,
    Qui ciuitatem stelliferam regit:
    Seu turba Diuorum beatis
    Elysium radijs colorat.

Clemens 8. Galliæ benignus: solem refert.

Clementis astri propitius fauor
    Alto coruscans ex Capitolio
    Arcana terrarum benigno
    Interiùs penetrat tepore.

Vis illa solis flammea, lumine
    Remota præsens permeat omnia,
    Eccliptica sidens latina Hy-
    perboreos radiat recessus.

Cardinales minora sy-dera.

Clemens latinis arcibus incubat,
    Et purpuratorum agmina Principum
    Hinc inde, sicut inter ignes
    Sol rapitur medius minores.

Regina Lunam.

Certè inde Phœben mittit ab Hespero
    Suam sororem:quando ab Ethruria
    Vterque surgit, siue Phœbus,
    Siue soror veneranda Phœbi.

Allusio ad Mariæ no-men. vide ad cap. 6 huius libri. pag. 44.

Maria, sæuo quę properat mari
    Instare, Regnis orta frementibus:
    Quæ sospes insanæ procellæ
    Marmoreis dominetur vndis.

Quis ille claua terribilis polum
    Exterret astris additus? Hercules

Rex engo-nasim Her-culem.

    An fallor ille, cuius alto
    Terra tremit stupefacta nodo?

Leone, & Hydra, quæ timuit, domat
    Armatus orbem, iamque fugacibus
    Insultat astris: insolentes
    Orbe feras supero fatigat.

Si candicantem Iuno puerpera
   Callem refuso protulit vbere,
     Dum lactat Alcidem, papillis
     Lacteolo saliente riuo.

Hîc Gallicanæ paruulus Hercules
   Suxit papillas; lilia, quæ modo
     Cruenta, lactescente puros
     Hercule, suscipiunt colores.

Hac parte fulgens Herculeus nepos
   Incedit: alto sydera vortice
     Detorquet, alternisque Phœbi
     Cum proauis comitatur astrum.

At Martis olli conspicuus decor,
   Ardensque vultus arguit inclytum
     Micare numen: martiales
     Pulsat equi cataphractus armos,

Turmasque ducit; pila minacibus
   Versans lacertis: arma salo fremit,
     Arma arma cœlo, ventilatis
     Arma solo quatit Auriflammis.

Saturnus auo maximus impetu
   Subiecta raptat sydera, dum simul
     Latonidas ducit gemellos,
     Aut refugam remoratur Arcton.

Annosus inquam, qui grauidam Hercule
   Ductat parentem, densaque dissipat
     Obstacla belli, iam senectæ
     Decrepitas reparat lucernas.

Alatus illinc eloquio potens
   Nepos Atlantis, qui toties fidem
     Iam pactus heroum quietam
     Autor amat, religátque pacem:

<table>
<tr><td>Aut Atlan-
tem.</td><td>

Aut fallor, Atlas veriùs arduum
  Curarum Olympum sustinet, & Poli
    Vtrinque luxatis, bilibrem
    Axem humeris, animisque torquet.

</td></tr>
<tr><td>Reliqui
principes
reliqua fixa
sydera lilijs
aureis desi-
gnati.</td><td>

Nec fixa cessant agmina Principum:
  Aurata campo lilia cærulo
    Fulgent, inerrantésque flammæ
    In clypeo glomerantur vno.

</td></tr>
<tr><td>Expectatus
ex cõnu-
bio Delphi-
nus Prin-
ceps Astro
verno cõ-
paratur.</td><td>

Hoc vere Taurum surgere non vides
  Soli propinquum, cui micat aureum
    In fronte cornu? verna Tauro
    Prosperitas veniente surgit.

</td></tr>
<tr><td>Prognosti-
cum noui
Cæsaris.</td><td>

Nouate Galli funditus intimos
  Terra recessu: vere oriens nouo
    Iam solis ad Taurum cadentis
    Fax vegetat, renouatque mundum.

</td></tr>
</table>

Iam squalor, aut si quæ macies pecus
  Tardat vietum: sique noualia
    Inculta sidunt, sole verno
    Agricolas adhibete Marras.

Æterna cælo durities inest:
  Ruina, & annis non temerabiles
    Rotantur orbes, sempiterno
    Astra volant sociata fato.

Cæsar per æuum vergilias sedens
  Durabit inter, vel libra scorpium
    Quà tardat, vnca contrahentem
    Brachia, sydereásque chelas.

Illo residunt æquora sydere:
  Hoc tuta in vndis cymba supernatat;
    Saluóque luctantes per Austros
    Nauta vehet Dromades aplustro.

ODE. III.
Dicolos distrophos.
FELICITAS.
Ad tertium arcum triumphalem.
MALA AVREA.
IDYLLIVM.

PANDE triumphales Heroïca vena Dithyrambos:
  Cortina fundo mugiat recuſſo.
Tu ferrugineum mea detere Caſtalis teporem,
  Mox laureandos ventila ſuſurros.
Torpentes Genios, & transfuga flabra ſomnolentis,
  Refunde, riuo defluente venis.
Decurrant agiles feſto pede, fluctuante limbo,
  Apollinaris Naïades Larinæ.
Quidquid ineſt animæ pulmonibus excitante Phœbo
  Totum superbo ſpiret apparatu.
In lyrico Tragicum ſuffundere diſpares ſuadent
  Regiſque lauri, coniugiſque myrti.
Theſpiaco venit ille per omnia deuehendus axe,
  Hæc Tetrachordo perſonanda plectro.
Ingredimur loca fæta tepentibus hinc, &inde ab Euris
  Magno minantes Inſulas Atlanti.
Hic fortunatum ſurgit nemus, hic opaca Tempe
  Centuplicatis pullulant ocellis :
Vernanti Zephyro grauidas coquit vber aura glebas,
  Æquantque Botri Pampinos ſequaces.

Propoſitio bipartita.

Parte alia ſpirant Florentia prata vere Tuſco,

Viridaria Florentiæ.

  Amæna monte, flore, fronde, fonte :
Proxima gemmato mala aurea germinant in horto,

Hortus Galliarum.

  Ridente oliuis, liliiſque campo.
Mollibus illa duo peragrabimus, ô Thalia, plantis
  Entouſiaſmo, numiniſque pleni.

Primũ de Gallia canendũ: pòſt de Florentia.

Qua primùm auratis nubit freta terra lenta ramis:
  Herboſa læto mox vireta prato.

Deſcriptio horti Lud-periech pro Gallia

PERVIGIL ante fores ſeruat Draco ſuaueolĕtis horti
  Aure inuidendas bracteante Meſſes.
Macroſor Rhodanus de naribus, atque Arar reflexis,
  Late ſatentes ſæuiunt per agros.

Intus Hamadryades fluitãtibus ante crura peplis,
    Interstrepentis flatibus Fauoni
Hesperidum nexæ socialibus ad manum cateruis,
    Lasciuientes implicant choreas.
In medio radiant, crepitantibus inter arua pomis
    Fructeta nono comparanda cælo.
Omnia per campum loca garrulus insusurrat amnis
    Submurmuranti bulliens in alueo.
Vda meliphyllis olet vndique, liliisque ripa,
    Certatque ᴠictis Gallus albor astris.
Fœcundam Cererem Tellus inarata dat quotannis,
    Et imputatæ vineæ phalernum.
Illic iniussæ mulctralibus insident Capellæ,
    Trahuntque tentas lacteæ papillas :
Pinguia nec siccis querulus cremat Auster arua glebis,
    Nec rura aquoso radit Eurus imbre.
Autumni nunquam fallentibus effluunt Oliuis,
    Suasque mollis ficus ornat vmbras.
Huc ijt Alcides Borbonius : inde certus anguis
    Custodis illos subiugare fastus :
Ferratam rigido clauam fremit ad fores lacerto,
    Sopitque pernox inuium Draconem.
Submittente fera tumidum caput, atque blandientes
    Caudæ fluentis replicante nodos,
Amphitryoniades meus, Herculis abnepos Nauarri
    Franca triumphans insula potitus
Ingreditur, frugesque suo legit aureas in horto,
    Vltro caduco decidente fructu :
Hesperidum quoque turba cubilibus Herculem recepit,
    Et hospitales struxit apparatus.

Descriptio viridarij fortunati pro Florentia.
SENSERAT hoc solers Florẽtia, quæ nemus propinquũ
    Iuxtà Beatos nympha seruat hortos.
Ardet ab Alcide iam saucia, perque densa fædus
    Syluarum oberrans nuptiale clamat.
Æmulus Elysio frondet locus, & comante luco,
    Amæna longo lilieta tractu :
Luxuriant perpendicularibus ordinata Xystis,
    Et marginatis peruia ambulacris.

C c 3   Gleba

Gleba peridromidas tegit aurea, triplicique stratæ
 Ex flore spirant ambulationes.
Pars in fonte, alij spissa prope germinant in herba:
 Pendent opacis pars vtrinque ramis.
In medium pomis certare Cupidines retortis
 Illic solebant, morsiunculisque:
Alcidem simul ad viridaria sentiunt ouantem
 Iam mitigato perfrui Leone,
Expediunt pharetras, & spicula; sæuientibusque
 Tuscam sagittis appetunt puellam.
Vnus in incertum iaciens ferit, insimumque telo
 Sortita pectus præpotens arundo
Transadigit mediam: penetralibus insidens medullis
 Instillat altas intus ore flammas.
Illa suo pueros sisti iubet Herculi vicissim,
 Adorta viuis sauciare tædis:
Accipit alternos in pectore vulneratus ignes,
 Castisque Nympham nutibus lacessit.
Conuenit inter vtrûque: Thalassion aduocata Sorgas
 Ad Vallerlausam Cauarea cantat.

ODE. IIII.

Dicolos Distrophos.

CLEMENTIA.

Ad quartum Arcum Triumphalem.

CARMEN SECVLARE.

POSTERA compositis abeunt contagia seclis,
 Nouoque mundus innouatur ordine.
Aurea iam redijt, iamque Aerea desinit ætas,
 Piacularis albet ex Tybri dies:
Effractis votiua patent Capitolia valuis,
 Et seculares pontifex pandit fores.
Vndique propitiam circumfluit orbis in vrbem,
 Suoque mundum Roma claudit ambitu.
Scandit Apostolicas tellus habitabilis arces,
 Inominatis expiata sordibus.

Placata Tyberis furias modò mitigat vnda,
  Nec execrato iam redundat alueo.
Aspicis oratis mitescere sydera diuis,
  Et rara cælum conglobare fulminæ?
Ipsa vices sortita Dei Clementia princeps
  A criminosa plebe culpas amouet.
Mitior appenso figit sua fulmina clauo,
  Vagæque frænos inijcit licentiæ.
Hospitibus mensas, & grata cubilia ponit
  Quotquot beata visitarunt limina.
Accidit ante pedes miseris mortalibus vltro,
  Et recreatos osculatur hospites.
Pontifices ad membra manus languentia primus
  Longæuus, atque fractus annis admouet.
Lassa peregrinis pura quoque corpora lympha,
  Mixtisque gaudet expiare lachrymis.
O pietas! positis aptat mantilia quadris,
  Et hospitale Pontifex penum struit.
Obsequio stupefacta senis sedet ordine longo,
  Beata tanto plebs Cupedinario.
Tanta sui magno Clementi est cura peculi,
  Fouere mentes, & fouere corpora.
Interea simili Rex Transalpinus amore
  Tabulas sub idem tempus expedit nouas.
Regia vexato venit indulgentia Regno,
  Nouumque Gallis aperitur seculum.
Viderat infestis populos concurrere signis
  Henricus, atque Regnum ab imo vertere:
Luctifica Alecto dirarum ab sede sororum
  Infandà latè bella seminauerat.
Terra latrocinijs ciuilibus ima dehiscens
  Centro cieri visa, lachrymabiles
Fecerat, excidijs prope conclamata, ruinas,
  Sus deque vorsò deuoluta cardine.
Bella gerebantur nullos meritura triumphos,
  Suóque ciues innatabant sanguine.
Cúmque foret Gallo Tunnis spolianda lacerto,
  Terræque dudum Turcus oppressor sacræ,

In sua transadigit victrices viscera dextras,
    Suis & ipse Gallus artibus ruit.
Heu quantùm terræ potuit, pelagíque parare
    Francus Tyranni terror Ottomannici
Hoc quem Hugonotæ fuderunt sanguine Parcæ
    Ex nocte nuper, atque Caluino satæ.
Gallia longinquos iam poneret vltima fines,
    Eademque Regni meta, quæ mundi foret.
Lilia postremos passim sererentur ad Indos,
    Quà diues orbes fecit Hispanus nouos.
Florida finitimum nec solo nomine Francum
    Ferret, fretíque ripa Magellanici.
Imperio aurifluas premeres, Henrice, Molucas,
    Et ditioris insulas Taprobanæ.
Sceptra Trauancorios regerent Borbonia colles,
    Seruire docilis mallet Henrico Iapon.
Quinetiam postliminio repetita redirent
    Asiæ potentis, & Palestinæ loca.
Noster Erythræum miles decurreret æquor,
    Dominúsque rubro nauigaret in salo.
Diues odoratum Calecuto efferret Amomum,
    Et Chersoneso quidquid aurea venit.
Ignotas alium gentes reperisset ad Austrum,
    Quò Lusitanus nauta nullus appulit.
Sub iuga iam Tanais, iam barbarus isset Araxes,
    Nostríque cultus insolentes Tartari.
Bacchantur tamen immemores, cæcíque furore,
    Dum perduelles inferunt Regno manus.
Heu quod non audere nefas! quid linquere inausum
    Illa populatrix consueuit Hæresis!
Regnorum grauida excidijs, & sæta cruore
    Exosa Diuis, non ferenda Regibus:
Vergit in interitum summę inclinata ruinę
    Flos omnium Prouinciarum Gallia.
O mea, quid trepidas? moribundáque pectore ab imo
    Gallia, supremos læsa ducis spiritus?
Ecce senescenti facies redit altera seclo,
    Et Regna demum prodeunt Saturnia.

Herculides Henricus agris sua tempora reddit,
  Frugesque terræ restitutas vberi.
Aduocat antiquas odijs sidentibus artes,
  Per quas vetustæ fama creuit Gallia.
Ille prior posita fontes complectitur ira,
  Quibus redonet impiata crimina.
Hactenus indomitus alios superauerat armis,
  Jam victor ipse vincitur Clementia.
O Felix nimium geminis Clementibus ætas!
  Pontifice summo Roma, Rege Gallia.

ODE. V.

Ad Quintum Arcum triumphalem.

OLIVA.

PINDARICVM MELOS.

STROPHE. I. Col. ix.

QVISQVIS Olympiaco certamine
Ex Eliacis oleis
Captus, stupet Æripedes in scammate
Per puluerulenta citatis
Curribus feruenti in agòne rapi,
Fumante arena,
Liberis Bigas habenis
Semine ab Ætherio, de naribus
Dædalas flantes anhelo ex ore flammas.

ANTISTROPHE. Col. ix.

Ne Cronij Pelopis in pulueres
Quà præmia Tyndaridæ
In vortice Olympionicarum inserunt,
Posthac ad olentis Epirus
Præpetes vortant Olecta rotas:
Celtarum in oris
Alter Alcides Oliuas
Seuit ad irriguæ oram Sequana,
Lineasque, & carceres, metasque ponit.

EPODOS. Col. ix.

Serio Mauorte ludos
Præcipitante facit,

Et peractis imperijs, meritis
Partos triumphos arrogat:
Borbonides vegetas vi-
ctricibus aptat Oliuas palpebris,
Fontibus Istriacis quales peregrè
Amphytrioniades
Extulit selecta Aliptarum tropæa:

STROPHE. 2. Col.IX.

Quando in Hyperboreis secessibus,
Ripaque Borysthenea,
Ad fatidicum Iouis authoris nemus,
Optabilis arbuta plantæ
Inclytis Bigis operæpretium
Interputauit.
, Marte defesso viciffim
, Artibus in varia alternantibus,
, Assolet pax esse cordi post duellum.

ANTISTROPHE. Col.IX.

Ille Deo genitus Polytropos
Quinquatria Pancratij
Postquam sacra ludicra primũ inuexerat
In vorticibus reboantis
Alphei, mox torrida Sole loca,
Cliuosque aprica
Luce apertos execratus
Elidis, vmbriferas ex Mænalo
Transtulit cum Cerua Oliuas auricorni.

EPODOS. Col.IX.

Noster Alcides Oliuam
Plantat ab Hesperia
Celtiberúm ex flexibus aurifluis,
Iramque ciuilem opprimit,
Quæ miseras inimicat
Turgida litibus vrbes, &, ferox!
Sanguinolenta brutos procudit enses:
Numinis Ancipitis
Ille post quadrata quàm delubra clusit.

Strophe. 3. Col.ix.

At mea Melpomene per deuia,
Abruptáque quò properas?
Ah desine Threïcias stridoribus
Chordas tenuare remißis,
Neu profundo Pindarum ab ore Dijs
Altè obtoxantem,
Aut suos Manes lacessas,
Qui per aperta volans instar sacræ
Alitis, summo caput cælo recondit.

Antistrophe Col.ix.

Florigeræ sed apis more, (t) modo
Stridentis, odora Thymo
Per Thessala Tempe, vt olentes roridis
Exercita Sole Salictis
Nacta ocellos, mellea fraga legat,
Sudumóque Nectar.
Cernuos sic parua pronis
Siste, Thalia, pedes in saltibus,
Flosculos Herois extremósque carpe.

Epodos. Col.ix.

Ah, vide sis, ah Thalia,
Florea Pindarico
Dum locis decliuibus arua teris,
Ignaua plectro, pinnulis
Stridula, iners Scarabæus
Intyba amara legas, vel carduos
Arcadico pecori quales Nemausi
Deliciæ esse solent
Transfugis Germanicis ex Hypocaustis.

Strophe. 4. Col.ix.

In patrios cineres, vbi minxerant,
Cùm rudere Pindaricè
Quæ sylla nec aspicere, nec sinciput
Cuicumque foret, cerebrumóque

Regio tabo , scabiéque mala
Exors , vel illa,
Quà Coturnices rotantur,
Cùm vaga Luna agitat, vortigine:
Heu! inauspicata qui ructare cola

ANTISTROHE. Col.IX.

Innemorabilium sartaginem,
Off. refluente, pedum
Scobris tunicas Piperiq́; & Thuribus,
Lardoque futura cucullum,
Inuerecundi fátis, haud veriti,
De nare balba,
Pindaro Plautina supplan-
tant probra , barbariem antiquariam,
Et bacillo digna carmina , aut latrina.

EPODOS. Col.IX.

Peierasse illos oportet,
Tristeque pulticrepos
Ad Bidental detinuisse greges.
Cùm pulmo anhelo rancidum os-
sa, saturumque veratro,
Spurcidicumque forum exhalauerat.
Tu meliore Dio, plectroque, musa,
Dexteriore canes
Omnibus multo imparé Henricŭ Poëtis.

ODE. VI.

Tricolos Tetrastrophos.

AIAX MASTIGOPHOROS,

Ad sextum Arcum triumphalem.

DITHYRAMBVS.

CʼEST le tiltre de lʼOde sixiesme. Cʼestoit icy sa place ; mais lʼAutheur a trouué bon
quʼelle courut à part, pour ce que elle tenoit vingt & quatre pages dʼImprimerie,
& eust trop alongé lʼouurage, duquel on desiroit tant de voir le bout: ioint quʼelle cō-
tenoit quelques reparties gaillardes, & importantes à certains Huguenots, qui sʼestoiét
voulu mesler de faire des Odes, & sera leue separemēt, auec plus de loysir, & contente-
mēt. Cependãt (amy lecteur) pour ne laisser vuide cet Arc, ledict Autheur a iugé deuoir
estre inseré icy en la place de lʼOde, lʼhoroscope du Roy signāmēt remarquable, & escrit au iour de sa naissance par vn des plus doctes Astrologiens, que la France aye porté de ce siecle: où vous remarquerez par le menu, tout ce que sʼest passé du depuis en la
personne de sa Maiesté, auec augure plus que probable de ce que nous attendons de sa
vertu & puissance incomparable.

L'HOROSCOPE DV ROY
TRACE' A SON IOVR NATAL,
par vn grand Astrophile
de noftre temps.

PAEAN.

NOTA *Mathematicis hæc fit genitura peritis,*
    Quos in confilium Parca feuera vocat
Nota Sibyllinæ per Dindima caftra vaganti
    Acropolis turbæ, Caftalidúmque choro.
Nec te plebs lateat quod flumina nota loquuntur
    Ifmarus & Rhodope, faxaque dura canunt.
Cuncta falutifero pueri verfentur in ortu,
    Pæanas lætos nocte dieque canant
Magnus enim cælo Pan eft delapfus ab alto,
    Cui feptem calamis fiftula nexa fuit
Pan Pyrenææ numen venerabile Verna
    Cui pater Alcides, cuíque Diana foror.
Huius in exortu vifa eft confcendere libra
    Et cancer medio regna fouere loco.
Laniger occafum tenuit, Capricornus in imo
    Cardine regalem fidere fixit humum.
Occiderant hoftes vitæ, Genijque proterui,
    Saturnus quinti limitis hofpes erat.
Augebat Martem Ægoceros, fed Sole propinquo
    Tota repugnantis vis refoluta fuit.
Iupiter emerfit, quadratáque lumina Solis
    Mercurióque dedit, iußit & effe pio.
Hoftibus annexa Andromede religata catenis
    Septima lunari corpore victa fuit.
Luna dabat regnum, fortunam, tempus & annos,
    Auftralífque malum fuftulit Andromedæ,
Saturníque vices & noxia lumina Martis.
    Mirum effecerunt vt cumulentur opes:
Præcipue Cytheræa Venus, quæ diuite forte
    Illuftrat vitam, nobilitátque domum.
In tanto aftrorum concurfu, Mufa, quid optas
    Belli fucceffus, regna, vel Imperium?

Fortunate puer, cùm iam compleueris annos,
   Quos tua pro meritis ferre corona potest,
Aude aliquid dignum natura & origine cæli,
   Nec timeas hostes follicitate mari.
Te decet effrenatus equus, calcaria, turmæ,
   Bella per externos, finitimosque locos.
Europæ partes cum Gallis fœdere iunges:
   Tu verò in Libicas ibis ad arma faces.
Inde Britannorum pugnas renouabis atroces,
   Oceanúmque vltra bella cruenta geres.
Non deerunt animo vires, non copia rerum:
   Succedent voto singula quæque tuo.
Cúmque triumphanti fælix victoria cedet
   Dicet Io Pæan Gallia iuncta tibi.
Atque reuertenti teretes fociabit Oliuas,
   Téque patrem patriæ, laurigerúmque canet:
Tu quoque cum populo patria virtute relicto
   Regna triumphali pace tenenda reges.
Iura dabis genti Lybicæ, fractísque Britannis:
   Plena erit auxilio terra paterna tuo.
Et natale folum Vernæ de nomine dictum
   Te moderante vias experietur aui.
Te, velut astra fonant, fidei pia cura tenebit
   Et fortunabit relligionis amor.
Sic auiæ iustus meritò cantaberis hæres,
   Et fies similis corpore, mente, fide.
Matris habes formam, constantia tota paterna est,
   Prudens consilium præstitit vnus auus.
Sic patris & matris pellucida factus imago
   Henrici numen, Margaridísque tenes.
Quando erit illa dies, liceat cùm dicere facta
   Quæ iuuenis tractas, perficiésque fenex?
Tu mihi materiam facilem, Nauarre, ministras:
   Túque parens, fed vos hæc monumenta decent.
Fatidici mea musa regit fermonis habenas,
   Et prohibet carmen longius ire meum.

ODE

ODE. VII.

Dicolos Tetrastrophos.

NVPTIAE.

Ad septimum Arcum triũphalem.

EPITHALAMIVM.

APOTROPAEVM

HENRICI, ET MARIÆ.

MATER *alma Cupidinum*
    Intimum trabe Cypria
Peruolans mare, Tusciæ
Galliam Genialibus
Ardet addere tædis.

Qualis Idalias Venus
    Ridet inter Oreadas,
Sic Tyrrhenia proximè
Usque littora garrulum
Permeauit ad Arnum.

Interim iubet Alitem
    Remiges dare pinnulas
Celticis Aquilonibus,
Gallicumque medullitus
Vulnerare Gradiuum,

Nuptialia saucius
    Ille spicula dum bibit,
Illa virginis in sinu,
Illa vultibus insidet,
Sessitatque labellis.

Iam reciproca per salum
    Commeare Ligusticum
Audiuntur identidem
Antecœnia fœderis
Incentiua iugalis.

Inclytum Vraniæ genus
   Nil morabitur amplius,
   Virginem dabit Herculi,
   Hercules numerat dies:
   Ferdinande quid obstas?

Triremis Regiæ Regius apparatus.

Dum paras, rate Regia,
   Argonautica vincere
   Transtra molle loquacibus
   Pontum arantia puppibus,
   Ferdinande, quid obstas?

Ah! sat est modò, non tibi
   Ferdinande, periculum est,
   Nequa pulchrior omnia
   Nauis æquora viderit,
   Colchicumue profundum.

Tota iam foris aureo
   Fornicata cacumine,
   Indicisque perambitum
   Vibrat alta Topazijs,
   Ferdinande, quid obstas?

Aureis laquearibus,
   Aureo latere, aureis
   Clara remigijs sat est,
   Certatura Triremibus,
   Persicisque Phaselis.

Indico ex Ebeno foros,
   Extimumque ratis latus,
   Dente in longum Elephantino
   Docta Tuscia vestijt,
   Mussuamque carinam.

Vltimam iam operi manum
   Addidit, nihil intus est,
   Quod desideret artifex:
   Hercules numerat dies;
   Ferdinande, quid obstas?

Prodeas noua nupta, si
   Iam videtur, & asside
   Ante lilia splendidis
   Vnionibus inclyta,
   Gemmeúmque petaurum.

Reginæ ad suos vltimũ vale.

Tardat anne amor, an dolor?
   Fles quod ire necesse sit,
   Lachrymísque frequentibus,
   Heu! matertera tristior
   Te Christina moratur.

Patrui oscula dum rapis,
   Luctuosáque per vices,
   Ora, colláque carpitis,
   Hercules numerat dies,
   O Maria, quid obstas?

Mira Theatra Florentiæ exhibita.

Quid theatra volantibus
   Infrementia machinis,
   Pensilésque Tragœdias,
   Obstupescis? abit dies
   O Maria, quid obstas?

Mensæ pẽsiles.

Flere desine; desine
   Regia arte rotatiles
   Æstimare dapes, quasi
   Lapsa sydera fulgidum
   Apperire lacunar.

Hæc miracula, quæ facit
   Patruus tibi plurima,
   Quanta nec Babilonius
   Venditasse potest labor,
   Ah relinque Maria!

Effer, omine cum bono,
   Foras aureolos pedes,
   Aureámque subi ratem:
   Hercules numerat dies,
   O Maria, quid obstas?

Vltimum ingemina vale,
  Et nouiſſima Tuſciæ
  Redde, non ſine lachrynis,
  Verba, dicque, vale mea
  O Florentia tandem.

Regina ſol-
uit.

Jn crepidine carbaſa
  Haurientia proſperos;
  Plena puppe fauonios,
  Te vocant, & abit dies;
  O Maria quid obſtas?

Jte, lintea liberis
  Explicate rudentibus,
  Certatim iĉlibus hâc, & hâc
  Regiam quatientibus,
  Verberate carinam,

Ne qua propitijs mora
  Fiat vltra Aquilonibus:
  Iam Regina pedem intulit;
  Iam Regina ratem impulit;
  Scinde nauita funem.

Aduerſam
experitur
tempeſta-
tem.

Sed Neptune, quid Æolis
  Sæuientibus horridas
  Prouocare voragines
  Auſe, nauibus obſtrepis,
  Reginamque laceſſis?

Vix Liburnica tranſijt
  Hoſpito mare littora,
  Vixque ſe Ligurum ſalo,
  Abſque turbine credidit,
  Jnmanique procella.

Tauroentia nubilus
  Auſter exciet æquora,
  Cæruluſque ſuprà nigro,
  Sentinis refluentibus,
  Vento deſtait imber.

Iam

Iam phocensibus imminet
Sponsa rorida fluctibus:
Sed vetas, sale turbido,
Porro progredi, ô inunde,
O Neptune, quid obstas?

Regina in-
uicta côtra
omnes pro-
cellas, àt-
que intre-
pida.

Nulla fæmina turbines
Minus territa despicit:
Nulla Clœlia brachijs
Fortioribus Enatat,
Præliantibus vndis.

Hoc desiderium Herculis,
Æstus hoc facit Herculis,
Ne medullitus æstuans
Maria, Herculis æstibus,
Sentiat maris æstu.

Massiliam
sospes ap-
pulit.

Inuitis Aquilonibus,
Nympha sospes Ionijs
Læta portubus applicat,
Quid minas fremis irritas?
O Neptune, quid obstas?

Ibi Regem
præstolatur

Ecce Massiliæ virum
Opperitur, adest dies
Quo se amore reuinciant,
Vt tenax hedera hâc, & hâc
Arborem implicat errans.

Bella Alpi-
na impedi-
méto sunt.

Sed Gradiuus inhorruit:
Et Bellona niualibus
Regem in Alpibus occupat,
Ne suam Megaram ex mari
Post pericla receptet.

Illa cogitur in dies
Infidelia de suo
Flere nuncia coniuge,
Quæ iam adesse, iam in Alpibus
Desudare loquuntur.

E e 2   Illa

Illa sæpius hoc ait :
   Imminet mea Hercules,
   Iam prono Rhodano ratem
   In Cauaribus appulit,
   Nauigátque propinquus.

Ille sæpius hoc ait :
   Ite, dicite, nec mora
   Crastinus feret Herculem
   Lugubri Megaræ dies,
   Nec morabitur illam.

Heu parumper inhospita
   Arma mitior amoue,
   Et procul furor igneus,
   Bellona, hinc aliò ruat,
   Atque pace sequestra,

Tibiæ litui loco,
   Pro cornu dociles lyræ
   Molle nescio quid sonent,
   Inferantque Thalassion
   Pro clangore tubarum.

Perstas impenetrabilis,
   Virginíque suam virum ;
   Virginémque suam viro
   Implacabilis abnuis :
   Ah Bellona quid obstas !

Arma promouet Hercules,
   Bombardísque tonantibus,
   Alpium iuga concutit ;
   Interim sua dum tonat
   Deianira querelas.

Dira, sæua, fera, horrida,
   Quid instantia dextero
   Vota distrahis omine ?
   Gaudijs properantibus
   Ah Bellona, quid obstas !

Nequicquam, nihil arduum
Omnia vin- cit amor. Pro suo timet Hercule :
Vsque ad Acrocerauma,
Inuijs licet Alpibus
Prosequetur euntem.

Inter arma necesse sit,
Inter tela necesse sit,
Inter alta necesse sit,
Inter ima necesse sit,
Prosequetur euntem.

Regina progreditur Aquas sex- tias versus. Sextiasne vides Aquas
Æmula Elysij loca,
Obnitentibus Æolis,
Vsque planitiem Herculis
Per saxosa volantem ?

Ocyor volucri Noto,
Iam Druentica per vada,
Insidiósque nimis sinus
Huc præteruolat ad tuos,
Cauarca, penates.

Peruenit Auenioné. Lassa Pontificalibus
Considere palatijs,
O mea Auenion, venit,
Improbúmque via venit
Alleuare laborem.

Florem vr- bium. Hortulum vocat vrbium,
Flosculum vocat vrbium,
Nil Rosaria præ tuis,
Nilque mœnia præ tuis
Florentina moratur.

Sed desiderio sui
Tota saucia corculi
Longa non trahit otia,
Vixque delicias labris,
Hic primoribus haurit.

Concitæ instar arundinis
  Aduerso Rhodano affatim,
  Recto tramite nititur:
  Hanc tenere nihil potest:
  Viam deuorat ardens.

Lugdunensibus oppidò
  Gratulantibus admouet
  Lecticam, omine perbono,
  Ad vetusta Munatij
  Munimenta latim.

Hîc vbi ad veterem Insulam
  Raptori Rhodano pigrum
  Virgo pandit Arar sinum,
  Seque flumine cum fero
  Ambiente maritat,

Deïanira bono Herculi
  Tandem, tandem aliquando se
  Tota tota reuinciet,
  Vt tenax hedera hâc, & hâc
  Arborem implicat errans.

Mauortis satur, & sui
  Castra deseret Hercules,
  Nec, Maria, periculum est,
  Ira ne magis vrgeat,
  Quàm tui Hymenæi.

Hymen, ô Hymenæe, Hymen :
  Crastini huc aderit die:
  Vix deno lapide hinc abest,
  Ah! quem iam toties vijs
  Præstolaris iniquis.

O inania gaudia,
  Inanesque Cupidines!
  O moræ! ô amor! ô dolor!
  Præstò nuncia deferunt
  Regem castra morari.

Statim Lugdunū proficiscitur.

Caue hic lector. Poëtica prolepsi futura præcinūtur quasi iam facta.

<table>
<tr><td>Nuncij ti-
cti ad Re-
ginam co-
nante Re-
gem non
aduenire.</td><td>

Vix accumbere coeperas
Duri credula nuncij,
Coena concubia, cùm adest
Qui tristes iterum in nanum
Det à Rege tabellas.

</td></tr>
<tr><td>Hinc ille
lachrymæ.</td><td>

Omnium immemor, & dapum
Iam pertæsa, madentibus
Literas oculis legis,
Et simul reperis malè
Regem castra morari,

</td></tr>
<tr><td></td><td>

Vulnereta medullitus,
Liba, verbáque protinus
Execrata, quadras procul,
Et mantilia proijcis,
Ingratasque tabellas.

</td></tr>
<tr><td></td><td>

Tum refundis ab infimo
Hæc suspiria pectore:
Dira, sæua, fera, horrida,
Gaudijs properantibus
Ah Bellona! quid obstas?

</td></tr>
<tr><td>Res nec-
inopinato
clam in
Aulam ir-
repit.</td><td>

Hymen, ò Hymenæe, Hymen:
Clanculum aduolat Hercules,
Iratámque ioco priùs
Reginam tacitè inspicit,
Adrepitque per aulam.

</td></tr>
<tr><td>Reginam
intercipit.</td><td>

Mox ignaram ἀπὸ μηχανῆς
Commodùm aggrediens, iocos,
Atque delicias facit,
Ignotusque retro, catè
Illam amplectitur omnem.

</td></tr>
<tr><td></td><td>

Illa sensit ab Hercule
Colla non dubio premi,
Subsultansque metu, simul
Regia in genua exilit,
Obtinetque maritum.

</td></tr>
</table>

Ille fraude bona, prior
Ruit notus in oscula,
Atque humo trepidam alleuat:
Sic Regi bona cum bona
Nubit alite virgo.

Quò quò musa? sat est, sat est:
Ah iam desine peruicax!
Ah iam desine: talia
Non decent sacra Cælibes,
Prætextasque Camœnas.

Va t'en voir lecteur en la page 146. la place des sept odes susdictes, au Temple de Ianus dressé au milieu du Change; où tu pourras voir à quel propos elles ont esté icy inserées. Adieu. Et prie pour moy: sers, ayme, honore, glorifie, admire le Roy, & sa treshonoree, & heureuse consorte; qui est toute la recompense, que i'attends de toy, pour ce mien petit labeur.

DICITE PIERIDES, &c.

F I N.